本书为国家社会科学基金重大项目"出土文献与上古文学关系研究"（20&ZD264）的研究成果

清华简《书》类文献整理与研究

禄书果 著

人民出版社

目　录

绪 论

学术研究的根本价值在于通过对研究对象的考察，揭示人类社会发展历程中的普遍规律和各个领域中的特殊规律。从研究方法来讲，实事求是是开展学术研究的基本前提。从真实可靠的研究材料中得出的结论才是真实可信的，才能为人类社会的发展进步提供帮助。

传统意义上的古典文学研究，在学术研究方法上强调细致的考据和严谨的推论，这一研究路径在清代达到顶峰，客观上也为之后的古典文学研究奠定了坚实的文本基础。但是也要看到，传世文献的流传是单向的线性发展过程，当代研究者接触到的文献在传世过程中大多经过多次删订和修改，部分文献甚至在流传过程中散佚殆尽，学者虽然穷尽心力欲以"辨章学术，考镜源流"，亦难以还原传世文本的早期状况和最初面貌。

古典文学的研究材料主要依赖于传世文献材料，20世纪陆续发现的出土文献为古典文学研究提供了新的材料和新的视野。赵敏俐指出："出土文献不仅提供了新的研究材料，而且启示我们在研究方法上的重新思考。"[①] 徐正英指出："通过对出土文献尤其是出土上古文献的'大文学'创作文本和'大文学'理论文本的研究，解决了传世文献自身难以解决的部分学术问题，从创作实践和理论建构两个方面更加充分地证明了我国古代'表现性''大文学'的特色优势。"[②] 罗家湘则强调了出土文献的文体学意义：出土文献"使我们可以看到文体包含的不同

---

① 赵敏俐：《20世纪出土文献与中国文学研究》，《文学前沿》2000年第6期。
② 徐正英：《出土文献"大文学"研究与坚定文化自信》，《文学遗产》2018年第7期。

层面，从而将文体定义放在一个立体的框架中"①。出土文献就像为我们打开了一扇时空隧道之门，使我们可以穿越千年历史回到战国和秦汉，去窥见传世文献的早期状态，从而极大地丰富了我们对上古文献的认知。

从学术价值来看，《诗》《书》《礼》《易》《春秋》等先秦经典奠定了中国传统文化的根基，具有文化、思想、哲学、文学、历史等多重价值。特别是以"记言"为主的《书》，亦兼具"立言"的典范意义，而"立言意味着当时的政治文明不断向文化与理论层面的成熟迈进"②。

从流传过程来看，《书》的发源较其他经典更早，保存了上古三代比较重要的政治文献。由于其编订整理和流布传播的过程较为复杂，特别是秦汉之际的文化断层，为《书》的文本流传造成了重大影响，以致今古文《尚书》之争聚讼纷纭。究其原因，在于学者将《尚书》在早期编订成书之时存在单一定本作为预设前提，从而对后世发生改变后的文本进行"辨伪"式的考察。

清华简《书》类文献的问世，极大地改变了我们对《尚书》早期面貌和传世过程的认知。③ 在汉代之前，《书》类文献更多是以"文类"的形态而非"文集"的形式而存在。在上古时期，"书"类文献绝非稳定、封闭的单一系统，而是在不同历史时期处于不断变化过程的开放文本系统。直至汉代被立为官学并列五经，《尚书》才有了相对稳定的文本组合形式。传世本《尚书》与先秦时期的《书》类文献之间既存在传承流变的脉络渊源，又存在从宏观到微观的复杂差异。所以，对《书》类文献的讨论应当基于对其作为"文类"的讨论为中心，对单篇文本的文体讨论是判断其是

---

① 罗家湘：《出土文献的文体学意义》，《郑州大学学报（哲学社会科学版）》2008年第3期。

② 夏虞南：《"书"类文献的政治哲学新解读——从葛觉智〈中国早期政治合法性的调解〉谈起》，《国际儒学》2023年第3期。

③ 刘光胜认为："对清华简《尚书》体裁文献，不能称之为'经'，最好的名称是清华简《书》类文献。"见刘光胜：《清华大学藏战国竹简（壹）整理研究》，上海古籍出版社2016年版，第158页。

否属于《书》类文献的参考依据而非唯一标准。

当前学界存在《书》类文献、《尚书》类文献、"书"类文献等不同指称，学者对此问题也多有讨论。如章宁指出，"书"类文献的称谓，在学界经历了"从《尚书》类到《书》类，再到'书'类的调整"，章宁从历时层面分析了"书"类文献的三重指涉：第一重是指西周时期的"诰誓号令"等官书，是"书"类文献的起源；第二重是指春秋战国时普遍流传的"书"类文献，已逐渐脱离了仪式场合局限转化为"公共文献"；第三重则是指以传世本《尚书》《逸周书》为代表的"传世之《书》"。① 程浩主张称为"书"类文献，并对此问题多有讨论。李锐则认为："近来关于清华简等出土简帛中的和《尚书》相似的篇章，学界称呼不一，或用《书》类文献，或用'书'类文献。鄙意还是用《尚书》类文献为好。"② 陈民镇、赵培、刘光胜等学者在研究论文中均以"《书》类文献"称之。

事实上，无论是《书》类文献还是"书"类文献，在本质上都是用当代语言文字符号系统对古代文本名称进行重新标示，是站在历史长河的下游向河流源头的回溯式观照。无论我们以何名称来概括，今天所能见到的研究材料主要聚焦于传世本《尚书》文本、清华简《书》类文献以及其他传世文献和出土文献中保存的《书》类引文。而作为研究对象的《书》类文献，既是语义学层面的文本与文类集合，也是一种将历代《书》类文献集合接续而成的"想象的共同体"。当代研究应该立足于当代视野，《书》首先应当是当下作为文本实体而存在的《书》，其次才是透过文献的历史窗口来回望历史上各种形态的《书》，这并不影响对《书》类文献的成书结集、编辑整理、传播演变等客观过程和一般规律的研究。因此，在这本书里我们将其称为"《书》类文献"，亦尊重各家不同意见。

当前清华简仍然尚未全部整理完成，本书主要聚焦于前八辑中收录的

---

① 章宁：《"书"类文献刍议》，《史学史研究》2019 年第 1 期。

② 李锐：《〈尚书〉类文献〈参不韦〉与夏启继位的合法性》，《史学史研究》2023 年第 3 期。

《书》类文献篇目，将其作为较为系统的《书》类文献集合加以考察，并对相关文本内容进行了整理翻译。近年新出清华简中亦有部分内容属于《书》类文献篇目，学界尚在讨论中，留待日后继续深入研究。

第一章 清华简《书》类文献界说

清华简《书》类文献与今本《尚书》《逸周书》之间存在重要关联，其中既有与传世文献相符的内容，也有很多未见于传世文献的篇目。对清华简中《书》类文献的篇目范围等问题的讨论，是深入研究清华简《书》类文献的前提和基础。本章主要对《书》类文献的源流等问题进行探讨，在此基础上对清华简《书》类文献的篇目范围、文本类别、文本来源、编辑流传等情况进行综合研究。

第一节 先秦《书》类文献源流及其判断标准

《书》又称《尚书》《书经》，是上古三代政治档案和历史文献的汇编，春秋战国时即见于诸子百家著述，在《论语》《孟子》《荀子》《墨子》《左传》《礼记》《吕氏春秋》《史记》《说文解字》等先秦两汉典籍中皆有称引。①《书》的原始文献源自政治档案，经史官编订存于王室。至春秋时周王室衰微，《书》类典藏逐渐流散于天下，据《左传》记载，周王室的史官曾

---

① 关于先秦两汉典籍引《书》具体情况，可参看陈雄根、何志华编著：《先秦两汉典籍引〈尚书〉资料汇编》，香港中文大学出版社 2003 年版。此外，蒋善国对其他书籍引《书》篇目情况也进行了详细统计，见《尚书综述》所载《〈尚书〉篇目表》。（上海古籍出版社 1988 年版，第 404 页）

经"奉周之典籍以奔楚"①。《史记·孔子世家》说孔子"追迹三代之礼，序《书》传，上纪唐虞之际，下至秦缪，编次其事"。《汉书·艺文志》亦云："故《书》之所起远矣，至孔子纂焉，上断于尧，下讫于秦，凡百篇，而为之序，言其作意。"从史书记载来看，孔子曾经对当时已流播散乱的《书》篇目重新加以整理编订，②并用以传授门徒，③此后《书》遂成为儒家私学的教材。至汉初立五经博士，《书》列于五经，成为传授儒家思想的经典。

《书》在孔子所处时代就已经残缺不全，"孔子之时，周室微而礼乐废，诗书缺"④。自秦汉以降，《书》在流传过程中更是命运多舛，先经秦火浩劫散佚殆尽，至汉代"伏生求其书，亡数十篇，独得二十九篇，即以教于齐鲁之间"（《史记·儒林列传》），称为"今文尚书"。此后又发现"孔壁中经"，经孔安国整理，被称为"古文尚书"，此后因学术争议和政治斗争等原因引发"今古文之争"。至西晋永嘉年间，今古文《尚书》全都散佚。东晋梅赜献《尚书》58篇，包括古文《尚书》25篇和今文《尚书》33篇，并列于官学。唐代贞观年间孔颖达根据这58篇《尚书》作《尚书正义》，

---

① 《左传·昭公二十六年》："十一月辛酉，晋师克巩。召伯盈逐王子朝，王子朝及召氏之族、毛伯得、尹氏固、南宫嚚奉周之典籍以奔楚。"

② 自汉代以后即流传有孔子删《诗》《书》之说，如《尚书璇玑钤》曰："孔子求书，得黄帝玄孙帝魁之书，迄于秦穆公，凡三千二百四十篇。断远取近，定可为世法者百二十篇，以百二篇为《尚书》，十八篇为《中候》，去三千一百二十篇。"关于孔子删《书》问题，学者多认为可能性较小，如朱彝尊说："《周官》外史氏掌三皇五帝之书，达书名于四方。郑氏谓若《尧典》《禹贡》达此名使知之。盖书之名既达矣，又虑其久而昧其义也，乃命大行人九岁则谕书名。然而，百篇之《书》皆掌之外史，而谕之行人，非孔子所得而芟夷翦截黜除之也。"（《曝书亭全集》卷五九《书论》，吉林文史出版社2009年版，第132页）蒋善国认为："孔子把千百篇竹简集在一起，大事编删，事实上不可能，即使他有机会读尽《书传》，不惮其烦地选出了百篇，在传习方面也是有限度的，也许只限于他的几十个弟子。"（《尚书综述》，上海古籍出版社1988年版，第13页）李民先生也认为："这样大砍大杀地对待古籍，绝非孔子所为，事实上也没有这种可能性。"（《尚书译注》，上海古籍出版社2004年版，第15页）笔者认为，孔子所见《书》已残缺不全，因而不存在删《书》的可能性，比较符合事实的情况应当是孔子曾经对当时已经十分有限的《书》篇目加以重新整理。

③ 据《孔子世家》记载："孔子以诗、书、礼、乐教，弟子盖三千焉，身通六艺者七十有二人。"见司马迁：《史记·孔子世家》，中华书局1982年版，第236页。

④ 司马迁：《史记·孔子世家》，中华书局1982年版，第236页。

至宋代收入《十三经注疏》并流传至今，南宋蔡沈《书集传》也是以梅本为依据。至清代考据之学兴盛，阎若璩作《尚书古文疏证》指出古文《尚书》为伪作，毛奇龄则作《古文尚书冤词》对阎说加以辩驳，对今古文《尚书》真伪问题仍聚讼不息。近代以来，学术思潮历经巨变，顾颉刚、陈梦家、刘起釪等学者研究《尚书》用功尤深，成果丰硕。

由于《书》的流传过程极其复杂且篇目多有散佚，除了其他书籍中称引或摘录《书》的内容能够为我们考察《书》的早期面貌和已散佚篇目提供只言片语，① 传世文献中能够提供的相关材料已十分有限，这就为《书》的研究带来了材料方面的客观困难。而近代以来出土文献材料的不断丰富，则为我们打开了窥视《书》等先秦文献早期面貌的一扇特殊窗口。传世文献在流传过程中都在某种程度上经过后人的修改或增删，而出土文献因为长埋地下而得以保存文献成书之初的原始面貌，随着墓葬封闭那一刻起即将陪葬书籍的内容状况定格在特定的时代，因而能够作为研究古书真伪及传世文献增删的可靠证据。目前与《书》内容有关的出土文献主要有郭店楚简（1993）、上博简（1994）和清华简（2008），郭店楚简的《缁衣》《成之闻之》等篇有称引《尚书》的内容，上博简《缁衣》篇也对《尚书》内容有所援引，据李零统计，郭店楚简和上博简引用《尚书》共有10条。②

---

① 传世文献中与《书》关系最为密切的是《逸周书》，今本《逸周书》与《书》在先秦时期很可能存在共同的文献来源，由于特殊的历史原因而分别汇编为两书，《逸周书》与《周书》的文献材料应该都来源于周朝史官的记录。刘起釪先生认为："《逸周书》中有七篇确为西周原篇，有十余篇为西周原篇史料，可是在流传中可能写定于春秋时，再有一些可能为保存了一些西周原零散史料而写定于战国者。"（《尚书说略》，燕山出版社2002年版，第28页）也有学者认为《逸周书》当属于《古文尚书》，见刘俊男：《〈古文尚书〉与〈逸周书〉源流考》，《山东师范大学学报》2003年第2期。黄怀信《〈逸周书〉时代略考》（《西北大学学报》1990年第1期）及罗家湘《〈逸周书〉研究》（上海古籍出版社2006年版）对《逸周书》的成书年代有详细考证。关于《书》与《逸周书》关系之比较研究可参看胡宏哲的《〈尚书〉与〈逸周书〉比较研究》（北京语言大学2008年博士学位论文）。

② 据李零统计："简本引《书》包括：《尹诰》1条，《君牙》1条，《吕刑》3条，《君陈》3条，《祭公之顾命》1条，《康诰》1条，《君奭》1条，共10条。"见李零：《简帛古书与学术源流》，生活·读书·新知三联书店2004年版，第234页。

因为《书》的内容在出土文献中较为罕见，故而有学者说："郭店简、上博简引《书》材料在数量上并不算多，然其内涵却不容小觑。"① 并引起学界对出土文献与《书》关系的关注与探讨。②

与郭店楚简和上博简相比，清华简中关于《书》的内容更为丰富。在清华简入藏清华大学之初，李学勤就表示："清华简中已发现有多篇《尚书》，有些篇有传世本……更多的是前所未见的佚篇，在传世本里没有，或虽见于传世本，但后者是伪古文。"③ 此后，李学勤进一步将清华简中与《尚书》有关的篇目大致划分为三类："一种是真正的《尚书》，见于在今天传世的《尚书》，或者由其标题或内容可以推定是《尚书》的；第二种是不在《尚书》，可是见于传世的《逸周书》的；还有一些，是我们从来不知道的，可是从其体裁来看是和《尚书》、《逸周书》一类的。"④ 刘国忠将清华简中与《尚书》有关的篇目划分为四类，一是"与古文《尚书》有关的篇目"，二是"与今文《尚书》有关的篇目"，三是"与《逸周书》有关的篇目"，四是"从不为后人所知的《尚书》一类篇目"。⑤ 以上两位学者对清华简中《书》类文献的判断标准基本一致，事实上共包括三条判断依据：一是是否属于传世本《尚书》，二是是否属于传世本《逸周书》，三是与传世本《尚书》和《逸周书》现存篇章是否体裁一致。

也有学者提出不同意见。如刘光胜认为判断清华简《书》类文献的两种标准是："一是简长 45 厘米左右，形制、字体要与清华简《尹至》《尹诰》等相近；二是文本内容、体例、思想倾向与今本《尚书》《逸周书》接近，以先王的政治训典为主。"⑥ 针对以上两条判断标准，刘成群认为"以简长

---

① 崔海英：《出土文献引〈书〉与〈古文尚书〉》，《光明日报》2014 年 4 月 8 日。
② 如廖名春《郭店楚简〈缁衣〉引〈书〉考》（《西北大学学报》2000 年第 1 期）、黄震云《郭店楚简引〈书〉考》（《南阳师范学院学报》2003 年第 2 期）等。
③ 李学勤：《初识清华简》，《光明日报》2008 年 12 月 1 日。
④ 李学勤：《清华简与〈尚书〉、〈逸周书〉的研究》，《史学史研究》2011 年第 2 期。
⑤ 刘国忠：《走近清华简》，高等教育出版社 2011 年版，第 73 页。
⑥ 刘光胜：《清华大学藏战国竹简（壹）整理研究》，上海世纪出版集团 2016 年版，第 142 页。

这一形制特点作为界定清华简《书》类文献的首要依据恐怕是有问题的"①，理由是从郭店楚简、上博简等出土文献的竹简形制来看，春秋战国时期尚不存在完全一致的竹简形制，抄写所用竹简形制与其文本内容之间也不存在相对固定的关系，李学勤同样认为竹简长度直至汉初仍然不存在"系统的定制"。关于第二条判断标准，刘成群同样提出不同意见，认为其无法涵盖清华简中的全部《书》类文献，如《赤鹄之集汤之屋》，这样在体例、思想倾向上与今本《尚书》、《逸周书》迥然不同的篇目，究竟是否应该算作《书》类文献仍可商榷。

讨论清华简《书》类文献的判断标准，首先必须明确几个问题：一是《书》类文献的概念范围是什么，二是《书》类文献与《尚书》类文献的区别和界限是什么，三是清华简《书》类文献的判断标准是否应完全以今本《尚书》和《逸周书》的文本作为参照标准。只有明确界定以上三个问题，才能从逻辑上推论出较为符合客观历史的判断清华简《书》类文献的标准。要解决这三个问题，首先应廓清《书》与《尚书》之间的关系。

《说文》对"书"的解释是："书，箸也。"许慎在《说文解字·序》中更进一步阐明"书"的含义："着于竹帛谓之书。"《墨子》云："古之圣王，欲传其道于后世，是故书之于竹帛。"将文字固化在竹帛等特定的载体上，大致可以看作"书"的雏形。赵逵夫认为古史可分为四个阶段：一是传说时期或口传历史时期；二是口传与记事符号相结合的时代；三是文字记载、随时训说的时代；四是不但保持文献的内容与基本规模、大体结构、文体特征，而且注意保存文献叙述语言的原始面貌的阶段。李零认为"书"的含义可分为三种：一是作为文字的"书"（包括铭刻和书籍），二是作为档案的"书"（文书），三是作为典籍的"书"（古书）。按照李零的分类，这三种书的产生时代都应当属于赵逵夫所说的第三个历史阶段。按照许慎的解释，只有记载于竹帛的文字才能称为书，李学勤也认为甲骨文和金文严格来说并不能称为书，这些意见都是非常正确的，甲骨文和金文

---

① 刘成群：《清华简与古史甄微》，上海古籍出版社 2016 年版，第 55 页。

从文字载体和文体功能、保存形式、传播途径等方面来看，都不能算作真正意义上的"书"。

《汉书·艺文志》云："《易》曰：河出图，洛出书，圣人则之。故《书》之所起远矣。"葛志毅指出："河图洛书说又与文字起源的传说相关，而《艺文志》正是在这个意义上把它与《尚书》的起源联系起来。"①《尚书序》则说："伏羲、神农、黄帝之书，谓之三坟，言大道也；少昊、颛顼、高辛、唐虞之书，谓之五典，言常道也。"这就将"书"的产生追溯至"三皇五帝"的传说时代。"三皇五帝"的历史时期属于赵逵夫所说的第一阶段和第二阶段，尽管从传世文献来看，除了《尚书》中《尧典》和《舜典》以外很少有"三皇五帝"时期流传下来的书面文献，而更多的是后人通过口头传说整理记录的书面文献，但赵逵夫认为："今存先秦以至汉代文献中关于伏羲氏、炎帝、黄帝、颛顼、共工、帝喾、尧舜的记载应是有所依据的，并非后人凭空编造。"也就是说，在以"三皇五帝"为代表的古史传说阶段，已经零星出现了作为后世书籍记载内容来源的文献材料，而在当时这些文献材料更多地以口传形式得以保存下来。

在前两个历史阶段，书的形式主要是以口头传说和记事符号为主。真正意义上的"书"应当产生于第三个阶段，《汉书·艺文志》云："书者，古之号令，号令于众，其言不立具，则听受施行者弗晓。"又云："古之王者世有史官，君举必书，所以慎言行，昭法式也。左史记言，右史记事，事为春秋，言为尚书，帝王靡不同之。"《礼记·玉藻》亦云："动则左史书之，言则右史书之，御瞽几声之上下。"关于《礼记》"言则右史书之"与《汉志》"左史记言"的差异，孔颖达认为："《周礼》无左史之名，得称左右者直是时君之意，处之左右，则史掌之事因为立名，故《传》有左史倚相掌记左事，谓之左史，左右非史官之名也。"②这一说法基本是符合历史事实的，记言与记事皆属史官之职。

---

① 葛志毅：《试论〈尚书〉的编纂资料来源》，《谭史斋论稿续编》，黑龙江人民出版社 2004 年版，第 31 页。

② 孔颖达：《春秋左传正义》，上海古籍出版社 1990 年版，第 325 页。

从以上记载可以看出，"书"最早有两种来源：第一个来源是王官之号令，也就是朝廷的公文和辞令，其文本功能在于将号令之言"立具"以便传达；第二个来源是史官所记载的君王言论，其文本功能在于监督君王"慎言行"，并且通过记录和传达君王之言而"昭法式"于天下。而史官的职责不仅在于记录君王的言行，还包括对这些记录进行整理、编辑、保存乃至传达。《周礼·天官冢宰》："宰夫之职：掌百官府之征令，辨其八职：……六曰史，掌官书以赞治。"郑注："赞治，若令起文草书也。"按照《周礼》所记官制，从宰夫乃至酒正之官员，皆配备史官二至十二人，并专为内宫设有女史之职，从人数来看史官的配置相当完备，而且其职责也不仅限于"君举必书"，还要负责与"书"相关的其他职责。《周礼》云：

大宰之职：掌建邦之六典，以佐王治邦国：一曰治典，以经邦国，以治官府，以纪万民。二曰教典，以安邦国，以教官府，以扰万民。三曰礼典，以和邦国，以统百官，以谐万民。四曰政典，以平邦国，以正百官，以均万民。五曰刑典，以诘邦国，以刑百官，以纠万民。六曰事典，以富邦国，以任百官，以生万民。

女史：掌王后之礼职，掌内治之贰，以诏后治内政。逆内宫。书内令。凡后之事，以礼从。

司马迁在《太史公自序》中自述其祖上世代为史官："当周宣王时，失其守而为司马氏，司马氏世典周史。"其《报任安书》又云："仆之先人，非有剖符丹书之功，文史、星历，近乎卜祝之间。"则史官不仅负责记录君王的言行，还负责起草诏令、管理典册以及执掌礼职。此外，史官的职责范围可能还涉及天文历法乃至巫祝祭祀，这也可以从清华简中找到相关佐证，如清华简《金縢》篇记载"史乃册祝告先王"，即说明史官兼有巫祝职能，其后史官将周公祝告之言记录下来并"纳其所为功自以代王之说于金縢之匮"，更说明记录君臣言辞和整理保存档案是史官的基本职责。从文献记载来看，史官之职在上古三代由来已久，据《吕氏春秋·先识》云：

> 夏太史令终古出其图法，执而泣之。夏桀迷惑，暴乱愈甚。太史令终古乃出奔如商。汤喜而告诸侯曰：夏王无道，暴虐百姓，穷其父兄，耻其功臣，轻其贤良，弃义听谗，众庶咸怨，守法之臣，自归于商。

> 殷内史向挚见纣之愈乱迷惑也，于是载其图法，出亡之周。武王大说，以告诸侯曰：商王大乱，沈于酒德，辟远箕子，爱近姑与息。妲己为政，赏罚无方，不用法式，杀三不辜，民大不服。守法之臣，出奔周国。

殷商时期的甲骨文已有"史""尹""作册"等职官之记载，金文亦有"作册内史""作册尹"等相关记录。据王国维考证，"作册"和"内史"皆为殷商史官，"尹"则是史官之长，其职责大致皆为掌管文书、记录时事。《周礼·春官》记载周王室设有五史，而且职责分工已经相当详细，史官制度在西周已经臻于完备，并赋予史官相当大的监督权和话语权。[①] 周公"制礼作乐"使礼制更为完备，周朝的《书》类文献数量较夏商更为丰富，再加上史官所保存的夏、商二代之典册，其文献总量必当汗牛充栋。《尚书璇玑钤》曰："孔子求书，得黄帝玄孙帝魁之书，迄于秦穆公，凡三千二百四十篇。"所谓"三千二百四十篇"之数虽难以坐实，更遑论"孔子之时，周室微而礼乐废，诗书缺"，但上古三代《书》类文献之巨由此可见一斑，因而"书"在这时只能是包括典、册等类别的总括之称，而具体某一朝代的"书"则可称为《夏书》、《商书》或《周书》。

---

① 赵逵夫指出："周代建立了完善的史官制度，朝廷大事和国君的重要言行皆由史官加以记录。由于史官受命于上天和先君先王之灵，在一定程度上具有独立执事的权力，连国君也不能干预他对事实的记录，所以史官制度便在一定程度上具有了对国君和大臣言行进行监督的因素。"见罗家湘：《〈逸周书〉研究》，上海古籍出版社 2006 年版，第 2 页。

至春秋战国时期，周王室的衰微不仅导致国家政治权力下移，也导致文化权力的下移和《书》类典籍的散佚。《左传·昭公二十六年》："十一月辛酉，晋师克巩。召伯盈逐王子朝，王子朝及召氏之族、毛伯得、尹氏固、南宫嚚奉周之典籍以奔楚。"原本"藏之盟府"的王室之《书》逐渐流散诸侯之国并经过各国的重新整理编订，这些《书》类典籍遂冠以诸国之名，如《左传·襄公三十年》曾引《郑书》云：

> 子产曰："非相违也，而相从也，四国何尤焉？《郑书》有之曰：'安定国家，必大焉先。'姑先安大，以待其所归。"

《郑书》又见于《左传·昭公二十八年》：

> 晋祁胜与邬臧通室，祁盈将执之，访于司马叔游。叔游曰："《郑书》有之：'恶直丑正，实蕃有徒。'"

《礼记·大学》则有称引《楚书》："《楚书》曰：楚国无以为宝，惟善以为宝。"西周时期各诸侯国已设有单独的史官，因而各国之《春秋》以及从王室流传所得三代之《书》共同构成了《楚书》《郑书》等诸侯国之《书》的主要文献来源。《孟子·离娄下》："王者之迹熄而诗亡，诗亡然后《春秋》作。晋之《乘》，楚之《梼杌》，鲁之《春秋》，一也。其事则齐桓、晋文，其文则史。"《七国考》卷十四引《列国纪闻》曰："楚史曰《梼杌》，亦曰《书》，曰《志》，曰《记》。"从清华简内容来看，其中很可能就包括战国时期《楚书》《郑书》等《书》的篇章。

唐代徐彦《春秋公羊传疏》云："孔子受端门之命，制春秋之义，使子夏等十四人求周史记，得百二十国宝《书》。"则孔子之时《周书》已散佚诸侯，而孔子对弟子从各国搜集到的《书》类文献"断远取近"，将其中"可以为世法者"重新整理编次成《书》并用以传授门徒，成为传世本《书》的祖本。① 今本《逸周书》与《尚书》的原始篇章大致是在这一时期由不同的选本取舍而逐渐分离，各自成书。从《孟子》《墨子》等先秦典籍称引《书》的情况来看，《书》在春秋战国时期至少已有儒家和墨家等不同选本，而且其选本篇目存在较大差异。经过秦火焚毁，至汉代又"罢黜百家，独尊儒术"，除儒家选本以外的其他选本之《书》终至湮灭不闻。伏生与孔安国皆为儒学之士，《古文尚书》更出自孔壁，最终使先秦《书》类文献在传世本中仅有《尚书》和《逸周书》得以流传至今。

以上分析大致可以回答前面提出的关于《书》类文献判断标准的三个问题。

第一，《书》类文献的指称范围。

从文本来源和文本性质来看，《书》类文献是指上古时期各个朝代由史官所撰写、记录并加以整理的典章号令、君臣言论、王室辞令等历史档案，并具有资鉴治政和道德教化的思想价值。② 需要说明的是，鉴于"书之于竹帛"的真正意义上的《书》出现较晚，而传说时期的"三皇五帝"之《书》基本是以口传形式追述于三代之《书》，所以我们说的《书》类文献在时代断限上主要是以《夏书》、《商书》和《周书》为主，夏代以前之《书》则阙疑毋论。因夏代尚未发现直接文字证据，其《书》类文献当是以口头记诵等形式保存至商代。从传播过程看，《书》类文献在战国以前的文本状态是一个动态变化的过程，不但其文本的总量随着"君举必书"而不断累积增加，而且其文本的编订、保存和传播形式也随着政治体制和历史环境的变化而不断变化。

----

① 崔海鹰认为孔子对《书》类文献的整理主要有四个方面：断限、选材、编次、补缀，并认为经此整理，《尚书》传流史上出现第一个定本。孔门《尚书》传授，当是东周《尚书》传授的主流，汉代孔壁所出《古文尚书》，就是孔门《尚书》之遗。见崔海鹰：《孔传〈古文尚书〉渊源与成书问题探论》，曲阜师范大学 2014 年博士学位论文，第 28 页。

② 程浩认为："对'书'类文献的定义就是君臣在行政过程中的言论记录所形成的文本，它是一种官方性质、记言体裁的文献，由史官记录并负责保存，有着教化后嗣的功用。"见程浩：《"书"类文献先秦流传考：以清华藏战国竹简为中心》，清华大学 2015 年博士学位论文，第 22 页。

特别是进入东周时期，"王官之学的下移、扩散使原本相对一线单传的《尚书》类文献传流，衍生为多线多样、多本别传的多元状态。在此过程中，各国间的不同政治取向、地域文化差异以及阅读、抄写习惯的不同等，都会对《尚书》文本的衍化、变异产生重要影响。"① 因此本书所说的《书》是对这类文献材料的总体指称，② 而非指称某一具体特定文本，而对于战国时期出现的儒家等学派所编订之《书》，称作"《书》的选本"或"《书》的编订本"为宜。

第二，《书》类文献与《尚书》类文献的区别和界限。

首先，《尚书》的名称出现较晚，较早的记载始见于《墨子·明鬼》："故尚书夏《书》，其次商、周之《书》，语数鬼神之有也，重又重之。"但王念孙认为此处的"尚"当作"上"解："尚书夏书，文不成义，尚与上同，书当为者，言上者则夏书，其次则商、周之书也，此涉上下文字而误。"③ 从文义来看，《墨子》所称"尚书"并非《尚书》之名，应当依王念孙之说解释为表示逻辑顺序的"上"更为合理，而且《论语》《孟子》等皆称《书》而不称《尚书》，也说明《尚书》之名出现较晚，学界一般认为当在汉代立《书》为"经"之后才称为《尚书》或《书经》。所以从概念上来讲，《书》是类名，《书》类文献则是指先秦时期这类文献的总称，其篇目总量很难估测；而《尚书》是专书之名，是指以孔子选本为祖本的《书》的儒家选本，其篇目数量从文献记载中仍可窥其端倪。

其次，《书》作为类名是一个广义的概念，其概念外延较为宽泛，仅从文本层面来说，凡是创作于夏商周三代并以上古三代真实历史人物或真实历史事件为核心内容、文体以记言为主或记言兼有叙事、具有资鉴治政

---

① 崔海鹰：《孔传〈古文尚书〉渊源与成书问题探论》，曲阜师范大学 2014 年博士学位论文，第 28 页。

② 李零指出："诗、书、礼、乐、易、春秋，它们原来并不是书名，而只是类名，不能随便加书名号，就像汉人称引《孙子》只系兵法一样，我们今天加了书名号的这类书其实都是选本。"见李零：《简帛古书与学术源流》，生活·读书·新知三联书店 2004 年版，第 217 页。

③ 王念孙：《读书杂志》，江苏古籍出版社 1985 年版，第 588 页。

价值或道德教化意义的先秦文献，都属于《书》类文献；① 而《尚书》类文献特指那些被编入孔子《书》选本或汉代以后《尚书》选本的篇章。也就是说，如果从传世文献记载中无法找到某篇《书》类文献曾入选《尚书》选本篇目的可靠证据，则不宜称其为《尚书》类文献，而应当称为《书》类文献。以清华简的篇目为例，《金縢》《傅说之命》既可以称为《尚书》类文献，也属于《书》类文献，因为它们明确收录于传世本《尚书》，而《尚书》作为《书》类选本其篇目都源于先秦《书》类文献。而《皇门》《祭公之顾命》《程寤》等篇虽见于今本《逸周书》，但《逸周书》本来就是儒家《尚书》选本择取篇目之余，② 所以凡是见于《逸周书》的篇目恰好能够证明它是在儒家选本《尚书》的收录范围之外，因而将《皇门》等篇称为《书》类文献更加适当。

第三，清华简《书》类文献的判断标准，能否完全以今本《尚书》和《逸周书》的文本作为参照标准。

首先要肯定《尚书》和《逸周书》对于研究先秦《书》类文献的重要价值。《尚书》和《逸周书》作为先秦《书》类文献的选本，对于研究《书》类文献在先秦时期的流传状况、文本面貌、文体类型等方面都有不可或缺的文本价值，也为研究清华简中的《书》类文献提供了可资互证的文本基础。同时也要清醒地认识到，受古代儒家"经典"观念和近代疑古思潮的影响，③ 今本《尚书》中的《古文尚书》长期笼罩在"伪书"的疑云之下，而未收录于《尚书》的《逸周书》及其他《书》类文献材料的文本价值也

---

① 《诗经》里《周颂》中的部分篇目除了文体属于诗歌以外，也符合笔者所说的以上条件，但从文体形式、文本性质和文本功能等方面来说，"诗"与"文"仍有较大区别。

② 罗家湘认为《逸周书》的来源是"汇集了《周志》、孔子删《书》之余以及流行于战国初期的一些兵书、礼书，它是魏国人继承周、晋遗产而编成的政治读本"。见罗家湘：《〈逸周书〉研究》，上海古籍出版社 2006 年版，第 66 页。

③ 赵逵夫指出："儒家思想统治中国二千多年，同孔子思想的博大精深是有关的。但从另外一面说，也使很多的历史文献、历史事实被湮没。《尚书》虽然为历史文献的汇编，但已经经过了选择去取。而其他的大量周代文献，便失传了。"见罗家湘：《〈逸周书〉研究》，上海古籍出版社 2006 年版，第 4 页。

未受到充分重视。直至清华简被发现以后，仍然有很多学者以清华简为基础来重新讨论"今古文尚书"的真伪问题，有的学者以清华简作为证据来坐实今本《尚书》中的《古文尚书》属于"伪书"，也有学者以今本《尚书》为证据来论证清华简为"伪书"。赵逵夫从研究方法上指出这种研究思路的症结所在："汉代以来直至二十世纪中晚期的学者，在文献流传方面的观念基本上是第四个阶段的，所以也常常以第四个阶段文献形成与流传的状况，来衡量第三个阶段、第二个阶段形成的文献。……所以，二十世纪中尽管运用了现代科学的思想来研究古代文献，主观上尽量做到方法的先进，论证的严密；材料的收集上，也确实做到了涸泽而渔，但结果却难免出现错误。"①

具体来看《尚书》的研究，有学者曾指出，对《书》类文献的起源及早期编纂问题缺乏关注是近代以来《尚书》学研究的一个盲区，"这种截断众流的观察、运思方式，也使《尚书》研究犹如无源之水，无本之木"②。事实上，我们既不能盲目"信古"，更不能无端"疑古"，诚如李零所说："辨伪学家讲真伪，着眼点主要是年代矛盾，这样的矛盾本来可以通过年代本身去解决，而不一定非得归入'真伪'的范畴。"③具体到清华简《书》类文献与《尚书》《逸周书》的相互关系上，我们认为清华简《书》类文献和《书》《逸周书》存在共同的文献源头，而清华简《书》类文献和《尚书》《逸周书》在先秦时期都属于不同地域、不同学派的《书》的选本。④《尚书》和《逸周书》应当作为对照研究清华简《书》类文献的"镜子"，而不应当作为衡量清华简《书》类文献"真伪"的"尺子"来使用。今本《尚书》和《逸周书》基本保留了先秦《书》类文献编选和流传的最终结果，

---

① 罗家湘：《〈逸周书〉研究》，上海古籍出版社 2006 年版，第 9 页。

② 罗家湘：《〈逸周书〉研究》，上海古籍出版社 2006 年版，第 30 页。

③ 李零：《简帛古书与学术源流》，生活·读书·新知三联书店 2004 年版，第 198 页。

④ 崔海鹰指出："对清华简《尚书》类文献与《古文尚书》问题的探讨，亦必须认识到东周《尚书》流传的多元存在，即清华简是独立于孔门《尚书》之传以外的战国楚地传本。"见崔海鹰：《孔传〈古文尚书〉渊源与成书问题探论》，曲阜师范大学 2014 年博士学位论文，第 28 页。

而清华简《书》类文献则可以窥见先秦《书》类文献的原始特征和流传轨迹。

第二节　清华简《书》类文献的篇目范围

自清华简整理发布之初，整理者就敏锐地意识到它与《尚书》的关系较为密切，李学勤说："现在我们初步估计全部清华简有六十四篇或更多一些书，内容和《诗》《书》《礼》《易》《春秋》都有一些关系，但与《书》的关系更重要。"① 他认为清华简中与《书》有关的篇目包括三类：一是见于今本《尚书》或可推定为《尚书》的篇目，二是见于《逸周书》的篇目，三是从体裁来看是和《尚书》《逸周书》一类的篇目，并认为"这三部分总共有二十多篇，是清华简的主要内容"。

刘国忠对清华简第一辑中的《书》类文献篇目作出了较为具体的说明：1.《尹诰》，属于与古文《尚书》有关的篇目；2.《金縢》，属于与今文《尚书》有关的篇目；3.《程寤》《皇门》《祭公》，属于与《逸周书》有关的篇目；4.《尹至》《保训》，属于"从不为后人所知的《尚书》一类篇目"。② 此后，又明确指出清华简第五辑的《命训》篇见于《逸周书》，因而也属于《书》类文献。③

程浩将"书"类文献定义为"君臣在行政过程中的言论记录所形成的文本。它是一种官方性质、记言体裁的文献，由史官记录并负责保存，有着教化后嗣的功用"，认为清华简中属于"书"类文献的共有九篇：《尹至》《尹诰》《傅说之命》《程寤》《厚父》《金縢》《封许之命》《皇门》《祭公之顾命》，并将以上九篇分为三类：1.今存文本者：《金縢》《皇门》《祭公之顾命》；2.仅存篇目者：《尹诰》《傅说之命》《程寤》；3.篇目无存者：《尹至》

① 李学勤：《清华简与〈尚书〉、〈逸周书〉的研究》，《史学史研究》2011年第2期。
② 刘国忠：《走近清华简》，高等教育出版社2011年版，第73页。
③ 刘国忠：《清华简〈命训〉初探》，《深圳大学学报》2015年第3期。

《厚父》《封许之命》。此外，程浩还认为清华简《保训》《耆夜》《命训》三篇不属于"书"类文献，理由是《保训》成篇时代较晚可能并非文王亲述，且竹简形制不类；《耆夜》以诗歌形式为主；《命训》的思想内容近似于战国子书。①

刘光胜认为清华简第一辑的九篇文献中有七篇属于《书》类文献：②《尹至》《尹诰》《金縢》《皇门》《祭公》《程寤》《耆夜》，理由是它们"或属于《尚书》，或与《尚书》文体接近"，显然也是主要从文体角度来考察清华简文献的性质。刘光胜认为《尚书》之称为"经"有三个基本特征：政事之纪、孔子所编、时间断限，而清华简《书》类文献与儒家《尚书》的差异表现在七个方面：1. 篇名不同；2. 篇数不同；3. 篇目差异；4. 书序有无；5. 不同传本；6. 思想特征不同；7. 整理时间和整理者不同。此外，刘光胜通过对竹简形制、字体特征、故事情节、人物关系、用语习惯、思想倾向等方面的系统考证，认为《赤鹄之集汤之屋》并非楚地小说，也应当属于《书》类文献。③

刘成群认为清华简前五辑的历史类文献篇目可以分为三类：第一类是《书》类文献和与《书》类似的文献，如《金縢》《皇门》《程寤》等；第二类是历史地理著作，如《楚居》；第三类是编年体史书，如《系年》，而且"在这三种史书当中，《书》类文献是绝对的主体"。刘成群认为清华简《书》类文献又包括四种具体情况：一是见于今本《尚书》的篇章，二是见于今本《逸周书》的篇章，三是不见于传世文献记载但体裁、内容与《尚

---

① 程浩：《"书"类文献先秦流传考：以清华藏战国竹简为中心》，清华大学 2015 年博士学位论文。

② 刘光胜认为："先秦时期尚书之名尚未出现，因此清华简《金縢》等文献不能统称之为'清华简《尚书》'。《书》经为先王之政纪，陆续编订于孔子及战国儒家之手，时间断限为尧舜至秦穆公，而清华简不能坐定为孔子整理，成书下限已至战国……目前最好的名称是'清华简《书》类文献'。"见刘光胜：《清华大学藏战国竹简（壹）整理研究》，上海世纪出版集团 2016 年版，第 158 页。

③ 刘光胜：《清华大学藏战国竹简（壹）整理研究》，上海世纪出版集团 2016 年版，第 158 页。

书》相似的篇章，四是一些描述商周人物故事的佚篇。关于前三种《书》类文献的判断，学界一般没有异议，其判断标准也大体相同。而第四种文献如《赤鹄之集汤之屋》《耆夜》《汤处于汤丘》《汤在啻门》《殷高宗问于三寿》等篇目或具有浓厚的巫术色彩和曲折离奇的故事情节，或带有明显的黄老之学思想倾向，学界多认为《赤鹄之集汤之屋》篇属于小说，而《汤处于汤丘》等篇可能属于子书。对此问题，刘成群认为讨论这些篇目是否属于《书》类文献的关键在于"以谁的视角来看"的问题，现代人对于子书的认识显然受到秦汉以来儒家《尚书》正统观念的影响，而对于墓主人来说，在其所处的历史时代很可能对《书》类文献的认识是相当宽泛的，他所见到的文献可能并未经过战国末期齐鲁儒家的编订，因而"凡涉及上古明君贤臣又提供治国理民之术的"①，都会被墓主人视为《书》。

此外，也有很多学者对清华简中《保训》《耆夜》等篇的文本性质加以考察，并对其是否属于《书》类文献的问题进行了探讨，如刘光胜《清华简与先秦〈书〉经流传》、②马智全《清华简〈程寤〉与〈书〉类文献"寤"体略探》、③吴良宝《再论清华简〈书〉类文献〈耆夜〉》④等，对清华简《书》类文献的范围问题进行了有益探索。

总体来看，以上学者对清华简《书》类文献篇目范围的判断既存在共识也存在差异，其原因在于对《书》类文献界定的尺度有宽窄之分，观察清华简《书》类文献的视角也有今古之分。《荀子·劝学》曰："书者，政事之纪也。"虽然"政事之纪"揭示了《书》的内容来源和文体属性，但并不足以作为判断《书》类文献的唯一标准。对《书》类文献的范围既不宜过于谨慎局限，也不宜失之宽泛，而应该从其文本核心内容的创作背景、创作时间、文本生成、文本来源、文体类型、文本功能等方面加以综

---

① 刘成群：《清华简与古史甄微》，上海古籍出版社 2016 年版，第 57 页。

② 刘光胜：《清华简与先秦〈书〉经流传》，《史学集刊》2012 年第 1 期。

③ 马智全：《清华简〈程寤〉与〈书〉类文献"寤"体略探》，《鲁东大学学报》2015 年第 1 期。

④ 吴良宝：《再论清华简〈书〉类文献〈耆夜〉》，《扬州大学学报》2015 年第 2 期。

合把握。首先从概念上讲，《书》类文献是指上古时期各个朝代由史官所撰写、记录并加以整理的典章号令、君臣言论、王室辞令等历史档案，并具有资鉴治政和道德教化的思想价值。其次，应当考虑到先秦时期的《书》是作为文献总类而非单独文本，特别是在春秋战国时期，王室衰微典册散佚而存于诸侯，百家争鸣著书立说则各取所用，《书》类文献在传播过程中呈现出多线性发展的轨迹，《书》既无定本又无定态，在传抄过程中书体和方言的差异也会造成文本层面的差异。

从判断标准上来讲，凡是创作于夏商周三代并以上古三代历史人物或历史事件为核心内容、文体以记言为主或记言兼有叙事、具有资鉴治政价值或道德教化意义的先秦文献，都应当属于《书》类文献。① 按照以上判断标准，清华简前八辑中的《尹至》《尹诰》《程寤》《保训》《耆夜》《金縢》《皇门》《祭公之顾命》《傅说之命》《周公之琴舞》《芮良夫毖》《赤鹄之集汤之屋》《厚父》《封许之命》《命训》《汤处于汤丘》《汤在啻门》《殷高宗问于三寿》《摄命》等都属于《书》类文献。

清华简《书》类文献文本内容的核心要素是其中所涉及的人物和事件，尽管存在后人伪托或追述的可能性，但历史人物和历史事件为我们提供了考察文献来源背景的基本依据，特别是对于西周时期《书》类文献，也提供了判断其文献成篇的大致时间上限范围，虽然口传时期的文献在由口头到书面的转述过程中可能会发生字词和用语方面的改变，但其主要人物事件和思想主旨等核心内容不会发生本质性的改变。比如清华简《赤鹄之集汤之屋》虽然带有浓厚的"怪力乱神"色彩，以至于学者多认为以其性质

---

① 李守奎认为清华简《书》类文献的的判断标准是：1.所记内容是三代文献，下迄于春秋初年；2.语言风格或如《周书》佶屈聱牙，或有明显的古老痕迹，不论是传承还是仿拟；3.文体主要以训诰等记言为主。不同的文体各有不同的特点。（《汉代伊尹文献的分类与清华简中伊尹诸篇的性质》，《深圳大学学报》2015 年第 3 期）笔者认为，李先生所说第一条标准是正确的，第二条标准则不易把握，而且语言会在文本的流传过程中因转述而发生改变，但其核心内容是相对固定的，第三条标准基本是正确的，但今本《尚书》亦不唯训诰之体，对清华简《书》类文献的文体当具体问题具体分析，不必严守窠臼拘泥于今本体例。

属于先秦小说，但是透过奇诡不经的荒诞外衣，我们仍然可以看到其故事内核是来源于商汤与伊尹共同谋夏的真实历史。对以上各篇文本内容所涉及的历史人物和历史事件加以考察，具体如表1-1所示。

表 1-1　清华简《书》类文献文本核心内容统计表

篇目	历史人物	历史年代	历史事件	核心内容
厚父	王、厚父①	夏末商初	夏代历史	治国之道
尹至	伊尹、汤	夏末商初	商汤伐夏	夏失民心
尹诰	伊尹、汤	夏末商初	商汤灭夏	治民之道
赤鹄之集汤之屋	伊尹、汤、汤妻纴巟、夏后	夏商之际	伊尹奔夏	伊尹奔夏
汤处于汤丘	汤、伊尹、方惟	夏商之际	汤与伊尹谋夏	汤与伊尹谋夏
汤在啻门	汤、伊尹	商代	汤问政于伊尹	治国之道
傅说之命	武丁、傅说	商代	武丁举用傅说	君臣之道
殷高宗问于三寿	武丁、三寿	商代	武丁问政于三寿	治国之道
程寤	周文王、太姒、姬发	商周之际	太姒梦周受商命	文王受命
保训	文王、姬发	商周之际	文王遗训武王	治国之道
命训	周文王②	西周	文王训政	治国之道
耆夜	武王、周公、召公、毕公、辛公等	西周	武王伐耆	尹至之礼
金縢	武王、周公、成王	西周	周公居东	君臣之道
封许之命	成王、吕丁	西周	成王册封吕丁	封许之命
皇门	周公	西周	周公训诫群臣	治国之道
周公之琴舞	周公、成王	西周	周公、成王作恶	琴舞之礼
祭公之顾命	祭公、周穆王	西周	祭公遗训穆王	治国之道

----

① 仅从文献内容本身很难判断王与厚父的真实历史身份，但从其中所述及的夏代史事和思想内涵来看，《厚父》当成篇于夏商之际，其时代当距夏未远，笔者认为，从其文辞来看当至少成书于商代并经过后人追述整理，因而归于《商书》为宜。也有学者认为厚父即为伊尹、王即为太甲，《厚父》所记为伊尹训诫太甲之言，参见姚治中：《〈厚父〉简的历史价值》，《皖西学院学报》2016年第4期。

② 《命训》篇全文皆为记言，但并未记载作者身份，《逸周书》以《度训》《命训》《常训》并称"三训"，学者多认为这三篇是同一时代的文献，很可能存在共同的文献来源，据《周书序》："昔在文王……殷人作教，民不知极，将明道极，以移其俗，作《命训》。"朱右曾据此推测《命训》是周文王任商朝三公之位时所作。

篇目	历史人物	历史年代	历史事件	核心内容
芮良夫毖	芮良夫、群臣	西周	芮良夫训诫群臣	治国之道
摄命	王、伯摄	西周	伯摄受册命于王	君臣之道

可见，以上文献的文本内容主要以商周时期的真实历史人物或历史事件为主，涉及年代上迄夏末商初，下至西周晚期周厉王时代，且以《商书》和《周书》居多，其核心内容都是与上古三代史事有关的"政事之纪"，当来源于历代史官对王室君臣重要言论、文诰辞令的记录和重要历史事件的档案文书，与先秦《书》类文献皆出于史官的来源相符，其主旨也多为讲述治国之道、君臣之道或历史经验，显然存在对治国理政历史经验的借鉴价值。再来看各篇文本中记言部分与叙事部分文字内容的整体统计情况，具体如表 1-2 所示。

表 1-2 清华简《书》类文献记言与叙事比例统计表

篇目	总字数	记言字数	所占比例（%）	叙事字数	所占比例（%）	整体特征
厚父	560	534	95	26	5	记言为主
尹至	154	97	63	57	37	记言为主
尹诰	111	78	70	33	30	记言为主
赤鹄之集汤之屋	450	213	47	237	53	记言兼有叙事
汤处于汤丘	558	414	74	144	26	记言为主
汤在啻门	580	510	88	70	12	记言为主
傅说之命	649	563	87	86	13	记言为主
殷高宗问于三寿	759	684	90	75	10	记言为主
程寤	296	191	65	105	35	记言为主
保训	237	212	89	25	11	记言为主
命训	831	831	100	0	0	全篇记言
耆夜	378	241	64	137	36	记言为主
金縢	388	157	40	231	60	记言兼有叙事
封许之命	206	206	100	0	0	全篇记言
皇门	533	520	97	13	3	记言为主

续表

篇目	总字数	记言字数	所占比例（%）	叙事字数	所占比例（%）	整体特征
周公之琴舞	482	462	96	20	4	记言为主
祭公之顾命	590	541	92	49	8	记言为主
芮良夫毖	904	864	96	40	4	记言为主
摄命	978	917	94	61	6	记言为主

可以看出，以上《书》类文献皆以记言体为主，① 个别篇目以叙事为辅，基本符合"言为《尚书》"的文体特征。程元敏在《尚书学史》中明确指出"《尚书》系记言体"，对于个别篇目记言兼有叙事的文体情况，程先生认为"《尚书》体亦兼记事，但以记言为主"，② 这也是符合本书所指出的清华简《书》类文献以记言为主并兼有记事的文体特征的。潘莉认为《尚书》的"记言"性质具有宗教性、政治性和教化性的特征，并将《尚书》"记言"的功能概括为三种情况：记言以存礼，记言以表功，记言以明道。③ 这种分类实际上也指明了《书》类文献之"言"的类型可以划分为"存礼之言""表功之言""明道之言"，存礼以明制度，表功以彰业绩，明道以资治国。

以清华简《书》类文献为例，《耆夜》记载尹至之礼，《周公之琴舞》记载乐舞之言，皆可谓"存礼之言"；《封许之命》备述吕丁功绩，《金縢》详叙周公忠烈，《尹诰》称伊尹及汤"咸有一德"，皆可谓"表功之言"；《保训》追叙圣王"中道"，《厚父》追述"前文人之明德"，《汤在啻门》详述"古之先帝亦有良言情至于今"，《殷高宗问于三寿》武丁询问"二有国之情"于三寿，皆可谓"明道之言"。从文体形式来说，"记言"是清华简《书》

---

① 罗家湘认为："中国古代的文体分类与信息传播方式分类有着密切联系。言与行是非物质传播的重要手段，记言体和记事体就是对这两种传播手段的文字表述。"见罗家湘：《〈逸周书〉研究》，上海古籍出版社 2006 年版，第 88 页。

② 程元敏：《尚书学史》，华东师范大学出版社 2013 年版，第 16 页。

③ 参见潘莉：《〈尚书〉文体类型与成因研究》，中央民族大学 2013 年博士学位论文，第 26 页。

类文献最为核心的文本功能，对"言"的分类也是研究其文体类型的主要依据。

以上《书》类文献与传世文献对照可分为以下几类情况：

第一类是见于今本《尚书》、《逸周书》或据传世文献着录当属于《尚书》《逸周书》的篇目，包括《金縢》《皇门》《祭公之顾命》《命训》《尹诰》《傅说之命》《程寤》《厚父》《摄命》。其中《金縢》见于《今文尚书》，其史事亦见于《史记·周本纪》和《史记·鲁周公世家》相关记载，特别是《史记·鲁周公世家》记载《金縢》之事甚详，语句也多有近似，可证司马迁编写《史记》曾采纳《尚书·金縢》所述史事；《皇门》见于今本《逸周书》，文句基本相同而今本讹误较多；《祭公之顾命》见于今本《逸周书》，文句基本相同而今本讹误较多，而且篇题略有差别，《逸周书》称为《祭公》而简本题为《祭公之顾命》；《命训》见于《逸周书》，全文基本相同而个别文句略有差异；《尹诰》篇部分文句内容与《礼记·缁衣》所引《尹吉》文句相同，郑玄已明辨《尹吉》为《尹诰》之误，故此篇当为原已散佚的《尚书·尹诰》；《傅说之命》的简本已注明篇题，而《书序》云："高宗梦得说，使百工营求诸野，得诸傅岩，作《说命》三篇"，简本《傅说之命》三篇内容与《书序》所言基本相符，而且简本内容多见称引于《国语》《孟子》《礼记》等传世文献，故简本《傅说之命》当为古本《尚书·说命》，今本《尚书》亦有《说命》三篇，但内容与简本全然不同，可证今本属于后人伪作；《程寤》在今本《逸周书》仅存篇目早已散佚，部分文句称引于《博物志》《潜夫论》《艺文类聚》《太平御览》等传世文献，可证简本《程寤》即属《逸周书》逸篇；《厚父》文句又见于《孟子·梁惠王下》，当为《尚书》逸篇；《摄命》当为《囧命》原始文本。

第二类是在文体形式、文辞特征、内容主旨等方面与今本《尚书》、《逸周书》篇目相近的篇目，包括《保训》《封许之命》《尹至》《汤在啻门》《汤处于汤丘》《殷高宗问于三寿》《赤鹄之集汤之屋》。《保训》篇题为整理者所加，其文体形式和部分文句与《今文尚书》中的《顾命》相似，从内容来看也可以称为《文王之顾命》；《封许之命》文体形式与《今文尚书》的《文侯之命》十分相似，据《书序》可知《尚书》原有《蔡仲之命》《微子之命》等篇，则《封许之命》亦当属于《尚书》"命"体篇目；《尹至》与《尹诰》篇文辞相类，内容相连，当属于《尚书》逸篇无疑；《汤在啻门》《汤处于汤丘》以记叙汤与伊尹言辞为主，并述及商周史事，当属于《书》类文献；《殷高宗问于三寿》记载武丁问政于三寿，所论皆为天人之道和治国之道，当属于《书》类文献；《赤鹄之集汤之屋》是在汤与伊尹谋夏的史事基础上经过楚人加工改编而成的"伊尹故事"，从其核心内容和文体形式来看仍可算作《书》类文献，具体理由详见本章下节相关论述。

第三类是兼有《诗》《书》研究价值的篇目，主要包括《耆夜》《周公之琴舞》《芮良夫毖》。关于《耆夜》的成书年代，学界多认为并非成书于西周初期，可能成书于西周中晚期。① 我们认为《耆夜》所记"武王戡黎"之事为西周史实，从内容和文体形式来看其主旨在于详细记载饮至之礼举行的时间、背景、场合、礼仪、程序等环节，并记录了作为饮至之礼酬酒环节所用的诗歌文本，所以将《耆夜》看作一篇记载饮至礼仪的"礼书"更为恰当，尽管其所记之"言"为诗歌的形式，但作为以"记言"为主并兼有叙事的一篇文献，因而《耆夜》仍属于《书》类文献的范畴。当然，仅就《耆夜》中的《乐乐旨酒》等篇诗歌而言，将其作为《诗》类逸篇是完全正确的，《耆夜》在作为"诗本事"的叙事层面上也具有作为《诗》类文献的研究价值，② 这与它作为《书》类文献的研究价值并不冲突。

---

① 刘光胜认为："清华简《耆夜》并非周初文献，与《尚书》、金文等文献对比，可知它很可能成书于西周中晚期至春秋前段。"见刘光胜：《清华简〈耆夜〉考论》，《中州学刊》2011 年第 1 期。也有学者认为："《耆夜》非史家实录而源于后代追述，仪式传承。"见张国安：《清华简〈耆夜〉成篇问题再论》，《江苏师范大学学报》2014 年第 5 期。还有学者认为《耆夜》是战国时期楚人拟作，见杜勇：《从清华简〈耆夜〉看古书的形成》，《中原文化研究》2013 年第 6 期。

② 如黄甜甜认为："《耆夜》全文以周初伐耆后饮至礼为故事背景，武王和大臣间相互酬酢，相互作歌，这种情形类似于赋诗。简文作者很可能是在春秋时代赋诗的风气影响之下，以周初故事为诗本事，融古诗于饮至礼中，最终编写出《耆夜》。因此而言，本文视《耆夜》所载内容为赋诗行为，《耆夜》可视为称诗文献。"见黄甜甜：《清华简"诗"类文献研究》，清华大学 2015 年博士学位论文，第 3 页。

李学勤先生认为《周公之琴舞》"性质同于传世《诗经》的《周颂》",但也指出:"《周公之琴舞》本来一定是在固定的场合,例如新王嗣位的典礼上演出的。"笔者认为,《周公之琴舞》以叙事开篇,先点明"周公作多士儆毖,琴舞九卒"以及"成王作儆毖,琴舞九卒",这并非"诗序",而是史官对新王嗣位典礼仪式上,周公和成王分别作"儆毖"之礼仪环节的现场记录,因而可以将《周公之琴舞》视为一篇"礼书"。姚小鸥已指出《周公之琴舞》并非乐家传本而是重"义"而不重"声"的诗家传本,[1] 笔者认为对《周公之琴舞》不仅要重其《诗》之"义",更要重其《书》之"礼",《周公之琴舞》与《芮良夫毖》皆属于"儆毖"之体的《书》类文献。有学者认为《周公之琴舞》作为楚地文献,是"楚人把周公之诗和成王之诗作为毖儆类文献来接受的","两篇简文的内容都是毖儆类的文献,所以楚人将它们一同抄写",[2] 这种意见是非常正确的。

赵平安先生认为"《芮良夫毖》的结构和《周书》多篇相似","是西周晚期一篇重要的历史文献","综合考虑,我们推测《芮良夫毖》应属于《尚书》类文献。和一般《周书》类文献不同的是,《芮良夫毖》所述芮良夫的劝诫之言是以诗歌形式出现的,但这并不影响对它的性质判断。"[3] 姚小鸥则指出:"《芮良夫毖》前之'序'可称为'小序',为先秦《诗序》之遗存。……由此可知《芮良夫毖》必为'诗''歌'类文体,其文势与内容又与《诗经》大小《雅》相仿,故当判定为《诗经》类文献。《〈芮良夫毖〉初读》定其为《尚书》类文献,似有不妥。"[4] 笔者认为,从内容主旨和文体形式来看,《芮良夫毖》记载芮良夫在国家危难之际对君王和群臣作出"儆毖",是一篇发布在较为庄重严肃正式场合的用韵文辞,其主

① 姚小鸥、孟祥笑:《试论清华简〈周公之琴舞〉的文本性质》,《文艺研究》2014年第6期。
② 黄甜甜:《〈周公之琴舞〉初探》,《深圳大学学报》2013年第6期。
③ 赵平安:《〈芮良夫〉初读》,《文物》2012年第8期。
④ 姚小鸥:《〈清华大学藏战国竹简·芮良夫毖·小序〉研究》,《中州学刊》2014年第5期。

旨在于"儆毖"即警告和诫勉，它与《周公之琴舞》之"儆毖"都属于《书》类文献中的一种体裁。"毖"在《尚书》中多以动词形式出现，但《酒诰》说："王曰：封，汝典听朕毖。"这里的"毖"似乎已经具有文体的意义，清华简《周公之琴舞》和《芮良夫毖》则直接以"毖"为文体之名称，正如郭英德所言，中国古代文体生成于特定场合中的"言说"方式，特定的场合需要使用特定的言辞形式，人们便以这种言说行为（动词）来指称相应的言辞形式（名词），最终约定俗成为特定的文体名称。①

第三节　清华简《书》类文献的文本类别

　　从各篇文本内容所涉及的主要历史人物和历史事件来看，清华简《书》类文献可作以下划分：《厚父》记载王与厚父的对话，对话内容以夏代史事和相关历史经验为主，其时代当距夏未远，诸多史事尚未湮灭，因而保存了关于夏代历史的诸多细节内容，但从文辞来看当成书于商代以后并经过后人整理追述，《厚父》应属于《商书》②。《尹至》《尹诰》③《赤鹄之集汤之屋》《汤处于汤丘》《汤在啻门》等篇内容以夏商之际商汤与伊尹灭夏兴商的相关史事为主，整理者编选时这五篇"伊尹故事"与《厚父》当为同一组文献；《傅说之命》《殷高宗问于三寿》主要以殷高宗武丁及傅说、

---

　　① 郭英德：《中国古代文体学论稿》，北京大学出版社 2005 年版，第 29 页。

　　② 赵平安认为，《厚父》可能是《尚书》之逸篇，内容多涉及夏代历史文化，《厚父》中提到的"三后"当为夏代的三位君王。见赵平安：《〈厚父〉的性质及其蕴含的夏代的历史文化》，《文物》2014 年第 12 期。也有学者认为厚父即为伊尹，王即为太甲，《厚父》所记为伊尹训诫太甲之言，见姚治中：《〈厚父〉简的历史价值》，《皖西学院学报》2016 年第 4 期。

　　③ 李学勤指出："《尹至》、《尹诰》讲商汤灭夏，按照《尚书》的体例，可以称作《商书》，称作《夏书》也不是不可以。……它的特点是很多的用词和语法与今文《尚书》中的《夏书》和《商书》是一样的。"见李学勤：《清华简与〈尚书〉、〈逸周书〉的研究》，《史学史研究》2011 年第 2 期。

彭祖等名臣的事迹为主，这些篇目也属于《商书》；《程寤》《保训》《命训》
《耆夜》主要记载周文王、周武王"受命于天"兴建周邦的相关史事，《金
縢》《封许之命》《皇门》《周公之琴舞》主要记载成王及周公史事，《祭公
之顾命》记载穆王史事，《芮良夫毖》记载厉王史事，《摄命》当为穆王或
孝王时期所作，这些篇目均属《周书》。

清华简《书》类文献与传世本《尚书》、《逸周书》存在共同的文献来
源，因而在文本内容和文体类型等方面也存在诸多相同或相似之处。罗家
湘将《逸周书》59 篇按照内容划分为四类：史书、政书、兵书和礼书，并
认为"史书是以记录历史事件为主的篇章"，而"政书以训诫为主要内容"，
这种基于文本内容的分类方法也同样适用于清华简《书》类文献的分类。
在目前已经公布的清华简《书》类文献篇目中，内容以治国之道、牧民之
道、君臣之道为主，但尚未发现属于"兵书"的内容，只有《尹至》篇在
叙述商汤伐夏时提到了战争的细节，真实地描述了战争的残酷场面，可与
《古文尚书·武成》中"甲子昧爽，受率其旅若林，会于牧野，罔有敌于
我师，前徒倒戈，攻于后以北，血流漂杵"的记载相印证，尽管孟子曾说：
"吾于《武成》，取二三策而已矣。仁人无敌于天下。以至仁伐至不仁，而
何其血之流杵也。"但从《尹至》的记载来看，《武成》所说是比较符合历
史事实的，但《武成》以记述史事为主，与《逸周书》中的《武称》《大武》
《武顺》等"兵书"性质并不相同。①

清华简《书》类文献按照内容大致可以划分为"史书"、"政书"和"礼书"
三类。其中《尹至》《尹诰》《赤鹄之集汤之屋》《傅说之命（上篇）》《金縢》
属于"史书"；《厚父》《汤处于汤丘》《汤在啻门》《傅说之命（中篇）》《傅
说之命（下篇）》《殷高宗问于三寿》《程寤》《保训》《命训》《封许之命》《皇
门》《祭公之顾命》《芮良夫毖》《摄命》属于"政书"；《耆夜》《周公之琴舞》
属于"礼书"。具体如表 1 3 所示。

---

① 罗家湘认为：《逸周书》中的兵书包括《武称》《允文》《大武》《大明武》《小明武》
《武顺》《武纪》七篇。见罗家湘：《〈逸周书〉研究》，上海古籍出版社 2006 年版，第 5 页。

表 1-3　清华简《书》类文献文本类别统计表

史书	史志		尹至
			尹诰
			金縢
	典故		赤鹄之集汤之屋
			傅说之命（上篇）
政书	训诫	政训	命训
			程寤
			皇门
			傅说之命（中篇）
			傅说之命（下篇）
		遗训	保训
			祭公之顾命
		箴诫	芮良夫毖
	册命		封许之命
			摄命
	政论		厚父
			汤处于汤丘
			汤在啻门
			殷高宗问于三寿
礼书	耆夜		
	周公之琴舞		

　　清华简《书》类文献中的"史书"并不能等同于后世严格意义上的史书，在清华简中只有《系年》与后世史书的体例相近，且内容以叙述史事始末为主。《尹至》《尹诰》《赤鹄之集汤之屋》《傅说之命（上篇）》《金縢》等篇虽然对重大历史事件加以叙述，但"记事"并非主旨，对事件的描述更多的是作为"记言"的背景而存在，"记事"是为了突出特定历史环境中"言"的价值，从而为后世治国理政提供历史经验的借鉴。《尹至》《尹诰》《赤鹄之集汤之屋》三篇"史书"都讲述了商汤与伊尹灭夏兴商的历史事件，《尹至》与《赤鹄之集汤之屋》主要是描写战争前的形势和为战争所作准备，《尹诰》则是记述战争胜利后如何安定民心的策略。学界对于《尹至》《尹诰》两篇属于《书》类文献多无疑义，特别是《礼记·缁衣》等传世文献

对《尹诰》篇曾有称引，很多学者认为《尹诰》属于《尚书》逸篇，而《尹至》篇与《尹诰》内容前后相连，语言风格相近，也很容易确认属于《书》类文献。但是《赤鹄之集汤之屋》由于情节过于离奇，内容还加入了具有神巫色彩的细节，很多学者认为它是小说性质的文本，而不足以称为《书》类文献。

首先，《赤鹄之集汤之屋》篇的核心内容是讲述伊尹因偷食羹汤被汤驱逐，投奔夏桀并治好夏桀的疾病，这与史书中记载伊尹受汤命而屡事于夏的记载是完全符合的，其中提到汤和汤妻纴巟食用伊尹烹饪的羹汤，也与清华简《汤处于汤丘》中"汤处于汤丘，取妻于有莘，有莘媵以小臣，小臣善为食，烹之和。有莘之女食之，绝芳旨以粹，身体痊平，九窍发明，以道心嗌，舒快以恒。汤亦食之"的记载相一致。

其次，清华简《书》类文献属于楚地文献，而楚人自古"信巫鬼，重淫祀"，这篇以伊尹为主角的史书显然源于流传甚广的"伊尹故事"，在传播至楚地时又经过了楚人的改编加工，从而情节更加丰富，但其核心内容仍然保留了汤与伊尹共谋夏邦的史事，甚至伊尹因偷食羹而被汤驱逐的情节很可能也是伊尹为取得夏桀信任，出于政治需要而讲述的故事。①

最后，从竹简形制来看，《赤鹄之集汤之屋》篇与《尹至》《尹诰》篇的竹简长度、文字抄写完全相同，有学者还发现"《赤》简15与《尹至》简1，划线与两道竹节全部密合，故可以推定《尹至》当接于《赤》篇之后"，而简背划线痕迹显示《尹诰》编联在《尹至》之后，② 这也说明编者是将这三篇视为相同类别的文本。《傅说之命》共有上、中、下三篇，内容互有联系又相互独立，从内容来看只有上篇属于史书，主要记述了武丁

---

① 刘光胜认为："《赤鹄之集汤之屋》篇伊尹给夏桀治病，同样是获取夏桀信任的必要手段，伊尹兴商灭夏的政治立场并没有发生变化。"见刘光胜：《清华大学藏战国竹简（壹）整理研究》，上海世纪出版集团2016年版，第165页。

② 参见肖芸晓《试论清华竹书伊尹三篇的关联》（武汉大学简帛研究中心编《简帛》第八辑，第471页）以及孙沛阳《简册背划线初探》（复旦大学出土文献与古文字研究中心编《出土文献与古文字研究》第四辑，第449页）相关研究。

梦得傅说、寻找傅说并任用傅说讨伐失仲的史事。《傅说之命（上篇）》记载"失仲是生子，生二牡豕"，与《赤鹄之集汤之屋》篇相似也带有离奇的神话色彩，说明武丁与傅说的故事在传播至楚地的过程中也曾经被改写加工，但其基本内容是符合历史记载的。《金縢》篇记载周公自代武王祝祷，后见疑于成王并最终重获信任的史事，其中所述"周公居东"等史事也是符合历史记载的。总体来看，《尹至》《尹诰》《金縢》属于"史志"类的史书，而《赤鹄之集汤之屋》《傅说之命（上篇）》属于"典故"或"故事"类的史书。①

清华简《书》类文献中的"政书"以与治国理政有关的言论为主要内容，具体包括训诫、册命、政论等类别的言论。训诫类政书以训教、说教和教导类的言论为主，训诫的主体与客体一般是君王对储君、君王对臣属通过谈话进行训诫，或者是资历较深、年岁较高、地位尊贵的重臣对君王作出训诫，根据具体情况又可划分为政训、遗训、箴诫等不同种类，《命训》《程寤》《皇门》《傅说之命（中篇）》《傅说之命（下篇）》属于政训；《保训》《祭公之顾命》属于遗训；《芮良夫毖》属于箴诫。

《说文》曰："训，说教也。"训诫一般是通过追述前朝成败历史、先祖先王功绩来阐述治国之道，从而来达到训诫和说教的目的。"训"是《书》类文献的基本文体，也是孔安国所谓《尚书》"六体"之一，孔颖达在"六体"说基础上增益为"十体"说，同样包括"训"等基本文体。传世本《尚书》中直接以"训"为题的只有《伊训》，内容主要是"伊尹乃明言烈祖成德，以训于王"，据孔传说是伊尹"作训以教导太甲"。《逸周书》则有《度训》《命训》《常训》并称"三训"，是《逸周书》中地位十分重要的三篇，王连龙认为："三《训》居《逸周书》之首，述治政之法，开为王者立言之宗，

---

① 李零指出："中国古代的谈话技巧，利用的资料主要有两大类，一类是历史掌故（即故事性的资料），一类是著名言论（即言语类的资料）。"本书所说的"典故"或"故事"即指这些"历史掌故"或"故事性的资料"。见李零：《郭店楚简校读记（增订本）》，中国人民大学出版社 2007 年版，第 66 页。

主领全书之旨。"①

清华简《命训》与《逸周书·命训》内容基本相同，孙诒让认为《命训》是《汉书·艺文志》所载《周训》逸篇，则其历史非常悠久，朱右曾据《周书序》认为《命训》是周文王所作。从内容来看，《命训》主要是训教以"命"为核心的天人之道和治国之道，从其行文语气来看当是君王对臣属的训诫。《程寤》又见于《逸周书·程寤》，内容是太姒梦见周受商命于天，文王在举行祭祀之后对太子发所作的训诫，内容着重阐述天命和修身之道，属于政训的性质。

清华简《皇门》又见于《逸周书·皇门》，内容主要是成王初即位之时，周公在朝廷之库门以治国之道训诫群臣。《傅说之命》的中篇和下篇都是记述武丁举用傅说之后对他的训诫言辞，内容以治国理政和君臣之道为主，也属于典型的政训。《保训》是周文王在病重时对武王的遗训，内容主要通过追述舜和上甲微的事迹，向武王传授治国之"中"道。《祭公之顾命》是祭公谋父在病重时对穆王传授治国之道，也属于遗训的性质。《芮良夫毖》是芮良夫在国家面临危难之时对君王和群臣的警告和训诫，尽管有学者认为这是一首"毖诗"，但笔者认为从内容和主旨来看，《芮良夫毖》当属于箴诫的性质。

册命主要是指朝廷的政治文诰和公文辞令，属于古人所谓《尚书》"六体"。《封许之命》是成王册封吕丁于许国的文书，《摄命》是伯摄受册命于王的文书，都属于册命仪式上的辞令。《厚父》《汤处于汤丘》《汤在啻门》《殷高宗问于三寿》等篇则属于政论，政论的特点在于通过谈话或对话来阐述政治经验和治国之道，在文体形式上多以问答的形式展开议论。《厚父》内容主要是"王"向厚父咨询"前文人之恭明德"，并以对话形式探讨治国之道。《汤处于汤丘》内容主要是汤向伊尹咨询治国之道，并插入汤与方惟的对话，全篇主要以问答的形式展开，内容也是以政论为主。《汤在啻门》全篇以一问一答的形式记述了汤与伊尹的对话，内容主要是关于

---

① 王连龙：《〈逸周书〉研究》，社会科学文献出版社 2010 年版，第 93 页。

"古之先帝亦有良言情至于今"的具体阐述。《殷高宗问于三寿》通过殷高宗与彭祖等三人的对话形式阐述了治国之道，也是一篇典型的政论。

清华简《书》类文献中的"礼书"主要包括《耆夜》和《周公之琴舞》。"礼书"的内容主要是对"礼乐之道"的书面记载，"礼"包括礼制、礼仪等内容，"乐"包括诗文、音乐、舞容等内容。《耆夜》篇所记为饮至之礼，开篇先言礼制："武王八年征伐耆，大戡之，还，乃饮至于文太室"，则按照礼制当在太室举行饮至之礼以告战功。继而述礼仪："毕公高为客，召公保奭为夹，周公叔旦为主，辛公姬甲为位，作策逸为东堂之客，吕尚父命为司正，监饮酒。"然后详细记载了王与周公所作《乐乐旨酒》《蟋蟀》等乐诗文本。《周公之琴舞》主要记载周公作《多士儆毖》和成王作《儆毖》并配以琴舞演奏，从诗文的内容和主旨来看，本篇所记载的是在较为庄重严肃的典礼上所举行的礼仪，徐正英认为，从诗歌内容来看当是"周公还政、成王嗣位"之典礼。①《书》类文献原本就包括史官对朝廷重大礼仪活动的记录，乐官作乐，史官记言，《耆夜》《周公之琴舞》就属于史官所作"礼书"的典型文本。

需要说明的是，尽管按照文本的主要内容和思想主旨可以将清华简《书》类文献大致划分为以上三种类别，但这种划分只是用我们当代的文体观念来推测清华简《书》类文献的文本属性，只具有相对性而不具有绝对性。

比如《金縢》记载的内容始于武王病重周公代祷，接着讲到成王即位、周公居东，最后又讲到真相大白成王迎归周公，时间跨度非常之大，这种将时间线贯穿于历史事件始末的叙述手法非常接近史书，对这一事件的记录者也很可能是经历并见证相关史事的史官，但其中对周公为武王代祷一事的记载非常详细，对祭祀仪式的场景、仪轨、祷词等要素的记载非常完整，竹简背后篇题也作《周武王有疾周公所自以代王之志》，仅就这部分

---

① 徐正英：《清华简〈周公之琴舞〉与孔子删〈诗〉相关问题》，《文学遗产》2014年第5期。

内容来说，完全也可以视为"礼书"。

又如《程寤》开篇详细记载太姒做梦后文王举行祝祷仪式的细节，这部分内容也可以视为"礼书"。而《保训》虽然是文王传遗训于武王，但其中详细讲述舜"旧作小人亲耕于历丘"并因"得中"而称王之史事，以及上甲微"假中于河"并传于成汤终受大命的历史，这部分内容也可以视为"史书"。特别是"政书"中的诸篇在阐述治国之道时往往先追叙史事，这些内容在一定程度上都具有"史书"的价值。

第四节　清华简《书》类文献的文本来源

清华简《书》类文献的来源问题，由于缺乏出土墓葬地点、考古发掘和随葬物品等信息，我们仅能够从文本内容等方面寻找相关线索，对其本文来源进行考察。从现有材料来看，清华简《书》类文献的收藏者是楚国史官的可能性较大，其文本来源主要包括君王在正式场合的讲话或君臣之间的谈话、君王或官员代表朝廷发布的文诰和号令、史官对重要典礼仪式内容的书面记录、史官对档案材料和口传材料的整理等四个方面。

一、从收藏者身份看清华简《书》类文献的文本来源

由于清华简的出土情况无法获知，我们只能从清华简的文本内容和思想倾向来寻找推测墓主人身份地位的依据。李学勤认为："清华简的内容主要是经史类的，而且主要是和历史有关的。我们可以看到，一批随葬的竹简，反映了墓主的思想和学术倾向。……清华简的墓主人，可能是史官一类的人。"[1] 从清华简《书》类文献的主要思想内容来看，这一判断是比

---

[1] 李学勤：《清华简与〈尚书〉、〈逸周书〉的研究》，《初识清华简》，中西书局 2013 年版，第 100 页。

较符合事实的。

刘成群则关注到墓主人对陪葬的清华简《书》类文献的选择标准问题："讨论清华简《赤鹄之集汤之屋》《耆夜》《汤处于汤丘》《汤在啻门》《殷高宗问于三寿》是否属于《书》类文献还得考虑'以谁的视角来看'的问题。若以现代人的角度来看，具有子书特点的史书在严格意义上不应该归为《书》类文献……但对于墓主人来说，他所持有的史书很有可能并没有经历战国末期齐鲁儒家的编定，从时间上来讲更不会经历秦廷的选编，所以他对《书》类文献的认识应该是相当宽泛的，不但对《尚书》与《逸周书》没有进行区分，甚至涉及上古明君贤臣又提供治国理民之术的，都会被墓主人视为《书》。这从墓主人将《赤鹄之集汤之屋》《尹至》《尹诰》编排在一起即可见之一斑。"① 这种站在墓主人视角观察清华简《书》类文献的研究角度和"知人论世"的研究思路是正确的，也能够使我们的研究更加符合清华简《书》类文献产生时代的历史实际。

张春海通过对清华简《系年》的文本性质进行研究，也倾向于认为其文本来源可能是楚国史官："《系年》可能是一部相关史料的摘抄本，可能是楚国史官从周王室史官或其他有纪年记录的史官记录中将有关楚国或者楚、晋关系的材料整理、编纂而成的，并非独立成篇的古书。"② 因此，我们认为清华简《书》类文献的文本来源应当是出自楚国的史官，而墓主人的身份也与此密切相关。

二、从文本内容看清华简《书》类文献的文本来源

作为清华简《书》类文献的记录者和编纂者，史官也常常以参与者的身份记录在清华简《书》类文献的文本内容之中，这表明以"君举必书"为职能的史官对王室重大事件的参与程度非常高，因而其对重大历史事件

---

① 刘成群：《清华简与古史甄微》，上海古籍出版社 2016 年版，第 57 页。
② 张春海：《清华简〈系年〉或有助填补周代研究空白》，《中国社会科学报》2011年 12 月 22 日。

中关键人物言辞和细节的记述更加具有真实性和可信性。如清华简《金縢》篇记载：

> 武王既克殷三年，王不豫有迟。二公告周公曰："我其为王穆卜。"周公曰："未可以戚吾先王。"周公乃为三坛同堚，为一坛于南方，周公立焉，秉璧植珪。史乃册祝告先王曰："尔元孙发也，遘害虐疾，尔毋乃有备子之责在上，惟尔元孙发也，不若旦也，是佞若巧能，多才多艺，能事鬼神。命于帝庭，溥有四方，以奠尔子孙于下地。尔之许我，我则晋璧与珪。尔不我许，我乃以璧与珪归。"周公乃纳其所为功自以代王之说于金縢之匮，乃命执事人曰："勿敢言。"

《金縢》篇中的"史"和"执事人"都属于史官之职，而"史乃册祝告先王"表明史官的职责不仅包括为周公起草祝祷文书之"册"，还包括"祝告先王"，亦即举行祝祷的仪式并诵读祝辞，作为"执事人"的史官则负责记录这一仪式过程并作为档案保存于"金縢之匮"。陈梦家通过对甲骨卜辞进行总结，认为商代职官分为臣正、武官和史官，而史官具体包括尹、作册等职务，《金縢》之"史"就应当属于"作册"之职。由此可以看出西周史官职责兼有"巫"与"史"的职能，也从侧面说明了《金縢》等《书》类文献多为史官所亲历并记录整理。此外，《金縢》篇还记述成王在打开"金縢之匮"并询问执事人而得知真相后"布书以泣"，直接将史官所记录的文书称为"书"，也为先秦《书》类文献的文本来源提供了依据。

清华简《程寤》篇则记载了史官参与周文王"拜梦"之礼的过程：

> 惟王元祀贞月既生魄，太姒梦见商廷惟棘，乃小子发取周廷梓树于厥间，化为松柏棫柞。寤惊，告王。王弗敢占。诏太子发，俾灵名凶祓。祝忻祓王，巫率祓太姒，宗丁祓太子发。币告宗祊社稷，祈于六末山川，攻于商神，望，烝，占于明堂。王及太子发并拜吉梦，受

商命于皇上帝。

文王受命时周仍为商之方国，而商代原本巫史不分，史官本身也具有巫的身份和职能，①篇中提到灵凶、祝忻、巫率、宗丁就属于履行其巫祝之职的史官，可能还兼有负责记录这一祭祀仪式过程的职责。

《殷高宗问于三寿》记载"高宗观于洭水之上，三寿与从"，而殷高宗称其"尔是先生，尔是知二有国之情"，并向彭祖"敢问先王之遗训"，认为他们对夏、商二代历史情况和先王的遗训非常了解，而且对于前代历史经验有着深刻的认识，所以才向他们三人分别咨询以天人之道和治国之道，所以彭祖、中寿、少寿等三人的身份可能也是史官。彭祖还对武丁讲述书占与天象，"兹若君子而不读书占，则若小人之聋狂而不友，殷邦之妖祥并起，八纪则紊，四岩将行。四海之夷则作，九牧九有将丧。枉矢先反，大路用见兵。龟筮孚忒，五宝变色，而星月乱行"，并劝说武丁"历象天时，往度毋徙"，而掌管天文历法和龟占卜筮在商代属于巫史之职，也侧面证明了彭祖等"三寿"可能具有史官的身份，所以才跟随武丁在洭水视察，随时记录君王的言行也是史官职责所在。清华简《汤处于汤丘》记载汤不顾危险多次探视生病的伊尹并咨以政事，"方惟闻之乃箴"，对汤加以规劝，这位"方惟"的身份很可能也属于史官，所以才能够获悉汤的言论和行迹并与之对话，而箴谏和规劝君王的言行同样属于史官的重要职能。

由于清华简《书》类文献多为史官亲历事件现场并记录整理，因而在将口头讲话记录为书面文本的转换过程中保留了大量的口语词汇，如《尹

---

① 丁波指出："巫是人类社会最早的神职人员，由巫而分为巫、祝、卜史，是宗教神职领域职官分工进一步发展的结果。商代祖先祭祀程序的日益烦琐，必然对仪式与仪规有更高的要求，祭祀程序也必然日趋专业化，由巫分化为巫、祝、卜、史，也推动了祭祀程序向着更加严密的方向发展。……在群巫中，史因为掌握文字、典法，在祭祀程序中积累了较多的经验和知识，在日益重视仪式和仪规的宗教祭祀中的地位日渐重要。"见丁波：《商代的巫与史官》，《中国社会科学院研究生院学报》2004年第2期。

至》："汤曰：格！汝其有吉志？"《尹诰》："汤曰：呜呼！吾何祚于民，俾我众勿违朕言？"《程寤》："（文王曰：）呜呼！何警非朋，何戒非商。"《保训》："（王曰：）呜呼！祗之哉！"《皇门》："公若曰：呜呼！朕寡邑小邦。"《祭公之顾命》："王曰：呜呼，公，汝念哉！"《厚父》："厚父拜手稽首，曰：者鲁，天子！"《汤处于汤丘》："汤曰：善哉！子之云。"《汤在啻门》："小臣答曰：有哉。"《殷高宗问于三寿》："高宗恐惧，乃复语彭祖曰：呜呼，彭祖！"清华简《书》类文献中保存了大量鲜活而生动的口语词汇，使书面文本真实准确地呈现还原出言辞发生的时态场景，这也说明《书》类文献的文本多是来源于史官对君王及其臣属言论和重大政治活动内容所作的记录。

此外，或许史官作为臣属出于对自身政治地位和处理君臣关系的考虑，清华简《书》类文献总体呈现出对名臣事迹和君臣之道的特殊关注。如《尹至》《尹诰》《赤鹄之集汤之屋》《汤处于汤丘》《汤在啻门》等篇皆是以伊尹与商汤的君臣故事为核心内容；《傅说之命》三篇详细记述了武丁与傅说之间的君臣际遇和训诫之言；《金縢》先叙周公忠于武王之事，再叙周公终获成王信任，也是在讲臣属忠君之道；《封许之命》备述吕丁辅弼君王之功；清华简《良臣》篇记录了黄帝时代至春秋时期的众多贤臣，学者认为这是一篇"实用性较强的史家文本"①。从叙事的视角来看，清华简《书》类文献的叙述者均是站在臣子的视角而非君王的视角来展开叙事，如《金縢》篇始终围绕周公的言行展开叙事，武王和成王在叙事过程中似乎只作为衬托周公忠心的角色而出现；《赤鹄之集汤之屋》主要以伊尹为主角推动情节发展，先讲伊尹被汤驱逐，再讲伊尹奔夏；《尹诰》篇则谓"惟尹既及汤咸有一德"，不但将伊尹置于与君王同德的崇高地位，并且在叙述时先言伊尹而后言汤，以"微言大义"的春秋笔法视之，很容易感受到叙述者是在通过语序上的细微安排故意突出伊尹之德，这也在某种程度上体现出作者的身份和立场。

---

① 杨蒙生：《清华简（叁）〈良臣〉篇管见》，《深圳大学学报》2014年第2期。

三、清华简《书》类文献文本来源的分类

通过以上分析可以明确，史官是清华简《书》类文献文本的主要记录者和整理者，而文本来源和记录方式的不同也使各篇呈现出不同的文本面貌。从文体和内容来看，大致可以将清华简《书》类文献划分为如下四种类别。

一是君王在正式场合的讲话或君臣之间的谈话，这种讲话或谈话多为即时性的演说或问答，由在场的史官记录并整理成书，如清华简《尹至》《尹诰》《保训》《程寤》《厚父》《汤处于汤丘》《汤在啻门》《殷高宗问于三寿》《傅说之命（中篇）》《傅说之命（下篇）》《祭公之顾命》《命训》等篇。

二是君王或官员代表朝廷发布的文诰和号令，一般由史官起草形成文本，由君王或官员在正式场合宣布或诵读，最终以书面形式发布传达并保存于王室档案，如清华简《封许之命》《摄命》《皇门》《芮良夫毖》等篇。

三是史官将重大典礼仪式中的文本内容记录下来，整理编订成书，这类《书》中一般对文本记录所使用或创作的仪式背景有所记录，也有的仅将文本保存下来独立成篇而未说明具体仪式背景，但从文本中仍然能够看出其应用于礼仪的特征，如清华简《耆夜》《金縢》《周公之琴舞》等篇。

四是史官对书面历史档案材料和口头流传下来的文献材料进行综合加工并整理成书，这类《书》中既保留了历史材料的核心内容，又加入了史官的再创作，因而呈现出与原始文本、其他途径流传下来文本的不同面貌，如清华简《赤鹄之集汤之屋》《傅说之命（上篇）》。

以上分类将《傅说之命》三篇划分为两种类别，主要是因为上篇情节完整而侧重于叙事，且相关内容多见于传世文献记载，当是史官对春秋战国时期已广泛流传的"傅说故事"进行整理记录所作；中篇和下篇侧重记言，主要是武丁与傅说的对话和对傅说的训诫。编者将这三篇前后相连，显然是因为将其视为同一类别文献而非其他原因。类似的情况也出现在《尹至》《尹诰》《赤鹄之集汤之屋》等三篇"伊尹故事"的编联情况，这

就说明《傅说之命》三篇可能属于原本相互独立的三篇文献，因为题材内容都属于"傅说故事"而编联为一组《书》篇。有学者认为《傅说之命》三篇是"一个完整的仪式记录"，并分析上、中、下三篇分别是序辞、命辞和语录，[①] 笔者认为这种可能性较小，因为三篇文体形式各不相同，且上下篇称"王"而中篇称为"武丁"，中篇所叙"说来自傅岩"也与上篇所说"惟弼人得说于傅岩"似有重复之嫌，从三篇内容来看并没有明显证据可以说明这是属于记录同一场仪式的三篇文辞，所以笔者倾向于认为《傅说之命》的三篇为各自独立成篇的文献，性质不同。

也有学者注意到清华简《金縢》篇中"于"和"於"字混用的情况，并通过对先秦文献中这两个字的使用情况进行比较，发现《金縢》第一部分与第二部分、第三部分存在用字方面的差别，从而推测《金縢》篇的第一部分是周公口述、史官记录，而后面两部分内容则属于后世史官的再次整理增补。[②] 笔者认为这种分析是符合事实的，《金縢》的内容实际上可以划分为上、中、下三篇独立的文本，其上篇属于前文所说的第三种类型，即史官对重大典礼仪式中重要文本内容的记录，而其中下篇则属于前文所说的第四种类型，是史官对书面历史档案材料和口头流传下来的文献材料进行再次加工整理并编订成书。

第五节　清华简《书》类文献的编辑流传

《汉书·艺文志》云："《易》曰：'河出图，洛出书，圣人则之。'故书

---

① 王永认为："清华简《说命》三篇是一个完整的仪式记录，分为追叙式的序辞、训诫性的命辞和补记性的语录三个部分，叙事细腻生动，对话以工言为主，刻意塑造贤能之臣。"见王永：《〈清华大学藏战国竹简〉与〈古文尚书〉〈说命〉篇文体比较》，《古籍整理研究学刊》2015 年第 2 期。

② 程浩：《"书"类文献先秦流传考：以清华藏战国竹简为中心》，清华大学 2015 年博士学位论文，第 39 页。

之所起远矣，至孔子纂焉，上断于尧，下讫于秦，凡百篇，而为之序，言其作意。……书者，古之号令，号令于众，其言不立具，则听受施行者弗晓。"班固认为"书之所起远矣"，是指《书》类文献的来源很早，从其引用《周易》之言来看，班固应当认为《书》类文献的来源可以追溯至《周易》成书的西周以前或更早，从清华简《书》类文献的文本编辑情况来看，这一判断是符合事实的。此外，班固还注意到了《书》类文献在先秦时期流传过程中的重要转折点——"至孔子纂焉"，从清华简《书》类文献来看，内容多为《商书》和《周书》，也有个别篇章可能包含了《夏书》的内容，[①]目前出土文献中尚未发现直接记录夏代历史的书面文献，司马迁编写《史记·夏本纪》的文献来源是通过实地考察并采用了口头文献材料和祖辈世代为史官的学术传承，[②]《史记·太史公自序》："尧舜之盛，《尚书》载之，礼乐作焉。汤武之隆，诗人歌之。"可见《尚书》也是司马迁《史记·夏本纪》的重要文献来源。

据《吕氏春秋·先识》记载："夏太史令终古出其图法，执而泣之。夏桀迷惑，暴乱愈甚。太史令终古乃出奔如商。"则夏末商初之时，夏之太史令曾携夏之"图法"出奔适商，清华简《尹至》谓夏桀"惟灾虐，极暴痛，亡典"，典是指夏邦的典册，当为史官所藏，"亡典"则意味着史官携带典册逃亡于外。所以大致在夏末商初之前已经形成了史官记录史事于典册的传统，今本《尚书》中的《夏书》可能就来源于夏代史官所记。商汤灭夏之后，夏之典册亦入藏殷商王室，并经过商代史官的传述和重新整理。此外，商代君臣以夏亡为鉴，在讨论治国的言论中也曾追述夏代史事，如清华简《厚父》中就讲述了夏禹、夏启、皋陶等圣王和"廢王"夏

---

① 李学勤指出："《尹至》《尹诰》讲商汤灭夏，按照《尚书》的体例，可以称作《商书》，称作《夏书》也不是不可以。"(《清华简与〈尚书〉、〈逸周书〉的研究》，《史学史研究》2011年第2期) 还有学者认为清华简《厚父》篇也属于《夏书》。

② 《史记·太史公自序》谓司马迁"二十而南游江、淮，上会稽，探禹穴"，对很多历史遗迹进行了实地考察并收集了民间口头传说材料，而且"司马氏世典周史"，其祖辈世代为史官，对前朝历史当有所传承。

桀亡国的史事,《尹至》《尹诰》《赤鹄之集汤之屋》等篇也提到了与夏桀相关的事迹。

清华简《商书》中的篇章主要是关于夏末商初商汤与伊尹的君臣故事,以及武丁与傅说、彭祖等贤臣的史事,这些篇章的内容来源当为商代史官所记,但部分篇章显然经过了后人的追述或再次编辑加工。特别是《汤在啻门》《汤处于汤丘》《殷高宗问于三寿》等篇,显然还经过了战国时人的再次编辑加工。这种情况同样存在于清华简《周书》的篇章,如《金縢》篇显然就出自后世史官乃至战国阴阳家的重新整理编订。总体来看,清华简《书》类文献中的《商书》基本出自商代史官记述,并经过西周史官乃至春秋战国时人的再次加工;清华简《书》类文献中的《周书》基本出自周代史官的记录,并在传播过程中经过了后人的修订和编辑,我们所见到的清华简《书》类文献,都是《商书》和《周书》在战国中后期传播于楚地的版本,部分篇目显然经过楚人的重新修订。

需要指出的是,《书》在战国之前并无定本,《书》类文献始终处于不断增加、不断变化的过程中,各篇在传述过程中不可避免地会经过重新追述和转述,尽管其字句表述、篇章划分始终变化,但其核心内容和基本史事的来源是可靠且可信的。《书》类文献在夏、商、西周皆藏于王室,主要由史官负责记录、编辑、整理和保存,春秋战国时期《书》流散于诸侯及诸子私学,“王官之学的下移、扩散使原本相对一线单传的《尚书》类文献传流,衍生为多线多样、多本别传的多元状态”,[①]并经过孔子的编辑和传授出现了影响较大的《书》的选本,这也是汉代《尚书》的祖本。《汉志》着录《书》类典籍情况是:“凡书九家,四百一十二篇”,其中“尚书古文经四十六卷”,颜师古注:“为五十七篇。师古曰:孔安国书序云凡五十九篇,为四十六卷。承诏作传,引序各冠其篇首,定五十八篇。郑玄

---

① 崔海鹰:《孔传〈古文尚书〉渊源与成书问题探论》,曲阜师范大学 2014 年博士学位论文,第 28 页。

叙赞云后又亡其一篇，故五十七。"又着录"周书七十一篇"，注云："周史记。师古曰：刘向云周时诰誓号令也，盖孔子所论百篇之余也。今之存者四十五篇矣。"我们所见到的清华简《书》类文献，如《程寤》《皇门》《祭公之顾命》《命训》等篇应当是属于《汉志》着录的《尚书》和《周书》的，而其他篇目当在汉代之前已经散佚或湮灭不闻。

在此有必要对清华简《书》类文献与传世本《尚书》《逸周书》的关系加以梳理。传世本《尚书》虽然在流传过程中历经曲折，但《今文尚书》可以相信是孔子编选的《书》的选本的一部分，而《古文尚书》也不宜完全以"伪书"视之，其中至少保存了与先秦儒家所编《书》有关的部分文献材料。清华简《金縢》见于《尚书》，而《傅说之命》则见于《书序》，清华简《书》类文献显然与《尚书》有重合的部分而且其他篇目并不相同。而《逸周书》的名称是为区别《尚书周书》而言，其文献材料来源主要是《周志》与《尚书》之余，罗家湘指出："《逸周书》是以春秋早期编成的《周志》为底子，在战国早期由魏国人补充孔子《尚书》不用的材料以及当时流行的兵书等，编为《周书》。"这一看法是非常准确的。孔子所编《尚书》是春秋末期流传于齐鲁一带的儒家《书》的选本；《逸周书》是战国早期流传于魏国的《书》的选本，而且其篇目当与儒家《书》选本不同；清华简《书》类文献则是战国中后期流传于楚国的《书》的选本，其编者应当见过儒家《书》选本和魏国《书》选本，从中采纳了部分篇目，并增加了流传于楚地的《书》类文献篇目。

清华简《书》类文献部分篇目的编联组合形式也反映出传播过程中对文本的再次整理加工情况，从中可以窥测部分《书》类文献篇目的流传轨迹。有学者注意到清华简《尹至》《尹诰》《赤鹄之集汤之屋》三篇的简背划痕，并且通过竹简形制和抄写字体风格的对比发现这三篇文献原本被编联为一组。笔者认为，从文本内容可以看出这三篇文献都是记述伊尹与商汤史事，它们之间的关系非常密切，《赤鹄之集汤之屋》主要是讲伊尹被汤驱逐，投奔夏桀并为其治病；《尹至》是讲伊尹从夏邦返回亳，向汤汇报夏的情况并认为时机已经成熟，于是与汤盟誓起兵伐夏；《尹诰》是讲伊尹与汤灭夏之后如何安定民心稳定政权。从时间前后顺序和事件发展脉络来看，这三篇文献完全可以"缀合"为一篇文献，清华简的编者似乎也是出于这样的认识而把这三篇文献编联为同一卷竹简。

但也有学者认为，《赤鹄之集汤之屋》篇无论是离奇的情节还是平易的语言，都与《尹至》《尹诰》迥然相异。事实上，这种差别正是这三篇文献由于传播途径不同而在文本层面留下的痕迹。《尹至》《尹诰》文辞古雅，叙事简洁，篇幅精短，与传世本《尚书》中的《汤誓》等篇在文辞及文体等方面都十分相似，其文献来源应当是《商书》，并经过西周史官的传述和编辑，很可能是收录于春秋后期儒家《书》选本中的篇目，至战国时期又从齐鲁传播至楚国。

《赤鹄之集汤之屋》的内容则显然经过了楚人的大幅度修订，其传播过程应当是从《商书》传至西周史官，春秋时期由王室传入楚国，从春秋至战国在楚国又经历了楚国史官的多次传述修改。《孟子·离娄下》说："晋之《乘》，楚之《梼杌》，鲁之《春秋》，一也。其事则齐桓、晋文，其文则史。"可知楚国的史书名叫《梼杌》，按《史记·五帝本纪》正义引《神异经》云："西方荒中有兽焉，其状如虎而大，毛长二尺，人面，虎足，猪口牙，尾长一丈八尺，搅乱荒中，名梼杌。"又《七国考》卷十四引《湘东纪闻》曰："梼杌之兽能逆知未来，故人有掩捕，辄逃匿，史以示往知来，故名《梼杌》。"可知梼杌乃神异之兽，楚人以之为楚国史书之名，且楚人自古就有重巫祀、信鬼神的传统，其史事可能也具有一定的神异色彩，清华简《楚居》叙述楚先祖世系说："丽不从行，溃自胁出，妣列宾于天，巫咸该其胁以楚，抵今曰楚人。"对其祖先降生之事也是描述得相当神异。以此看来，楚国史官对商汤与伊尹的史事用《赤鹄之集汤之屋》的神异情节来加以传述，是符合楚国文化传统的，从楚人的阅读视角和思维方式来看也是十分正常的。

与《尹至》《尹诰》《赤鹄之集汤之屋》三篇编联为一组的情况相似，清华简《书》类文献中的《傅说之命》共有三篇，整理者分别称为上篇、中篇和下篇，但也有学者认为当称作甲篇、乙篇、丙篇为宜。①这三篇文献的内容都是关于武丁举用傅说的相关史事和言论，但其文本性质和语言风格存在较大差异。第一篇《傅说之命》主要讲述武丁受天帝所赐而梦得傅说，并任用傅说讨伐失仲，最后赐给傅说封地并"用命说为公"，文体以叙事为主，傅说讨伐失仲的情节略带有神异色彩。②第二篇《傅说之命》主要是记载傅说从傅岩来到殷都朝见武丁，武丁对傅说所说的训诫之辞，文体以记言为主，并用简短的叙事交代事件背景。第三篇《傅说之命》则分别以"王曰"开头，记录了武丁训诫傅说的七组讲话，文体皆为记言。

此外，三篇对武丁的称呼也不尽相同，第一篇和第三篇皆称"王"而不称名，第二篇则直称"武丁"之名。笔者认为，这种文体和内容上的差异同样是因为《傅说之命》的三篇来源于不同的传播路径。第一篇当来源于《商书》记载，约在春秋时期从周王室所藏典册流散传入楚国，在春秋至战国时期经过楚国史官的多次传述编订并融入了傅说伐失仲的神异情节。第二篇当来源于周代史官追述商代史事之书，因而称"武丁"而不称"王"，显然是经过了周代史官的转述。

值得注意的是，第二篇中的"若药，女不瞑眩，越疾罔瘳"等句，又见于《孟子·滕文公上》《国语·楚语上》《古文尚书·说命上》《潜夫论·五德志》等传世文献，而且《书序》明确记载："高宗梦得说，使百工营求诸野，得诸傅岩，作《说命》三篇。"这与清华简《傅说之命》的内容是

---

① 《傅说之命》是写在竹简上的原有篇题，传世本《尚书》及《书序》也称《说命》共有三篇。整理者将清华简《傅说之命》三篇分别题为《说命上》《说命中》《说命下》。李锐通过考证认为此三篇"可能并非《书序》所说《说命》三篇，则将其题名《说命》上、《说命》中、《说命》下，就有一定问题。……题名之上、中、下，似可用马王堆帛书《老子》、郭店简《老子》之例，题作《傅说之命》甲篇、乙篇、丙篇，或可用银雀山汉简《孙子兵法·地形二》的方式，题为《傅说之命》一、二、三"。见李锐：《清华简〈傅说之命〉研究》，《深圳大学学报（人文社会科学版）》2013年第6期。

② 《傅说之命》记载"失仲是生子，生二牡豕"，整理者认为"牡豕"是形容其子生性顽劣，子居则认为："若仅因其子生性顽劣，失仲即动杀心的话，未免过于不似人情……这里的豕，即当解为猪。"王宁则认为："生子以所类之动物称之，乃古老风俗。"吕庙军也认为是指孩子相貌长得像猪。

契合的，所以第二篇很可能是出于儒家所传《书》的选本。第三篇的七段讲话分别用"王若曰"开头，显然保留了商代史官的原始记录，[①] 讲话内容称"说"，自然可知训话之"王"是武丁因而不必改称其名，这一篇也当出自周王室所藏《商书》，收入儒家《书》选本并于战国时期传入楚国。

还有一篇《书》类文献的篇目情况较为特殊，清华简《金縢》篇的简背题有篇题曰《周武王有疾周公所自以代王之志》，其文本内容与传世本《尚书·金縢》基本相同，篇题却完全不同，有学者尝试以古书命题之通例来解释这一矛盾，认为古书多有同篇而异名的情况。但也有学者注意到《金縢》篇中对"于""於"二字使用情况的不同，前半篇只用"于"而不用"於"，后半篇则多用"於"字。程浩据此推测："《金縢》篇除周公的'所为自以代王之说'为周公口述、史官记录外，其余的'周公居东'以及'成王启金縢之匮'等内容都是后人的增补，而这一行为发生的时间，约在春秋至清华简写定的战国中期之间。"[②] 程浩还指出，《金縢》的成篇过程经过了三轮整理：第一轮整理是史官记录周公祷词并藏于盟府，第二轮整理是后人添加了故事背景及周公与二公的对话，第三轮整理是后人再次增补"周公居东"和"成王启金縢之匮"等传说而形成此篇定本。笔者认为，程浩对《金縢》篇内部文本矛盾的认识是非常有价值的，但是其"后人增补"之说却未必符合《金縢》篇编辑流传的历史事实。分析清华简《金縢》文本内容，开篇以下内容可划分为第一部分：

　　武王既克殷三年，王不豫有迟。

　　二公告周公曰："我其为王穆卜。"周公曰："未可以戚吾先王。"

---

① 张怀通指出，史官在现场记录君王讲话的方式可能有两种，一是"快速记录"，二是"由多个史官同时轮流记录，每个史官只记录一两句话，待讲话结束后将所作记录汇总起来，布政之辞中多次出现的'王曰'或'曰'就是每个史官在所记文字之前作的标记"。见张怀通：《"王若曰"新释》，《历史研究》2008 年第 2 期。

② 程浩：《"书"类文献先秦流传考：以清华藏战国竹简为中心》，清华大学 2015 年博士学位论文，第 40 页。

周公乃为三坛同墠，为一坛于南方，周公立焉，秉璧植珪。史乃册祝告先王曰："尔元孙发也，遘害虐疾，尔毋乃有备子之责在上，惟尔元孙发也，不若旦也，是佞若巧能，多才多艺，能事鬼神。命于帝庭，溥有四方，以奠尔子孙于下地。尔之许我，我则晋璧与珪。尔不我许，我乃以璧与珪归。"周公乃纳其所为功自以代王之说于金滕之匮，乃命执事人曰："勿敢言。"

这部分内容先交代时间和事件背景，继而详细记载周公为武王祝祷的仪式和祷词内容，并附加记录周公对史官保守秘密的告诫，是一篇情节完整的"礼书"，主要在于记载周公为武王代祷的仪式内容并加以收藏，这也是周代史官的职责所在。《周武王有疾周公所自以代王之志》的篇题正是这部分内容的准确概括，这部分文字记事有始有终、记言内容完整，是完全可以独立成篇的。再来看第二部分内容：

就后武王陟，成王犹幼在位，管叔及其群兄弟乃流言于邦曰："公将不利于孺子。"周公乃告二公曰："我之□□□□亡以复见于先王。"周公宅东三年，祸人乃斯得，于后周公乃遗王诗曰《雕鸮》，王亦未逆公。

这部分文字的核心内容在于叙述成王即位后周公遭疑，居东三年，周公献《鸱鸮》之诗于成王。首先，从记录者的角度来说，从武王病重，到武王去世、成王即位，再到周公因流言而居东三年，再到祸人获罪，周公献诗，其间历史时间跨度非常之大，所有事件是同一史官所记的可能性非常小，而只可能是史官对不同时期文献记录的整合与追述。再来看本段叙事中提到周公遗《鸱鸮》之诗于成王，却对《鸱鸮》的诗文内容只字未记，与清华简《耆夜》《周公之琴舞》等篇全文抄录诗文内容的情况相比就显得非常奇怪，从史官记言的职责来说，既然周公为武王代祷的祷祠需要全文记录并收藏起来，那么周公献诗于成王，则史官对其所献之诗的内容也应该记录在册。而且从本段的形式来看，完全可以视为周公作《鸱鸮》之诗的《诗序》，后面似乎应该接着全文记录《鸱鸮》之诗的文本内容，才能够从文体形式上完整成篇。笔者认为对本段内容较为合理的解释是，这部分文字原本独立成篇，内容主要是记载周公遭疑而作《鸱鸮》，原篇内容当收录有《鸱鸮》的文本，但后人将这篇文字删去《鸱鸮》文本，仅保留小序而取其叙事内容附于《周武王有疾周公所自以代王之志》之后，将两篇"缀合"为一篇。再来看最后一部分内容：

> 是岁也，秋大熟，未获。天疾风以雷，禾斯偃，大木斯拔。邦人□□□□弁，大夫乘，以启金縢之匮。王得周公之所自以为功以代武王之说。王问执事人，曰："信。噫，公命我勿敢言。"王布书以泣，曰："昔公勤劳王家，惟余冲人亦弗及知，今皇天动威，以章公德，惟余冲人其亲逆公，我邦家礼亦宜之。"王乃出逆公至郊。是夕，天反风，禾斯起，凡大木之所拔，二公命邦人尽复筑之。岁大有年，秋则大获。

这部分内容开篇先讲天现异象，继而讲成王开启金縢之匮而感动悔悟，最后讲成王迎归周公而再次天现异象。本段文字首尾呼应，内容完整，情节生动，核心内容是讲成王开启金縢之匮而重新信任周公，完全可以视为独立的篇章。这段文字当源于成王时史官所记史事，本为独立一篇，经后人重新整理编订而与前两篇"缀合"为一篇。

综上所述，笔者认为清华简《金縢》是三篇《书》类文献的组合拼接，第一篇是《周武王有疾周公所自以代王之志》，为武王时史官所记，属于"礼书"；第二篇是《周公之献诗》，为成王时史官所记，属于"史书"，也可视为一篇诗序、诗文俱全的《诗》类文献；第三篇是《成王启金縢》（按照古人名篇通例，第三篇也可以直接称为《金縢》），为成王时史官所记，属于"史书"。三篇《书》类文献经过重新编辑拼接之后形成一篇内容完整、情节曲折、内涵丰富的文本，各篇原有的文本属性遂被湮没覆盖，但此篇的楚国选本使用的是《周武王有疾周公所自以代王之志》之篇题，此篇儒家选本使用的则是《金縢》之篇题，于是就出现了这篇《书》类文献在儒家传世本《尚书》与清华简中篇题各异的现象。从文本内涵来看，《金縢》的三篇来源文献原本都是对史实的直接记录，但经过拼接整合之后却使这些史实具备了深层的内涵——突显周公之"忠"，表彰周公之"德"。周公是儒家推崇的圣贤楷模，孔子曾多次表达对周公的敬仰，所以很可能正是儒家学者对《周书》或《周志》文献材料加以择取编辑，最终形成了清华简《金縢》及《尚书·金縢》的面貌。

《史记·鲁周公世家》同样记载有周公为武王祝祷、周公居东、成王启金縢等史事，并且在叙事结束后特意点明周公之德："鲁有天子礼乐者，以褒周公之德也。"从文字语句来看，《鲁周公世家》基本上是采用了《金縢》的文本内容。但是《鲁周公世家》在叙述"周公居东"和"成王启金縢"之间还插叙说：

> 初，成王少时，病，周公乃自揃其蚤沈之河，以祝于神曰："王少未有识，奸神命者乃旦也。"亦藏其策于府。成王病有瘳。及成王用事，人或谮周公，周公奔楚。

这段话表明司马迁似乎还曾见到关于《金縢》之事的另外一个版本：周公为成王代祷而非为武王代祷，但司马迁调和这种矛盾的方法是将两个版本的故事并置，以插叙的形式简略陈述了周公为成王代祷之事，从核心内容来看这与《金縢》完全是相同的情节模式。这段话还提到"周公奔楚"，似乎也说明了《金縢》的故事曾经作为"周公故事"流传于楚地。

总体来说，清华简《书》类文献的编辑流传经历了十分复杂的过程，而且各篇的编辑传播情况也不尽相同，其编辑流传情况大致有以下几种情况：清华简《商书》诸篇的文献材料主要源于商代史官所作，后入藏周王室并大多经过西周史官的编辑整理，春秋战国时期流传至楚地成篇，也有个别篇目传入楚国较早，经过楚国史官的多次编辑整理而在叙事上呈现出神异色彩。清华简《周书》诸篇的文献材料主要源自西周史官所记，春秋战国时期流散于诸侯史官及诸子之学，部分篇目曾经过儒家重新编辑整理，并于战国中后期传入楚地形成清华简《书》类文献诸篇的版本面貌。①

---

① 需要注意的是，清华简的文本抄写字体风格也保留了其编辑过程中的篇目类别及编联组合次序等信息，而且抄写过程中所造成的文本变异也是清华简文本面貌发生改变的原因之一。参见冯胜君《从出土文献看抄手在先秦文献传布过程中所产生的影响》(《简帛》第四辑，上海古籍出版社 2009 年版，第 411 页)、来国龙《论战国秦汉写本文化中文本的流动与固定》(《简帛》第二辑，上海古籍出版社 2007 年版，第 515 页)、夏含夷：《先秦"书"之传授——以清华简〈祭公之顾命〉为例》(《清华简研究》第一辑，中西书局 2012 年版，第 217 页)相关论述。

第二章 清华简《书》类文献综论

《尚书》是先秦散文的典范之作，其文辞典雅而佶屈聱牙，文体繁多而垂范后世。刘勰《文心雕龙·宗经》评价说："《书》实记言，而训诂茫昧，通乎《尔雅》，则文意晓然。故子夏叹《书》'昭昭若日月之明，离离如星辰之行'，言昭灼也。……诏策章奏，则《书》发其源。"清华简《书》类文献具有与《尚书》高度一致的语言特征和文体特征，并且在记言和叙事方面呈现出较为成熟的文学手法和叙事策略，在思想内容方面则体现出儒家思想和墨家思想的要素。本章内容主要从语言特征、文学特征、叙事特征、思想特征等方面，对清华简《书》类文献进行综合考察。

第一节 清华简《书》类文献的语言特征

《汉书·艺文志》云："左史记言，右史记事，事为《春秋》，言为《尚书》。"《礼记·玉藻》则谓："天子玉藻……玄端而居。动则左史书之，言则右史书之，御瞽几声之上下。"左史、右史皆为泛指史官之职，虽《汉志》与《礼记》所记不完全一致，但史官记录天子言辞之制度当属史实，《书》是对史官所记君王之"言"的书面记录的汇编。清华简《书》类文献是经过史官整理加工的书面作品，其文本来源则是特定历史条件下的"言"，《书》是对发生和传播于口语形式的"言"的书面记录，因而在文本中仍保留有语言的原始形态特征。郭店楚简《性自命出》云："书，有为言之也。"《书》类文献的语言特征源于其不同性质的文本来源的原型特点，清华简《书》类文献的文本来源大致包括四种情况，并各自具有与文本来源有关的语言特征。

第一类文本来源于君王在正式场合的讲话或君臣之间的谈话，这种讲话或谈话多为即时性的演说或问答，由在场的史官记录并整理成书，如清华简《尹至》《尹诰》《保训》《程寤》《厚父》《汤处于汤丘》《汤在啻门》《殷高宗问于三寿》《傅说之命（中、下篇）》《祭公之顾命》《命训》等篇。这些篇章最明显的语言特点就是保留了谈话或演说的口语特征词汇，从而使这类文本呈现出口语化的特征和即时性的记录痕迹，记言时多以"某曰"或"某若曰"等相对固定的起始格式加以记录，在对话体或问答体形式的文本中则分别以"某问（告）于某曰"或"某答曰"的格式作为记录对话言辞的起始，并兼以表明说话者的身份，也用来区分言辞的段落停顿和语义逻辑层次。此外，在连续记述同一说话主体的言辞时，或者在叙事中已经指明说话主体的情况下，则直接以"曰"作为记录言辞的起始而省略隐去说话者的身份。也有直接用动作加上"曰"作为发语，如"拜曰""稽首曰"。还有一种情况是以言辞的性质或功用直接作为发语格式，如"某册祝曰""某与某盟誓曰"。以上几种发语格式的使用情况也见于《尚书》和《逸周书》等《书》类文献，具体语例如表2-1所示。

表2-1　清华简《书》类文献与《尚书》《逸周书》发语格式语例统计表

语例	清华简	《尚书》	《逸周书》
"某若曰"	1.［王］若曰："发，朕疾壹甚。"（《保训》） 2.公若曰："呜呼！朕寡邑小邦。"（《皇门》） 3.王若曰："祖祭公，哀余小子。"（《祭公之顾命》）	1.王若曰："格汝众，予告汝训汝。"（《盘庚》） 2.王若曰："猷大诰尔多邦越尔御事。"（《大诰》） 3.王若曰："呜呼，群后！惟先王建邦启土。"（《武成》）	1.王若曰："告尔伊旧何父。"（《商誓》） 2.王若曰："宗揜大正，昔天之初。"（《尝麦》） 3.芮伯若曰："予小臣良夫，稽道谋告。"（《芮良夫》）

续表

语例	清华简	《尚书》	《逸周书》
"某曰"	1.汤曰:"格汝! 其有吉志?"(《尹至》) 2.王曰:"呜呼,公。"(《皇门》) 3.王曰:"钦之哉,厚父!"(《厚父》)	1.帝曰:"畴咨若时登庸?"(《尧典》) 2.帝曰:"夔! 命汝典乐。"(《舜典》)	1.王曰:"允哉!"(《酆保》) 2.周公曰:"言斯允格。"(《酆谋》)
"某问(告)于某曰"	1.挚告汤曰:"我克协我友。"(《尹诰》) 2.二公告周公曰:……(《金縢》) 3.汤又问于小臣:"有夏之德何若哉?"(《汤处于汤丘》)	无	1.王告周公旦曰:"呜呼,诸侯咸格来庆。"(《酆保》) 2.王在东宫告周公曰:"呜呼,朕闻武考不知。"(《本典》) 3.汤问伊尹曰:"诸侯来献,或无马牛之所生。"(《王会》)
"某答(对)曰"	1.小臣答曰:"可。"(《汤处于汤丘》) 2.彭祖答曰:"吾闻夫长莫长于水。"(《殷高宗问于三寿》)	答曰:"眇眇予末小子。"(《顾命》)	1.师旷对曰:"汝声清汗,汝色赤白,火色不寿。"(《太子晋》) 2.王子应之曰:"穆穆虞舜,明明赫赫。"(《太子晋》)
"曰"	1.曰:"发,汝敬听吉梦。(《程寤》) 2.曰:"战。"(《尹至》) 3.曰:"三公,谋父朕疾惟不瘳。"(《祭公之顾命》)	1.曰:"明明扬侧陋。"(《尧典》) 2.曰:"予恐来世以台为口实。"(《仲虺之诰》) 3.曰:"敢有恒舞于宫,酣歌于室,时谓巫风。"(《伊训》)	1.曰:"不谷不德,政事不时。"(《大匡》) 2.曰:"恭敬齐洁,咸格而祀于上帝。"(《酆保》) 3.曰:"呜呼! 余凤夜维商。"(《大开武》)
动作+"曰"	1.祭公拜手稽首:"天子,谋父朕疾惟不瘳。"(《祭公之顾命》) 2.公懋拜手稽首:"允哉!"(《祭公之顾命》)	1.禹拜昌言曰:"俞!"(《大禹谟》) 2.禹拜曰:"都! 帝,予何言?"(《益稷》) 3.王拜手稽首:"予小子不明于德。"(《太甲》)	1.王拜曰:"允哉! 余闻国有四戚……"(《大开武》) 2.周公拜手稽首:"在我文考,顺明三极。"(《小开武》) 3.武王再拜曰:"呜呼,允哉!"(《大聚》)

续表

语例	清华简	《尚书》	《逸周书》
以言辞性质发语	1.汤盟誓及尹:"兹乃柔大縈。"(《尹至》) 2.史乃册祝告先王曰:……(《金縢》) 3.作歌一终曰《輶乘》:……(《耆夜》) 4.乃流言于邦曰:……(《金縢》)	1.誓于师曰:"济济有众,咸听朕命。"(《大禹谟》) 2.帝庸作歌曰:"敕天之命,惟时惟几。"(《益稷》) 3.仲虺乃作诰曰:"呜呼!惟天生民有欲。"(《仲虺之诰》)	1.诏太子发曰:"汝敬之哉!"(《文儆》) 2.尹逸策曰:"殷末孙受德,迷先成汤之明。"(《克殷》) 3.于是为四方令曰:"臣请正东。"《王会》

第二类文本来源于君王或官员代表朝廷发布的文诰和号令,一般由史官起草形成文本,由君王或官员在正式场合宣布或诵读,最终以书面形式发布传达并保存于王室档案,如清华简《封许之命》《皇门》《芮良夫毖》等篇。与第一类讲话或谈话记录性质的文献相比,这类篇章多以书面语言为主,口语词汇出现较少,句式更加整齐,语言风格庄重严肃,一般具有相对固定的行文格式,艾兰指出:"'书'一开始是官员为了在正式仪式上代表君主或大臣讲话而事先准备的讲话稿。"[①]这种判断是符合事实的,君王在正式场合的讲话应当经过史官提前草拟文稿和斟酌修改,并在讲话后交由史官定稿保存为王室档案。有学者注意到《芮良夫毖》句式整齐且句尾用韵的情况,并据此认为《芮良夫毖》属于诗体,但赵平安已经明确指出"《芮良夫毖》应属于《尚书》类文献"[②],笔者认为赵平安的判断是准确的,《芮良夫毖》是一篇用于在王室正式场合宣读以劝诫君王和群臣的"毖"文,句式整齐和句尾用韵的特征说明这是一篇事先拟定的文稿而不是现场的即兴演讲。有学者针对篇中出现语气词的情况质疑说:"如果'书'是事先写好的讲话稿的话,很难想象起草文稿的人会把语气词也提前写进去。"[③]

① 艾兰:《论〈书〉与〈尚书〉的起源:基于新近山上竹简的视角》,《出土文献与古文字研究》第六辑,上海古籍出版社 2015 年版,第 621 页。

② 赵平安:《〈芮良夫毖〉初读》,《文物》2012 年第 8 期。

③ 程浩:《书类文献先秦流传考:以清华藏战国竹简为中心》,清华大学 2015 年博士学位论文,第 144 页。

笔者认为，这是宣读者诵读事先拟定的文稿时发出语气词的实录，这类文献一般经过"事前起草—正式宣读—修订保存"的过程而最终定稿并被史官编辑存档，不能因此否认其文本的最初来源是事先草拟的文稿，如《封许之命》和《摄命》显然是经过史官提前起草并用于在朝廷册封典礼上正式宣读的诰命。

第三类文本是史官将重大典礼仪式中的核心文本内容记录下来，整理编订成书，这类《书》中一般对文本记录所使用或创作的仪式背景有所记录，也有的仅将文本保存下来独立成篇而未说明具体仪式背景，但从文本中仍然能够看出其应用于礼仪的特征，如清华简《耆夜》《金縢》《周公之琴舞》等篇。这类文献保存了文本在礼仪中的应用性特征，如《金縢》中周公代祷之言完全保留了祷祠的格式和语气，《耆夜》《周公之琴舞》保留了礼乐仪式中诗歌与音乐、舞蹈相配和演出的乐章节奏及乐舞特征。

第四类文本是史官对书面历史档案材料和口头流传下来的文献材料进行综合加工并整理成书，这类《书》中既保留了历史材料的核心内容，又加入了史官的再创作，因而呈现出与原始文本和其他途径流传下来文本的不同面貌，如清华简《赤鹄之集汤之屋》《傅说之命（上篇）》，这类文本的最初来源是通过口头或书面形式广为流传的历史"典故"，并经过后人的增益加工和编辑整理。需要指出的是，这类"典故"的核心内容是基于真实的史事记载，但在流传过程中往往经过了长时期口述形式的传播环节才最终转化为书面文献，罗家湘指出："'典'是附属于口头话语系统的，脱离了这个口头话语系统，典就是僵化的，难以理解的。……作为一种解释经典的方式，'故'体与传体、说体等非常接近，都有一个从口头流传到写定成文的过程。"① 这种认识是非常正确的，《赤鹄之集汤之屋》《傅说之命（上篇）》的核心内容分别是"伊尹故事"和"傅说故事"，这类"典故"在先秦时期流传甚广并多见于传世文献称引，其间必然经历了"历史记载—口头传播—书面记录"的流传环节而最终呈现出与史事相异的文本面貌。

---

① 罗家湘：《〈逸周书〉研究》，上海古籍出版社 2006 年版，第 156 页。

总体来看，清华简《书》类文献主要呈现出以下几个方面的语言特征。

一、口语词汇特征

《书》类文献以记言为主，特别是对即时性讲话和谈话的记录都真实地保留了口语化的文本特征，言说者在讲话过程中表达感情或语气停顿的感叹词都被记录者如实加以记录，使文献文本呈现出真实的感情色彩。这类语气词不但广泛出现于由即时性讲话或谈话记录而成的清华简《书》类文献篇目中，也偶见于非即时性实录的《书》类文献篇目中，具体情况如表 2-2 所示。

表 2-2 清华简《书》类文献中的语气词统计表

篇目	语气词	出现频次
尹至	格、曷	2
尹诰	呜呼、胡	2
程寤	呜呼、哉	4
保训	呜呼、哉	6
金縢	噫	1
皇门	呜呼、哉	3
祭公之顾命	呜呼、哉	6
傅说之命	哉	2
周公之琴舞	呜呼、哉	4
芮良夫毖	呜呼、哉、矣	13
赤鹄之集汤之屋	也	2
厚父	呜呼、者鲁、哉	3
封许之命	呜呼、哉	2
命训	乎、矣	5
汤处于汤丘	哉、乎、允、奚若	10
汤在啻门	乎、哉、也、奚若	16
殷高宗问于三寿	呜呼	4
摄命	哉	3

二、用"典"与用"语"

清华简《书》类文献的另一个语言特征是对历史"典故"的使用和对"语"的引用。"典故"包括历史上发生的重大事件和著名历史人物的相关事迹，如《保训》中称引"舜耕于历丘""上甲微假中于河"的事迹都属于典故，《厚父》称引夏代禹、启等圣王的事迹及夏桀亡国的史事也属于典故，《赤鹄之集汤之屋》则是对作为"典故"的"伊尹故事"的加工改造和重新编辑，《傅说之命》则是对"武丁举用傅说"典故的记述和改写。

"语"是指以口头传述为主要形式的歌谣、谚语、格言、警句等文体形式，其内容多蕴含较为深刻的哲理，并且形式较为精短、易于记诵。[1]清华简《书》类文献中对"语"的称引主要包括歌谣、格言等形式。《尹至》云："余及汝偕亡。"《书·汤誓》作："时日曷丧，予及汝皆亡。""丧"与"亡"押韵，这应当是夏之民众因为痛恨桀而在民间传唱的一句歌谣。《程寤》云"爱日不足"，按"日不足"大意为时光易逝，要珍惜时间，此语又见于《逸周书》《诗经》等先秦文献，《诗·小雅·天保》："降尔遐福，维日不足。"《逸周书·大开》："维宿不悉日不足。"《逸周书·小开》："宿不悉日不足。"这应当是一句谚语或格言。[2]《汤处于汤丘》云："先人有言：'能其事而得其食，是名曰昌。未能其事而得其食，是名曰丧。'"汤与方惟的谈话中引用了"先人之言"来阐述为君之道，这句格言从正反两方面说明了"能"（才能）与"食"（职位）应当相符的深刻道理。《厚父》云："曰：民心惟本，厥作惟叶。"这里以"曰"称引，也当是一句格言。

---

① 俞志慧先生对先秦"语"类文献流传情况考证甚详，见俞志慧：《古"语"有之：先秦思想的一种背景与资源》，华东师范大学出版社 2010 年版。

② 李学勤对"日不足"之语考证甚详，见李学勤：《〈程寤〉、〈保训〉"日不足"等语的读释》，《清华大学学报》2011 年第 1 期。

三、说理善用譬喻

古人在说理之时常常使用浅显的意象来类比阐发深刻复杂的道理，对譬喻的运用能够显示出言说者高超的说理技巧和阐释水平，也有助于加深言辞的接收者的理解。

如清华简《皇门》篇，周公在皇门训诫群臣以治国之道："譬如戎夫，骄用从禽，其犹克有获？是人斯乃谗贼，以不利厥辟厥邦。譬如梏夫之有媚妻，曰余独服在寝，以自落厥家。媚夫有迩无远，乃弇盖善夫，善夫莫达在王所。"这段话的意思是：就好像武夫骄傲自大故意放纵禽兽，怎么能够有所捕获呢？这些人于是谗言陷害、嫉贤妒能，从而危害他们的君王和国家。就好像正直的丈夫娶了善妒的妻子，说我只能独自在家服事，最终使家道败落。善妒之徒眼光短浅而没有远见，所以掩盖贤能之人，贤能之人无法到达君王身边。《皇门》以夫妇来比喻君臣，阐述道理十分深刻且形象。

《傅说之命》云："听戒朕言，渐之于乃心。若金，用惟汝作砺。"又云："启乃心，日沃朕心。若药，如不瞑眩，越疾罔瘳。朕畜汝，惟乃腹，非乃身。若天旱，汝作淫雨。若济津水，汝作舟。"武丁使用了一系列比喻来训诫傅说要尽心辅佐，所用类比十分生动，所以《孟子·滕文公上》在说理时就引用了《傅说之命》的这句比喻。《傅说之命》所言"若济津水，汝作舟"之比喻在清华简《皇门》篇中也有类似表达："譬如主舟，辅余于险，临余于济。"这两处比喻都是用行船来比喻臣属辅佐君王，也十分贴切形象，而且深刻暗示了如果不尽心理政就会导致国家政权出现覆舟之险，其寓意可谓深远，这也正是《书》类文献以史为鉴，阐发道理以儆戒资政的主旨所在。

第二节　清华简《书》类文献中的人物形象

《说文》："圣，通也"，"贤，多才也。"在儒家经典中，"圣贤"特指那些具备崇高道德品质并符合儒家核心价值体系的历史人物，经由儒家历代学者的持续追述和多重阐释从而被赋予完美的理想人格，最终成为体现儒家政治伦理道德旨归的典型榜样。自孔、孟以降，"征圣"与"宗经"即成为儒家道统传承中最为重要的两种核心脉络，北宋张载名言"为往圣继绝学，为万世开太平"不仅体现出儒者"士不可不弘毅"的磊落风骨，更彰显出"往圣"作为道德典范人物千载之下犹具有巨大的号召力和影响力。

"圣贤"之称始见于《易·鼎》："象曰：圣人亨以享上帝，而大亨以养圣贤。"《周易》的《易传》中共出现"圣人"一词38次，而且"《易传》对圣人的表述是立体的，既包括圣人的事功作为，也包括圣人的道德属性"①。《书·洪范》曰："恭作肃，从作乂，明作哲，聪作谋，睿作圣。"《孔传》云："于事无不通谓之圣。"《诗·小雅·小旻》云："国虽靡止，或圣或否。"《毛传》云："人有通圣者，有不能者。"《孟子·尽心下》云："充实而有光辉之谓大，大而化之之谓圣，圣而不可知之之谓神。"圣贤最初所指多为上古三代的圣君和贤臣，自儒家道统地位确立之后，经后学不断阐发追述，逐渐将那些符合儒家伦理观念并具备一定道德品质的文人学者也称为圣贤或圣人。《孟子·公孙丑上》云："子夏、子游、子张，皆有圣人之一体。"孟子已奉孔子为圣人，而孔门七十二徒为贤士。《孟子·滕文公下》云："能言距杨墨者，圣人之徒也。"

从文献来看，以圣贤人物为核心的儒家道德典范谱系必然经历了不断构建和丰富完善的过程，这一谱系的建立当肇始于春秋时期的孔子，通过对诗、书等典籍的修订、传述和阐发初步勾勒出圣贤人物的早期形象。"圣人"一词或"圣"字在《论语》中共出现8次。由于"文献不足故也"（《八佾》），孔子也只能感慨"圣人，吾不得而见之矣"（《述而》），所能做的主要是从有限的典籍中勾勒出上古三代圣贤人物的主要行迹，通过阐发《春秋》等文献中的"微言大义"，构建出圣贤人物形象的基本面貌，虽"述而不作"，

---

① 刘震：《易传圣人形象初探》，《哲学动态》2016年第5期。

却能够通过圣贤人物的人格典范和精神光芒示天下以道德范式。

孔子向弟子传授学问的言谈之间时常流露出对圣贤的敬仰："（子曰）君子有三畏：畏天命，畏大人，畏圣人之言"（《季氏》）"（子曰）何事于仁！必也圣乎？"（《雍也》）乃至孔门弟子在潜移默化间亦将圣人称为道德之楷模："（子夏）曰：……君子之道，焉可诬也？有始有卒者，其惟圣人乎！"（《子张》）"太宰问于子贡曰：夫子圣者与？何其多能也？子贡曰：固天纵之将圣，又多能也。"（《子罕》）可见"圣人"的概念在孔门已经"入脑入心"，并被赋予丰富的人格内涵。《论语》中所提到的圣贤人物主要有：管仲、伯夷、叔齐、左丘明、尧、舜、禹、周公、皋陶、汤、伊尹、稷、殷高宗、柳下惠、微子、箕子、比干、周文王、周武王，其中既有尧、舜、禹等"圣君"，也有伊尹、周公、比干等"贤臣"，还有伯夷、叔齐、柳下惠等"名士"。尽管《论语》中论及这些圣贤人物时寥寥数语，对其具体人物形象和生平事迹着墨较少，但管中窥豹，可以推测这些圣贤在孔子授业即春秋时期已经具声名，构成了儒家道德典范谱系中的基本主体。

如果说儒家圣贤人物谱系在春秋时期已初步建立，那么这些圣贤人物的形象在当时究竟面貌如何？他们究竟凭借哪些优秀品德成为后人崇敬的道德楷模？从春秋战国时期直至秦汉，这些圣贤人物的形象是否又经历了修补改造或美化完善，才最终成为汉代"五经"及儒学典籍中臻于"纯德"的完美形象？清华简为我们提供了极其丰富而珍贵的先秦文献材料。《尚书》是上古三代的政治文书和档案遗存，清华简中不乏对上古三代圣贤人物言行的记载，且很多记载不见于传世文献或与传世文献存在差异。清华简《书》类文献中描述的上古圣贤人物主要有：舜、殷高宗（武丁）、傅说、商汤、伊尹、上甲微、周文王、周武王、周成王、周公、周穆王、祭公、芮良夫等，这些历史人物的言行事迹散见于清华简《书》类文献各篇，特别是关于商汤和伊尹的文献材料尤为丰富。以下试对清华简中所见圣贤人物形象略作分析，以期对春秋战国时期儒家道德典范人物形象的构建过程加以考察。

一、清华简中尧、舜、禹、启、皋陶的人物形象

以尧、舜、禹为核心的"三皇五帝"是上古传说时代帝王典范的代表人物，清华简中对舜和禹的事迹皆有描述。《孟子·告子下》说："舜发于畎亩之中。"舜的事迹主要见于清华简《保训》篇："昔舜旧作小人，亲耕于历丘，恐求中。自稽厥志，不违于庶万姓之多欲。厥有施于上下远迩，乃易位设稽，测阴阳之物，咸顺不逆。舜既得中，言不易实变名，身兹备，佳允。翼翼不解，用作三降之德。帝尧嘉之，用授厥绪。"文王向武王传授遗训时特意详细讲述了舜从平民到帝王的历程，主旨在于向武王传授舜所持的"中"道。关于"中"道的含义，廖名春指出："清华简《保训》篇里的'中'，其义涵当为'和'。周文王临终嘱托给周武王的'中'道，实质就是和谐政治之道。在政治理念上，《保训》篇的'中'论与孔孟的德治思想是一致的。"[1]

舜先经历底层社会的劳动锻炼而后以卓越的道德品质成为帝尧的继承人，其事迹在其他传世文献中也有着类似记载。《史记·五帝本纪》说："舜耕历山，历山之人皆让畔；渔雷泽，雷泽上人皆让居；陶河滨，河滨器皆不苦窳。一年而所居成聚，二年成邑，三年成都。"《保训》所言和《史记》所载内容是一致的，这也说明舜作为有德之圣王的事迹在先秦时期已经广为传播。事实上，《保训》所言"中"道是儒家中庸思想在政治层面的延伸和升华，其实质是强调舜具备平衡外部世界自然力量与协调处理人类社会内部关系的能力，具备常人所不及的"三降之德"。

总体来看，《保训》塑造的舜的形象是一个具备卓越实践能力和优秀道德品质的圣王形象，这里所描绘的舜并非生而具有异能的"神"的形象，而是躬耕于历丘的"小人"形象，舜通过"自稽厥志，不违于庶万姓之多欲"，完成了修身克己的道德提升过程，并通过"有施于上下远迩，乃易

---

[1] 廖名春：《清华简〈保训〉篇"中"字释义及其他》，《孔子研究》2011 年第 2 期。另见廖名春、陈慧《清华简〈保训〉篇解读》（《中国哲学史》2010 年第 3 期）云："中即和，当指和谐的治国理民之道。"

位设稽，测阴阳之物，咸顺不逆"的亲身实践领悟了"中"的深刻道理，并且通过"翼翼不懈"的努力奋斗而具备了"三降之德"，奠定了自身成为帝王的道德基础，最终受到帝尧的嘉许而授以君位。《保训》对舜的形象塑造重点是对其追求"中"道过程的描绘，强调的是其对"德"的努力追求，相比《尚书·舜典》所言"浚哲文明，温恭允塞，玄德升闻，乃命以位"，对舜之"德"描写根据详细具体。

《保训》中对尧的事迹并未述及，但从"帝尧嘉之，用授厥绪"的描述来看，帝尧显然也是一位崇尚有德之君的帝王，因而才会将帝位传授给具有"三降之德"的舜，这也与《尚书·尧典》所说"克明俊德"的尧之形象完全一致。

禹、启、皋陶的事迹见于清华简《厚父》篇："遹闻禹受命于天帝，敷土，堕山，浚川。① 乃降之民，建夏邦。启惟后，帝亦弗巩启之经德，少命皋繇下为之卿事，兹咸有神，能格于上，知天之威哉，闻民之若否，惟天乃永保夏邑。"《厚父》主要是讲厚父（伊尹）向王（太甲）讲述夏代前朝事迹，以作为治国理政的借鉴。厚父先讲述了夏禹、夏启、皋陶"三后"的治国功绩，对夏禹主要阐述了他受命天帝治理洪水的功绩，并以此业绩受到天帝的嘉许而赐予万民建立夏邦。在《山海经》中，禹原本被塑造为半人半神的形象：

> 洪水滔天，鲧窃帝之息壤以堙洪水，不待帝命。帝令祝融杀鲧于羽郊。鲧复生禹，帝乃命禹卒布土以定九州。禹娶涂山氏女，不以私害公，自辛至甲四日，复往治水。禹治洪水，通轩辕山，化为熊。谓涂山氏曰："欲饷，闻鼓声乃来。"禹跳石，误中鼓，涂山氏往，见禹方坐熊，惭而去。至嵩高山下，化为石，方生启。禹曰："归我子！"石破北方而启生。

---

① 《厚父》此句竹简原有缺文，笔者据《遂公盨》所云"天命禹敷土，堕山，浚川"试为拟补。

大禹治水的能力在《山海经》中被想象成化身为熊的神力，禹被塑造为亦人亦神的形象，而启的降生也被赋予了神话色彩。在清华简《厚父》中，则将禹的形象还原为人的形象，尽管仍说禹"受命于天帝"，却并没有杜撰他的异能，而是较为客观地陈述了禹通过"敷土堕山"而"浚川"的功绩，对其"功"的描述实际上也是在暗示其"德"，正因为禹的"功"与"德"才称为建立夏邦的君王。事实上，《山海经》中也说禹"不以私害公"，但《山海经》的主旨在于突出禹的神怪形象和神异能力。《史记·夏本纪》记载："禹为人敏给克勤，其德不违，其仁可亲，其言可信"，并云："禹伤先人父鲧功之不成受诛，乃劳身焦思，居外十三年，过家门不敢入。薄衣食，致孝于鬼神。卑宫室，致费于沟淢。"《史记》中的禹已经被描绘为三过家门而不入的道德模范人物，《山海经》所言"不以私害公"的品德在《史记》中被进一步放大并更加详细地加以描绘，成为兼具"勤、德、仁、信"的道德圣王。

刘歆在《上山海经表》中说："《山海经》者，出于唐、虞之际。"明人杨慎则说："九鼎之图，其传固出于终古、孔甲之流也，谓之《山海图》，其文则谓之《山海经》。"[1] 余嘉锡也说："《山海经》本因《九鼎图》而作。"[2] 李剑国对《山海经》的成书年代考辨尤详，认为它是战国时期"巫祝方士之流采撷流传的神话传说、地理博物传说"撰集而成，[3] 梁玉绳说《山海经》"似非一时一手所为"[4] 的意见是正确的。李剑国已经指出《山海经》的内容来源主要是神话传说并成书于战国时期，而《厚父》的内容当是源自《商书》并在战国中后期经过再次编辑整理，所以《山海经》的内容当略早于《厚父》的编定成篇。从《山海经》到《厚父》再到《史记》，禹的形象经历了"半人半神—有德之人—道德圣王"的变化过程，至汉代显然已经被塑造为符合儒家道德体系的圣王典范。

---

[1] （明）杨慎：《升庵集》卷二《山海经后序》，上海古籍出版社1993年版，第239页。

[2] 余嘉锡：《四库提要辨证》，中华书局1980年版，第1121页。

[3] 李剑国：《唐前志怪小说史》，天津教育出版社2005年版，第96页。

[4] （清）梁玉绳：《史记志疑》，中华书局1981年版，第68页。

《史记·夏本纪》说："禹子启贤，天下属意焉。"清华简《厚父》篇对夏启并未作过多描述，只陈述了启称帝的事实，并说天帝担心启的道德不足以胜任，于是委派皋陶作启的卿士，并对皋陶之德多有称赞："启惟后，帝亦弗巩启之经德，少命皋繇下为之卿事，兹咸有神，能格于上，知天之威哉，闻民之若否，惟天乃永保夏邑。"《尚书·皋陶谟》记述皋陶与禹的对话，对话内容主要是关于"三德"、"六德"和"九德"的，皋陶显然被塑造为具备完善道德的圣人形象。而在《厚父》中，重点强调的是皋陶受帝命为卿士辅佐夏启的事迹，并称赞皋陶"兹咸有神，能格于上"，实际上是将皋陶塑造为贤能之臣的形象，并突显他的"敬天保民"之德。

二、清华简中上甲微的人物形象

《史记·殷本纪》说："振卒，子微立。"但对上甲微的生平事迹并未记载。索隐："皇甫谧云：微字上甲，其母以甲日生故也。商家生子，以日为名，盖自微始。谯周以为死称庙主曰甲也。"上甲微是商人周祭的第一位先公，据王国维《殷卜辞中所见先公先王考》考证，上甲微位列于王亥与报乙之间。

清华简《保训》记载上甲微的事迹说："昔微假中于河，以复有易，有易服厥罪。微无害，乃归中于河。微志弗忘，传贻子孙，至于成汤，祗不解，用受大命。"关于上甲微伐有易之事，《山海经》郭璞注引《竹书纪年》曰："殷王子亥宾于有易而淫焉，有易之君绵臣杀而放之。是故殷主甲微假师河伯以伐有易，灭之，遂杀其君绵臣也。"《保训》所述史事与此基本相同，但"有易服厥罪。微无害"，上甲微战胜有易之后并没有杀掉他的君王，而是"归中于河"并"传贻子孙，至于成汤"。关于此处所说"中"的性质，很多学者认为是军队或兵符，但从上甲微将"中"传给子孙来看，"中"似乎又是一种无形之物。笔者认为，这里所说的"归中于河"应当是指上甲微将兵权交回给河伯，而后文所言"微志弗忘，传贻子孙，至于成汤"并非将"中"传给子孙，而是在说上甲微将战胜有易而且并未杀掉他这件事情传授给子孙，传授的是"志"，也就是"保训"，上甲微"屈人之兵而不杀其君"实际上正是一种"仁德"，所以要将这种"仁德"传给子孙而且不能忘记。这也符合《保训》中文王向武王传授保训时讲述上甲微史事的目的，文王正是告诫武王要具备这种"仁德"。因此，《保训》中描绘的上甲微是一位"仁德之君"的形象。

三、清华简中商汤、伊尹的人物形象

商汤是商代的开国之君，而伊尹则是辅佐商汤的名臣。清华简中的《尹至》《尹诰》《赤鹄之集汤之屋》《汤在啻门》《汤处于汤丘》等篇皆讲述商汤与伊尹的史事，《厚父》篇则是伊尹与太甲的对话记录。

《汤处于汤丘》主要讲伊尹善于烹饪之道，汤问政于伊尹并与其商议谋夏。《赤鹄之集汤之屋》主要讲述汤射鹄而命伊尹作羹，汤后纴芘命伊尹偷食而致伊尹被汤驱逐奔夏，伊尹路遇神乌并医治夏桀之疾。《尹至》主要讲述伊尹从夏归亳向汤汇报夏邦民情，并与汤结盟起兵伐夏。《尹诰》主要讲述灭夏后伊尹向汤建议分享财富稳定民心。《汤在啻门》主要讲汤向伊尹咨询天人之道和治国之道。《厚父》主要讲太甲向伊尹咨询夏代史事及治国之道。这六篇系统讲述了从伊尹作为有莘媵臣入商、以烹饪之道达于汤、与汤商议谋夏、奔夏为间谍、返亳告汤夏之民情、与汤结盟伐夏、伊尹告汤以治国之道，到汤死后太甲即位并问政于伊尹的完整史事。

总体来看，伊尹在清华简中的人物形象有以下特点：首先，伊尹出身卑微但卓有才能，不但精于烹饪之道，而且能够以烹饪之道通晓治国之道，最终被汤举用为重臣，这是一个典型的"贤臣"的形象。其次，伊尹为了辅佐汤灭夏，假装得罪于汤并被驱逐，忍辱负重前往夏邦为间谍，并奔波往返向汤汇报夏之民情，最后与汤结盟共同灭夏兴商，这是一位典型的忍辱负重并且忠诚于君王的"忠臣"的形象。最后，伊尹在灭夏之后并未以功臣自居，不但为汤出谋划策稳定民心，在汤死后还尽心辅佐太甲，据《史记·殷本纪》记载："帝太甲既立三年，不明，暴虐，不遵汤法，乱德，于是伊尹放之于桐宫。三年，伊尹摄行政当国，以朝诸侯。帝太甲居桐宫三年，悔过自责，反善，于是伊尹乃迎帝太甲而授之政。帝太甲修德，诸侯咸归殷，百姓以宁。"清华简《厚父》中还记录了伊尹以夏亡之鉴谆谆告诫太甲的谈话，而太甲则尊称伊尹为"厚父"，这是一位老成谋国、守护基业、规训少主的"老臣"的形象。所以，清华简《书》类文献中的六篇文本共同塑造了伊尹作为"贤臣、忠臣、老臣"的名臣形象，并赋予伊尹"能、忠、义"的道德品质，这也是儒家道德体系的核心价值元素。

再来看商汤的形象。从《尹至》等文本描述来看，伊尹的人物形象相对较为突出，而商汤的人物形象在大部分篇目中只是为了衬托伊尹的贤臣形象而存在，尽管如此，商汤的人物形象仍然是完整而清晰的。清华简中塑造的商汤的形象有两个特点：首先是一个善用贤能、礼贤下士、求贤若渴的君王的形象。《汤处于汤丘》说："汤处于汤丘，取妻于有莘。有莘媵以小臣，小臣善为食，烹之和。有莘之女食之，绝芳旨以粹，身体痓平，九窍发明，以道心嗌，舒快以恒。汤亦食之，曰：'允！此可以和民乎？'小臣答曰：'可。'乃与小臣基谋夏邦，未成，小臣有疾，三月不出。汤反复见小臣，归必夜。"伊尹原本是一位地位低微的陪嫁庖厨媵臣，商汤却不顾身份的差距而向他咨询治国之道，并且慧眼识珠发现了伊尹的治国才能，在伊尹生病后更是不辞劳苦深夜前往探视，在受到方惟的劝阻时，汤仍然说服方惟并且对伊尹的才能大加称赞。展现出一位胸怀宽广、信念坚定、爱护贤臣的明君形象。其次是一个从善如流、修德克己、敬天爱民的圣王形象。《尹诰》讲汤在灭商后总结历史教训，向伊尹咨询如何获取民心，伊尹告诉他："后其赉之，其有夏之〔金〕玉实邑，舍之吉言。"劝他将夏朝国库的财物分享给百姓，商汤"乃致众于亳中邑"，立即采纳并实施了伊尹的建议，展现出一个善于总结历史经验、具有政治远见、善于听取建议的圣王形象。在《汤处于汤丘》中，汤主动向伊尹询问为君之道：

汤又问于小臣："古之先圣人，何以自爱？"小臣答："古之先圣人所以自爱，不事问，不处疑；食时不嗜饕，五味皆哉，不有所；不服过文，器不雕镂；不虐杀；与民分利，此以自爱也。"汤又问于小臣："为君奚若？为臣奚若？"小臣答："为君爱民，为臣恭命。"

尽管这里记述的只是伊尹回答商汤的言辞，但从汤主动询问为君之道的态度和他从善如流的性格来看，商汤是一位能够按照伊尹所言克己修身的勤勉之君。在下面的对话中，商汤又向伊尹询问"爱民之道"：

汤又问于小臣："爱民如台？"小臣答曰："远有所亟，劳有所思，饥有所食，深渊是济，高山是逾，远民皆极，是非爱民乎？"

这番谈话又将商汤塑造成一位关心人民、爱护人民的仁慈之君的形象，结合《尹诰》所说的汤把国家财富分发给百姓之事，共同塑造出一位勤政爱民、体恤民力、藏富于民的圣明君王形象。

四、清华简中殷高宗（武丁）、傅说的人物形象

《孟子·告子下》说："傅说举于版筑之间。"《墨子·尚贤下》："昔者傅说居北海之洲，圜土之上，衣褐带索，庸筑于傅岩之城。武丁得而举之，立为三公，使之接天下之政，而治天下之民。"武丁举用傅说之事作为"圣王举用贤士"的典型案例，多见于先秦文献传述，其典故来源当是《商书》中《傅说之命》的记载。据《书序》云："高宗梦得说，使百工营求诸野，得诸傅岩，作说命三篇。"今本《尚书》有《说命》三篇，学者已证其伪，而清华简《傅说之命》三篇才是《商书》中记载傅说之事的真正《说命》文本。

清华简《傅说之命》共有三篇，上篇主要讲述武丁梦得傅说并委派百工画像寻找，最终在傅岩找到傅说，傅说受命征伐失仲取得胜利并被任用为武丁之臣。中篇主要讲述武丁召见傅说并加以训诫，勉励傅说尽心辅佐

君王。《孟子·滕文公上》："《书》曰：'若药不瞑眩，厥疾不瘳。'"《孟子》对《书》的称引正是出自清华简《傅说之命（中篇）》中武丁对傅说的训诫之辞所用譬喻。《傅说之命》下篇主要记录武丁告诫傅说治国之道和为臣之道的语录。

总体来看，《傅说之命》三篇塑造的傅说是一位出身卑微但卓有才能的贤臣形象，与伊尹的人物形象有很多类似之处：出身底层、遇到贤君、展示才能、获得重用，而武丁在《傅说之命》中被塑造为一位求贤若渴、不拘一格、尚贤纳士的明君形象，而且从武丁对傅说的训诫谈话中展示出高超的谈话技巧和深刻的政治思想，从而将武丁塑造为具有政治智慧和治国才能的圣王形象，这一点也可以在清华简《殷高宗问于三寿》中得到印证。《殷高宗问于三寿》记述了殷高宗问政于彭祖等"三寿"之臣的对话，对话的内容和主题主要是天人之道和治国之道。殷高宗先向彭祖询问："尔是先生，尔是知二有国之情。"展示出殷高宗善于吸收总结历史经验、虚心求教的君王形象，在谈话中殷高宗不但说"尔是先生"，还敬称彭祖为"高文成祖"，充分体现出对长者的尊重和善于纳言倾听的君王形象。在谈话中殷高宗："吾闻夫长莫长于［山］，吾闻夫险必矛及干，厌必富，恶必无飤。苟我与尔相念相谋，世世至于后嗣。我思天风，既回或止。吾勉自抑，畏以敬天。"展现出一位深思远谋、敬天慎德的君王形象。而从与彭祖等"三寿"的讲话中也可以看出他们是广见卓识、智慧丰富的辅国贤臣。

五、清华简中周文王、周武王、周成王、周公的人物形象

《礼记·中庸》说："仲尼祖述尧舜，宪章文武。"孔子对周文王、周武王推崇备至，视为圣王的典范，更将周公创制的"礼乐之道"奉为圭臬。《论语》中多有关于文武之道及周公的语录：

卫公孙朝问于子贡曰："仲尼焉学?"子贡曰："文武之道，未坠于

地，在人。贤者识其大者，不贤者识其小者，莫不有文武之道焉。夫子焉不学，而亦何常师之有？"（《论语·子张》）

子曰："甚矣吾衰也！久矣吾不复梦见周公！"（《论语·述而》）

子曰："如有周公之才之美，使骄且吝，其余不足观也已。"（《论语·泰伯》）

子曰："……周之德，可谓至德也已矣。"（《论语·泰伯》）

清华简中与周文王有关的篇目主要有《保训》《程寤》。《保训》记录文王病重向武王传授遗训，主旨在于通过讲述舜、上甲微等圣王的事迹来阐述"中"道。《程寤》主要讲述太姒梦见"商廷惟棘，乃小子发取周廷梓树于厥间，化为松柏棫柞"，文王祭祀拜梦并训诫武王以天命之道和治国之道。文王在这两篇中都是以讲话者的身份出现，因而只能从其讲话内容来勾勒文王在文本中展示出的人物形象。《保训》中文王的讲话核心在于勉励武王效法往圣、修身慎德、秉持仁德，《程寤》中文王的讲话核心在于以草木为喻阐述修身之道和治国之道，这两篇言辞共同展现出文王道德深厚、富有智慧、深谋远虑的君王形象。

清华简中与周武王有关的篇目主要有《保训》《程寤》《耆夜》《金縢》。在《保训》和《程寤》中，武王（太子发）只是作为文王讲话接收者的身份出现在文本中，对其言行并无具体描述。《耆夜》主要记述武王戡黎凯旋，在文王太室举行饮至之礼，并记录了武王所作《乐乐旨酒》《輶乘》两首诗篇。在《金縢》开篇述及武王病重，周公为武王代祷，但其核心内容是讲述周公与成王之事，后文对武王并无涉及。从这些篇目描写来看，并不能完整地勾勒出武王的人物形象，但《耆夜》中的诗篇展示了周武王的卓有文采与推崇礼乐。

清华简中与周成王有关的篇目主要有《金縢》《周公之琴舞》。在《金縢》篇中，成王在第二部分出场，其时间背景当是在成王初即王位之后，因为听信流言而疏远周公，最后因开启金縢之匮明白真相而幡然悔悟，最终迎接周公归来。在这篇文本中，成王的形象是一位缺乏政治经验和政治眼光，但在发现错误后能够及时改正的年轻君王。《周公之琴舞》则记述了成王在即位典礼上所作傲毖组诗，内容多以追述祖烈、傲戒为政为主，这些诗篇勾勒出成王敬守祖业、自警自诫的年轻君王形象。

清华简中与周公有关的篇目主要有《耆夜》《金縢》《周公之琴舞》。在《耆夜》和《周公之琴舞》中，周公都是以礼乐仪式参与者的身份出现，并记录了周公所作的诗篇内容，展示出周公娴熟的礼乐才能。《金縢》篇则是以周公为主角展开叙事，先是讲述周公为武王代祷并将祷词秘密收藏于金縢之匮，再讲述成王听信流言而疏远周公，周公居东并作《鸱鸮》之诗献给成王，最后讲天现异象，成王开启金縢之匮明白了周公之忠心，最终亲自迎接周公归来。在这个情节十分曲折生动的叙事文本中，周公被塑造为一位忠心耿耿、忍辱负重、老成谋国的忠臣形象。总体来看，周公在清华简中展现出的是富有礼乐才能并忠于君王的贤能之臣的形象，兼具才能与贤德，这也是儒家所推崇圣贤人物的典范形象。

《大戴礼记》讲述了孔子对于"贤人""圣人"之理想人格形象的具体描述：

> 哀公曰："善！敢问：何如可谓贤人矣？"
>
> 孔子对曰："所谓贤人者，好恶与民同情，取舍与民同统；行中矩绳，而不伤于本；言足法于天下，而不害于其身；躬为匹夫而愿富贵，为诸侯而无财。如此，则可谓贤人矣。"
>
> 哀公曰："善！敢问：何如可谓圣人矣？"
>
> 孔子对曰："所谓圣人者，知通乎大道，应变而不穷，能测万物之情性者也。大道者，所以变化而凝成万物者也。情性也者，所以理然不然取舍者也。故其事大，配乎天地，参乎日月，杂于云蜺，总要万物，穆穆纯纯，其莫之能循；若天之司，莫之能职；百姓淡然，不知其善。若此，则可谓圣人矣。"（《大戴礼记·哀公问五义》）

孔子对贤人、圣人的定义不仅包含道德修养的要求，并且强调了圣贤必须能够"好恶与民同情，取舍与民同统"而"百姓淡然，不知其善"，这既是儒家民本思想的深刻体现，也是对圣贤达到舍己为民之崇高精神境界的期许。孔子实际上将圣贤作为儒家理想人格的最高层次，并且将历史上的明君贤臣作为具备这种完善道德的典范和效仿的榜样；如果囿于时代或身份的局限不能够达到这种"达则兼济天下"的至高无上人格，孔子对弟子的基本要求则是努力成为"士不可以不弘毅"的"君子儒"，所谓"穷则独善其身"，这实际上是儒家理想人格的第二个层次；而最低的层次则是孔子所说的"小人"，"子曰：小人常戚戚"，亦即毫无理想追求的庸众。《论语》记载："子曰：中人以上，可以语上也；中人以下，不可以语上也。"实际上这种不同人格层次的划分也体现出孔子"因材施教"的教育思想，对于具备"兼济天下"能力的弟子提出效仿"圣贤"的最高目标，对那些有一定能力但不足以成大器的弟子则退而求其次，致力于将他们培养成为"文质彬彬""温柔敦厚"的君子。

总体来看，清华简《书》类文献中记载的舜、禹、汤、武丁、周武王、周公、伊尹、傅说等圣贤人物的形象塑造符合儒家理想圣贤模范的人格形象标准，也符合中华民族传统文化的核心道德观念与伦理文化精神。清华简《书》类文献中的人物形象主要包括"圣王"形象和"贤臣"形象，对"圣王"的塑造重在彰显其"崇德"与"尚贤"之形象，对"贤臣"则侧重塑造其"尽忠"与"善能"之形象。通过与传世文献的对比考察，可以发现圣贤人物形象经历了以儒家核心道德观念为指针不断改造完善的过程，儒家道德典范谱系的构建肇始于春秋时期，完善于战国时期，至汉代基本定型并将儒家宗师纳入圣贤谱系。圣贤人物形象的塑造和道德典范谱系的构建，对于儒家道统的传承有着重要的垂范意义。

第三节 清华简《书》类文献的叙事维度

唐刘知几《史通·叙事篇》说："国史之美者，以叙事为工；而叙事之工者，以简要为主。……史之称美者，以叙事为先。"叙事学原本是从西方现代文艺理论借鉴引入的中国文学研究方法，但同样适用于中国古典文学的研究范畴。杨义在《中国叙事学》中将"中国叙事"概括为四个方面，即结构、时间、视角、意象。① 陈平原先生则从叙事时间、叙事角度、叙事结构三个方面概括中国古代小说叙事模式的转变。②《书》类文献的主要功能在于记言，但"言"的发生必定具有其特定的时间背景和空间背景，正是时间和空间的特殊性才赋予了"言"的文化意义和历史意义。《论语》有言："子在川上曰：逝者如斯夫，不舍昼夜。"这句话是孔子对时间流逝的感叹，而川流不息的河流是其空间背景，有形的河水奔流映照着无形的时间流逝，孔子之"言"不但将时间与空间联系在一起，还通过《论语》的记录将孔子说出这句话的时刻定格于永恒的时间与空间之中，焕发出烁古耀今的哲思光芒。

无论是叙事还是记言，从文本层面来说都必须具备时间、人物等核心要素，伍茂国指出："在文学叙事中，时间既作为主题（时间的经验）又作为形式要素（文学描绘时间的艺术）出现，二者具有不可消除的伦理意义。"③《书》类文献虽然以记言为主，但作为"言"的背景不可避免地会加入叙事的元素，从而赋予"言"以时间意义和历史意义。即使是仅从纯粹的记言篇目来看，在文本内部也具有语言的流向性和指向性，这种语义在文本层面的流动就象征着时间顺序的发生，这就是文本的内部时间。而空间是文本存在的内在语义场所和外在存储场所，并通过篇章的组合形式形成了不同的封闭语义场所。因此，时间与空间共同构成了《书》的文本的纵向维度和横向维度，并在各个篇目汇聚编辑成书的过程中形成交集。对清华简《书》类文献中时间维度和空间维度的分析，有助于从文本内核中探索其语义的深层内涵。

---

① 杨义：《中国叙事学》，人民出版社 2009 年版，第 15 页。

② 陈平原：《中国小说叙事模式的转变》，上海人民出版社 1988 年版，第 9 页。

③ 伍茂国：《在时间中成就德性——论作为叙事主题与形式的时间叙事伦理》，《郑州大学学报（哲学社科版）》2012 年第 6 期。

一、清华简《书》类文献的时间维度

空间是静态的时间，时间是流动的空间，文本则是时间和空间的交集，而文学是蕴藏于文本之下的深层想象空间。杨义指出：

> 时间的整体观是与天地之道的整体观相联系的……以时间呼应天道的思维方式，具有类乎宗教信仰的仪式感和典重感，在古老的时代已经沉淀为中国人的精神原型。这种精神原型的生成，意味着中国的时间标示已经不能看作一个纯粹的数学刻度，它已经隐喻着某种关于宇宙模式的密码。这种精神原型按照中国人浓郁的历史意识，以神话历史化的形态早已存储在民族必读的典籍《尚书》的首篇《尧典》中了。……《尚书·尧典》以一神分四身的方式，把四方和四时对应起来，代表着古中国人时间—空间整体性模式的一次经典性的规范化。①

杨义指出了《尚书》作为时间意识的精神原型的文本意义，而《尚书》的本质正是将原本已经消逝于时间洪流之中的圣贤之"言"保存下来，从而赋予其永恒的历史意义。与《尚书》相似，清华简《书》类文献通过保存于墓葬的形式将时间静止在战国时期，今天的出土问世则被重新赋予超越时间和历史的文本价值。

古人的时间观念与空间观念密不可分，《鹖冠子·天权》曰："春用苍龙，夏用赤鸟，秋用白虎，冬用玄武。"日月的交替运行和星空的方位变化赋予人类社会以时间的概念和准则，古人对天帝的崇拜在本质上也是对时间的敬畏。《书·尧典》说："历象日月星辰，敬授民时。"《书·洪范》又说："五纪：一曰岁，二曰月，三曰日，四曰星辰，五曰历数。"观测天象和授民以时原本是古代君王沟通神灵与人民的核心权力，自商周以降则逐渐成为巫史之官的职责。殷人的占卜与时间密切相关，占卜的本质是沟

---

① 杨义：《中国叙事时间的还原研究》，《河北师院学报（社会科学版）》1996 年第 3 期。

通以往世界（神灵）与现实世界（人）并获得对未来世界的预测。殷商卜辞有云："癸丑贞，贞今岁受禾？弘吉。在八月，惟王八祀。"（《殷契粹编》896）西周金文："惟三年五月既死霸甲戌，王在周康劭宫。"（《颂鼎铭》）无论是甲骨还是金文，时间都是文本记录的第一要素。

清华简《书》类文献中，对文本内容发生的时间记录有三种类型：

第一种是直接注明事件发生的具体时间，如《程寤》篇："惟王元祀贞月既生魄，太姒梦见商廷惟棘。"又如《保训》篇："惟王五十年，不豫。王念日之多历，恐坠保训。戊子，自靧水。己丑昧〔爽〕……"《耆夜》篇："武王八年，征伐耆，大戡之。还，乃饮至于文太室。"《金縢》篇："武王既克殷三年，王不豫有迟。"《皇门》篇："惟正〔月〕庚午，公格在库门。"《汤在啻门》："贞月己亥，汤在啻门，问于小臣。"

第二种是以事件为背景记载了较为模糊的时间，但无法以年月日的形式准确定位其时间节点。《尹至》："惟尹自夏徂亳，逯至在汤。"《尹诰》："尹念天之败西邑夏，曰……"《傅说之命（上篇）》："惟殷王赐说于天，庸为失仲使人。"《芮良夫毖》："周邦骤有祸，寇戎方晋。"《赤鹄之集汤之屋》："曰：古有赤鸠集于汤之屋，汤射之，获之。"《厚父》："王监嘉绩，闻前文人之恭明德，王若曰……"《汤处于汤丘》："汤处于汤丘，取妻于有莘。"《殷高宗问于三寿》："高宗观于洭水之上，三寿与从，高宗乃问于少寿曰：……"

第三种是隐去了事件发生或语言产生的时间背景，而直接进入事件或语言的记录文本。如《祭公之顾命》："王若曰：'祖祭公，哀余小子，昧其在位，旻天疾威，余多时假惩。我闻祖不豫有迟，余惟时来见。'"《周公之琴舞》："周公作多士儆毖，琴舞九絉。"《封许之命》："……越在天下，故天劝之亡斁，尚纯厥德，膺受大命，盱尹四方。"《命训》："〔天〕生民而成大命，命司德，正以祸福，立明王以训之，曰：……"

从《书》类文献的生成过程来说，第一种情况的《书》类文献仍然保留了事件发生时间的原始记录，使文本所记之"言"具备了完整的时间意义和明确的时间指向性，不但具有为后世执政者提供借鉴的政治意义，也具有传述"言"发生过程的历史意义。第二种情况的《书》类文献仍然具有时间的标志，但作为文本生成背景的具体时间要素已经被隐去，只能从事件发生的背景大致界定文本产生的历史环境，这类文本显然经过后人的追述或转述，在传播过程中对原生文本进行了一定程度的修订，从而使文本生成时间弱化，进而更加凸显核心语言文本的功能和意义。第三种情况的《书》类文献则完全消除了其文本的时间要素，使原本具备时间背景的事件进化为仅仅保留核心要素的纯文本，造成这种情况的原因可能是其文本可以脱离原始时间背景而仍然具备完整的语义功能，也可能是在传述过程中被整理者剔除了与核心文本无关的时间要素，而仅仅保留整理者所关注的核心文本内容。

杨义指出："时间对叙事来说是非常重要的，它的重要性几乎支配了整个叙事，实际上我们叙述的时间和历史发展的时间以及自然的时间是不一样的。叙事时间在文字中的流动速度，是有很大差异的。"① 从清华简《书》类文献的文本层面来说，其时间维度可以划分为历史的外部时间与文学的内部时间，外部时间强调的是它的原生时间和文本生成时间，而内部时间则是其语义得以完整延续的核心元素。对于清华简《书》类文献各篇文本来说，其时间维度的第一个层面是历史的维度，从语言到文字的转换使"言"具备了时间的永恒性，也使我们能够通过对时间背景的解读去重构语义生成的原生环境；第二个层面是文学的维度，事件发生的先后顺序，语句和词汇的前后承接，对话者的发问与回答，对事件的直接叙述或间接叙述，插叙或倒叙，所有这些具备文学价值的要素都属于时间的文学维度；第三个层面是结构的维度：文本篇章之间的承接关系与内在脉络都属于结构的维度，不同的组合方式赋予文本不同的主题和语义指向，《傅说之命》三篇原本相互独立的文本经过前后编联后就具备了"序辞—命辞—语录"的仪式化结构特征，②《金縢》篇则通过重新整合编联，完全覆盖了

---

① 杨义：《中国叙事学的文化阐释》，《广东技术师范学院学报》2003 年第 3 期。
② 王永：《〈清华大学藏战国竹简〉与〈古文尚书·说命〉篇文体比较》，《古籍整理研究学刊》2015 年第 2 期。

三篇来源文本的独立结构，① 也使文本的功能性与指向性完全发生改变。

二、清华简《书》类文献的空间维度

《淮南子·齐俗训》："往古来今谓之宙，四方上下谓之宇。道在其间，而莫知其所。"《尸子》："上下四方曰宇，古往今来曰宙。"时间与空间密切相连，人类对时间的认知源于宇宙空间的运动变化，对时间的度量标准也是以宇宙空间的运行为依据和标志。从这个意义上说，对空间的掌控也是对时间的掌控，空间的布局对于政权的稳固与延续有着特殊的意义，罗家湘在《〈逸周书〉研究》中注意到周王朝"以两京为轴安排政治经济活动"和"以中央御四方的政治地理图式"②。空间与时间共同构成了政治权力的结构和布局。

杨义曾指出《尚书·尧典》对时间维度的阐释，事实上《尚书》中还蕴含了对空间的特殊关注，这种关注集中表现在《禹贡》篇。据《书序》所言，"禹别九州，随山浚川，任土作贡"，《禹贡》详细阐述了天下九州的山川形势，并指明了九州地理空间的具体维度：

> 五百里甸服：百里赋纳总，二百里纳铚，三百里纳秸服，四百里粟，五百里米。五百里侯服：百里采，二百里男邦，三百里诸侯。五百里绥服：三百里揆文教，二百里奋武卫。五百里要服：三百里夷，二百里蔡。五百里荒服：三百里蛮，二百里流。东渐于海，西被于流沙；朔南暨声教，讫于四海。

《禹贡》的天下九州观念典型地代表了《书》类文献对人类社会外部空间的认知，从《书》类文献的文本层面来说，空间的维度既包括有形的

---

① 清华简《金縢》是由原本独立的三个篇章《周武王有疾周公所自以代王之志》《周公之献诗》《金縢》经过儒家重新编辑和拼接整合而形成的文本，旨在突显周公之德。

② 罗家湘：《〈逸周书〉研究》，上海古籍出版社 2006 年版，第 201 页。

外在空间，也包括作为叙事场景的内在隐喻空间，这种内在空间首先是历史的空间和文学的空间，同时也是文化的空间和想象的空间。

清华简《尹至》开篇就说："惟尹自夏徂亳，逯至在汤。"不仅以地理方位确定了叙事的外部空间，也为下一步展开叙事提供了对话的场景，这就是文本的内在叙事空间。《尹至》叙述天现异象之事："夏有祥，在西在东，见章于天。其有民率曰：'惟我速祸。'咸曰：'曷今东祥不章?'"作为外部空间标志的天象不仅具有空间的意义，还被赋予政治的象征，这就使文本具备了想象空间的意义。

清华简《程寤》篇先叙述太姒做梦："惟王元祀贞月既生魄，太姒梦见商廷惟棘，乃小子发取周廷梓树于厥间，化为松柏棫柞。"又叙述文王举行拜梦祭祀："币告宗祊社稷，祈于六末山川，攻于商神，望，烝，占于明堂。王及太子发并拜吉梦，受商命于皇上帝。"最后则详细记录了文王告诫太子发的言辞。从空间的维度来看，本篇主要是记录文王的言辞，这构成了文本的核心内在空间，而太姒做梦及文王祝祷之事就作为背景构成了文王言辞的外在空间。此外，太姒的梦境作为一个独立的封闭叙事空间存在于《程寤》文本的内在空间。从叙事的层面来看，《程寤》实际上包含了三个层次的叙事空间维度。

清华简《金滕》篇先讲武王病重，周公为武王代祷，并详细介绍了祭祀的场景："周公乃为三坛同墠，为一坛于南方，周公立焉，秉璧植珪。"这是对文本外部空间的描述，而对祷词的记述则创造出文本的内在空间：

> 尔元孙发也，遘害虐疾，尔毋乃有备子之责在上，惟尔元孙发也，不若旦也，是佞若巧能，多才多艺，能事鬼神。命于帝庭，溥有四方，以奠尔子孙于下地。尔之许我，我则晋璧与珪。尔不我许，我乃以璧与珪归。

开篇的第一部分叙事构成了一个开放的语义空间，记录者对代祷仪式方位空间的详细描述为读者提供了洞悉事件全程的全能视角。随后，仪式结束后周公命执事人将祷词收藏于金縢之匮，这就形成了一个封闭的空间，周公的祷词及代祷之事作为秘密被封存于金縢，使文本的叙事空间被划分为两个相互隔离的内在空间：一个是周公和读者的叙事空间，这个空间对事件的全程呈现出开放状态，代祷之事在这个空间里并不是秘密，而是已经描述并被获知的事实；另一个空间是成王的叙事空间，金縢作为封闭空间的象征隔绝了成王对周公忠诚品德的认知，在这个叙事空间中他对代祷之事毫不知情。《金縢》的第二个部分主要是讲周公居东，并献《鸱鸮》之诗于成王，这里仍然存在两个内在叙事空间，而且与外部地理空间互相对应，读者所处的叙事空间与周公居东所处的地理空间相对应，成王作为不知情者仍然处于另一个封闭的内在空间，并对应于作为王城的地理空间。《金縢》的第三部分讲天现异象，成王开启金縢之匮获悉秘密，终于悔悟，亲自出城到郊外迎接周公归来。从外部空间来说，周公自东方归来，成王自城中出来，二人所处的地理空间在城郊形成交集；从内部空间来说，成王打开金縢之匮，成王所在的封闭叙事空间也被打开，与周公及读者所在的叙事空间形成交集。外部的空间和内部的空间都从隔离的状态融合转变为共同的空间，而情节的发展也形成回环，从而构成了本篇的完整叙事空间，这就是空间维度对于《金縢》叙事文本的意义。

第四节　清华简《书》类文献与伊尹故事

清华简《尹至》《尹诰》《赤鹄之集汤之屋》《汤处于汤丘》《汤在啻门》《厚父》六篇文献均与商代名臣伊尹相关，其内容既有关于伊尹言行的历史记录，也有关于伊尹生平事迹的神话传说，从不同角度叙述了在先秦时期广为流传的伊尹故事。本节内容主要通过对传世文献与出土文献的比较研究，对清华简《书》类文献中的伊尹故事进行综合考察。

一、殷商卜辞及传世文献所见"伊尹故事"

伊尹是商代名臣，也是辅助商汤灭夏兴商的开国元勋，在汤死后继续辅佐商王太甲，维护了商代建国初期政权的平稳过渡和稳定运行，因此在殷人祭祀中享有与商汤等先王并列享祀的尊崇地位。甲骨卜辞中目前所见与伊尹有关的内容有 130 余条，主要分布于子组、出组、何组、历组的卜辞中。[①] 子组、出组卜辞如：

1. 癸丑，子卜，来丁酉彡伊尹至。（《合集》21574）
2. 辛亥卜，至伊尹，用一牛。（《合集》21575）
3. □卯，子卜，[来] 丁酉彡四牢□伊尹。（《合集》21573）
4. 伊酉彡、彡……（《合集》21208）
5. 庚申卜，伊彡□。（《合集》25091）
6. 贞伊……岁翌丁□……其……（《合集》25210）

何组、历组卜辞如：

1. 丙申，贞酉彡伊，□、伐。（《屯南》2032）
2. 癸丑卜，上甲岁，伊□。（《合集》27057）
3. □酉，贞于伊□丁亥。（《屯南》911）
4. 贞其卯羌，伊□。（《合集》26955）
5. 癸巳，贞侑、□、伐于伊，其又大乙彡。（《合集》32103）

罗振玉指出，甲骨卜辞中称"伊尹"或称作"伊"，皆为伊尹之名。[②] 还有学者指出，伊尹在卜辞中不但附祭于商先公上甲和先王成汤（大乙），

---

① 韩江苏、江林昌：《〈殷本纪〉订补与商史人物徵》，中国社会科学出版社 2010 年版，第 188 页。

② 罗振玉：《增订殷虚书契考释》，朝华出版社 2018 年版，第 93 页。

还与上甲之前的商先公高祖一起作为商王祭祀、求雨的祭祀对象，此外，伊尹还与商先王一起或单独受到商王的祭祀，足见伊尹在商代地位显赫，备受尊崇，这在甲骨卜辞中多有例证。甲骨卜辞乃近世出土，春秋战国时期传世文献中多有关于伊尹史事的内容，其文献来源当是经过周王室史官整理传述的商代《书》类文献，《尚书》中的《商书》也当来源于此。清华简《书》类文献中所见《商书》共有八篇，其中有六篇都是关于伊尹史事：《尹至》《尹诰》《汤在啻门》《汤处于汤丘》《赤鹄之集汤之屋》《厚父》。从传世文献来看，清华简中记述的"伊尹故事"内容皆有所本，《尹至》《尹诰》基本为《商书》篇目原貌，《赤鹄之集汤之屋》《厚父》《汤在啻门》《汤处于汤丘》则经过春秋战国时人的整理修订，但与传世文献对照可知其核心内容仍来源于《商书》。

先秦典籍中最早记录伊尹之事的是《尚书》和《诗经》。据《书序》所言《尚书》原有《汝鸠》《汝方》两篇，《书序》云："伊尹去亳适夏，既丑有夏，复归于亳，入自北门，乃遇汝鸠、汝方，作《汝鸠》、《汝方》。"《史记·殷本纪》亦云："伊尹去汤适夏。既丑有夏，复归于亳。入自北门，遇女鸠、女房，作《女鸠》、《女房》。"集解："孔安国曰：鸠、房二人，汤之贤臣也。二篇言所以丑夏而还之意也。"今本《尚书》中关于伊尹的篇章还有《伊训》《太甲》《咸有一德》三篇，但学者对其文本的真实性多有质疑，认为属于梅赜伪书而不可信。[①]

《诗·商颂·长发》云："昔在中叶，有震且业。允也天子，降予卿士。实维阿衡，实左右商王。"《诗序》："长发，大禘也。"《长发》中对商代的祖先和功臣仅提到了玄王（契）、相土、武王（汤）、伊尹（卿士）四人，足见殷人对伊尹为商所作功勋的称赞和尊崇，这与甲骨卜辞中显示的情况是一致的。阿衡即为伊尹，《史记·殷本纪》："伊尹名阿衡。"索隐："孙子《兵书》：伊尹名挚。孔安国亦曰伊挚。然解者以阿衡为官名。按：阿，

---

① 夏大兆、黄德宽：《关于清华简〈尹至〉〈尹诰〉的形成和性质——从伊尹传说在先秦传世和出土文献中的流变考察》，《文史》2014年第3期。

倚也，衡，平也。言依倚而取平。书曰'惟嗣王弗惠于阿衡'，亦曰保衡，皆伊尹之官号，非名也。"可知伊尹又称阿衡，但甲骨卜辞中未见此名称。

春秋时期的典籍中，《论语》《左传》《国语》《孙子》《竹书纪年》等书皆有关于伊尹事迹的记载。《论语·颜渊》记载樊迟问学于子夏，子夏说："汤有天下，选于众，举伊尹。"《左传·襄公二十一年》云："伊尹放太甲而相之，卒无怨色。"《国语·晋语》则说："妹喜有宠，于是乎与伊尹比而亡夏。"《孙子·用间》说："昔殷之兴也，伊挚在夏。"以上文献中关于伊尹的生平事迹更加详细，重点关注伊尹为汤谋夏的功绩和出身于社会底层而为汤所举用的贤能。《左传》中提到了汤放太甲的史事，《古本竹书纪年》中对此也有记载："仲壬崩，伊尹放太甲于桐，乃自立。……七年，王潜出自桐，杀伊尹。"不同之处在于，《竹书记年》不但说伊尹放太甲，还说他自立为王，并且最终为太甲所杀。笔者认为，《竹书记年》之说是不可靠的。首先，伊尹放太甲当为史实，《史记》等书对此多有记载，但均未说伊尹"自立"，如果实有其事，不可能在各种传世文献关于伊尹的记载中留不下任何痕迹。其次，从甲骨卜辞和《诗·商颂·长发》来看，伊尹死后在商代备受尊崇，如果他曾篡位自立，则不可能在死后还受到历代商王如此隆重的祭祀。此外，清华简《厚父》中记载了王与厚父的谈话，有学者认为厚父即伊尹，而王就是太甲，从《厚父》文本内容等相关材料来看，笔者认为这种说法是可信的，《厚父》当为太甲放还之后向伊尹咨询史事和政事，并尊称伊尹为"厚父"，所以《竹书纪年》所言"太甲杀伊尹"之事实属杜撰。

战国时期诸子百家争鸣，对伊尹事迹的记载更加详细，细节也更加丰富。自孔子以降，儒家将尧舜禹等帝王和伊尹、傅说等名臣视为"圣贤"的典型代表，因而对其相关事迹多有称颂，《孟子》中多次提到伊尹的事迹，《孟子·告子下》云："五就汤、五就桀者，伊尹也。"《孟子·万章上》则详述伊尹之事：

　　孟子曰：……匹夫而有天下者，德必若舜禹，而又有天子荐之者；

故仲尼不有天下。继世而有天下，天之所废，必若桀纣者也；故益、伊尹、周公不有天下。伊尹相汤以王于天下，汤崩，太丁未立，外丙二年，仲壬四年。太甲颠覆汤之典刑，伊尹放之于桐三年；太甲悔过，自怨自艾，于桐处仁迁义，三年以听伊尹之训己也，复归于亳。周公之不有天下，犹益之于夏、伊尹之于殷也。孔子曰："唐虞禅，夏后、殷、周继，其义一也。"

万章问曰："人有言'伊尹以割烹要汤'，有诸？"

孟子曰：否，不然。伊尹耕于有莘之野，而乐尧舜之道焉。非其义也，非其道也，禄之以天下弗顾也，系马千驷弗视也。非其义也，非其道也，一介不以与人，一介不以取诸人。汤使人以币聘之。嚣嚣然曰：我何以汤之聘币为哉？我岂若处畎亩之中，由是以乐尧舜之道哉？汤三使往聘之。既而幡然改曰：与我处畎亩之中，由是以乐尧舜之道，吾岂若使是君为尧舜之君哉？吾岂若使是民为尧舜之民哉？吾岂若于吾身亲见之哉？天之生此民也，使先知觉后知，使先觉觉后觉也。予，天民之先觉者也。予将以斯道觉斯民也，非予觉之而谁也？思天下之民匹夫匹妇有不被尧舜之泽者，若己推而内之沟中。其自任以天下之重如此，故就汤而说之以伐夏救民。吾未闻枉己而正人者也，况辱己以正天下者乎？圣人之行不同也，或远或近，或去或不去，归洁其身而已矣。吾闻其以尧舜之道要汤，未闻以割烹也。《伊训》曰："天诛造攻自牧宫，朕载自亳。"

《孟子》详细讲述了伊尹放太甲以示训诫之事，并由此称赞伊尹之德。万章向孟子询问伊尹以烹饪之道被汤举用是否确有其事，孟子在回答中首先承认伊尹曾经"耕于有莘之野"，继而辨明伊尹是因为具备以"尧舜之道"为政的贤能才被汤选用，而不是因为他的烹饪才能。有学者认为孟子这段话是在否定伊尹曾为庖人的传说，其实是误读了这段话的主旨。笔者认为，孟子所辩驳的重点不是伊尹是否曾为庖人或是否具有割烹之能，而是在讨论汤选用伊尹到底是因为"尧舜之道"还是"割烹"，并阐明汤看重的是伊尹的"尧舜之道"。"尧舜之道"是就伊尹之"德"而言，"割烹"则是就伊尹之"能"而言，这两点是并存的关系而不是互为冲突，孟子所论并没有否认伊尹具有割烹之能的传说，而且从万章的提问来看，伊尹善于割烹的说法在战国时期已经广为流传、人尽皆知。

此外，伊尹之事在《墨子》《庄子》《荀子》《韩非子》《列子》《鬼谷子》《战国策》《楚辞》等书中也有较多记载，但其核心事实基本一致，主要内容和关注的重点都在于伊尹曾为庖厨之事，并以此作为"贤人以才能出于底层而举用于明君"的典型事例。

至秦汉时期，《吕氏春秋》中多次讲述伊尹之事，如《本味篇》云：

> 有侁氏女子采桑，得婴儿于空桑之中，献之其君。其君令烊人养之，察其所以然。曰："其母居伊水之上，孕，梦有神告之曰：'臼出水而东走，毋顾！'明日，视臼出水，告其邻，东走十里而顾，其邑尽为水，身因化为空桑。故命之曰伊尹。"此伊尹生空桑之故也。长而贤。汤闻伊尹，使人请之有侁氏，有侁氏不可。伊尹亦欲归汤，汤于是请取妇为婚。有侁氏喜，以伊尹媵女。故贤主之求有道之士，无不以也；有道之士求贤主，无不行也。

又如《慎大篇》云：

> 桀愈自贤，矜过善非，主道重塞，国人大崩。汤乃惕惧，忧天下之不宁，欲令伊尹往视旷夏，恐其不信，汤由亲自射伊尹。伊尹奔夏三年，反报于亳，曰："桀迷惑于末嬉，好彼琬琰，不恤其众。众志不堪，上下相疾，民心积怨，皆曰：'上天弗恤，夏命其卒。'"汤谓伊尹曰："若告我旷夏尽如诗。"汤与伊尹盟，以示必灭夏。伊尹又复往视旷夏，听于末嬉。末嬉言曰："今昔天子梦西方有日，东方有日，两日相与斗，西方日胜，东方日不胜。"伊尹以告汤。商涸旱，汤犹发师，以信伊尹之盟。故令师从东方出于国西以进。未接刃而桀走，

逐之至大沙。身体离散，为天下戮。不可正谏，虽后悔之，将可奈
何？汤立为天子，夏民大说，如得慈亲，朝不易位，农不去畴，商不
变肆，亲郼如夏。此之谓至公，此之谓至安，此之谓至信。尽行伊尹
之盟，不避早殃，祖伊尹世世享商。

《吕氏春秋》中关于伊尹的事迹，主要增加了关于伊尹降生的传说，
并且较为系统完整地讲述了伊尹从受汤命而奔夏、归而告汤以夏情，到与
汤结盟伐夏、杀死夏桀取得天下的故事。

《吕氏春秋》中关于伊尹降生空桑的传说亦见于《列子·天瑞》："思
士不妻而感，思女不夫而孕。后稷生乎巨迹，伊尹生乎空桑。"朱熹、赵
翼等后世学者对此传说多持怀疑态度。这种说法其实是有依据的，只是
在传述过程中有所曲解。《楚辞·天问》云："水滨之木，得彼小子。夫何
恶之，媵有莘之妇？"《吕氏春秋·本味》云："有侁氏女子采桑，得婴儿
于空桑之中。"以上都将"空桑"解释为中空之桑树，事实上"空桑"当
为地名而非桑树，按《太平寰宇记》云："空桑城在（开封府雍丘）县西
二十里。"而有莘氏的地望也在今豫东一带，《左传·僖公二十八年》："晋
侯登有莘之虚以观师。"而城濮之战即发生在豫东地区。《史记·殷本纪》
正义引《括地志》："古莘国在汴州陈留县东五里，故莘城是也。"陈留亦
属豫东地区。

另外，今河南长垣县以厨师之乡闻名，并奉伊尹为祖师，这既与伊尹
曾为庖厨的传说有关，也说明伊尹的传说在此地自古就流传甚广、影响深
远，很可能伊尹的降生之地就在此，长垣地处豫东，古时当属有莘之国，
因为伊尹曾为有莘女之媵臣。此外，黄河流经长垣县境内，传说中伊尹生
于"水滨"应当是指出生于黄河之滨，在甲骨文中亦有称伊尹为"黄伊"
之卜辞，如："贞呼黄多子出牛，侑于黄伊。"（《合集》3255）所谓"黄伊"
当是因为伊尹出生地望在黄河之滨而据此称之。伊水虽属于黄河支流但并
未流经长垣县境，"伊水"之说当是因为伊尹之姓氏而误传。

二、清华简《书》类文献所见"伊尹故事"

笔者认为,"伊尹故事"的来源既有史书记载,如《商书》等历史文献,也包括口头传说,如《孟子》《楚辞》中的伊尹事迹,而"伊尹故事"是在史料基础上融合了口传材料的文本,属于"典故"的范畴。清华简中的"伊尹故事"共有六篇,《汤处于汤丘》主要讲伊尹善于烹饪之道,汤问政于伊尹并与其商议谋夏。《赤鹄之集汤之屋》主要讲述汤射鹄而命伊尹作羹,汤后纴亢命伊尹偷食而致伊尹被汤驱逐奔夏,伊尹路遇神鸟并医治夏桀之疾。《尹至》主要讲述伊尹从夏归亳向汤汇报夏邦民情,并与汤结盟起兵伐夏。《尹诰》主要讲述灭夏后伊尹向汤建议分享财富稳定民心。《汤在啻门》主要讲汤向伊尹咨询天人之道和治国之道。《厚父》主要讲太甲向伊尹咨询夏代史事及治国之道。从历史事件顺序来看,以上六篇内容的顺序应当是:1.《汤处于汤丘》;2.《赤鹄之集汤之屋》;3.《尹至》;4.《尹诰》;5.《汤在啻门》;6.《厚父》。以上六篇文本系统讲述了从伊尹作为有莘媵臣入商、以烹饪之道达于汤、与汤商议谋夏、奔夏为间谍、返亳告汤夏之民情、与汤结盟伐夏、告汤以治国之道,到汤死后太甲即位并问政于伊尹的完整史事。

需要注意的是,以上六篇中对伊尹和商汤的称呼也不尽一致,如表2-3所示。

表 2-3 清华简《书》类文献"伊尹故事"六篇人物称谓统计表

清华简篇目	伊尹称谓	商王称谓
《汤处于汤丘》	小臣	汤
《赤鹄之集汤之屋》	小臣	汤
《尹至》	尹	汤
《尹诰》	尹、挚	汤
《汤在啻门》	小臣、天尹	汤
《厚父》	厚父	王(太甲)

从以上统计可以看出,对伊尹的称谓包括尹、挚、天尹、小臣、厚

父,① 而卜辞及《史记》等传世文献中所称"黄伊""阿衡"等名未见于以上六篇。"挚"之称又见于《楚辞·天问》:"初汤臣挚,后兹承辅。""小臣"之称又见于《墨子·尚贤》:"汤有小臣。"《楚辞·天问》:"成汤东巡,有莘爱极;何乞彼小臣,而吉妃是得。"王逸注:"小臣谓伊尹也。"《吕氏春秋·尊师》:"汤师伊尹。"高诱注:"小臣谓伊尹。"《吕氏春秋·知度》:"小臣、吕尚听而天下知殷周之王也。"毕沅注:"小臣,汤之师也,谓伊尹。""天尹"未见于传世文献,但从甲骨卜辞中将汤称呼为"天乙"来看,在姓名前加"天"当是天赐、神圣之意,《汤在啻门》中汤以"天尹"称呼伊尹当是表示尊称。而"厚父"之称当是由于"衡父","厚"与"衡"音近而义同,皆有恒德之义。《诗·商颂·长发》:"实维阿衡,实左右商王。"《史记·殷本纪》说:"伊尹名保衡。"《书·说命下》:"昔先正保衡,作我先王。"孔传:"保衡,伊尹也。"孔颖达疏:"保衡、阿衡,俱伊尹也。"《书·君奭》:"成汤既受命,时则有若伊尹,格于皇天。在太甲,时则有若保衡。"传曰:"伊尹为保衡,言天下所取安、所取平也。"可知汤时称伊尹而太甲之时始称"保衡"。从人物称谓的不同来看,《尹至》《尹诰》《厚父》当为商代史官所记并存于《商书》,后来可能经过西周史官的传述;《汤处于汤丘》《赤鹄之集汤之屋》《汤在啻门》则源于《商书》并经过春秋战国时人改写。②

三、清华简中"伊尹故事"与文献传承

将清华简《书》类文献中的"伊尹故事"与传世文献中的"伊尹故事"

---

① 清华简《良臣》篇称为伊尹:"康(唐)有伊尹,有伊陟,有臣扈。"

② 黄庭颀认为,以"尹"称伊尹之手法,乃是战国楚人欲模仿西周行文风格所致,同时展现楚人独特的述古习惯以及楚地官制特色,《尹至》《尹诰》二篇又以"挚"称呼伊尹,而"伊挚"乃春秋以后流行之称呼,《尹至》《尹诰》当视为战国文献较妥。见黄庭颀:《论古文字材料所见之"伊尹"称号——兼论〈尹至〉、〈尹诰〉之"尹"、"执(挚)"》,《东华中文学报》2012年第5期。

对照，其主体文本和核心内容基本一致，但也存在一些细微的差异，主要有以下几个方面：首先是人物称谓略有不同，将伊尹称为"天尹"或"厚父"未见于传世文献；其次是情节略有不同，清华简中未见后世关于"伊尹生于空桑"的内容记载，"商汤射鹄"之说则不见于传世文献。在传世文献中，《吕氏春秋》是由众多文士博采众书编纂而成，其中的"伊尹故事"内容丰富、情节完整，很多文句与《尹至》极其相似，如表2-4所示。

表2-4　清华简《尹至》与《吕氏春秋·慎大》相似文句对照表

清华简《尹至》	《吕氏春秋·慎大》
惟尹自夏徂亳	伊尹奔夏三年，反报于亳
其有后厥志其仓，宠二玉，弗虞其有众	桀迷惑于末嬉，好彼琬琰，不恤其众
汤盟誓及尹	汤与伊尹盟
夏有祥，在西在东，见章于天……曷今东祥不章	今昔天子梦西方有日，东方有日，两日相与斗，西方日胜，东方日不胜
汤曰："汝告我夏隐率若诗？"	汤谓伊尹曰："若告我旷夏尽如诗。"
自西翦西邑，戳其有夏	故令师从东方出于国西以进

从以上文句相似之处可以看出，《吕氏春秋》在编纂过程中显然采用了《尹至》的内容和文句，清华简《尹至》是战国中后期《书》类选本中的篇目，而且可能也收录于儒家所编定的《书》类选本之中，因此到秦代初年其文本应当是仍然流传于世的。此外，《慎大》所云："欲令伊尹往视旷夏，恐其不信，汤由亲自射伊尹。"与清华简《赤鹄之集汤之屋》篇所言"有赤鸠集于汤之屋，汤射之"似乎也存在一定关联，二者可能存在共同的文献来源，《赤鹄之集汤之屋》篇可能是楚人对"汤射伊尹"之说改写而成"汤射赤鹄"之说。

此外，《书序》和《史记》都提到《女鸠》《女房》之书，《书序》云："伊尹去亳适夏，既丑有夏，复归于亳，入自北门，乃遇汝鸠、汝方，作《汝鸠》、《汝方》。"《史记·殷本纪》亦云："伊尹去汤适夏。既丑有夏，复归于亳。入自北门，遇女鸠、女房，作《女鸠》、《女房》。"集解："孔安国曰：鸠、房二人，汤之贤臣也。二篇言所以丑夏而还之意也。"《赤鹄之集汤之屋》篇之"赤鹄"有学者认为应当读为"赤鸠","赤鸠"与"汝鸠"相近，而"汤之屋"与"汝房"相近，其间应当存在某种关联，很可能《赤鹄之集汤之屋》的文献来源就包括《汝鸠》《汝房》二篇。而《赤鹄之集汤之屋》还提及"赤鹄"、"神乌"、"二黄蛇"和"二白兔"，从色彩来说赤、黑、黄、白之色可与四方相配，而"四灵"之中朱雀与赤鹄相近，青龙与黄蛇相近，白兔与白虎相近，神乌与玄武相近，由此观之，《赤鹄之集汤之屋》很可能经过战国时期阴阳家的改写，将《商书》中的"伊尹故事"融入了阴阳五行学说的元素，之后传至楚地又经过楚人改写，最终成为一篇带有神巫色彩的文本。

第五节　清华简《书》类文献与儒家、墨家渊源

清华简《书》类文献很可能来源于早期《书》的选本，《书》类文献与先秦诸子学派在思想脉络等方面存在重要关联，特别是受到儒家和墨家的思想影响较多，也反映出儒家等学派对《书》类文献进行了一定程度的整理和编辑，融入了相关思想元素和价值取向。本节主要考察清华简《书》类文献体现出的儒家和墨家思想要素，并尝试讨论其思想价值和主旨要义。

一、清华简《书》类文献与儒家道统

刘勰《文心雕龙·原道》："爰自风姓，暨于孔氏，玄圣创典，素王述训，莫不原道心以敷章，研神理而设教。"这里所说的"玄圣"与"素王"即儒家所谓的"圣贤"，至于"创典"和"述训"则指儒家所谓的"经典"，征圣与宗经是儒家道统的两大核心体系，圣贤的事迹传述见于经典，而经典的主旨在于阐发圣贤之德，两者互为依存，互为补充，共同构成了儒学的精神经脉。所以《征圣》篇说："夫作者曰圣，述者曰明。陶铸性情，

功在上哲。夫子文章，可得而闻，则圣人之情，见乎文辞矣。先王圣化，布在方册，夫子风采，溢于格言。……是以论文必征于圣，窥圣必宗于经。"《宗经》篇说："三极彝训，其书曰经。经也者，恒久之至道，不刊之鸿教也。……于是《易》张《十翼》，《书》标七观……诏策章奏，则《书》发其源。"《文心雕龙》虽然宗旨在于文学，也指明了儒家经学的核心要旨。

清华简《书》类文献中记载了从传说时代的舜、夏禹、夏启到商周时期的汤、上甲微、武丁、文王、武王等圣王，并讲述了伊尹、傅说、彭祖、周公、祭公谋父、芮良夫等历代名臣的言行事迹。《礼记·中庸》说："仲尼祖述尧舜，宪章文武。"《论语》中多有对尧舜禹等圣王和周公、伊尹等贤臣的称赞，孔子最为推崇的帝王楷模首先是尧、舜、禹等圣王，对他们的事迹多有称颂。《泰伯》说："子曰：大哉尧之为君也！巍巍乎！唯天为大，唯尧则之。荡荡乎！民无能名焉。巍巍乎！其有成功也，焕乎，其有文章。"《颜渊》说："舜有天下，选于众，举皋陶，不仁者远矣；汤有天下，选于众，举伊尹，不仁者远矣。"《尧曰》："尧曰：咨！尔舜！天之历数在尔躬，允执其中！四海困穷，天禄永终。舜亦以命禹。曰：予小子履，敢用玄牡，敢昭告于皇皇后帝：有罪不敢赦，帝臣不蔽，简在帝心！朕躬有罪，无以万方；万方有罪，罪在朕躬。周有大赉，善人是富。虽有周亲，不如仁人；百姓有过，在予一人。"孔子的弟子则指出孔子的学问来自于效法"文武之道"："卫公孙朝问于子贡曰：仲尼焉学？子贡曰：文武之道，未坠于地，在人。贤者识其大者，不贤者识其小者，莫不有文武之道焉。夫子焉不学，而亦何常师之有？"

清华简《书》类文献中对君臣之德皆有论述。《保训》篇借文王之口，向武王传授先王之道，特别举出了舜"旧作小人，亲耕于历丘"的事迹，认为舜能够"自稽厥志，不违于庶万姓之多欲。厥有施于上下远迩，乃易位设稽，测阴阳之物，咸顺不逆"。最终"得中"并具备"三降之德"，所以"帝尧嘉之，用授厥绪"。《保训》所述舜的事迹既强调了舜对自身道德的修养，"自稽厥志，不违于庶万姓之多欲"实际上是在说修身克己；还强调了舜能够"易位设稽，测阴阳之物"，这里是讲舜能够观测天象而授民以时，从而具备了治理民众的能力。所以，舜在具备了"德"与"能"之后符合作为圣王的必备条件，受到帝尧的嘉许而被授予帝位。《保训》中还讲了上甲微"假中于河"战胜敌人，最终"微志弗忘，传贻子孙，至于成汤，祗不解，用受大命"。这里将上甲微的事迹也归功于能够持有"中"道，这里面实际上已经蕴含儒家中庸思想的因素。《论语·尧曰》："咨尔舜！天之历数在尔躬，允执其中。四海困穷，天禄永终。"《礼记·中庸》："中也者，天地之大本也。和也者，天下之大道也。致中和，天地位焉，万物育焉。"《尚书·大禹谟》："人心惟危，道心惟微。惟精惟一，允执厥中。"李学勤已明确指出："中的观念，或称中道，是《保训》全篇的中心。"①马文增认为："《保训》之'中'有两层含义：一为'中'本身，即《中庸》'喜怒哀乐之未发谓之中'之'中'；一为'中（四声）之道'，即'致中之道'，修持'中'的路径、方法。"②《保训》"述圣王"的宗旨与儒家"征圣"之道统是一脉相承的，其"中道"思想也与儒家中庸之道具有密切的联系。

儒家道统的另一核心脉络是"宗经"。儒家之经尤以《诗》《书》等先王之典为核心，《史记·孔子世家》说："孔子以诗、书、礼、乐教，弟子盖三千焉，身通六艺者七十有二人。"并云："孔子之时，周室微而礼乐废，诗书缺。追迹三代之礼，序书传，上纪唐虞之际，下至秦缪，编次其事。曰：夏礼吾能言之，杞不足征也。殷礼吾能言之，宋不足征也。足，则吾能征之矣。观殷夏所损益，曰：后虽百世可知也，以一文一质。周监二代，郁郁乎文哉。吾从周。故书传、礼记自孔氏。"孔子编订《诗》《书》当确有其事，其宗旨在于通过对《诗》《书》的整理编辑，选取其中符合儒家道德观念的篇章，通过对这些文本内容的传述和教授来阐释"礼乐之道"和"圣贤之道"。孔子虽"述而不作"，却以"微言大义"将自己的思想融入了经典的编辑传授之中，这就是所谓的"行不言之教"。

---

① 李学勤：《论清华简〈保训〉的几个问题》，《文物》2009 年第 6 期。

② 马文增：《清华简〈保训〉新释新解》，《古籍整理研究学刊》2014 年第 2 期。

春秋之时王室衰微，周之《书》典多散佚至诸侯及民间私学，孔子应当是见到了这些散佚的《书》类文献的一部分，这部分包括《商书》和《周书》，根据儒家尊崇"圣贤之道"和"礼乐之道"的价值观念，孔子在选取《书》类文献中的篇目当有两个基本原则：一是记载尧、舜、禹、伊尹、傅说等圣王名臣事迹的文献材料，这些材料多见于《商书》篇目；二是记载文王、武王、周公事迹及其"礼乐之道"的文献材料，这些材料多见于《周书》篇目。孔子所编《尚书》虽然至今已无法得见全貌，但《古文尚书》篇目大多可信，《古文尚书》将《尧典》《舜典》置于篇首，其尊崇圣王之道的宗旨十分明显。孔子编订《诗》《书》大致在公元前 484 年孔子返鲁之后，时为春秋末年，孔子死后，他所编订的《书》为儒家后学继承传授，在战国时期应当传播较广，《孟子》中就曾多次称引《书》的篇章内容。清华简《书》类文献是战国时期楚地之《书》，其中文本情况较为复杂，而从篇目内容来看，显然与儒家所编之《书》存在重合的部分，很多篇章也符合儒家的选录标准。从清华简《书》类文献十八篇的主旨来看，《商书》八篇主要围绕汤与伊尹、武丁与傅说、三寿的事迹，阐述"圣贤之道"和"君臣之道"。而《周书》十篇多讲述文王、武王、周公等君臣的"文武之道"和"礼乐之道"，其中《周公之琴舞》《耆夜》等篇更是礼乐仪式的直接记录。所以，清华简《书》类文献与儒家以"宗经"为主旨所编订之《书》之间存在密切的关联。

二、清华简《书》类文献与墨家渊源

《韩非子·显学》云："世之显学，儒、墨也。儒之所至，孔丘也。墨之所至，墨翟也。自孔子之死也，有子张之儒，有子思之儒，有颜氏之儒，有孟氏之儒，有漆雕氏之儒，有仲良氏之儒，有孙氏之儒，有乐正乐之儒。自墨子之死也，有相里氏之墨，有相夫氏之墨，有邓陵氏之墨。故孔、墨之后，儒分为八，墨离为三，取舍相反不同，而皆自谓真孔、墨，孔、墨不可复生，将谁使定世之学乎？孔子、墨子俱道尧、舜，而取舍不同，皆自谓真尧、舜，尧、舜不复生，将谁使定儒、墨之诚乎？"

春秋时期，墨家与儒家并为显学，在当时的影响最为巨大，而且儒家与道家在思想体系方面也有相通之处，如韩非子所言，"孔子、墨子俱道尧、舜，而取舍不同"，尧舜之事载于《书》典，因而不但儒家多有引《书》，墨家对《书》也多有称引。《墨子》全书中对《书》的称引内容共有35处，其中不见于传世本《尚书》著录的逸《书》篇目共有23篇，其中1篇重复，所以实际有22篇《书》的篇目不见于今本，这22篇书当出自春秋时期的《书》类文献，很可能就是孔子所编定之《书》，也可能是墨家从《书》类文献中另行选编的。

清人汪中在《述学·墨子后序》中说："墨子质实，未尝援人以自重。其则古者，称先王，言尧舜禹汤文武者六，言禹汤文武者四，言文王者三，而未尝专及禹。墨子固非儒，而不非周也，又不言其学出于禹也……唯夫墨离为三，取舍相反，倍谲不同，自谓别墨，然后托于禹以尊其术，而淮南着之书尔……墨子者，盖学焉而自为其道也。"汪中认为墨子援引《书》之事迹是根据自己的原则有所取舍的，与儒家"言必尧舜"的宗旨不尽相同。今本《墨子·贵义》云：

> 昔者汤将往见伊尹，令彭氏之子御，彭氏之子半道而问曰："君将何之？"汤曰："将往见伊尹。"彭氏之子曰："伊尹，天下之贱人也。若君欲见之，亦令召问焉，彼受赐矣。"汤曰："非女所知也。今有药此，食之则耳加聪，目加明，则吾必说而强食之。今夫伊尹之于我国也，譬之良医善药也。而子不欲我见伊尹，是子不欲吾善也。"囚下彭氏之子，不使御。

这段记载与清华简《汤处于汤丘》中的记载十分相似：

> 汤反复见小臣，归必夜。方惟闻之乃箴："君天王，是有台仆。今小臣有疾，如使召，少闲于疾，朝而讯之，不犹受君赐？今君往

不以时，归必夜，适逢道路之祟，民人闻之其谓吾君何?"汤曰:"善哉! 子之云。先人有言:能其事而得其食，是名曰昌。未能其事而得其食，是名曰衰。必使事与食相当。今小臣能展彰百义，以和利万民，以修四时之政，以设九事之人，以长奉社稷，吾此是为见之。如我弗见，夫人毋以我为怠于其事乎? 我怠于其事，而不知衰，吾何君是为?"方惟曰:"善哉! 君天王之言也。虽臣死而又生，此言弗又可得而闻也。"

两篇中的"彭氏之子"与"方惟"虽然姓名不同，①但在篇中起到的作用是一样的，两篇的核心内容都是讲述汤与伊尹之史事，显然存在共同的文献来源，而这个来源很可能就是儒家编订的《书》之选本。此外，墨子对尚贤之道有着深刻阐述，不拘一格地选贤用能是墨子所推崇的治国之道。《墨子·尚贤》云:"是在王公大人为政于国家者，不能以尚贤事能为政也。是故国有贤良之士众，则国家之治厚;贤良之士寡，则国家之治薄。故大人之务，将在于众贤而已。……故古者圣王之为政，列德而尚贤。虽在农与工肆之人，有能则举之。……故古者尧举舜于服泽之阳，授之政，天下平。禹举益于阴方之中，授之政，九州成。汤举伊尹于庖厨之中，授之政，其谋得。……夫尚贤者，政之本也。"墨子所述"尧举舜"之事见于清华简《保训》篇，"汤举伊尹"之事则见于清华简《汤处于汤丘》等篇，可见《书》类文献是墨子所引述的材料来源之一。

墨者多出于社会底层，因而主张节用、节葬而反对奢侈铺张、耗费民力。《墨子·节用》说:"圣王为政，其发令、兴事、使民、用财也，无

---

① "清华简《汤处于汤丘》中的方惟就是彭氏之子，'方'为帮母阳部字，故可与并母阳部字'彭'相通，所以'方'者，即'彭'也。"见刘成群:《清华简与古史甄微》，上海古籍出版社 2016 年版，第 192 页。笔者认为，此两篇内容大致相似，应当存在共同的材料来源，但在具体表述上不必完全一致，材料所要表达的观点也是不一样的，《墨子》中故事的结局是"因下彭氏之子，不使御"，而《汤处于汤丘》的结局是"方惟曰:善哉! 君天王之言也。虽臣死而又生，此言弗又可得而闻也"。由此显示出汤的性格和人格形象与以往也是不同的。

不加用而为者。是故用财不费，民德不劳，其兴利多矣。……故子墨子曰：去无用之费，圣王之道，天下之大利也。"这种节用爱民的思想在清华简《书》类文献中也有深刻体现。《汤在啻门》中伊尹说汤以治国之道："德浚明执信以义成，此谓美德，可以保成；德变亟执讹以亡成，此谓恶德，虽成又渎。起事有获，民长赖之，此谓美事；起事无获，病民无故，此谓恶事。起役时顺，民备不庸，此谓美役；起役不时，大费于邦，此谓恶役。政简以成，此谓美政；政祸乱以无常，民咸解体自恤，此谓恶政。"伊尹主张轻刑简政以保民，劳役之作要顺应民时，反对政令祸乱无常浪费人力和财力。《汤处于汤丘》中汤向伊尹询问古代君王的修身之道："古之先圣人，何以自爱？"伊尹回答说："古之先圣人所以自爱，不事问，不处疑；食时不嗜饕，五味皆哉，不有所重；不服过文，器不雕镂；不虐杀；与民分利，此以自爱也。"伊尹所说"食时不嗜饕，五味皆哉，不有所重；不服过文，器不雕镂"与墨家主张的节用思想是十分契合的，清华简《书》类文献的个别篇章可能曾经过墨家后学的传述，以假托圣贤之言的形式融入了墨家思想。高华平研究指出，墨子曾两次到过楚国，墨家弟子与楚国墨学也存在很深的渊源，在春秋战国时期墨学在楚国影响非常深远。[1] 李学勤也曾指出战国中期楚国的墨学相当兴盛，[2] 从以上诸篇的思想内涵来看，楚国墨学与清华简《书》类文献的流传必然存在诸多关联，也是清华简《书》类文献中存在墨家思想元素的主要思想来源。

---

① 高华平：《三墨学说与楚国墨学》，《文史哲》2013 年第 5 期。

② 李学勤：《长台关竹简中的墨子佚篇》，《简帛佚籍与学术史》，江西教育出版社2001 年版，第 332 页。

第三章　清华简《商书》类文献研究

从文本内容、文本来源和时代背景来看，清华简《商书》类文献主要包括《尹至》《尹诰》《赤鹄之集汤之屋》《汤处于汤丘》《汤在啻门》《厚父》《傅说之命》《殷高宗问于三寿》八篇，其内容涉及商汤、伊尹、傅说等商代君臣及相关史事，具有重要的历史价值和文献价值，本章通过将传世文献与出土文献相对照，分别对以上八篇文献进行考察研究。

第一节　清华简《尹至》篇文献研究

《尹至》共 5 支简，原无篇题，整理者据篇首"惟尹至夏徂亳"句题为《尹至》。本篇主要记述伊尹自夏至亳与汤会面，向汤述说民众不堪忍受夏桀暴政且天现异象，于是汤和伊尹盟誓并征伐灭夏之事，是一篇关于夏商史事的重要文献。文体以对话为主，主要为商汤与伊尹之对话，兼有记叙史事。竹简长度及编数与下篇《尹诰》相同，① 在内容上也有相似和贯通之处，当同属于《书》类文献。② 有学者注意到，清华简《尹至》《尹

---

① 清华简第一册之《尹至》《尹诰》《程寤》《耆夜》《金縢》，第二册之《说命》《赤鹄之集汤之屋》，第五册之《殷高宗问于三寿》皆为简长四十五厘米，三道编，在竹简编订形制上具有相似之处。

② 沈建生认为《尹至》篇"文字古雅，篇章完整，已被人整理加工过，至少应该是战国中期以前流行的一个读本，……属商书性质的佚文"。（《清华楚简〈尹至〉释文试解》，《中国史研究》2011 年第 1 期）

诰》《赤鹄之集汤之屋》三篇，从竹简形制来看，《赤鹄之集汤之屋》篇与
《尹至》《尹诰》篇的竹简长度、文字抄写完全相同，"《赤》简 15 与《尹至》
简 1，划线与两道竹节全部密合，故可以推定《尹至》当接于《赤》篇之
后"，而简背划线痕迹显示《尹诰》编联在《尹至》之后，① 这也说明编者
将这三篇视为相同类别的文本。

　　清华简《尹至》《尹诰》《赤鹄之集汤之屋》三篇不仅在竹简形制上相
类，在文本内容上也存在关联。《尹至》是讲汤和伊尹在讨伐夏邦战争前
所作的准备，主要是伊尹向汤讲述夏邦舆情，对战争的细节也有所描绘。
《尹诰》篇是讲战争后安抚民心。《赤鹄之集汤之屋》篇则是以故事的形式
讲述伊尹奔夏的过程。而且在《尹至》《尹诰》中以记述汤与伊尹的对话
为主，夏桀并未正面出场。《赤鹄之集汤之屋》篇则分别记录了伊尹和汤、
伊尹和纴巟、伊尹和夏桀的对话。

　　根据传世文献记载，伊尹又称伊挚②、阿衡③、保衡④。伊姓，名挚，尹

---

　　① 参见肖芸晓《试论清华竹书伊尹三篇的关联》（武汉大学简帛研究中心编：《简帛》
第八辑，第 471 页）以及孙沛阳《简册背划线初探》（复旦大学出土文献与古文字研究中心
编：《出土文献与古文字研究》第四辑，上海古籍出版社 2011 年版，第 449 页）等相关研究。
　　② 《史记·殷本纪》索隐引《孙子兵法》云："伊尹名挚。"
　　③ 《史记·殷本纪》："伊尹名阿衡。"
　　④ 《诗·商颂·长发》："实维阿衡，实左右商王。"毛传："阿衡，伊尹也。"郑玄注：
"阿，倚。衡，平也。太甲改曰保衡。"《尚书·说命下》："昔先正保衡，作我先王。"孔传：
"保衡，伊尹也。"孔颖达疏："保衡、阿衡，俱伊尹也。"清华简第三辑《良臣》篇云："唐
（汤）有伊尹，有伊陟，有臣扈。武丁有傅说，有保衡。"其所谓保衡当另有其人，如系指
伊尹则不可能在武丁之时。陈梦家则认为伊尹、阿衡、保衡并非同一人，详见《殷墟卜辞
综述》第十章"先公旧臣"相关考证。

为官职。《吕氏春秋·本味》："有侁氏^①女子采桑，得婴儿于空桑^②之中，献之其君。其君令烰人养之，察其所以然，曰：'其母居伊水^③之上……故命之曰伊尹。'"《帝王世纪》曰："初，力牧之后曰挚，其母曰始，孕伊水之滨。"《楚辞·天问》："水滨之木，得彼小子。"王逸注："小子谓伊尹。"

根据文献记载，伊尹原本出身于庖人，^④后来作为有莘氏之媵臣被商汤举用，成为一代名臣。传世文献中多有关于其庖人身份的记载，《墨子·尚贤上》："汤举伊尹于庖厨之中，授以政。"《墨子·尚贤中》："伊挚，有莘氏女之私臣。亲为庖人，汤得之，举以为己相，与接天下之政，治天下之民。"《墨子·尚贤下》："昔伊尹为莘氏女师仆，使为庖人，汤得而举之，立为三公，使接天下之政，治天下之民。"《韩非子·难言》："上古有汤，至圣也。伊尹，至智也。夫至智说至圣，然且七十说而不受，身执鼎

---

① 有侁氏又称为有莘氏、有辛氏，《史记·周本纪》："乃求有莘氏美女。"《世本》："鲧取有辛氏女。"《诗·大雅·大明》："有命自天，命此文王。于周于京，缵女维莘。"毛传："莘，大姒国也。"《世本》又云："莘国，姒姓，夏禹之后，即散宜生等求有莘美女献纣者。"伊水属今豫西，《括地志》："古莘国城，在同州河西县南二十里。"同州属今陕西，《史记·殷本纪》则引《括地志》云："古莘国在汴州陈留县东五里。"汴州属今豫东。《左传·僖公二十八年》："晋侯登有莘之虚以观师。"杨伯峻注："有莘氏之虚在今山东省曹县西北。"对于以上不同之处，学者认为："有莘氏或为辛氏的一个分支，夏末在伊洛地区，商代时期或移居到今陕西的合阳之地，商代或西周初年，或有支系迁徙到今豫东地区，也就是春秋时期的有莘国所在地，即今豫东地区。"（韩江苏、江林昌：《〈殷本纪〉订补与商史人物徵》，中国社会科学出版社2010年版，第180页）

② 空桑为古地名。《山海经》中为山名，《北山经》云："空桑之山，无草木，冬夏有雪。"《楚辞》亦作山名：《九歌·大司命》："君回翔兮以下，逾空桑兮从女。"王逸注："空桑，山名，司命所经。"《汉书·礼乐志》："空桑琴瑟结信成，四兴递代八风生。"颜师古注："空桑，地名也，出善木，可为琴瑟也。"《荒史》："空桑，兖地也，一曰'广桑'。"此处空桑在今豫东，即今河南开封杞县空桑村，又称伊尹村。

③ 伊水属今豫西，即伊洛地区。《尚书·禹贡》："伊洛瀍涧，既入于河。"《水经注》："（洛水）又东过洛阳县南，伊水从西来注之。"

④ 韩江苏、江林昌指出："庖人，在夏代，并不是先秦诸子所理解的身份低下之人，他是服务在君主身边的一种官吏。……庖正或庖人，常服务在君主身边，故有机会学到治理天下之术。伊尹正是利用庖人这一身份，学到了治理天下的本领。"（韩江苏、江林昌：《〈殷本纪〉订补与商史人物徵》，中国社会科学出版社2010年版，第183页）以上观点可备一说，《周礼·天官冢宰》记有庖人之职："庖人掌共六畜、六兽、六禽，辨其名物。"

俎为庖宰。"《吕氏春秋·求人》:"伊尹,庖厨之臣也。"《淮南子·修务训》:
"伊尹负鼎而干汤。"诸子之说多以伊尹出身于庖厨,《史记》所记略有不
同,《殷本纪》云:"伊尹名阿衡。阿衡欲奸汤而无由,乃为有莘氏媵臣,
负鼎俎,以滋味说汤,致于王道。或曰,伊尹处士,汤使人聘迎之,五反
然后肯往从汤,言素王及九主之事。"《吕氏春秋·本味》亦云:"有莘氏喜,
以伊尹为媵送女。"媵臣指以臣仆陪嫁,《左传·僖公五年》:"执虞公及其
大夫井伯,以媵秦穆姬。"杨伯峻注:"以男女陪嫁曰媵。"《史记·秦本纪》:
"既虏百里傒,以为秦缪公夫人媵于秦。"处士则是指道德高尚而不出仕者,
《荀子》:"古之所谓处士者,德盛者也。"也有学者认为伊尹实际上是出身
于奴隶。①

　　商汤从有莘氏得伊尹后,使伊尹以商之贡士身份服务于夏王朝,并多
次往返于夏商之间以便传递情报,②《孟子·告子下》云:"五就汤、五就桀
者,伊尹也。"为成汤灭夏做了充分准备,并最终与汤盟誓起兵一举成功
灭夏兴商。

　　伊尹是辅佐汤建立商朝的开国功臣,并在汤死后多年担任国家首辅,
保证了商王朝政权在建立初期的稳定延续,据《史记》记载:"汤崩,太
子太丁未立而卒,于是乃立太丁之弟外丙,是为帝外丙。帝外丙即位三
年,崩,立外丙之弟中壬,是为帝中壬。帝中壬即位四年,崩,伊尹乃立
太丁之子太甲。太甲,成汤适长孙也,是为帝太甲。帝太甲元年,伊尹作
伊训,作肆命,作徂后。帝太甲既立三年,不明,暴虐,不遵汤法,乱
德,于是伊尹放之于桐宫。三年,伊尹摄行政当国,以朝诸侯。帝太甲居
桐宫三年,悔过自责,反善,于是伊尹乃迎帝太甲而授之政。帝太甲修
德,诸侯咸归殷,百姓以宁。伊尹嘉之,乃作太甲训三篇,褒帝太甲,称
太宗。太宗崩,子沃丁立。帝沃丁之时,伊尹卒。既葬伊尹于亳,咎单

---

① 郑慧生:《伊尹论》,《甲骨卜辞研究》,河南大学出版社1998年版,第184页。
② 《孙子兵法·用间》:"昔殷之兴也,伊挚在夏。"(中华书局2011年版,第56页)

遂训伊尹事，作沃丁。"① 伊尹死后，与商王同享祭祀，《吕氏春秋·慎大》云："尽行伊尹之盟，不避旱殃，祖伊世世享商。"甲骨卜辞中多有关于祭祀伊尹的记录，② 伊尹作为名臣附祭于上甲、成汤等先公先王，足见其在祭祀中地位之尊贵。伊尹的儿子伊陟后来也成为商代名臣。《史记·殷本纪》载："帝雍己崩，弟太戊立，是为帝太戊。帝太戊立伊陟为相。"孔安国注："伊陟，伊尹之子。"《今本竹书纪年》云："太戊名密。元年丙戌，王即位，居亳。命卿士伊陟、臣扈。"清华简《良臣》云："唐（汤）有伊尹，有伊陟，有臣扈。"

《尹至》篇不见于今本《尚书》《逸周书》，在其他传世文献中也未见称引，但是其内容情节与《尚书汤誓》《吕氏春秋》存在相似之处。《尚书·汤誓》云：

伊尹相汤伐桀，升自陑，遂与桀战于鸣条之野，作《汤誓》。

王曰："格尔众庶，悉听朕言，非台小子敢行称乱。有夏多罪，天命殛之。今尔有众，汝曰：'我后不恤我众，舍我穑事而割正夏？'予惟闻汝众言，夏氏有罪，予畏上帝，不敢不正。今汝其曰：'夏罪其如台？'夏王率遏众力，率割夏邑。有众率怠弗协，曰：'时日曷丧？予及汝皆亡。'夏德若兹，今朕必往。尔尚辅予一人，致天之罚，予其大赉汝！尔无不信，朕不食言。尔不从誓言，予则孥戮汝，罔有攸赦。"

---

① 关于伊尹辅佐太甲之史事，《今本竹书纪年》有不同记载："太甲名至，元年辛巳，王即位，居亳，命卿士伊尹。伊尹放太甲于桐，乃自立。七年，王潜出自桐，杀伊尹，天大雾三日，乃立其子伊陟、伊奋，命复其父之田宅而中分之。"沈约认为："伊尹自立，盖误以摄政为真尔。此文与前后不类，盖后世所益。"见王国维：《今本竹书纪年疏证》，国家图书馆出版社 2021 年版，第 86 页。关于伊尹卒的记载：《初学记》卷二引《帝王世纪》云："沃丁八年，伊尹卒，年百有余岁，大雾三日。沃丁葬以天子之礼，祀以太牢，亲自临丧三年，以报大德。"见徐坚：《初学记》，中华书局 2004 年版，第 136 页。

② 目前可以确定，关于伊尹的卜辞一百三十余条。罗振玉认为："其名臣之见于卜辞者二，曰伊尹，亦曰伊。"见罗振玉：《增订殷墟书契考释》，中华书局 2006 年版，第 95 页。

《汤誓》所记内容是汤在战场上对军队所作的动员，从情节上来看，《汤誓》当在《尹至》篇之后，承接《尹至》而描绘战争的过程。此外，两篇在文体上也有相似之处，都是先交代背景，再继续汤和伊尹的相关言辞。在语句上也有相似之处，还保留有口语词汇特征，当为史官根据讲话记录整理。《尹至》和《汤誓》都在强调夏桀失去民心，从而赋予戡夏之战以正义的属性。但两篇之间仍然存在细微的差异，《尹至》记载："夏播民入于水，曰：战。帝曰：一勿遗。"受到儒家思想观念的影响，很多学者对此句的解释存在争议，① 有学者认为，是说不要遗漏下一个百姓，对夏的民众要全部拯救；有的学者则认为，是说商汤下令歼灭敌军，一个敌人都不要剩下。笔者认为，这句话显然是承接前句而讲述商汤下令开战，因为夏桀失去民心在先，所以这是一场以正义伐不义的战争，不必因为战争的残酷而为商汤讳言。《孟子·尽心下》："孟子曰：尽信书，则不如无书。吾于《武成》，取二三策而已矣。仁人无敌于天下。以至仁伐至不仁，而何其血之流杵也！"孟子所言代表了儒家学者"为尊者讳"的思想倾向，而《尚书·武成》则直接记叙了战争的全程：

　　　　既戊午，师逾孟津，癸亥，陈于商郊，俟天休命。甲子昧爽，受率其旅若林，会于牧野。罔有敌于我师，前徒倒戈，攻于后以北，血流漂杵。一戎衣，天下大定。乃反商政，政由旧。释箕子囚，封比干墓，式商容闾。散鹿台之财，发巨桥之粟。大赉于四海，而万姓悦服。

---

① 邢文认为："如果《尹至》简末所记的是商汤下令对落荒而走的有夏之民格杀勿论、无遗寿幼，不仅与传世文献所记不合，而且也不合于《尹至》一篇全篇的文意与主旨，否则种种矛盾无法调和：商汤开始赞伊尹为有吉志，志在拯救暴政下的夏民，自己怎么会在最后对有夏难民大开杀戒呢？"并尝试将"战"解释为"散"，认为"一勿遗"是说商汤下令俘获夏桀散弃在水中的宝玉而不要遗失。见邢文：《试释清华简〈尹至〉的"一勿遗"》，载《清华简研究（第一辑）》，中西书局 2012 年版，第 26 页。笔者认为，邢文所说的"有夏之民"实际上是夏桀的奴隶所组成的军队，这种对军队的攻伐与屠杀平民性质是不同的，不必因此否定汤的仁德。

此外，《吕氏春秋·慎大》对汤与伊尹谋夏之事也有记载：

> 汤乃惕惧，忧天下之不宁，欲令伊尹往视旷夏，恐其不信，汤由亲自射伊尹。伊尹奔夏三年，反报于亳，曰："桀迷惑于末嬉，好彼琬琰，不恤其众。众志不堪，上下相疾，民心积怨，皆曰：'上天弗恤，夏命其卒。'"汤谓伊尹曰："若告我旷夏尽如诗。"汤与伊尹盟，以示必灭夏。伊尹又复往视旷夏，听于末嬉。末嬉言曰："今昔天子梦西方有日，东方有日，两日相与斗，西方日胜，东方日不胜。"伊尹以告汤。商涸旱，汤犹发师，以信伊尹之盟。故令师从东方出于国西以进。未接刃而桀走，逐之至大沙。身体离散，为天下戮。不可正谏，虽后悔之，将可奈何？

从以上传世文献的相关记载来看，《尹至》的记载是符合事实的。需要注意的是，《尹至》还提到夏桀"惟灾虐，极暴痡，亡典"，典是指夏邦的典册，当为史官所藏，"亡典"则意味着史官携带典册逃亡于外。《吕氏春秋·先识》载：

> 夏太史令终古出其图法，执而泣之。夏桀迷惑，暴乱愈甚。太史令终古乃出奔如商。汤喜而告诸侯曰："夏王无道，暴虐百姓，穷其父兄，耻其功臣，轻其贤良，弃义听谗，众庶咸怨，守法之臣，自归于商。"

《吕氏春秋·先识》与《尹至》所载说明，夏邦的典册在战争之前就流散于商，从文献传播的角度来说，这就意味着商代的史官可能曾对《夏书》进行整理保存，今本《尚书·夏书》中的相关篇目可能即来源于此。

从叙事视角来说，《尹至》主要从商之史官的视角来客观记录伊尹来见汤、伊尹与汤商议、伊尹与汤盟誓、伊尹与汤伐夏的全过程，虽然篇幅短小却涵盖了事件发生的全程，叙事详略得当。在叙事时间上不仅是平铺直叙，还通过伊尹的介绍插叙了夏桀失德于民的诸多作为，以及天现异象的自然征兆，记言与记事穿插使用，使本篇的叙事手法更加丰富。总体来看，《尹至》保留了《商书》的原貌，是一篇典型的《书》类文献。

第二节 清华简《尹诰》篇文献研究

《尹诰》共4支简，原无篇题，整理者据《礼记》与郭店简、上博简《缁衣》所引题为《尹诰》。因篇首有云"惟尹及汤咸有一德"，而传世本《尚书》有《咸有一德》篇却内容不同，疑此篇即为失传已久的《咸有一德》，则可证传世本《咸有一德》为伪作。本篇主要记述汤和伊尹在灭夏后总结夏代灭亡的经验教训，并积极采取政治措施获取民心，是一篇关于商代史事和治国思想的重要文献。本篇文体以对话为主，兼有简略记事，在文体形式和竹简形制等方面都与《尹至》篇极为相似①，在内容上也与《尹至》前后贯通，同属《书》类文献。

据《史记·殷本纪》记载："汤归至于泰卷陶，中垒作《诰》。既绌夏命，还亳，作《汤诰》。……伊尹作《咸有一德》，咎单作《明居》。"而今本《伪古文尚书·咸有一德》云：

> 伊尹作《咸有一德》。
>
> 伊尹既复政厥辟，将告归，乃陈戒于德。曰："呜呼！天难谌，命靡常。常厥德，保厥位。厥德匪常，九有以亡。夏王弗克庸德，慢神虐民。皇天弗保，监于万方，启迪有命，眷求一德，俾作神主。惟尹躬暨汤，咸有一德，克享天心，受天明命，以有九有之师，爰革夏正。非天私我有商，惟天佑于一德；非商求于下民，惟民归于一

---

① 清华简第一册之《尹诰》《尹至》《程寤》《耆夜》《金縢》，第二册之《说命》《赤鹄之集汤之屋》，第五册之《殷高宗问于三寿》皆为简长45厘米，三道编，在竹简编订形制上具有相似之处。

德。德惟一，动罔不吉；德二三，动罔不凶。惟吉凶不僭在人，惟天降灾祥在德。今嗣王新服厥命，惟新厥德。终始惟一，时乃日新。任官惟贤材，左右惟其人。臣为上为德，为下为民。其难其慎，惟和惟一。德无常师，主善为师。善无常主，协于克一。俾万姓咸曰：'大哉王言。'又曰：'一哉王心。'克绥先王之禄，永底烝民之生。呜呼！七世之庙，可以观德。万夫之长，可以观政。后非民罔使；民非后罔事。无自广以狭人，匹夫匹妇，不获自尽，民主罔与成厥功。"

对照清华简《尹诰》与今本《咸有一德》，二者仅有"惟尹既及汤咸有一德"句相似，其他无论是篇幅还是内容语句都大相径庭。按《礼记·缁衣》云："《尹吉》曰：惟尹躬及汤，咸有一德。"郭店简《缁衣》、上博简《缁衣》对此句也有相同称引。郑玄注："'吉'当为'告'。'告'，古文'诰'字之误也。《尹告》，伊尹之诰也。《书序》以为《咸有一德》，今亡。"《礼记·缁衣》又云："《尹吉》曰：惟尹躬天见于西邑夏，自周有终，相亦惟终。"郑玄注："'尹吉'亦'尹诰'也。"整理者根据《礼记·缁衣》的引文将清华简此篇题名为《尹诰》，并认为清华简《尹诰》当为古本《尚书》逸篇。

但也有学者提出不同意见，如鲁普平认为："这篇简文不是君王对臣下的诰示，而是伊尹对君王进言如何治理人民和国家。其次，这篇简文仅仅过百字，体裁、体量也均不及诰体。"[1] 杨善群认为《尹诰》在传世文献中不见于《尚书》及《书序》着录，不属于《尚书》篇目，而且从文体来看，"清华简《尹诰》从篇题看，肯定属于诰，然而它与《尚书》诰体完全不符。……《尚书》中的诰体绝大部分都是告人之言，文中没有对话。"[2] 并认为《尹诰》篇幅太短，从字数来看与《尚书》中的"诰"体篇目存在较大差距，也说明《尹诰》不属于《尚书》篇目。何志虎同样认为清华简

---

[1] 鲁普平：《清华简〈尹至〉〈尹诰〉中"尹"并非伊尹说》，《古代文明》2017 年第 2 期。

[2] 杨善群：《清华简〈尹诰〉引发古文〈尚书〉真伪之争——〈咸有一德〉篇名、时代与体例辨析》，《学习与探索》2012 年第 9 期。

《尹诰》不符合"诰"体的形式，其内容主要"是伊尹对其君商汤的建议，称《尹谟》更为恰切"①。

事实上，以上所论都不足以质疑《尹诰》的真实性。首先从文体上来看，"诰"体不仅可以用作以上告下，同样可以用于以下告上，本篇内容主要是伊尹告诉商汤如何稳定民心并提出具体建议，这完全符合"诰"体的形式。有学者认为本篇字数太少不足以成篇，主要是以传世本《尚书》作为参照标准。笔者认为，《书》类文献在春秋战国时期存在不同的版本和选本，其篇目长短存在差异是正常的，而传世本《尚书》不但经过孔子的重新整理编订，也多次经过后儒的整理加工，才呈现出较为整齐划一的篇幅样式。从《尹诰》的内容来看，完全可以独立成篇，很可能当时史官所记也是独立的篇章。此外，古人名篇既可以概括文义，也可以从首句提取篇名，所以《尹诰》之名是概括文义，而《咸有一德》显然是取自本篇首句，这二者并不冲突，有学者认为此篇并非《尹诰》而是《咸有一德》，是因为没有认识到《尹诰》与《咸有一德》完全可以是同一篇目的不同题名，正如清华简《金縢》篇在《尚书》中题为《金縢》，而简本则写有书名《周武王有疾周公所自以代王之志》，清华简《傅说之命》在传世本《尚书》称为《说命》，清华简《周公之琴舞》可能又题名为《周公之颂志》，都是同一篇目的不同题名。

还有学者从义理的角度质疑《尹诰》所言"惟尹既及汤咸有一德"，如宋人吴蕴古说："人臣言及君也，必先君而后己，其论成功也，必推美以归于君，今曰惟尹躬暨汤，则先己而后君，曰咸有一德，则彼此均敌，岂伊尹懵于为臣之礼哉！"② 胡士行亦云："尹躬暨汤之语，先己后君，尹岂昧于君臣之义哉！"③ 虞万里将"惟尹既（躬）及汤咸有一德"解释为"惟伊尹以为成汤具备一德"，试图以此来调和古人所指出的"臣在君前"之"大不敬"的矛盾。

---

① 何志虎：《清华简〈尹诰〉研究》，《史学月刊》2013 年第 8 期。
② ［宋］夏巽：《尚书详解》卷十二，丛书集成初编，第 278 页。
③ ［宋］胡士行：《胡氏尚书详解》，《通志堂经解》，第 252 页。

其实这种曲解和质疑是大可不必的，清华简《尹诰》所称"惟尹既及汤咸有一德"是说伊尹和商汤同心同德。首先，这里所说的"一德"不仅是指战争中伊尹与商汤盟誓，团结一致同仇敌忾，还是在称赞伊尹为商汤作间谍服事于夏王多年，却始终不改变心意忠诚于商汤，最终辅佐商汤取得天下。从《尹至》所说"汤盟誓及尹"也可以看出伊尹在商汤的同盟中也具有较大的影响力，二人之间的关系不仅是君臣的关系，还包含了一种军事同盟的关系，所以称二人"咸有一德"是完全没有问题的，夏末商初尚未进入君臣等级森严的封建社会，不必严格遵守儒家的君臣伦理秩序先称商汤而后称伊尹。此外，从商代甲骨卜辞中也可以看出伊尹和商汤在祭祀中确实享有同样的地位，在何组卜辞和历组卜辞中，可见伊尹附祭于先王成汤（大乙）和先公上甲：

> 癸丑卜，上甲岁，伊□。（《合集》27057）①
>
> 贞其卯羌，伊□。贞王其用羌于大乙，卯□牛，王受佑。（《合集》26955）②
>
> 癸巳，贞侑、彳、伐于伊，其义大乙彡。（《合集》32103）
>
> 壬辰，贞其告于上甲二牛。丙申，贞酒伊，彳、伐。（《屯南》2032）

甲骨文中目前可以确认与伊尹有关的卜辞有130多条，而且在卜辞中伊尹的地位"都非常显赫"，③不但附祭于先公先王与汤同享隆重祭祀，还与商先公高祖一样成为商王祭祀、求年、求雨的对象，所以清华简《尹诰》

---

① 陈梦家认为辞义是说伊尹附祭于先王，见陈梦家：《殷墟卜辞综述》，中华书局1988年版，第363页。

② 陈邦怀认为辞义是说伊尹从祀成汤，见陈邦怀：《殷代社会史料征存》，天津人民出版社1959年版，第86页。

③ 韩江苏、江林昌：《〈殷本纪〉订补与商史人物徵》，中国社会科学出版社2010年版，第188页。

中称伊尹与汤"咸有一德",是符合商代伊尹和汤之间的身份关系与尊崇地位的。

此外,清华简《书》类文献编选者的视角也值得我们注意,清华简《书》类文献中的《商书》共有八篇,其中《尹至》《尹诰》《赤鹄之集汤之屋》《汤处于汤丘》《汤在啻门》《厚父》六篇内容都是关于伊尹与汤相关史事;《傅说之命》《殷高宗问于三寿》两篇是关于武丁与傅说、彭祖等贤臣之事。也就是说,八篇《商书》的核心内容都是讲明君与贤臣,而其核心内容就是对于伊尹、傅说等名臣事迹的关注。在"伊尹故事"类文献的叙事过程中,伊尹实际上是真正的叙事核心,《尹诰》《尹至》皆以伊尹为篇题,《尹至》第一句是:"惟尹自夏徂亳,逯至在汤。"《尹诰》第一句是:"惟尹既及汤咸有一德。"开篇都是以伊尹作为切入叙事的视角,这是完全符合"伊尹故事"的叙述方式的。《尹诰》是以文体称篇名,传世本《尚书》多以文体命名篇名,而《咸有一德》是在强调伊尹和汤之道德品质,而且与文中对"民心"的重视具有一致的思想内涵,对"德"的突显正是清华简《书》类文献的主旨所在。

第三节　清华简《赤鹄之集汤之屋》篇文献研究

《赤鸠之集汤之屋》共 15 支简,简长与《尹至》《尹诰》等篇相同,简背标注有序号,第 15 支简背后写有篇题《赤鹄之集汤之屋》。本篇主要记叙了汤射获赤鸠令小臣烹饪,汤后威胁小臣偷食,被汤发现并受到诅咒,遇到神鸟讲述夏后生病是受到天帝惩罚,遂往夏说出原因消除夏后的疾病。故事情节曲折,内容丰富,人物形象刻画十分生动,并体现出浓厚的巫祝文化,刘国忠认为:"清华简《赤鹄之集汤之屋》虽然是一篇'怪力乱神'的文献,但仍有一定的史料价值。"①

① 刘国忠:《清华简〈赤鹄之集汤之屋〉与伊尹间夏》,《深圳大学学报》2013 年第 1 期。

清华简中与伊尹有关的文献共有 6 篇:《尹至》《尹诰》《赤鹄之集汤之屋》《汤处于汤丘》《汤在啻门》《厚父》,共同讲述了在先秦时期广为流传的"伊尹故事"。本篇讲述的伊尹偷食赤鹄之羹而被汤诅咒驱逐的情节在《吕氏春秋·慎大篇》中有着不同的记载:

> 桀愈自贤,矜过善非,主道重塞,国人大崩。汤乃惕惧,忧天下之不宁,欲令伊尹往视旷夏,恐其不信,汤由亲自射伊尹。伊尹奔夏三年,反报于亳。

《孙子兵法·用间》:"昔殷之兴也,伊挚在夏;周之兴也,吕牙在殷。"相比而言,《吕氏春秋》的记载应当更加符合历史事实,而《赤鹄之集汤之屋》篇的记载显然是经过神话传说式的改编加工,而使整个事件蒙上了神秘诡异的神巫色彩。

事实上,《赤鹄之集汤之屋》篇中所有看似不合常理的情节,透过其浓厚神话色彩的表象都可以窥见背后历史的真实并得到合理的解释。

首先,开篇说赤鹄集于汤之屋,之后又叙述伊尹路遇神乌,最后讲述夏后的病因在于天帝降下的"二黄蛇"和"二白兔",如果将这四种神异之物放在一起比较,就会发现它们的颜色或形象分别对应着四种神灵:赤鹄对应朱雀(皆为红色),神乌对应玄武(皆为黑色,乌、武同音),黄蛇对应青龙(蛇与龙形似),白兔对应白虎(皆为白色),也就是古代作为天象符号和神灵象征的"四灵"。

此外,神乌和赤鹄在先秦时期往往是太阳神的象征,也是文中天帝的化身。从这些元素可以看出,《赤鹄之集汤之屋》篇显然是在《商书》中伊尹历史记载的基础上,加入了战国时期阴阳学说的元素,将史事改写为带有神秘色彩的故事,并在楚地传播过程中再次加入了巫祝的元素,所以又出现了伊尹被汤诅咒而口不能言的神异情节。

另外,其中汤命伊尹作羹的情节来源于伊尹曾为庖人的历史记载或口头传说,清华简《汤处于汤丘》说:"汤处于汤丘,取妻于有莘。有莘媵以小臣，小臣善为食，烹之和。"这在很多传世文献中也能够得到印证，《庄子·庚桑楚》："（汤）以庖人笼伊尹。"《墨子·尚贤上》："汤举伊尹于庖厨之中，授之政。"《吕氏春秋·求人》："伊尹，庖厨之臣也。"而《赤鹄之集汤之屋》篇中伊尹不敢抗拒纴纮命令被迫偷食赤鹄之羹的情节，也可以从传世文献中关于伊尹乃汤妻媵臣的记载得到合理的解释。

　　《赤鹄之集汤之屋》篇中讲述伊尹偷食赤鹄之羹而具备看见四海之内的异能，并且偷听到神鸟的对话而获悉夏桀生病的原因，从而治愈了夏桀的疾病。以上情节可能来源于历史记载中关于伊尹为大巫身份的传说。《尚书·君奭》云："成汤既受命，时则有若伊尹，格于皇天。在太甲，时则有若保衡。在太戊，时则有若伊陟、臣扈，格于上帝；巫咸，乂王家。在祖乙，时则有若巫贤。在武丁，时则有若甘盘。率惟兹有陈，保乂有殷；故殷礼陟配天，多历年所。天惟纯佑命，则商实百姓王人，罔不秉德明恤；小臣屏侯甸，矧咸奔走。惟兹惟德称，用乂厥辟。故一人有事于四方，若卜筮，罔不是孚。"学者多据此认为伊尹是与巫咸等人具有相同身份的大巫，商代的大巫具有集神权与政权于一身的显赫职位，从甲骨卜辞中对伊尹地位的尊崇来看，伊尹曾为大巫也是很有可能的。

　　关于《赤鸠之集汤之屋》的文本性质，有学者认为属于小说，也有学者认为当属于《书》类文献。笔者认为，通过对《赤鹄之集汤之屋》篇核心情节的分析可以发现，本篇所本当源于《商书》文献记载，在战国时期经过阴阳家的改编，并在传播过程中经过楚地文人的再次改编加工，从而表现出浓厚的阴阳学说元素和楚文化色彩，它的文本来源应当是《书》类文献中关于汤与伊尹的相关史料以及传说故事中的"伊尹故事"。

第四节　清华简《汤处于汤丘》篇文献研究

　　《汤处于汤丘》共 19 支简，原无篇题和序号。本篇的竹简形制的抄写字迹与《汤在啻门》篇基本相同，整理者认为两篇"为同一抄手所写，并属战国时期作品"①。本篇内容主要讲述小臣（伊尹）以善于烹饪之道被汤赏识，与之商议谋夏并问以治国之道，其间还穿插了方惟与汤的对话，从侧面衬托了汤对小臣的赏识。从文体形式上来看，以记言为主，兼有叙事。从文学描写手法上来看，开篇先以叙事的形式交代小臣（伊尹）的身份与故事背景，进而通过汤与小臣关于烹饪之道与治国之道的对话推动故事的发展，将故事引入汤与伊尹共谋伐夏的情节内容。至此叙事又发生转折，插叙了小臣生病后"汤反复见小臣，归必夜"的情节，并通过方惟对汤的劝阻和汤对方惟的讲话，侧面烘托出汤对小臣的赞赏和倚重，并通过这一细节设置将汤塑造为一位重视贤才、爱才惜才、礼贤下士的贤明君王形象。最后一部分以汤与小臣的对话为主，通过汤与小臣谋划伐夏之事继续推动了情节的发展，并通过汤与小臣讨论君臣之道将汤塑造为一位克己爱民的贤明君王形象。总体来看，本篇核心内容源自《商书》类文献所载伊尹与汤的相关史事，在战国时期传播过程中又经过再次加工编辑，属于一篇《书》类文献。

清华简《书》类文献中共有 6 篇文献与伊尹的事迹有关，本篇和《赤鹄之集汤之屋》都与"伊尹以割烹要汤"之说存在一定关联，而且从情节内容来看，本篇内容当在《赤鹄之集汤之屋》篇内容之前，而且两者之间还有着情节上的照应之处。如本篇叙述"小臣善为食，烹之和，有莘之女食之，绝芳旨以粹"，与《赤鹄之集汤之屋》篇所言汤射鹄命小臣"旨羹之，我其享之"相互照应。而小臣与汤谋划"若自事朕身已桀之疾，后将君有夏哉"的情节，则与《赤鹄之集汤之屋》篇所言小臣前往夏邦为夏后医治疾病的情节相互照应。此外，在人物的称呼方面，本篇与《赤鹄之集汤之屋》篇皆称伊尹为"小臣"，而与《尹至》《尹诰》等篇称伊尹之名不同，而且《汤处于汤丘》和《赤鹄之集汤之屋》篇都出现了对汤妻的记述，人物设置方面也很相似。所以从情节内容等方面来看，《汤处于汤丘》与《赤鹄之集汤之屋》存在着十分相似的成篇来源，当作为"伊尹故事"共同经

---

① 李学勤主编：《清华大学藏战国竹简（伍）》，中西书局 2015 年版，第 134 页。

过史官或诸子之学的整理编辑，对人物的称呼也较为统一。

关于本篇所叙"小臣善为食，烹之和"之事，《孟子》书中所述甚详：

万章问曰："人有言'伊尹以割烹要汤'，有诸？"

孟子曰：否，不然。伊尹耕于有莘之野，而乐尧舜之道焉。非其义也，非其道也，禄之以天下弗顾也，系马千驷弗视也。非其义也，非其道也，一介不以与人，一介不以取诸人。汤使人以币聘之。嚣嚣然曰：我何以汤之聘币为哉？我岂若处畎亩之中，由是以乐尧舜之道哉？汤三使往聘之。既而幡然改曰：与我处畎亩之中，由是以乐尧舜之道，吾岂若使是君为尧舜之君哉？吾岂若使是民为尧舜之民哉？吾岂若于吾身亲见之哉？天之生此民也，使先知觉后知，使先觉觉后觉也。予，天民之先觉者也。予将以斯道觉斯民也，非予觉之而谁也？思天下之民匹夫匹妇有不被尧舜之泽者，若己推而内之沟中。其自任以天下之重如此，故就汤而说之以伐夏救民。吾未闻枉己而正人者也，况辱己以正天下者乎？圣人之行不同也，或远或近，或去或不去，归洁其身而已矣。吾闻其以尧舜之道要汤，未闻以割烹也。《伊训》曰："天诛造攻自牧宫，朕载自亳。"（《孟子·万章上》）

从《孟子》一书的记述可以看出，关于"伊尹以割烹要汤"之事在战国时期已经广为传播，并成为诸子学说中时常称引的典故。此外，《墨子·贵义》中的一段话与本篇十分相似："昔者，汤将往见伊尹，令彭氏之子御。彭氏之子半道而问曰：'君将何之？'汤曰：'将往见伊尹。'彭氏之子曰：'伊尹，天下之贱人也。若君欲见之，亦令召问焉，彼受赐矣。'汤曰：'非女所知也。今有药此，食之则耳加聪，目加明，则吾必说而强食之。今夫伊尹之于我国也，譬之良医善药也。而子不欲我见伊尹，是子不欲吾善也。'因下彭氏之子，不使御。"《墨子·贵义》所述除了彭氏之子之名与本篇方惟之名不同，其他情节基本近似。从内容看，都是来源于"伊尹故事"的相关传说；从语言风格看，显然又经过后人的编辑修订和传述增益。

本篇所言"汤处于汤丘",王国维已指出:"唐与大丁、大甲连文,而又居其首,疑即汤也。"①所以汤丘即唐丘,关于唐丘的地理位置,整理者认为可能就是殷墟卜辞中所说的"唐土",在今山西翼城西。沈建华说:"近年来随着考古工作的深入和发现,曲沃、翼城被更多学者接受是周成王封于叔虞的唐地,与《史记·晋世家》言:'封唐叔虞于唐,唐在河、汾之东,方百里'的记载十分吻合。这正好说明汤'从先王居'始源于唐丘其封地,显示了这一原始数据源并不是出于偶然的,它为'汤始居唐丘'的真实性,提供了有力的证据。"②刘成群则通过考证认为,唐丘在今山西垣曲商城。③王宁也提出了不同的看法,认为汤丘不读为唐丘,而应该是指"商丘",地理位置即在今河南商丘附近。

笔者认为,王宁先生的判断可能更加符合历史事实,首先,据《史记·殷本纪》记载:"成汤,自契至汤八迁,汤始居亳,从先王居。"《集解》:"孔安国曰:'契父帝喾都亳,汤自商丘迁焉,故曰从先王居。'"《正义》:"按:亳,偃师城也。商丘,宋州也。汤即位,都南亳,后徙西亳也。《括地志》云:'亳邑故城在洛州偃师县西十四里,本帝喾之墟,商汤之都也。'"关于"亳"地的地理位置学界尚有较多争议,④但总体来看以偃师"西亳"之说和郑州"郑亳"之说可能性最大,徐旭生通过考古证据认为偃师的二里头遗址大致可以断定为商汤之亳都。⑤《正义》所云"商丘,宋州也"即在今豫东地区商丘,古时属于宋国,而偃师在豫中地区,《集解》所说"契父帝喾都亳,汤自商丘迁焉",应该就是指汤从商丘(豫东)迁至偃师

---

① 王国维:《殷卜辞中所见先公先王考》,《观堂集林》,中华书局 2004 年版,第 428 页。

② 沈建华:《略说清华简〈汤处于汤丘〉》,《〈清华大学藏战国竹简〉与儒家经典专题国际学术讨论会论文集》,2014 年。

③ 刘成群:《清华简〈汤处于汤丘〉与商汤始居地考辨》,《人文杂志》2015 年第 9 期。

④ 据统计,关于"亳"地共有"西亳说""郑亳说""北亳说""南亳说""垣亳说""杜亳说""濮亳说"等 16 种不同说法。见刘琼:《商汤都亳研究综述》,《南方文物》2010 年第 4 期。

⑤ 徐旭生:《1959 年夏豫西调查"夏墟"的初步报告》,《考古》1959 年第 11 期。

西亳（豫中）。清华简《尹至》云："惟尹至夏徂亳。"据古本《竹书纪年》记载："太康居斟寻，羿又居之，桀亦居之。"则夏桀之时都于斟寻，其地理位置在今河南洛阳地区（豫西），则《尹至》所说伊尹从夏至亳应该是指从豫西地区到豫中地区，从地理位置上来看是很有可能的。

其次，《汤处于汤丘》记载："（汤）取妻于有莘，有莘媵以小臣。"古有莘国当在今河南开封地区附近，而伊尹生于空桑，其地当在今河南长垣附近，从地理位置上来说，唐丘、有莘、空桑均在今豫东地区。按《太平寰宇记》云："空桑城在（开封府雍丘）县西二十里。"《史记·殷本纪》正义引《括地志》："古莘国在汴州陈留县东五里，故莘城是也。"陈留亦属豫东地区。今河南长垣县以厨师之乡闻名，并奉伊尹为祖师，这既与伊尹曾为庖厨的传说有关，也说明伊尹的传说在此地自古就流传甚广、影响深远，很可能伊尹的降生之地就在此，长垣地处豫东，古时当属有莘之国，因为伊尹曾为有莘女之媵臣。

此外，黄河流经长垣县境内，传说中伊尹生于"水滨"应当是指出生于黄河之滨，在甲骨文中亦有称伊尹为"黄伊"之卜辞，如："贞呼黄多子出牛，侑于黄伊。"（《合集》3255）所谓"黄伊"当是因为伊尹出生地望在黄河之滨而据此称之。伊水虽属于黄河支流但并未流经长垣县境，"伊水"之说当是因为伊尹之姓氏而误传。综上所论，笔者认为"汤丘"的位置在今豫东地区商丘附近的可能性较大。

第五节　清华简《汤在啻门》篇文献研究

《汤在啻门》共有 21 支简，竹简形制与《汤处于汤丘》《皇门》《祭公之顾命》等篇基本相同，简长 44.5 厘米左右。本篇以记言为主，内容主要是记述汤在啻门问政于小臣（伊尹），谈话的主题是关于天人之道和治国之道，也有关于"气"之运行与生命关系的论述。在论述形式上，本篇多采用"以数为纪"的论述方式，论说的层次逻辑十分清晰，具有相当成熟的辩说技巧，其内容思想庞杂，既有道家养气之说，又有阴阳学家关于天人之道的思想元素，显然是一篇经过了后人再次加工的《书》类文献，其成篇年代当在战国中期以后。

关于"汤在啻门"中"啻门"所指，整理者认为"啻"通"帝"，啻门即为帝门，王宁也认为"帝门当为汤都亳邑门名"，则本篇所记内容是汤在亳邑的帝门与小臣伊尹发生的对话。谈话主要围绕"何以成人、何以成邦、何以成地、何以成天"的天人之道来展开讨论，并从正反两方面讨论了关于"美德奚若、恶德奚若、美事奚若、恶事奚若、美役奚若、恶役奚若、美政奚若、恶政奚若、美刑奚若、恶刑奚若"的治国为政之道。在对话中，小臣提到"唯彼五味之气，是哉以为人"，详细论述了"气"与人的生命消长之间的关系，并认为"唯彼四神，是谓四正，五以相之"，"唯彼九神，是谓地真，五以将之"，"唯彼九神，是谓九宏，六以行之"。据小臣之言，篇中"五以相之"是指德、事、役、政、刑，"五以将之"是指水、火、金、木、土之"五行"，"六以行之"是指昼、夜、春、夏、秋、冬，而对于何为"四神""四正""九神""九宏"则未加明言。关于"四神"的含义，整理者认为，长沙子弹库楚帛书中所言四神分别与青、赤、黄、墨四色相配，彼此相代以成四时，可能是指一种另外的神系而言。关于"四正"所指，整理者引《管子·君臣下》："四肢六道，身之体也。四正五官，国之体也。"认为与此"四正"之含义相类似。

笔者认为，《汤处于汤丘》所言"四神"当指"四灵"，即青龙、白虎、朱雀、玄武四种神灵，四神（四灵）作为代表天象的符号体系常与四季或四方相配。《礼记·礼运》："何谓四灵？麟凤龟龙，谓之四灵。故龙以为畜，故鱼鲔不淰；凤以为畜，故鸟不獝；麟以为畜，故兽不狘；龟以为畜，故人情不失。"孔颖达疏："以此四兽皆有神灵，异于他物，故谓之灵。"又见于《礼记·曲礼》："前朱鸟而后玄武，左青龙而右白虎。"《鹖冠子·天权》云："春用苍龙，夏用赤鸟，秋用白虎，冬用玄武。"明代邢云路《古今律历考》卷八："龙、虎、鸟、龟，四时四神也，日行乘六甲，历四时，周而复始，以成岁事。"古人常以四神配四方或四时。而"四正"可能是

"四神（四灵）"的另一种代称，如《三辅黄图》卷三："苍龙、白虎、朱雀、玄武，天之四灵，以正四方。""四正"可能就是"以正四方"之义。"四正"也有可能指《周易》中的四个正卦，即坎、离、震、兑，或用以分主四时：坎主冬，离主夏，震主春，兑主秋；或用以分主四方：坎主北，离主南，震主东，兑主西。《魏书·律历志上》云："推四正卦术曰：因冬至大小余，即坎卦用事日；春分，即震卦用事日；夏至，即离卦用事日；秋分，即兑卦用事日。"四神（四灵）与四正皆用以配四方格方位及四季时令，是制定历法的重要依据，而历法是国家运行的基本律历，因而篇中说"四以成邦"。

无论是"四神"或者"四正"，都是以"四灵"天象符号体系为核心的一种指称，而且它与五行之间存在着密切的联系，王小盾指出："四神即是一个同五行思想相关联的宇宙论体系，又是一个同五行理论相并行的独立的思想体系。"[1] 这在《汤在啻门》中也可以找到证据，"唯彼四神，是谓四正，五以相之，德、事、役、政、刑"，又云："唯彼九神，是谓地真，五以将之，水、火、金、木、土，以成五曲，以植五谷。"小臣在论述天人之道时，显然将四神、五行、九神等"以数为纪"的象征体系互相联系起来，并对它们彼此之间的对应关系进行了较为详尽的论述。王小盾认为："当人们把天象地貌也纳入自己的观察对象并加以类分的时候，他们又创造了一套关于宇宙论的术语，例如所谓一元、二气、三才、四象、五行、六极、七政、八维、九筹。这些术语尽管仍然关联着某种具体的自然物，但它们的内在涵义却是指向宇宙秩序的，因而包含了一种由主宰和崇拜相交织的情感满足。它们既作为一套关于事物分类的概念，代表了人们对于世界的认识和掌握，又因此作为宇宙万物的象征，成为人们膜拜的对象。这是一套具有神圣色彩的词语。"[2]

---

① 王小盾：《中国早期思想与符号研究：关于四神的起源及其体系形成》，上海人民出版社 2008 年版，第 105 页。

② 王小盾：《中国早期思想与符号研究：关于四神的起源及其体系形成》，上海人民出版社 2008 年版，第 101 页。

再来看《汤在啻门》中"唯彼九神,是谓地真""唯彼九神,是谓九宏"中所称"九神""九宏"的含义。第一处"九神"与"地真"相联系,显然与土地之神有关。整理者引《孙子》"善守者藏于九地之下,善攻者动于九天之上",认为"九神"或指先秦九地之说,此外,整理者还指出"九神"可能与"九州"相关,笔者认为从前后文义来看,本篇所论多为天人之道和天地之道,先秦地分九州,传说大禹铸九鼎以象天下,所以这里的九神很可能就是指九州之神,也就是所谓的地真(地祇)。"唯彼九神,是谓九宏"中的九神,整理者认为是指九天之神,这一看法是正确的。九天之神正与前文所言地之九神相对应。《楚辞·九叹·远游》:"征九神于回极兮,建虹采以招指。"王逸注:"言己乃召九天之神,使会北极之星。"关于"九宏"的含义,整理者云"未知其详"而未做解释,笔者认为,九宏即指九星,《逸周书·小开武》:"三极:一,维天九星;二,维地九州;三,维人四左。"孔晁注:"九星,四方及五星也。"卢文弨注引《文选注》:"《周书》:日月星辰四时岁,是谓九星。"陈逢衡注:"九星,谓九天之星,指二十八宿言,或曰即天璇、天枢、天机、天权、天衡、开扬、瑶光及左辅、右弼。"

综合来看,《汤在啻门》之中所论皆与天人之事有关,代表了战国时期的宇宙观念和对天人关系的看法。《礼记·礼运》云:"以天地为本,故物可举也;以阴阳为端,故情可睹也;以四时为柄,故事可劝也;以日星为纪,故事可列也。"这种将天地与人事相联系的思想观念在先秦儒家、道家、阴阳家等思想体系中都有着不同程度的反映和体现。从《汤在啻门》内容中对"四神"等象征符号体系的运用来看,这是战国时期宇宙论观念的典型体现,因而可以推测《汤在啻门》是以《商书》中关于商汤和伊尹的相关史料记载为基础,在战国时期的传播过程中又经过编辑整理从而融入了儒家、道家、阴阳家等诸子学派关于宇宙论和天人之道的思想观念,从而形成了清华简《汤在啻门》的文本面貌。

此外,清华简《书》类文献多为商周两代史官所传述,而"历象日月星辰,敬授民时"在先秦时期原是史官职责所在,司马迁《报任安书》

述其先辈历代为史官之职："仆之先人，非有剖符书丹之功，文史、星历，近乎卜祝之间。"《太史公自序》亦云："太史公学天官于唐都。"在清华简中多有对天象历法之事的描述，这也反映出清华简《书》类文献在流传过程中融入了史官对天人之道的认识，《汤在啻门》在篇首云："古之先帝亦有良言情至于今乎？"篇末又说："天尹，唯古之先帝之良言，则何以改之。""天尹"的称呼不仅是指"上天赐给我贤臣伊尹"，很可能"天"也包含了对伊尹通晓天地之道和天人之事的赞誉，从篇中小臣（伊尹）不但熟悉"古之先帝之良言"，而且通晓天人之道，《汤在啻门》中的小臣在某种程度上可以视为史官身份的映射，本篇思想观念的核心，实际上建立在史官所掌握的历史材料和宇宙观念的知识体系之上。

第六节 清华简《厚父》篇文献研究

《厚父》共 13 支简，简长与《尹至》《尹诰》等篇相近，第一支简上下两端残缺，简背标有序号，第十三支简背标有篇名《厚父》。本篇主要记载"王"与厚父关于治国之道的对话，内容着重从正反两方面阐述治理国家的政治经验。《孟子·梁惠王下》引文与本篇文句相似，学者据此认为本篇当属于《尚书》逸篇。《厚父》虽然详述"王"与"厚父"的对话，但并未表明二人的身份。探究王与厚父的身份，关键在于获知"厚父"究竟是姓名、尊称抑或职务，从而判断厚父的真实身份，进而大致可知王的身份，则《厚父》成篇之时代背景亦可得知。关于"厚父"的具体身份，整理者认为："厚父，人名，从后文看，当为夏之后裔。"[①]但并未指明其时代及王的身份。关于厚父与王的身份，李学勤认为："《厚父》中的王乃是周武王，所以尽管篇中多论夏朝的兴王，该篇应是《周书》，不是《商书》。"关于《厚父》的文本性质，李学勤认为："《厚父》是战国时通行的《书》

---

① 李学勤主编：《清华大学藏战国竹简（伍）》，中西书局 2015 年版，第 111 页。

中的一篇，我们在清华简中读到的是该篇在楚地的传本。"①

王宁认为："'厚父'恐非人名，而是一种官职名，即周代三卿之一的宏父，《书·酒诰》云：'越献臣百宗工，矧惟尔事服休、服采；矧惟若畴圻父薄违，农父若保，宏父定辟，矧汝刚制于酒？'《孔传》：'圻父，司马。农父，司徒。宏，大也。宏父，司空。当顺安之。司马、司徒、司空，列国诸侯三卿。'《疏》：'司马主圻封，故云圻父。父者，尊之辞。以司徒教民五土之艺，故言农父也。……诸侯之三卿，以上有司马、司徒，故知宏父是司空。言大父者，以营造为广大国家之父。因节文而分之，乃总之言司马、司徒、司空。'"②

姚治中则认为"厚父"意为"德行深厚的师傅"或"功高德厚的师傅"，是商王太甲对伊尹的尊称，而《厚父》属于周代对商初史事的追述："《厚父》简可能是西周君臣总结历史经验与教训的记录，其中包括夏商兴亡的历史经验与教训，通篇记述商王太甲与大臣伊尹（厚父）的问答，这是一段商初的历史，应是周代的追述。"③

郭永秉则认为："此篇所记很可能就是夏代孔甲之后某王与其大臣厚父的对话，应当是《夏书》的一篇而非《周书》的一篇。"并且指出："我们不排除'前文人'也可以泛指其他前代有文德之人的可能性，但与王把夏代先祖称为神这种情况结合起来看，《厚父》的王所问前文人之恭明德，应无疑是指王的始祖、先祖的明德，而不会是与王血缘无关的前代的先王的明德。因此，《厚父》的这位王，自然是禹、启、孔甲之王的后代，而非其他人。"④

综合以上学者意见，因为对"厚父"的身份难以确认，从而对《厚父》

① 李学勤：《清华简〈厚父〉与〈孟子〉引〈书〉》，《深圳大学学报》2015年第3期。

② 王宁：《清华简五〈厚父〉之"厚父"考》，武汉大学简帛研究中心简帛网，2015年4月30日。

③ 姚治中：《〈厚父〉简的历史价值》，《皖西学院学报》2016年第4期。

④ 郭永秉：《论清华简〈厚父〉应为〈夏书〉之一篇》，《出土文献》第七辑，中西书局2015年版。

文本性质的认识有《周书》说、《商书》说、《夏书》说三种不同意见。笔者认为，《厚父》当属于《商书》的一篇，从文辞来看是周代史官对商初史事的追述整理，但其内容当属于商代史事。具体理由如下：

首先，《厚父》开篇就说王向厚父咨询"前文人之恭明德"，后面又具体讲述王向厚父问以夏代禹、启、太甲等帝王史事，可见"前文人"指的就是夏禹等具有明德的圣王，而"前"就是前代或前朝的意思，则王与厚父当为商代之人。后文所言"肆祀三后"应该指的就是禹、启、皋陶"三后"，也就是三位圣王，这一段主要是从正面介绍夏朝有德之君王的美德。下一段则从反面讲述夏朝无德之君王："之慝王乃竭失其命，弗用先哲王孔甲之典刑，颠覆厥德，沉湎于非彝，天乃弗赦，乃坠厥命，亡厥邦。"这里所说的无德之王不用"先哲王孔甲之典刑"，使国家灭亡，显然说的是夏桀，清华简《尹至》云："其有后厥志其仓，宠二玉，弗虞其有众。"说的正是夏桀"沉湎于非彝"，可与此相互印证。这也说明《厚父》的成篇时代显然是在夏桀"亡厥邦"之后，也就是商代或者周代，因而不可能属于《夏书》。

其次，清华简《书》类文献中多是以前朝兴亡作为历史借鉴，从而为君主治国兴邦提供正面和反面的历史经验。如清华简《尹诰》："尹念天之败西邑夏，曰：'夏自绝其有民，亦惟厥众。非民亡与守邑，厥辟作怨于民，民复之用离心。我捷灭夏，今后胡不监？'"商汤在取得天下后首先想到的就是总结夏朝灭亡的经验，思考如何获得民心。清华简《殷高宗问于三寿》："高宗观于洹水之上，三寿与从。高宗乃问于少寿曰：'尔是先生，尔是知二有国之情，敢问人何谓长？何谓险？何谓厌？何谓恶？'"这里的"二有国之情"就是指夏商二代之国情，高宗向三寿咨询的也是前朝的历史经验。需要注意的是，如果是周代君臣总结前代兴亡经验，则多称夏商二代史事或单称商代史事，如《保训》文王向武王传训，就提到了尧、舜、上甲微等明君，显然是对夏商史事的概括总结，在周代文献中尚未发现有单称夏朝史事而不言殷商史事的例证。所以，《厚父》从正面和反面分别列举夏朝明君和昏君的史事，显然只可能是商代君臣对前朝所作历史经验总结。

再次,《小戴礼记·表记篇》说:"殷人尊神,率民以事神,先鬼而后礼。""尊神"是说殷商重视祭祀先祖之神灵,而"先鬼而后礼"是言殷商重卜筮之事。清华简《殷高宗问于三寿》云:"兹若君子而不读书占,则若小人之聋狂而不友,殷邦之妖祥并起,八纪则紊,四岩将行。四海之夷则作,九牧九有将丧。枉矢先反,大路用见兵。龟筮孚忒,五宝变色,而星月乱行。"都是对殷商重卜筮之道的描述和真实反映。从《厚父》中也可以窥见与此相关的证据,如"帝亦弗巩启之经德,少命皋繇下为之卿事,兹咸有神",称启等先王为"有神";《厚父》又云:"乃严寅畏皇天上帝之命,朝夕肆祀","肆祀三后,永叙在服","畏不祥,保教明德,慎肆祀",皆言祭祀之事;"肆如其若龟筮之言,亦勿可专改"则谓卜筮之事,这些都是殷商重视巫卜之传统的反映。

此外,《厚父》称夏桀"弗用先哲王孔甲之典刑",按"先哲王"之称多见于传世本《尚书》,如《酒诰》:"在昔殷先哲王,迪畏天显小民,经德秉哲,自成汤咸至于帝乙。"《康诰》:"在昔殷先哲王,迪畏天显小民,经德秉哲。"《召诰》:"天既遐终大邦殷之命,兹殷多先哲王在天。"值得注意的是,《尚书》各篇中的"先哲王"都是指称殷商先王,马楠先生已指出《厚父》中的"先哲王"与"后嗣王"都是指夏王,则很可能是商代君臣习用"先哲王"来称呼以往之明君,所以在议论夏朝先王时也用"先哲王"来作为指称,这是完全符合殷人习惯的,而这一称呼在《厚父》中得以保存下来,也说明《厚父》属于《商书》。有学者根据《尚书·酒诰》中周初行禁酒之政的史事,认为《厚父》所言"民式克敬德,毋湛于酒。民曰惟酒用肆祀,亦惟酒用康乐。曰酒非食,惟神之飨。民亦惟酒用败威仪,亦惟酒用恒狂"也当为周初禁酒之事,从而判断《厚父》属于《周书》,而王与厚父即武王与周公商议禁酒之事。笔者认为,虽然《酒诰》记载周初禁酒史事,但不能因此认为先秦凡是禁酒之文献即指周初周公禁酒,在商代也完全存在行酒政以规范国政的历史,商代多以酒祭祀,所以《厚父》说"曰酒非食,惟神之飨",从考古出土文物情况来看,商代青铜器多为酒器，而周代青铜器多为食器，这也从侧面说明商代饮酒之盛，因而商王太甲与伊尹商议戒民慎酒之事也是完全有可能的。如果《厚父》所记属实，则能够将施行酒政的历史上溯至商代。

最后，关于姚治中认为王与厚父是指商王太甲和伊尹，笔者认为是存在这种可能性的。首先，夏代历史主要是通过口头传述的形式流传下来，很少有书面文献，而《厚父》中详细陈述夏代兴亡史事，说明王与厚父所处时代去夏未远，很多事迹尚未湮灭不闻，而据清华简《尹至》《赤鹄之集汤之屋》《汤处于汤丘》等篇及《吕氏春秋》等传世文献记载，可知伊尹曾作为商汤的间谍服事于夏朝多年，因而对夏朝史事非常熟悉，所以太甲才向他咨询夏代史事。其次，《书序》云："太甲既立。不明。伊尹放诸桐。三年。复归于亳。思庸。伊尹作太甲三篇。"《史记·殷本纪》亦云："帝太甲既立三年，不明，暴虐，不遵汤法，乱德，于是伊尹放之于桐宫。三年，伊尹摄行政当国，以朝诸侯。帝太甲居桐宫三年，悔过自责，反善，于是伊尹乃迎帝太甲而授之政。帝太甲修德，诸侯咸归殷，百姓以宁。"太甲经过伊尹的惩戒才重新执政，因而太甲向伊尹问政并尊称伊尹为"厚父"也是完全有可能的，"厚父"之称在先秦史籍中既不见于姓名，也不见于官职，则很可能只是太甲对伊尹的尊称，仅用于二人之间称谓，正如清华简《汤处于汤丘》《汤在啻门》《赤鹄之集汤之屋》中皆称伊尹为"小臣"而不称其姓名，"小臣"很可能是伊尹对汤的谦称而只用于二人之间称谓。所以清华简中的"小臣"和"厚父"都是伊尹在不同帝王时期的不同称谓。最后，清华简中所收《商书》全部都是关于商代君臣之事，如《尹至》《尹诰》《赤鹄之集汤之屋》《汤处丁汤丘》《汤在啻门》是汤与伊尹史事，《傅说之命》是武丁与傅说史事，《殷高宗问于三寿》是武丁与三寿之事，需要注意的是，汤、武丁皆以尚贤闻名，是任用贤臣的明君，特别是"汤用伊尹于庖厨"和"武丁举傅说于傅岩"之事在春秋战国时期已经作为"明君慧眼识贤臣"的典型故事文本广为流传，并多见于各类传世文献记载，而伊尹、傅说、三寿之彭祖等人也是春秋战国之时人所熟知的名臣，唯有厚父名不见经传，这似乎是不符合常理的，唯一可信的解释就是"厚父"就是伊尹。所以从清华简《书》类文献的选录标准来看,《厚父》入选的最大可能性就是作为记载伊尹史事的《书》类文献,并与《尹至》等篇同编为《商书》中的伊尹类文献,综上所述,笔者认为,将厚父释为伊尹并将《厚父》归于《商书》,是较为符合清华简《书》类文献的整体情况的,也是符合历史事实的。

第七节　清华简《傅说之命》篇文献研究

《傅说之命》篇共有 23 支简,其中上篇 7 支,中篇 7 支,下篇原有 10 支简,其中第 1 支简缺失,现存 9 支。每篇最后一支简背皆题有篇题"傅说之命"。[①] 上篇叙述武丁得傅说于傅岩,及傅说伐失仲之事;中篇记述武丁与傅说的对话,内容主要是武丁告诫傅说要尽心尽力辅佐君王;下篇是武丁的语录,记载了武丁讲给傅说的七段言辞。《说命》三篇文体不尽相同,上篇以记事为主,中篇以对话为主,下篇则纯粹记述武丁之言。[②]

---

①　蔡丽利、谭生力指出:"该简文用《傅说之命》作为篇题,而先秦文献及郭店简相关引文则用《术命》、《兑命》、《詛命》等作为篇题,这说明战国时期《说命》篇题已经基本稳定。"见《清华简〈说命〉相关问题初探》,《古籍整理研究学刊》2014 年第 2 期。

②　王永认为:"清华简《说命》上篇叙述武丁发现傅说的经历,中篇是任命时说的长篇告诫,下篇是一些片段的训话","清华简《说命》三篇是一个完整的仪式记录,分为追叙式的序辞、训诫性的命辞和补记性的语录三个部分",并指出"最后一部分七个高宗语录片段之间并无严密逻辑线索"。见王永:《〈清华大学藏战国竹简〉与〈古文尚书〉〈说命〉篇文体比较》,《古籍整理研究学刊》2015 年第 2 期。蔡丽利、谭生力则认为:"从简文来看,全文主要是武丁对傅说的命辞,傅说在简文中只有简单的几句回答,并无实质性内容,也就是说武丁居于该篇中心地位,从这一点来看,学界以前认为古文字中的命不仅有发号施令的意思,也有接受命令的意思。……这种现象也就是我们经常说的'授受同词'现象。"见《清华简〈说命〉相关问题初探》,《古籍整理研究学刊》2014 年第 2 期。廖名春、李锐认为清华简《傅说之命》三篇不宜命名成上、中、下三篇,因为三者之间并非前后承接的连续篇章,而只是存在相关性,所以称为甲、乙、丙篇或一、二、三篇更为妥当。参见廖名春《清华简〈说命中〉的内容与命名》(《扬州大学学报》2014 年第 4 期)及李锐《读清华简(叁)札记》。

《说命》竹简长度与清华简《尹至》《尹诰》《金縢》等篇相同，其内容虽失传但有部分语句散见于先秦传世文献，①故《说命》当为早期《书》类文献无疑。传世本《古文尚书》亦有《说命》三篇，与简本除个别字句相似外，整体大不相同。

清华简中多次记载与梦境有关之史实，如《程寤》就详细记载了周文王受命于天之事。关于本篇所述武丁梦得傅说之事，董立章认为："此说颇有神秘色彩，据理分析，武丁所述梦语实为破格提拔傅说为重辅、以防止或压制群臣可能产生的不满、不服的神秘托辞。武丁少时奉其父小乙之命长期行役民间，考察社会，了解民情，足迹遍及山西、河北、河南等地，因此发现傅说可信。但即位之初，元老充朝，如重用新贤，必遭反对，故诈言天赐贤哲，以排除阻力。"②杜勇也认为："这里说武丁即位后梦得圣人，不过是在迷信深沉的社会环境中延揽贤才、以厌人心的一种政治技巧而已。"③

从先秦文献中记梦的文献材料来看，《左传》及《史记》多有关于帝王得梦之说，其原因大致有以下几点：一是君王自述梦境而史官加以记录，所谓"左史记言，右史记事"，所记之梦当为君王的真实梦境；二是神巫盛行时期的文学化描述，对史事的原本面貌进行改造，形成文学化的叙述方式，从而强调神话的话语；三是由于特定目的而假托于梦境，从而依托天命和神权来营造有利的舆论。《程寤》《说命》等篇所述之事，从当时的历史环境来看更可能属于第三种情况。从《程寤》所述"文王受命"之事的历史背景来分析，当时的周虽然羽翼渐丰，但对推翻强大的商王朝未必具有必胜的信心，作为方国的周及其众多联盟方国皆对商朝的军事力

---

① 如《墨子·尚同中》："是以先王之书〈术令〉之道曰：唯口出好兴戎。"《礼记·缁衣》："《兑命》曰：惟口起羞，惟甲胄起兵，惟衣裳在笥，惟干戈省厥躬。"《战国策·楚语》："若金，用女作砺。若津水，用女作舟。若天旱，用女作霖雨。启乃心，沃朕心。若药不瞑眩，厥疾不瘳。"《孟子》："《书》曰：若药不瞑眩，厥疾不瘳。"

② 董立章：《国语译注辨析》，暨南大学出版社 1993 年版，第 649 页。

③ 杜勇：《〈古文尚书·说命〉真伪与傅说身份辨析》，《天津师范大学学报（社会科学版）》2009 年第 5 期。

量怀有一定的畏惧，在这样的形势下，周文王十分有必要托梦于"受命于天"来给同盟友邦增强信心，从舆论上为决战殷商做准备。

清华简《尹至》等篇所述内容，也从另一个侧面说明了假托梦境或自然异象来营造舆论氛围，是发动重大战争的必要策略和重要手段。如《尹至》云："夏有祥，在西在东，见章于天。"这种吉凶祥瑞之兆一方面可能属于真实出现的某种奇异自然现象，另一方面则很可能是商王故意在夏散播的舆论，而且此前作为间谍的伊尹已经奉命长期居于夏，具备充足的时间和环境来散播有利于商的舆论。《尹至》所述"其有民率曰：'惟我速祸。'咸曰：'曷今东祥不章？'"也充分说明这种舆论策略收到了预期效果，确实在民众之间产生了有利于灭夏的影响，动摇了夏邑的民心。清华简《金縢》篇则记述了周公居东之后，"是岁也，秋大熟，未获。天疾风以雷，禾斯偃，大木斯拔"。所以笔者认为，清华简《书》类文献中的神异之说在其表象背后都蕴含了复杂的历史背景和政治因素。

《礼记》郑玄注云："殷高宗之臣傅说也，作书以命高宗，《尚书》篇名也。"《古文尚书》孔颖达《正义》注《说命》三篇云："此三篇，上篇言梦说始求得而命之；中篇，说既摠百官，戒王为政；下篇，王欲师说而学，说报王为学之有益，王又厉说以伊尹之功。相对以成章，史分序以为三篇也。"从清华简《傅说之命》的内容可知今本《说命》三篇皆为后人伪托，而《礼记》所引《说命》的部分语句则与清华简《傅说之命》所述内容一致。

从文体形式来看，《说命》篇题与《书》之"命"体存在一定联系，清华简另有《封许之命》，《尚书》则有《文侯之命》，"命"的文体意义多是代表朝廷发布的正式命令或较为正式的言辞，《古文尚书》孔颖达疏云："《说命》三篇，《微子之命》《蔡仲之命》《顾命》《毕命》《冏命》《文侯之命》九篇，命也。"本篇共有三篇，除第一篇侧重叙事之外，后两篇皆以记言为主，是武丁任命傅说为官时的训诫之辞，从内容来看与篇题所言"命"体是相符合的。程浩指出："观简书上篇结尾有'说来，自从事于殷，王用命说为公'之语，而中、下两篇通篇皆为武丁对傅说的训诫，是则篇题还应理解为'（武丁对）傅说的命书'。本篇传本与文献称引均作《说命》，简本作《傅说之命》，实为同书异名。而《尚书》中其余'命'书篇名或云'某命'或云'某某之命'，或许这两种命书的题名法皆可通用，仅有繁简之别。"①

从传世文献和出土文献来看，对《说命》篇的称引主要有以下九则：

1.《墨子·尚同中》："是以先王之书《术令》之道曰：唯口出好兴戎。"

2.《孟子》："《书》曰：若药不瞑眩，厥疾不瘳。"

3.《礼记·缁衣》："《兑命》曰：惟口起羞，惟甲胄起兵，惟衣裳在笥，惟干戈省厥躬。"

4.《礼记·缁衣》："《兑命》曰：爵无及恶德，民立而正事，纯而祭祀，事为不敬，事烦则乱，事神则难。"

5.《礼记·学记》："《兑命》曰：念终始典于学。"②

6.《礼记·学记》："《兑命》曰：学学半。"

7.《礼记·学记》："《兑命》曰：敬逊务时敏，厥修乃来。"

8.《国语·楚语》："若金，用女作砺。若津水，用女作舟。若天旱，用女作霖雨。启乃心，沃朕心。若药不瞑眩，厥疾不瘳。若跣不视地，厥足用伤。"③

---

① 程浩：《清华简〈说命〉研究三题》，《古代文明》2014 年第 3 期。

② 《礼记·文王世子》篇亦有相同称引。

③ 《国语·楚语》此段原文为："白公又谏王若史老之言。对曰：昔殷武丁能耸其德，至于神明，以入于河，自河徂亳，于是乎三年，默以思道。卿士患之，曰：王言以出令也，若不言，是无所禀令也。武丁于是作书，曰：以余正四方，余恐德之不类，兹故不言。如是而又使以象梦旁求四方之贤，得傅说以来，升以为公，而使朝夕规谏，曰：若金，用女作砺。若津水，用女作舟。若天旱，用女作霖雨。启乃心，沃朕心。若药不瞑眩，厥疾不瘳。若跣不视地，厥足用伤。若武丁之神明也，其圣之睿广也，其智之不疚也，犹自谓未乂，故三年默以思道。既得道，犹不敢专制，使以象旁求圣人。既得以为辅，又恐其荒失遗忘，故使朝夕规诲箴谏，曰：必交修余，无余弃也。今君或者未及武丁，而恶规谏者，不亦难乎。"程浩认为，文后"必交修余，无余弃也"一句也是《说命》佚文，其位置当在清华简《说命中》"汝惟兹说说底之于乃心"之后，且前后文意一以贯之。详见程浩：《清华简〈说命〉研究三题》，《古代文明》2014 年第 3 期。

9. 郭店简《成之闻之》:"允师济德。"①

第八节 清华简《殷高宗问于三寿》篇文献研究

《殷高宗问于三寿》共 28 支简,第三简缺失,第八简、第九简、第二十五简有文字缺失。本篇文体以记言为主,主要记述了殷高宗与彭祖、中寿、少寿三人的对话,对话内容具有浓厚的哲学意味,将天道、人事与治国之道相联系,并充分借鉴和总结夏、商二代历史经验,逻辑层次严密,语句条理清晰。

关于"三寿"之称,有学者认为是职官之名。于省吾认为:"《伪传》以'圻父'为司马,'农父'为司徒,'宏父'为司空;王荆公读为'圻父薄违,农父若保,宏父定辟',是也。按以官言则曰'三卿'、'三公'、'三正';以年岁言则曰'三寿'。《诗·鲁颂·閟宫》:'三寿作朋。'《宗周钟》'叁寿唯璃',《晋姜鼎》'三寿是李',言利于三公也。"② 本篇对三寿分别称为彭祖、中寿、少寿,则以彭祖为上寿。

关于彭祖的身份及年岁,文献记载有所不同。《史记·楚世家》说:"彭祖氏,殷之时尝为侯伯,殷之末世灭彭祖氏。"则彭祖当非为同一人,彭祖氏世代为官于殷商。但战国至秦汉时期的小说家言如《神仙传》《列仙传》等书,多以彭祖为寿命极长的得道之人,将其视为仙人的化身,这很可能是对彭祖氏世代为官的误读。《殷高宗问于三寿》称彭祖为上寿,可知大约在战国时期关于彭祖长寿的传说已经非常流行,很可能是出自战国时期方士的杜撰与依托,借彭祖之名以广其道。

刘向《列仙传》云:"彭祖者,殷大夫也。姓籛名铿,帝颛顼之孙陆终氏之中子,历夏至殷末八百余岁。常食桂芝,善导引行气。历阳有彭祖

① 李学勤:《试论楚简中的〈说命〉佚文》,《烟台大学学报》2008 年第 2 期。
② 顾颉刚、刘起釪:《尚书校释译论》,中华书局 2005 年版,第 1411 页。

仙室，前世祷请风雨，莫不辄应。常有两虎在祠左右，祠讫，地即有虎迹，云后升仙而去。"晋葛洪《神仙传》云："彭祖者，姓钱，名铿，帝颛顼之玄孙。至殷末世，年七百六十岁而不衰老。少好恬静，不恤世务，不营名誉，不饰车服，唯以养生治身为事。殷王闻之，拜为大夫，常称疾闲居，不与政事。"《列仙传》和《神仙传》中彭祖的形象显然已经是得道长寿的仙人，故《殷高宗问于三寿》中将上寿称为彭祖，对中寿、下寿则不称其名。

从文献来看，"三寿"原为商代职官之名称，《殷高宗问于三寿》的材料来源当在《商书》中有所依据，而战国时人则将"三寿"通过发挥想象演绎为长寿的三人，并将上寿依托彭祖之名，这显然是将《商书》中记载殷高宗问政于三寿的事迹重新加以改写，并融入了战国时期神仙传说的故事。另外，清华简《汤处于汤丘》中汤之臣名为方惟，而《墨子·贵义》中引用了相同的故事却将汤臣之名称为"彭氏之子"，则很可能自商汤之时即以彭祖氏为官。从《殷高宗问于三寿》所言"高宗观于洹水之上，三寿与从"之说来看，"三寿"的职责是陪同君王左右并记录王的言辞，这与《礼记·玉藻》所言"动则左史书之，言则右史书之"的史官之职是非常相似的，此外，从谈话的内容来看，"三寿"以长者居官，很可能是历史档案的掌管者和保存者，因而对"二有国之情"非常熟悉和了解，并为王咨询政事提供解答，由此看来，"三寿"之职原指商代史官的可能性较大，而后战国时人假借周代"三寿"之职，并依托战国时期神仙家言彭祖传说，将《殷高宗问于三寿》加以改写，这也与清华简《书》类文献多出于史官所记的性质相符。

《大戴礼记·少闲》云："成汤卒崩，殷德小破，二十有二世，乃有武丁即位。开先祖之府，取其明法，以为君臣上下之节，殷民更服，近者说，远者至，粒食之民昭然明视。"武丁在史籍记载中多以中兴殷道之贤君的形象出现，从《殷高宗问于三寿》中的谈话内容来看，也体现出武丁作为一代贤君的治国之能。《书》类文献中多以前代史事为鉴，并从中吸取历史经验教训作为治国理政的对照依据，这也是《书》作为历史文献所蕴含的深刻政治价值。《殷高宗问于三寿》开篇就是殷高宗向三寿询问"二有国之情",并就"人何谓长?何谓险?何谓厌?何谓恶?"的问题进行了一系列讨论,最终由武丁总结说:"苟我与尔相念相谋,世世至于后嗣。我思天风,既回或止,吾勉自抑,畏以敬天。"武丁所言"我思天风,既回或止"的意思正如《老子》二十三章所言:"飘风不终朝,骤雨不终日。孰为此者?天地。天地尚不能久,而况于人乎?"这里既是以"天风"为喻来表达自己敬畏上天的恭敬之情,也暗含对江山社稷能否"世世至于后嗣"的隐忧,体现出武丁作为一代贤君的深谋远虑。

清华简《书》类文献中涉及殷高宗武丁事迹的是《殷高宗问于三寿》和《傅说之命》,在文学手法上这些篇章都体现出善用譬喻的特点。《殷高宗问于三寿》中,武丁以"我思天风,既回或止"来比喻对殷商之天命的担忧,彭祖则以"兹若君子而不读书占,则若小人之聋狂而不友"为喻,来告诫武丁要敬慎天命。《傅说之命》中武丁告诫傅说说:"若金,用惟汝作砺。……若药,如不瞑眩,越疾罔瘳。……若天旱,汝作淫雨。……若津水,汝作舟。"武丁通过使用一系列譬喻来表达自己对傅说的勉励之意,希望他能够尽忠竭智辅佐君王,体现出高超的谈话技巧和语言艺术。

总体来看,本篇核心内容以叙述殷高宗与三寿议论天人之道和治国之道为主,内容则以记言为主,属于一篇《书》类文献,但内容和语言可能经过战国时人的重新加工编订。

第四章　清华简《周书》类文献研究

清华简《书》类文献中的西周时期文献篇目较多，为研究周代《书》的编订与流传提供了新的材料。西周时期"制礼作乐"建立了礼乐制度，史官制度也更加完备，更为完整地保存了很多《书》类文献。从文本内容、文本来源和时代背景等方面来看，清华简《周书》类文献主要包括《程寤》《保训》《命训》《耆夜》《金縢》《封许之命》《皇门》《周公之琴舞》《祭公之顾命》《芮良夫毖》《摄命》11篇，内容涉及周文王、周武王、周成王、周公旦、祭公、芮良夫、伯摄等西周君臣及相关史事，具有重要的历史价值和文献价值，本章通过将传世文献与出土文献相对照，分别对以上11篇文献进行考察研究。除了这11篇之外，目前已整理出版的清华简中还有《四告》等篇也与《周书》存在密切关联，留待另行专题讨论，暂不纳入本章研究范围。

第一节　清华简《程寤》篇文献研究

《程寤》共9支简，原无篇题。今本《逸周书》有《程寤》篇但内容失传仅存篇题，《天平御览》所引《逸周书·程寤》篇佚文与本篇部分文句相似，整理者据此题名为《程寤》。本篇主要记述周文王之妻太姒梦见商庭生棘，周文王举行祭祀并告诫太子发，认为此梦预示周将受命于天而取代商。本篇文体兼有记事和记言，以记言为主，开篇之叙事主要是记叙和交代文王训诫之辞的背景。《程寤》篇竹简长度与《尹至》《尹诰》等篇相同，应同属于《书》类文献。按照清华简《书》类文献文本分类，《程寤》篇以记述文王训诫之辞为主，当属于"政书"之类。

关于本篇所述太姒做梦及文王受命于天之事，有学者认为属于一种带有特殊政治目的的历史背景，而未必是真实发生的历史事件的记录。于振波认为："随着周方国实力的增强，其灭商的愿望也越强烈。文献中记载的太姒之梦，不过是灭商愿望的另一种表达方式而已。"① 清华简《傅说之命》篇中也有关于记梦的材料："惟殷王赐说于天……武丁朝于门，入在宗，王原比厥梦。"同样有学者认为，《傅说之命》记梦之事也是特定历史环境和政治环境中的产物，具有特殊的政治目的而非真实发生的史事实录，杜勇指出："这里说武丁即位后梦得圣人，不过是在迷信深沉的社会环境中延揽贤才、以厌人心的一种政治技巧而已。"② 董立章也认为："武丁所述梦语实为破格提拔傅说为重辅、以防止或压制群臣可能产生的不满、不服的神秘托辞。……如重用新贤，必遭反对，故诈言天赐贤哲，以排除阻力。"③ 以上分析虽然有一定可能性，但都属于基于现代立场的猜测，并没有实际的证据能够证明《程寤》所记为周人伪托或杜撰之事，恰恰相反，从先秦典籍的相关记载来看，在周人的观念中对梦境的喻示十分重视，并设置有专门的职官来负责占梦和举行祭祀。《汉书·艺文志》云："杂占者，纪百家之象，候善恶之证。众占非一，而梦为大，故周有其官。"《周礼·春官宗伯》则详述占梦之礼及职官之制云：

> 大卜掌三兆之法，一曰玉兆，二曰瓦兆，三曰原兆。其经兆之体，皆百有二十，其颂皆千有二百。掌三易之法，一曰连山，二曰归藏，三曰周易。其经卦皆八，其别皆六十有四。掌三梦之法，一曰致梦，

---

① 于振波、车今花：《关于周文王的即位与称王——读清华简〈保训〉札记》，《湖南大学学报》2011年第2期。

② 杜勇：《〈古文尚书·说命〉真伪与傅说身份辨析》，《天津师范大学学报（社会科学版）》2009年第5期。

③ 董立章：《国语译注辨析》，暨南大学出版社1993年版，第649页。

二曰觭梦，三曰咸陟。其经运十，其别九十，以邦事作龟之八命，一曰征，二曰象，三曰与，四曰谋，五曰果，六曰至，七曰雨，八曰廖。以八命者赞三兆、三易、三梦之占，以观国家之吉凶，以诏救政。……占梦掌其岁时观天地之会，辨阴阳之气。以日、月、星、辰占六梦之吉凶。一曰正梦，二曰恶梦，三曰思梦，四曰寤梦，五曰喜梦，六曰惧梦。季冬，聘王梦，献吉梦于王，王拜而受之，乃舍萌于四方，以赠恶梦，遂令始难，驱疫。

从《周礼》记载来看，周代确有专司拜梦之职官和祭祀仪式，这也反映出周人对天命的敬畏。笔者认为，《程寤》所记载的太姒做梦之事当为史官所记，对拜梦祭祀仪式的记录也是对周代礼仪的实录，其文献来源当是有所依据的。需要注意的是，《史记》对武丁梦得傅说之事亦记载甚详："武丁夜梦得圣人，名曰说。以梦所见视群臣百吏，皆非也。于是乃使百工营求之野，得说于傅险中。是时说为胥靡，筑于傅险。见于武丁，武丁曰是也。得而与之语，果圣人，举以为相，殷国大治。故遂以傅险姓之，号曰傅说。"其来源可能就是清华简《傅说之命》等《商书》类文献记载，清华简《金縢》所述周公之事在《史记》中也有十分相似的记载，但《程寤》所记文王太姒之梦则未见于《史记》记载。对这一问题的解释存在两种可能性：一是《程寤》篇在汉代之前可能已经散佚失传，司马迁在编写《史记》时并未见到清华简《程寤》篇的记载；二是司马迁见到了《程寤》篇的记载，但由于某种特殊原因在编写《史记》时对其文献材料未予采纳。

对于第一种可能性，从传世文献来看，东汉末年王符《潜夫论》云："是故太姒有吉梦，文王不敢康吉，祀于群神，然后占于明堂，并拜吉梦，修省戒惧，闻喜若忧，故能成吉以有天下。"西晋张华《博物志》云："太姒梦见商之庭产棘，乃小子发取周庭梓树，树之于阙间，梓化为松柏棫柞。觉惊，以告文王。文王曰：慎勿言。"此外，《太平御览》引晋皇甫谧《帝王世纪》云："十年正月，文王自商至程。太姒梦见商庭生棘，太子发取周庭之梓树之于阙间，梓化为松柏柞棫。觉而惊，以告文王。文王不敢占，召太子发，命祝以币告于宗庙群神，然后占之于明堂，及发并拜吉梦，遂作《程寤》。"以上文献所记甚详，且与《程寤》篇内容高度吻合，这就说明《程寤》篇在西汉并未失传，至东汉乃至魏晋之时犹能见到《程寤》篇的内容。如果《程寤》篇在西汉时并未失传，那么司马迁曾读到《程寤》篇的可能性是很大的。

再来看第二种可能性。据《汉书·艺文志》记载"周书七十一篇"，今本《逸周书》亦有《程寤》篇题，则《程寤》篇在先秦时曾编入《周书》选本，当为孔子编订《尚书》篇目之外的文献。据《汉书·儒林传》云："孔氏有《古文尚书》，孔安国以今文字读之，因以起其家，逸《书》得十余篇，盖《尚书》兹多于是矣。遭巫蛊，未立于学官。安国为谏大夫，授都尉朝，而司马迁亦从安国问故。迁书载《尧典》、《禹贡》、《洪范》、《微子》、《金縢》诸篇，多古文说。"可知司马迁曾受教于孔安国而学《古文尚书》。今人程元敏则认为："汉文、景、武世，《尚书》学立官者唯今文学，故无论司马谈、董仲舒、贾嘉，即孔安国，时亦皆治《书》今文，故马迁从所习者亦今文无疑。"① 马士远指出："《史记》述《尚书》兼采今、古文……司马迁以治《古文尚书》学为主，班固言其述《尧典》、《禹贡》、《洪范》、《微子》、《金縢》诸篇，均用古文说。但司马迁《史记》引《尧典》、《禹贡》、《皋陶谟》等亦兼取今文说。"② 可见司马迁编写《史记》所用材料主要采录自《古文尚书》、《今文尚书》和《书序》，而对《周书》的材料较少采用。西汉元光元年（公元前 134 年），汉武帝接受董仲舒的建议"罢黜百家，独尊儒术"，司马迁（约公元前 145 年至约公元前 90 年）生逢其时，他所处的时代正是汉代以儒术为尊的鼎盛时期，而《尚书》属于儒家"五经"之一，通过设立五经博士已经确立了《尚书》的经典地位，而《周书》则被刘向视为"孔子所论百篇之余"，既然是孔子编订《尚书》时所弃而不用的材料，

---

① 程元敏：《尚书学史》，华东师范大学出版社 2013 年版，第 129 页。
② 马士远：《司马迁〈尚书〉学研究》，《齐鲁学刊》2013 年第 3 期。

《周书》在西汉儒学鼎盛之时自然被排斥在经典之外，其价值和地位并未得到与《尚书》同等的重视，这似乎就是司马迁在编订《史记》时多采用今古文《尚书》而较少使用《周书》材料的原因。

此外，如果将《潜夫论》和《博物志》、《太平御览》引《帝王世纪》的相关文献材料与清华简《程寤》篇对照，则会发现《博物志》《帝王世纪》与《程寤》篇更为接近，而《潜夫论》虽概述《程寤》之事，但在语句上与《程寤》篇差异较大，具体如表4-1所示。

表4-1　《程寤》与《博物志》《帝王世纪》《潜夫论》引文对照表

《程寤》	《博物志》	《帝王世纪》	《潜夫论》
太姒梦见商廷惟棘	太姒梦见商之庭产棘	太姒梦见商庭生棘	是故太姒有吉梦
乃小子发取周廷梓树于厥间，化为松柏棫柞	乃小子发取周庭梓树，树之于阙间，梓化为松柏棫柞	太子发取周庭之梓，树之于阙间，梓化为松柏柞棫	无
寤惊，告王。王弗敢占	觉惊，以告文王。文王曰：慎勿言	觉而惊，以告文王。文王不敢占	文王不敢康吉
诏太子发……占于明堂，王及太子发并拜吉梦	无	召太子发……然后占之于明堂，及发并拜吉梦	祀于群神，然后占于明堂，并拜吉梦

从以上对照可以看出，《博物志》《帝王世纪》引文与清华简《程寤》篇相似度较高，而《潜夫论》似乎只是概括大意而略述其事。笔者认为，造成这种文本差异的情况很可能是因为材料来源的不同。王符《潜夫论》中所使用的材料可能来自其他文献转述或其他形式的概括之言，东汉末年《周书》中的《程寤》等篇或已散佚，而张华《博物志》、皇甫谧《帝王世纪》所引《程寤》内容很可能是出自于《汲冢竹书》中的《程寤》篇。关于《汲冢竹书》的出土时间有多种说法，如《晋书·武帝纪》记载为咸宁五年（279 年），杜预《春秋左传集解·后序》、卫恒《四体书势》云为太康元年（280 年），《晋书·束皙传》《太公望表》云为太康二年（281 年），《〈尚书·咸有一德〉正义》云为太康八年（287 年），王应麟《困学纪闻》云：

"冢盖发于咸宁五年冬十月。"① 罗家湘认为:"汲冢书实咸宁五年十月出土,太康元年,官收其书,藏于秘府,太康二年,当时学者束皙、荀勖、杜预、卫恒等始亲加校读。"② 笔者认为,《汲冢竹书》发掘于咸宁五年(279年)的说法是更加符合事实的。汲冢在今河南汲县,张华(232—300年)在曹魏时历任太常博士、河南尹丞、佐著作郎、中书郎等职,入晋后拜中书令。皇甫谧(215—282年)长居于河南新安,博学多识,"博综典籍百家之言。沈静寡欲,始有高尚之志,以著述为务,自号玄晏先生"③,晋武帝(236—290年)时累征皇甫谧为官而不就,"自表就帝借书,帝送一车书与之"④。从所处时代、地域范围和生活经历来看,张华官居中书令,有机会接触到发掘整理后献于朝廷的《汲冢竹书》,而晋武帝赐给皇甫谧的"一车书"中很可能也包括《汲冢竹书》的内容,由此观之,张华和皇甫谧很可能都曾经见到过《汲冢竹书》中的《程寤》篇,因而在《博物志》《帝王世纪》等书中对《程寤》篇文句多有引述。前人曾疑《汲冢竹书》中是否包含《周书》,⑤ 如果以上分析属实,那么这也从另一方面证明了清华简《程寤》篇属于《周书》之篇目,而《汲冢竹书》之中正包含了原已失传的《程寤》等《周书》篇章。

第二节　清华简《保训》篇文献研究

《保训》篇共11支简,原无篇题,整理者根据简文内容题为《保训》。本篇主要记述周文王病重,向太子发讲授遗训,遗训主要讲述了舜和上甲

① 王应麟:《困学纪闻》,上海古籍出版社2008年版,第38页。
② 罗家湘:《〈逸周书〉研究》,上海古籍出版社2006年版,第77页。
③ (唐)房玄龄:《晋书》,中华书局2015年版,第215页。
④ (唐)房玄龄:《晋书》,中华书局2015年版,第216页。
⑤ 王应麟、方孝孺、王鸣盛、张心澂等学者对汲冢出土《周书》多持怀疑态度,李焘、胡应麟、阎若璩、姚振宗等学者则持肯定态度,见刘重来:《关于〈逸周书〉的一桩悬案》,《西南师范学院学报》1983年第1期。

微的事迹，着重阐述了关于"中"的思想观念并反复告诫太子发。本篇文体兼有记事和记言，以记言为主，但周文王遗训之言也是以叙事为主。本篇竹简形制较为特殊，与其他篇章皆不相同，从内容上来看当属于《书》类文献。

《保训》篇是清华简发布较早的文献篇目，个别学者曾据此篇质疑清华简的真伪。如姜广辉在《〈保训〉疑伪新证五则》中从五个方面举例质疑《保训》系伪作：一、《保训》残简是否人为设计作残；二、从《保训》看文王对传说人物的心理活动描写；三、由"帝"传"中"，还是由"中"而"帝"；四、"日不足，惟宿不祥"中"惟"字的使用；五、从文王、武王行事方式看《保训》之不可信。①

事实上，姜文以上五点质疑《保训》系伪造的证据皆不足以成立。对此王连龙已从文献辨伪方法论的角度予以阐述，② 高屋建瓴，立论翔实。本书对此问题略作以下补充讨论。

第一，关于《保训》残简问题：姜文认为《保训》第一支简的残损部分文字皆可根据上下文推测补出过于巧合，并假设其余十支简如有同样残损则无法补出文字，由此认为第一支简的残损系人为造假。笔者认为，从逻辑上来讲，姜文仅仅举出了《保训》残简的一种可能性而非必然性，其所作假设性的反证（如换做其他简残）并不足以否定第一支简残损的偶然性，而且客观来讲，作为《保训》竹简篇首的第一支简更容易在流传过程中受到损坏，这是符合实际情况的。

第二，关于《保训》中人物心理活动描写问题：姜文认为《保训》所记舜、上甲微之史事距文王所处时代久远，文王无从得知和描述舜与上甲微的心理活动等细节，认为"在先秦《书》类文献中，当某人叙述历史人物时，通常只叙述其言论行为，并不对其心理活动作出刻画和描写"，由此认为《保训》所述史事并非"历史实录"而是"小说家"言，由此质疑《保

---

① 姜广辉：《〈保训〉疑伪新证五则》，《中国哲学史》2010 年第 3 期。

② 王连龙：《清华简〈保训〉篇真伪讨论中的文献辨伪方法论问题——以姜广辉先生〈保训疑伪新证五则〉为例》，《古代文明》2011 年第 2 期。

训》系伪作。首先，在传世本《尚书》中有大量类似"心理活动"的描述，对此王连龙先生已有专述。① 其次，在文献学研究中不能以"心理活动"描写作为否定"历史实录"的依据，更不能作为鉴定文献真伪的依据。除《尚书》外，《左传》《国语》《战国策》等早期史籍中不乏大量出现的心理描写和细节描写，绝不能以此作为证据否认文献的真实性，同样也不能以是否"历史实录"来判断文献的真伪，此间并不存在必然联系。况且所谓"心理活动"是现代学术研究中提出的"术语概念"，将其用于讨论先秦文献是否恰当有待商榷。

第三，姜文认为《保训》所述文王遗言是"虚妄之言""不合义理"，并认为两则关于"中"的史事系现代伪造。关于"中"的含义学界已有较多讨论，姜文并未对"中"的含义作任何探讨却直接对其否定并以此作为《保训》作伪之证据，这种研究方法本身更为"不合义理"，不足以立论，所谓"由中而帝"的逻辑必然性是否成立与《保训》文献文本的真实性之间并不存在客观联系。

第四，关于"日不足，惟宿不详"之"惟"字问题：姜文认为此句正确语序应为"惟日不足，宿不详"，而不应该是"日不足，惟宿不详"，认为这是"现代造伪者误仿《逸周书·大开》等篇又暴露出一个破绽"。事实上，学界对于此句意义有不同解释，较为恰当的是李学勤的释义，② 姜文所依据的丁宗洛释义并非确论，因而所谓造伪之说毫无依据。按照李学勤的考证，则此句语序通顺无误。

第五，姜文认为"文王关于'中'的告诫与自己的行事方式是不一致的。从现有史料看，文王自受命之年起，连年征战"，与《保训》的"中和之道"互相矛盾。首先，《保训》之"中"是否指儒家"中和之道"或"中庸之道"，学界尚有争议，不足以作为确切论据。其次，从史实来看，文王征伐及武

---

① 王连龙：《清华简〈保训〉篇真伪讨论中的文献辨伪方法论问题——以姜广辉先生〈保训疑伪新证五则〉为例》，《古代文明》2011年第2期。

② 李学勤：《〈程癭〉、〈保训〉"日不足"等语的读释》，《清华大学学报（哲社版）》2011年第1期。

王伐纣正与《保训》所述上甲微伐有易并且"微寺弗忘，传贻子孙，至于成汤，祗服不解，用受大命"之事相似，具有"受大命"的正义立场，恰恰与《保训》所述持中之道相符，如《周易》所云："汤武革命，顺乎天而应乎人，革之时大矣哉。"商革夏命，周革殷命，这一"大道"正是与"中"道一脉相通。

关于《保训》的文本性质与撰作年代问题，李学勤指出："《保训》篇是周文王临终时对其太子发即武王所作的遗言。"[①] 黄怀信认为："《保训》，即关于'保'的训教。而具体之训，则是通过两件历史故事以说明'中'之重要，以诫太子发敬守勿轻。"[②] 又云："清华简《保训》篇为周文王遗训，不仅文风体式与《逸周书》记文王诸篇极为相似，而且词语也有与之相同或类似者，说明二者文献性质相同、时代相当。《逸周书》诸篇既为删书之余，则《保训》亦当为古《书》中之一篇。……《保训》部分文字有可能出于实录，但全文或经后人改写润饰。改写润饰的时代，应在春秋早中期。"[③] 曹峰认为，"清华简《保训》是周文王留给其子的遗书，遗书的核心是中"，但是，"《保训》是否可以视为一部典型的儒家著作，是否有必要过早染上儒家色彩，应持保留态度"[④]。杜勇认为："从《保训》所反映的语言现象、阴阳观念、中道思想看，都有春秋以后的时代印记，似可认为它同《文传》一样，并不是史官实录的真正的周文王遗言，而是战国前期假借文王名义的托古言事之作。由于《保训》原非史官档案，故不为《尚书》所收，或以流传未广，亦不为《逸周书》编入。"[⑤] 杨坤认为："根据 2008 年 12 月北京大学加速器质谱实验室、第四纪年代测定实验室对清华简无字残片样品所作的 AMS 碳 14 年代测定，经树轮校正为公元前 305+30 年，

---

① 李学勤：《论清华简〈保训〉的几个问题》，《文物》2009 年第 6 期。

② 黄怀信：《清华简〈保训〉补释》，《考古与文物》2013 年第 2 期。

③ 黄怀信：《清华简〈保训〉篇的性质、时代及真伪》，《历史文献研究》第 29 辑。

④ 曹峰：《〈保训〉的"中"即"公平公正"之理念说——兼论"三降之德"》，《文史哲》2011 年第 6 期。

⑤ 杜勇：《关于清华简〈保训〉的著作年代问题》，《天津师范大学学报》2010 年第 4 期。

即战国中期偏晚。那么，《保训》撰作年代的下限，当不晚于此。而所谓的周文王第五十年，则是其上限。……笔者认为《保训》的撰作年代，宜以孔子之世为断。"① 郭伟川认为清华简《保训》即《逸周书·小开武》所云周文王遗书《训典》，《逸周书·小开武》云："余闻在昔，《训典》中规，非时罔有格言，日正余不足。"② 王辉认为："《保训》的核心内容，如以中治国的理念，哲理意义上的阴阳、名实，虽不能说没有西周的影子，但更多地反映了春秋末乃至战国时人们的思想意识。我怀疑，《保训》应编写于战国时代。……《保训》极可能只是战国儒者代拟的周文王遗言，'惟王五十年'也未必是周文王临终时的真实纪年。"③ 李均明认为："今见《保训》简之字体与其他战国简基本相同，无疑为战国抄本；而其用词古奥，与《尚书》相类，当来源于西周文本，而非战国人新撰。"④ 马智全认为："《保训》在体裁上属于'训'，是《尚书》文体的一种。……商周王位的继承，总是与'训'辞的传授相伴随。"⑤ 马文增认为："首批公布的清华简9 篇文献，除《楚居》外，皆为楚王室所录藏之周王室源文件。因此，清华简《保训》既不属于《尚书》，亦不属于《逸周书》，其性质为出自文王之口、周史官实录，又以楚文字转录的周王室源文件。"⑥

笔者认为，杜勇已经指出关于《保训》成书年代的三种可能性："《保训》作为战国中晚期之际的出土文献，其著作年代便有几种可能性：或为商末周初之作，或为春秋之作，或为战国前期之作。"从清华简的年代测定来看，战国中晚期无疑是《保训》成书的下限，其上限则可推溯至三个阶段：商末周初、春秋时期、战国前期。第一种情况，如其成书于商末周初，则是所谓"史官实录"，作为周文王遗言的真实性自然无可怀疑，且

① 杨坤：《〈保训〉的撰作年代——兼谈〈保训〉"复"字》，《中国文物报》2009 年11 月 27 日。

② 郭伟川：《〈保训〉主旨与中字释读》，《光明日报》2010 年 12 月 6 日。

③ 王辉：《清华楚简〈保训〉"惟王五十年"解》，《考古与文物》2009 年第 6 期。

④ 李均明：《〈保训〉与周文王的治国理念》，《中国史研究》2009 年第 3 期。

⑤ 马智全：《从清华简〈保训〉看'训'文体特征》，《鲁东大学学报》2014 年 7 月。

⑥ 马文增：《清华简〈保训〉新释新解》，《古籍整理研究学刊》2014 年第 2 期。

《保训》文中周文王明言要求太子发"以箸（书）受之"。第二种情况，如其成书于春秋时期，则《保训》可能属于史官整理档案之言并加以追述，虽不能言其全篇属于实录，但其中必然保留了周文王口述遗言的部分内容或核心主旨。第三种情况，如其成书于战国前期，从时代背景及学术风气来看，则属于士人伪托的可能性较大，即假借文王之口述后学之意，援引圣贤之言以将学派之言发扬光大，托古而言事。杜勇对此进一步指出："只有作为史官实录而成书于商末周初，《保训》才有可能算得上真正的周文王遗言。否则就与《文传》一样，即使有些材料可信为真，也只能是后世假托文王名义的拟古之作。"笔者认为这种看法是符合事实的。

学界对《保训》的另一个关注焦点是篇中所言"中"的含义。刘光胜指出，"《保训》四次提到'中'，'中'是《保训》篇的核心概念，但学者对中含义的理解却众说纷纭，概括起来有两种：一是指思想观念，二是指某种实物"，并认为"《保训》的中字字形虽然一样，但意思并不相同，这是理解《保训》主旨的关键所在。"[①] 刘光胜认为应将《保训》的前两个"中"解释为中道思想，而后两个"中"则是指法律文书或判决书，他试图从精神和物质两个层面来分别阐释《保训》"中"的含义，从而疏通篇中四处难以用统一意义来阐释的"中"。

王连龙同样倾向于从两个层面来阐释"中"的含义："清华简《保训》篇存在着两种意义层面上的'中'：舜、微在具体实践活动中所用的'中'和文王总结出并作为治国原则的'中'。前者指旃旗，着重表现在聚集民众及以勒军旅等活动中的核心意义。而后者是文王在总结舜、微具体用'中'的实践基础上，把这种核心意义上升至政治层面而得出的'中'道，即强调周天子至高无上的政治核心地位。从历史记载来看，这个'中'道，在周初的政权建设中得到了很好贯彻和施行。"[②] 邢文指出："从文献的内容本身来看，中的解读必须根据上下文义，同时满足《保训》所限定的

---

① 刘光胜：《〈保训〉之"中"何解——兼谈清华简〈保训〉与〈易经〉的形成》，《光明日报》2009 年 5 月 18 日。

② 王连龙：《谈清华简〈保训〉篇的"中"》，《古籍整理研究学刊》2010 年第 2 期。

15 个条件，所说才可能会成立。"① 王志平说："我们认为，'中'确为某种虚实兼备的物质和观念，它必须同时具备抽象和具象两种性质，缺一不可。因此我们怀疑'中'就是某种天地阴阳中和之气，由此派生出虚实兼备的两种含义。"② 乔松林认为可以从三个层面理解《保训》篇"中"的含义："《保训》篇的'中'保留了'中'的初义，应该是象征着权力的实物，它还具备类似兵符的功能。后来，'中'的实用性逐渐削弱，象征性意义增强。《保训》篇记载的首先是文王叙述舜和上甲微的史事，然后是文王欲通过史事告诫武王要有忧患意识，最后才是儒家及其后学借《保训》这个文本宣扬其德政思想。以三层意义解读《保训》篇，才能不致执泥于'中道'理念，从而避免陷入众说纷纭各有所失有所偏的境地。"③ 马文增说："《保训》之'中'有两层含义：一为'中'本身，即《中庸》'喜怒哀乐之未发谓之中'之'中'；一为'中（四声）之道'，即'致中之道'，修持'中'的路径、方法。"④

在传世文献中，也有与"中"之思想的相关表述，后世多视为儒家中庸之道。如《尚书·大禹谟》："人心惟危，道心惟微。惟精惟一，允执厥中。"《论语·尧曰》："咨尔舜！天之历数在尔躬，允执其中。四海困穷，天禄永终。"《礼记·中庸》："中也者，天地之大本也。和也者，天下之大道也。致中和，天地位焉，万物育焉。"

学者对《保训》之"中"的关注集中在两个问题：第一，"中"究竟是一种有形的实体还是一种无形的思想；第二，如果中是与儒家"中庸之道"类似的思想，那么如何解释上甲微"归中于河"并"传贻子孙"的矛盾。对于第一个问题，笔者认为《保训》所说的"中"显然是一种治国思想，从文本内容背景来看，文王在临终前向武王传授遗训，这里所讲述的

---

① 邢文：《〈保训〉之"中"与天数"五"》，《清华大学学报》2011 年第 4 期。

② 王志平：《清华简〈保训〉"叚中"臆解》，《孔子研究》2011 年第 2 期。

③ 乔松林：《对清华简〈保训〉篇思想的三层解读——由〈保训〉篇'中'的含义说起》，《船山学刊》2012 年第 3 期。

④ 马文增：《清华简〈保训〉新释新解》，《古籍整理研究学刊》2014 年第 2 期。

内容必然是治国之道的核心内容和历史政治经验智慧的总结，而这个核心就是"中"的思想。无论是第一个故事所说的舜从躬耕底层通过"自厥其志"以立身修德，并最终具备"三降之德"，还是第二个故事所说上甲微征服有易但"微无害"（没有杀死有易的君王），从而领悟到"屈人之兵而不杀其君"的"仁德"，这也是"中"的思想的体现。关于第二个问题，笔者认为上甲微归还于河伯的"中"则显然是兵符或兵权的象征，而《保训》所说"微志弗忘，传贻子孙"并非指将作为兵权符号的"中"传给子孙，而是将从战争中领悟的"中"（仁德）的思想传授给子孙，而文王通过讲述这件事传授给武王的，也是以"中"为核心的"德"之思想，概括来说，也就是指舜的"君王之德"和上甲微的"仁德"，这也是符合儒家思想主旨的，因而《保训》是一篇极富思想内涵的《书》类文献。

此外，《保训》中的内容还可与传世本《尚书》《逸周书》的相关文句对照，具体如表4-2所示。

表4-2　清华简《保训》篇与《尚书》《逸周书》文句对照表

《保训》文句	《尚书》《逸周书》文句
隹王五十年，不豫。王念日之多历，恐坠保训。……	1.《逸周书·文传》：文王受命之九年，时维暮春，在鄗，召太子发曰…… 2.《逸周书·小开》：维三十有五祀，王念曰…… 3.《逸周书·酆谋》：维王三祀，王在酆。 4.《尚书·金縢》：王有疾不豫。
戊子，自靧水。	《尚书·顾命》：王乃洮靧水。
己丑，昧爽。	《尚书·牧誓》：甲子，昧爽。
昔舜旧作小人。	《尚书·无逸》：旧为小人。
庶万姓	《逸周书·商誓》、《逸周书·克殷》：庶百姓
王若曰	《尚书·文侯之命》、《左传·定公四年》：王若曰
日不足惟宿不详	《逸周书·大开》：惟宿不悉，日不足。 《逸周书·小开》：惟宿不悉，日不足。

从以上文句对照可以看出，《保训》篇在句式上与《尚书》《逸周书》存在相似之处，这就说明《保训》篇与传世本《尚书》《逸周书》应当存在共同的文献来源或共同经过史官的整理编辑，因而呈现出相似的语言习惯，所以《保训》应当是属于《书》类文献的。

第三节　清华简《命训》篇文献研究

《命训》共有 15 支简，简背标注有简序编号。全篇原无篇题，因其内容与《逸周书·命训》篇基本相同，遂以《命训》命名。《命训》篇全文皆为记言，但并未明确记载发言者或记录者的身份及历史背景。传世本《逸周书》中的《度训》《命训》《常训》三篇并称"三训"，学者多认为这三篇是同一时代的文献，很可能存在共同的文献来源，据《周书序》云："昔在文王，商纣并立，困于虐政，将弘道以弼无道，作《度训》。殷人作教，民不知极，将明道极以移其俗，作《命训》。纣作淫乱，民散无性习常，文王惠和化服之，作《常训》。"[1] 朱右曾据此推测《命训》是周文王任商朝三公之位时所作："文王出为西伯，入为三公，陈善纳诲，固其职分，然以纣之昏闇，犹惓惓乎欲牖其明，则忠之至也，三《训》盖皆为三公时所作。"[2]

关于《命训》的文本性质，刘国忠认为，《命训》篇见于传世本《逸周书》，因而属于一篇《书》类文献。[3] 程浩则认为《命训》不属于《书》类文献，主要理由是《命训》篇的思想内容近似战国子书。[4] 笔者认为，《命训》篇见于今本《逸周书》，因而其文献来源当是春秋战国时期流传的《周

---

① 黄怀信：《逸周书汇校集注》，上海古籍出版社 2007 年版，第 1117 页。

② 黄怀信：《逸周书汇校集注》，上海古籍出版社 2007 年版，第 1118 页。

③ 刘国忠：《清华简〈命训〉初探》，《深圳大学学报》2015 年第 3 期。

④ 程浩：《"书"类文献先秦流传考：以清华藏战国竹简为中心》，清华大学 2015 年博士学位论文。

书》或《周志》，并经过后人的传述和修订，从内容来看应当是属于《书》类文献的篇目。

从思想内容来看，《命训》的主题在于"训"，而"训"的核心内容是关于"命"。"命"在商周时期主要指"天命"，而"天命观"是商周二代的重要政治思想，《尚书·吕刑》云："惟克天德，自作元命，配享在下。"王国维先生指出："配命，谓天所畀之命。"①《尚书·甘誓》云："天用剿绝其命，今予惟恭行天之罚。左不攻于左，汝不恭命；右不攻于右，汝不恭命；御非其马之正，汝不恭命。用命，赏于祖，弗用命，戮于社，予则孥戮汝。"《书序》云："启与有扈战于甘之野，作甘誓。"《甘誓》中的命已具有"天命"的含义，并有"命令"之义。《尚书·汤誓》云："非台小子，敢行称乱；有夏多罪，天命殛之。"商汤将"天命"作为讨伐夏桀的主要政治依托，实际上是说夏桀失去了"天命"的庇护也就失去了国家政权的神权基础，从而丧失了政治统治的合法性。《左传·襄公二十九年》："善之代不善，天命也。"在西周文献中"命"往往侧重于政治含义，用来指代"天命"，这在《尚书》中有着典型的体现。郑开指出："《尚书》中所说的'天命'，多指'国祚'和'帝位'，即政治权力、权利及其天命意义上的合法性。"②姜昆武也指出："《尚书》中凡言国祚、帝位、政事、征战、灾异、祸福、寿夭、刑赏等等人所不能预测者，皆称天之所命。……天命最原始意义为受命于天之国祚帝位，乃改朝换代之特用成词。"③

郑开指出："西周时期思想史主题之一就是在沿袭传统的天命论的基础上，为'周革殷命'进行理论辩护，对周人'受命'的事实进行政治合法性的论证。"④对"命"的强调多见于清华简《周书》类文献，如《程寤》

①　王国维：《观堂集林》卷二《与友人论诗书中成语书》，中华书局 2004 年版，第79 页。

②　郑开：《德礼之间：前诸子时期的思想史》，生活·读书·新知三联书店 2009 年版，第 268 页。

③　姜昆武：《诗书成词考释》，齐鲁书社 1989 年版，第 49 页。

④　郑开：《德礼之间：前诸子时期的思想史》，生活·读书·新知三联书店 2009 年版，第 271 页。

篇云："王及太子发并拜吉梦，受商命于皇上帝。"以太姒之梦来喻示天命从商转移到周，从而为周取代商获得了政治依据。《保训》篇记述文王临终传遗训于武王，对"命"也有着多次强调："微志弗忘，传贻子孙，至于成汤，祗不解，用受大命。……朕闻兹不久，命未又所延，今汝祗服毋解，其有所由矣，不及尔身受大命。"《封许之命》中成王在册封许侯的诏命中说："越在天下，故天劝之亡斁，尚纯厥德，膺受大命。"《祭公之顾命》篇云："惟时皇上帝宅其心，享其明德，付畀四方，用膺受天之命，敷闻在下。"都特别强调了周王朝的"膺受大命"。《芮良夫毖》中芮良夫说："天猷畏矣，豫命亡成。"《命训》篇说："[天]生民而成大命。命司德，正以祸福，立明王以训之，曰：大命有常，小命日成。日成则敬，有常则广，广以敬命，则度[至于]极。"将"命"的含义更加详细地区分为"大命"和"小命"，这里的"大命"显然是指天命，所以说"命司德"，而"小命"则是"大命"在人间的体现，祸福都是天命的结果，所以要"广以敬命"，本质上还是说要敬畏天命。

需要注意的是，西周时期"天命观"的一个重要变化就是加入了"德"的元素。"天命"侧重于具有神权意味的政治基础，而"德"则将君王的个人品德纳入了影响国家政权合法性的重要因素。《逸周书·克殷解》云："殷末孙受，德迷先成汤之明，侮灭神祗不祀，昏暴商邑百姓，其彰显闻于昊天上帝。"①武王伐纣时主要将商纣的罪名定性为"失德"和"不敬天命"，这就将"德"与"命"并置为国家政权和君王统治合法性的重要依据。张光直认为："'帝'在意识形态中的地位在周初已被结合天意与人事的'德'所取代。"②有学者指出："'德'体现了周初政治理念的进步，因为它兼容了传统上的'天命'，又拓展了人文理性和人道主义的思想维度。在周初政治合法性论证里面，'德'几乎成了'天命'的具体化，成了天命、

① 黄怀信：《逸周书汇校集注》，上海古籍出版社 2007 年版，第 354 页。
② 张光直：《中国青铜时代》，生活·读书·新知三联书店 2013 年版，第 37 页。

人道、天意、民意之间的中介。"①

在清华简《周书》类文献中也可以看到这种将"德"与"命"共同纳入政治核心理念的倾向，如《保训》篇不但说"微志弗忘，传贻子孙，至于成汤，祗不解，用受大命"，还强调舜具备"三降之德"因而最终获得帝位："昔舜旧作小人，亲耕于历丘，恐求中。自稽厥志，不违于庶万姓之多欲。厥有施于上下远迩，乃易位设稽，测阴阳之物，咸顺不逆。舜既得中，言不易实变名，身兹备，佳允。翼翼不解，用作三降之德。帝尧嘉之，用授厥绪。"《耆夜》记载，在武王举行尹至之礼上，周公作《赑赑》之歌："惢精谋猷，裕德乃救。"并且强调"毋已大乐，则终以康"，这也是对"德"的强调。《金縢》篇记载成王称赞周公之德说："昔公勤劳王家，惟余冲人亦弗及知，今皇天动威，以章公德，惟余冲人其亲逆公，我邦家礼亦宜之。"《皇门》篇记载周公在皇门训诫群臣说："朕寡邑小邦，蔑有耆耈虑事屏朕位，肆朕冲人非敢不用明刑，惟莫开余嘉德之说。今我譬小于大。我闻昔在二有国之哲王则不恐于恤，乃惟大门宗子迩臣，懋扬嘉德。"《祭公之顾命》云："我闻祖不豫有迟，余惟时来见，不淑疾甚，余畏天之作威。公其告我懿德。"又云："朕之皇祖周文王、烈祖武王，宅下国，作陈周邦。惟时皇上帝宅其心，享其明德，付畀四方，用膺受天之命，敷闻在下。我亦惟有若祖周公暨祖召公，兹迪袭学于文武之曼德。"

《命训》篇虽然以论"命"为要旨，但也明确强调了"德"之重要性："夫司德司义，而赐之福，福禄在人，人能居，如不居而重义，则度至于极。"《命训》云："福莫大于行，祸莫大于淫祭，耻莫大于伤人，赏莫大于让，罚莫大于多诈。是故明王奉此六者，以牧万民，民用不失。"这里所强调的实际上是君王所应具备的六种德行。综合来看，《命训》篇的思想内容以"命"与"德"为主，强调的是教导君王如何敬守天命并克己修德，从而具备治理国家的能力，其中的"命"更多地侧重于它的政治含义而非哲

① 郑开：《德礼之间：前诸子时期的思想史》，生活·读书·新知三联书店 2009 年版，第 268 页。

学含义，而且这种对"命"与"德"的强调是与清华简《周书》其他篇目的思想主旨相一致的，因而从思想内容来说，可以判断《命训》属于《周书》类文献。

此外，从文体来看，《命训》与清华简《保训》篇都属于"训"体，传世本《尚书》中有《伊训》篇："伊尹乃明言烈祖之成德，以训于王。"孔安国传曰："作训以教导太甲。"① 此外，《尚书·顾命》："嗣守文武大训。"《尚书·酒诰》："聪听祖考之彝训。"《逸周书》中则有《度训》《命训》《常训》《时训》等篇，也属于"训"体。在近年问世的《北京大学藏西汉竹书》中有《周训》篇，内容主要是记述周昭文公以历史典故训导"龏（恭）太子"的言辞，通过讲述尧舜乃至战国时期的重要史事来阐发治国为君之道，从文体来看也属于"训"体，有学者认为这篇《周训》就是《汉志》所著录的《周训》十四篇。关于"训"的含义，《说文》云："训，说教也。"段玉裁注云："说教者，说释而教之，必顺其理。"从以上篇章内容来看，"训"的文体多用于在正式的政治场合向君王传述先祖的训令，内容往往以阐发深刻的治国之道为主。笔者认为，《周书序》所言文王作《命训》可能属实，但文王作这篇"训"的对象应当是武王（太子发）而不是纣王。《命训》《度训》《常训》位居《周书》篇首，在《周书》诸篇文献中的地位显然是十分重要的，王连龙认为："三《训》居《逸周书》之首，述治政之法，开为王者立言之宗，主领全书之旨。"② 所以《命训》《度训》《常训》等篇应当都是文王在位时向武王训诫传授治国之道的文献记录。

第四节　清华简《耆夜》篇文献研究

本篇共 14 支简，其中第十四支简背面有"耆夜"二字，即为篇题。

---

① （唐）孔颖达：《尚书正义》，上海古籍出版社 2007 年版，第 302 页。
② 王连龙：《〈逸周书〉研究》，社会科学文献出版社 2010 年版，第 37 页。

主要记述周武王八年伐耆大胜归来，在太室举行饮至典礼，武王与群臣饮酒作歌之事。本篇文体兼有记事和记言，以记言为主，重点记录了武王君臣所作诗歌内容。其竹简形制与《尹至》等篇相似，从内容来看当系《书》类文献，同时本篇保存了五首诗篇，也是与《诗》有关的重要文献。

篇题目"耆夜"的含义，刘光胜认为："《耆夜》以夜为题，从蟋蟀'骤降于堂'看，饮至时间当在夜晚。但先秦文献并无明确说明饮至礼是在夜间举行，因此《耆夜》的饮至时间就显得较为独特。《小盂鼎》献捷礼分甲申、乙酉两天，第一天举行的礼仪程序是服酒、告献、讯首、折馘、献馘、告成、饮至之礼……当时饮至礼时间在傍晚甚至是夜间，这就与《耆夜》饮至的时间暗合。"① 按这一解释，"耆夜"的篇题指在夜晚举行庆祝伐耆的饮至之礼。按照古书为篇目命名的通例，或概括文义，或择取篇中文字以为篇题，刘光胜的理解是按照概括文义的方式。如果按照第二种命题方式，也可以从篇中找到依据，《耆夜》云："武王八年，征伐耆，大戡之。""耆"字显然取自本句。《耆夜》又云："王夜爵酬毕公，作歌一终曰《乐乐旨酒》。……王夜爵酬周公，作歌一终曰《輶乘》。……周公夜爵酬毕公，作歌一终曰《赑赑》。……周公或夜爵酬王，作祝诵一终曰《明明上帝》。"《耆夜》篇中"夜"字共出现四次，与本篇内容主旨息息相关，那么是否有可能"耆夜"之"夜"并非夜晚的含义，而是取自篇中之"夜"呢？关于"夜"字的含义，整理者认为："夜，古音喻母铎部，在此读为'舍爵'之舍，舍在书母鱼部，可相通假。"② 黄怀信认为："夜读为'舍'，甚是，二字古音可通……《左传·桓公二年》：'凡公行，告于宗庙，反行，饮至，舍爵，册勋焉，礼也。'杜注训为置爵，则舍又借为设。《说义》：'设，施陈也。'设爵，谓专置一爵。"③ 裘锡圭则释"夜"为"举"，认为"夜爵"当读为"举爵"。④ 笔者认为，无论是解释为"设爵"还是"举爵"，"夜爵"

---

① 刘光胜：《〈耆夜〉中的周代饮至礼》，《中国社会科学报》2013 年 7 月 3 日。
② 李学勤：《清华大学藏战国竹简（壹）》，中西书局 2011 年版，第 152 页。
③ 黄怀信：《清华简〈耆夜〉句解》，《文物》2012 年第 1 期。
④ 裘锡圭：《说"夜爵"》，《出土文献》第二辑，中西书局 2011 年版，第 17 页。

都与饮酒之礼有关，从"酬"字可知"夜爵"包含了举起酒杯向对方敬酒的含义，"夜爵"是饮至礼中的重要礼仪程序，所以《耆夜》篇不厌其烦地四次记录了"夜爵"的动作，这显然是一个礼仪环节而不仅仅是举起酒杯的动作。所以，《耆夜》的篇题可能并非如刘光胜所说是在夜间举行饮至之礼，而是指本篇内容是对"伐耆归来所举行的饮至礼上夜爵环节所作诗歌"的记录，也就是说本篇是一篇"礼书"，主要是为了记录饮至礼上的礼乐环节和诗歌文本内容。

此外，刘光胜也注意到："《小盂鼎》连续记载了服酒、告献、讯首、折馘、献馘、告成、饮至、赏赐等若干个环节，史实记述颇类似于流水账。而《耆夜》对献捷礼的诸多环节皆忽略不记，仅叙述饮至酬酒、赋诗一个环节。"① 如果《耆夜》是对伐耆归来所举行的饮至礼仪的记录，则应当如刘光胜所说对献捷之礼的各个环节加以完整地如实记录，而不应当只记录其中的饮至环节，并且将主要篇幅用来记载武王和周公所作诗歌内容。所以，唯一合理的解释就是《耆夜》篇本来就是以记载礼乐仪式为主的"礼书"，饮至礼上的"作歌"环节及诗歌的内容才是其关注和记录的重点。因此，如果将其视为《诗》类文献，则《耆夜》篇的文本性质类似于"诗本事"，篇中记载的《乐乐旨酒》《輶乘》《赑赑》《明明上帝》《蟋蟀》等诗可以视为"组诗"，而开篇所云"武王八年，征伐耆，大戡之。还，乃饮至于文太室"则可以视为"诗序"。

既然《耆夜》从诗歌内容的记载可以视为《诗》类文献，那么将其视为《书》类文献是否与此相冲突呢？笔者认为，仅从《耆夜》中记载的五首诗歌来看，完全可以将其视为《诗》之逸篇，并为研究先秦《诗》的流传与编辑情况提供了文献材料。但是，从传世本《诗经》来看，其中并未收录以"组诗"的形式或"诗本事"的形式所呈现的诗篇，而仅仅收录了各类诗的单篇文本。而《耆夜》中的诗歌是组成这场饮至之礼的重要环节内容，是记载礼乐仪式的文本部分，篇中所言"作歌一终"是指以配乐演

---

① 刘光胜：《〈耆夜〉中的周代饮至礼》，《中国社会科学报》2013 年 7 月 3 日。

唱的形式来展示诗歌，因而是礼乐仪式的一部分。《耆夜》的记录重点正是作为仪式内容的诗歌文本，其作用在于展示武王与周公所遵从的"礼乐之道"，并通过诗歌的内容主旨来歌颂武王之"武"与周公之"德"，从而实现为后世执政者提供礼仪范式和政治借鉴的功用，这也正是《书》类文献的主要文本功能和思想价值。所以，笔者认为清华简《耆夜》篇是一篇"礼书"性质的《书》类文献。

第五节　清华简《金縢》篇文献研究

清华简《金縢》篇共 14 支简，简背标注有次序编号，第十四支简背面写有篇题《周武王有疾周公所自以代王之志》。内容主要记述周武王病重而周公代为祝祷并书于金縢之匮，武王去世后，周成王听信流言而周公居东，后来周成王发现金縢之匮而感悟，最终迎归周公。① 本篇文体兼有记事和记言，以记事为主，叙事流畅生动，情节丰富曲折。传世本《尚书》有《金縢》篇，内容与本篇基本相同，当存在共同的文献来源。从竹简形制来看，本篇竹简形制与《尹至》《尹诰》等篇相同，是一篇典型的《书》类文献。

笔者认为，传世本《尚书》多以篇首或篇中两字为篇题，亦有三字、四字、五字为题者，但总体上还是以二字篇题居多。与此相似，《诗经》三百零五篇之题目的命名，也多以篇首或篇中诗句二字为题目，亦有多字之例。这说明《诗》《书》在编订过程中曾经过多次加工，加工的内容不仅包括篇什的增删选取，也包括各篇题目的拟定和修订，因而最终编订的《诗》《书》篇题基本上具有相对比较统一的格式和相似的命名方式。

清华简此篇原简写有标题《周武王有疾周公所自以代王之志》，则是以本篇的内容梗概作为篇题，属于另一种命题方式，很可能是《书》在经

---

① 今本《尚书·金縢》序云："武王有疾，周公作《金縢》。为请命之书，藏之于匮，缄之以金，不欲人开之。"

过编订之前的原有篇题，保留了《书》的原有面貌，从中也可以看出《书》在编订过程中的修订痕迹。按《礼记·玉藻》云："动则左史书之，言则右史书之。"《汉书·艺文志》亦云："左史记言，右史记事。"《尚书》的内容原是王室史官记录保存下来的档案文书，最初记录之时应该并无篇题，只是作为实录的形式记录在案并加以保存，后世在将这些单篇档案整理汇总并编订成书时则需要按照其内容和体裁加以分类和命名，《周武王有疾周公所自以代王之志》是以内容概括作为直接命题，相较之下，《金縢》的命题则更加简洁，应该后出于《周武王有疾周公所自以代王之志》的题目。

此外还存在另一种可能。清华简出土于楚地墓葬，学者也从文本内容、书法风格等方面考证，认为清华简当属于楚简，那么清华简中的《尚书》篇章和《尚书》类文献可能是在战国时期从中原王室流传至楚地并被保存下来，因而其篇章题目既有可能是保留了《尚书》在编订之前的原貌，也有可能是经过楚国史官加工整理并重新拟定了篇题，从今本来看，除了篇题之外，此篇文本内容也与今本《金縢》多有相异之处，造成这些不同的既可能是经过中原王室的史官修订和后世文人修订，也有可能是楚简《金縢》在楚国流传过程中经过了修订整理。

从《金縢》的内容和叙事方式来看，其叙事视角在叙述过程中似乎发生了多次转变。从故事情节来看，《金縢》篇可以划分为三个部分，第一部分是从"武王既克殷三年，王不豫有迟"到"乃命执事人曰：勿敢言"，这部分主要记叙武王有疾，周公为武王代祷并将祷词藏于金縢之事，从叙事的视角来看，当为武王时的史官所记。第二部分是从"就后武王陟，成王犹幼在位"到"周公乃遗王诗曰《雕鸮》，王亦未逆公"，这部分内容主要记叙成王即位后听信流言而猜疑周公，周公居东并献《鸱鸮》之诗于成王。从叙事视角来看，这部分内容当是成王时的史官所记。第三部分是从"是岁也，秋大熟，未获"到"岁大有年，秋则大获"，这部分内容主要记述成王因天现异象而开启金縢，获知真相后迎归周公。从叙事视角来看，这部分内容也是成王时的史官所记。

从整篇内容来看，《金縢》篇的叙事时间跨度非常大，叙事过程中也多次发生了视角的变化，第一部分以周公为叙事核心，第二部分和第三个部分则以成王为叙事核心。如果全篇的记录者是武王时的史官，那么在第二个部分周公居东之时成王就应该获知了金縢的真相，而不会等到第三部分天现异象之后才开启金縢。如果从整篇的叙事角度来看，叙事者是站在独立于武王史官和成王史官角度之外的"全能视角"来叙述整个故事。一般来说，《书》类文献多为史官实录，而不可能跳出史官的视角对多个时间阶段发生的事件进行跳跃式叙述，《金縢》篇所呈现的情况说明它是经过重新编辑加工才呈现出最终的文本面貌。

再来看《金縢》篇三个部分的内容，几乎可以各自独立成篇。第一部分完整记述了周公代祷的背景、仪式、过程、祷词和结局。第二部分完整记载了周公献诗于成王的背景和过程、结局。第三部分完整记载了成王开启金縢迎归周公的原因（天现异象）、过程（开启金縢）、言辞、结局（迎归周公），并通过第三部分开头和结尾处的两次"天现异象"形成了首尾呼应的完整回环结构，形成一个封闭而完整的叙事空间。但是需要注意的是，第二部分内容对《鸱鸮》之诗仅记篇题而未记内容。第三部分直接说"是岁也，秋大熟"而未指明历史年代，这与《金縢》开篇"武王既克殷三年，王不豫有迟"的实录式记载是不一致的，这就说明《金縢》篇的内容曾经过重新编辑，在编辑过程中可能出于叙事和主旨的需要而删去了《鸱鸮》的文本内容，并对各个阶段的叙事时间做了适当处理以使故事前后连贯。

综合以上分析，可以看出清华简《金縢》篇的内容是来源于《周书》中史官记录的不同篇章，在流传过程中经过后人的重新编辑整合而形成了新的文本面貌，这也能够解释清华简《金縢》篇题为《周武王有疾周公所自以代王之志》，而传世本《尚书》则称其为《金縢》。清华简《金縢》是三篇《周书》文献的组合拼接，第一篇文献来源文本可以称为《周武王有疾周公所自以代王之志》，是武王时史官所记，旨在记录周公代祷之礼，属于一篇"礼书"；第二篇文献来源文本可以称为《周公之献诗》，当是成王时史官所记，属于"史书"，主要记述周公居东并献《鸱鸮》之诗于成王,《周公之献诗》也可视为一篇诗序、诗文俱全的《诗》类文献;第三篇文献来源文本可以称为《成王启金縢》(按照古人名篇通例,第三篇也可以直接称为《金縢》),当为成王时史官所记,属于"史书"。三篇《书》类文献的文版经过重新剪辑、拼接、缀合之后形成一篇内容完整、情节曲折、内涵丰富的文本,各篇原有的文本属性遂致湮没覆盖,但此篇的楚国选本使用的是《周武王有疾周公所自以代王之志》之篇题,此篇儒家选本使用的则是《金縢》之篇题,于是就出现了这篇《书》类文献在儒家传世本《尚书》与清华简中篇题各异的现象。从文本内涵来看,《金縢》的三篇来源文献原本都是对史实的直接记录,但经过拼接整合之后却使这些史实具备了深层的内涵:突显周公之"忠",彰显周公之"德"。周公是儒家推崇的圣贤楷模,孔子曾多次表达对周公的敬仰,所以很可能正是儒家学者对《周书》或《周志》文献材料加以择取编辑,最终形成了清华简《金縢》及《尚书·金縢》的面貌。《金縢》篇的内容整合情况代表了清华简《书》类文献的第一种篇目组合类型,可以称为"篇目缀合"或"篇目整合"类型。

此外,清华简中的《傅说之命》共有三篇,上篇以记述武丁梦得傅说并用以征伐失仲之事,叙事完整而且偏重于叙事,其内容多见于传世文献记载,当是经过史官编辑的"傅说故事"类文献。中篇和下篇则以记言为主,主要记录武丁对傅说的训诫之辞,内容当来源于商代史官记录的《书》类文献。其中上篇、下篇称呼"王"而中篇称为"武丁",而且中篇开头所叙"说来自傅岩"之事也与第一篇内容重复。从人物称呼、文本内容、文本性质的差异来看,《傅说之命》的三篇文献也是来源于不同的《商书》文献篇目,其组合形式是将三篇文献前后连接并且共同题名为《傅说之命》,但保留了三篇《傅说之命》的文本来源面貌而未加整合。《傅说之命》篇的内容整合情况代表了清华简《书》类文献的第二种篇目组合类型,我们可以称之为"篇目组合"或"篇目聚合"类型。

在清华简《商书》类文献中,除了《傅说之命》和《殷高宗问于三寿》是关于武丁之事,其余六篇《商书》类文献都是关于"伊尹故事"的文献材料，特别是《尹至》《尹诰》《赤鹄之集汤之屋》三篇，情节内容前后相连，在竹简形制上也呈现出相似的特征，有学者通过对简背划线痕迹的研究发现《尹至》原本编联于《赤鹄之集汤之屋》篇之后，《尹诰》篇原本编联在《尹至》之后，①竹简出土时的编联顺序应该是"《赤鹄之集汤之屋》—《尹至》—《尹诰》"三篇相连的形式。从内容来看，《赤鹄之集汤之屋》主要讲述伊尹受汤命奔夏；《尹至》主要讲述伊尹自夏归亳向汤汇报夏邦民情，并共同盟誓伐夏；《尹诰》主要讲述灭夏后伊尹协助商汤安抚民心，这三篇的竹简编联顺序与内容的前后时间顺序也是完全一致的。《赤鹄之集汤之屋》《尹至》《尹诰》的编联组合代表了清华简《书》类文献的第三种篇目组合类型，可以称为"篇目类合"或"篇目联合"类型。

清华简《金縢》篇、《傅说之命》三篇和"伊尹故事"类篇目（《赤鹄之集汤之屋》《尹至》《尹诰》）的文本样式分别代表了先秦《书》类文献篇目组合的三种形态：篇目缀合、篇目聚合、篇目类合，从中反映出先秦《书》类文献文本变异的不同类型：以事成篇（事语）、以人成篇（传记）、以类成篇（典故）。清华简《书》类文献是先秦《书》类文献在战国中后期传播过程中的文本样本，这种文本变异的本质是叙事意识的增强和道德主题的凝练，《书》类文献至秦汉时期基本完成了文本的类型化变异过程。

第六节　清华简《封许之命》篇文献研究

《封许之命》是周初天子封建许国的义诰。原文着录丁9支竹简，简背有简序编号，其中第一、第四两简缺失，第九简背面下部写有篇题"封许之命"。本篇所记"丁（吕丁）"即为许国封国之君许文叔，《说文解字·叙》称为吕叔。吕氏出自姜姓，以国为氏，相传是炎帝神农氏的后裔。

---

① 参见肖芸晓的《试论清华竹书伊尹三篇的关联》（武汉大学简帛研究中心编：《简帛》第八辑，第471页）以及孙沛阳的《简册背划线初探》（复旦大学出土文献与古文字研究中心编：《出土文献与古文字研究》第四辑，第449页）的相关研究。

《新唐书·宰相世系表》云："许氏出自姜姓。炎帝裔孙伯夷之后，周武王封其裔孙文叔于许，后以为太岳之嗣，至元公结为楚所灭，迁于容城，子孙分散，以国为氏。"清代陈厚耀《春秋世族谱》亦云："许国，姜姓，与齐同祖，尧四岳伯夷之后也。"许氏与齐氏同祖，为上古"四岳"伯夷之后。

关于"四岳"所指，历代多有争议。《国语·周语下》记载："共之从孙四岳佐之。"谓"四岳"为共工之从孙。司马迁《史记》则云："四岳咸荐虞舜"，"舜谓四岳曰：有能奋庸美尧之事者，使居官相事？皆曰：伯禹为司空，可美帝功。"（《五帝本纪》）从"咸荐""皆曰"之辞可知"四岳"当为多人，应该是由四人分别担任的四方职官，《史记·齐太公世家》亦云："太公望吕尚者，东海上人，其先祖尝为四岳，佐禹平水土……封于吕，或封于申，姓姜氏。"此处四岳也应当指的是官职。郑玄曰："四岳，四时官，主方岳之事。"孔安国云："四岳，即上羲和四子也。分掌四岳之诸侯，故称焉。"宋代苏轼《书传》曰："孔安国以四岳为羲和四子，而太史公以羲和为司马之先，以四岳为齐太公之祖，则四岳非羲和也，当以史为正。"也有学者认为四岳是一人所居之官职。孔平仲《珩璜新论》云："吾尝以四岳为一人，通二十二人之数。《书》内有百揆、四岳，若以为四人，则百揆亦须为百人矣。"袁仁《尚书砭蔡编》亦云："四岳者，四方诸侯之长。按《左传》许为太岳之后，明矣。佥曰：鲧哉。其非一人。可知孔平仲乃谓四岳为一人掌知四方之事，而蔡《传》因之谬矣。"《书传会衷》："四岳，官名，一人而总四岳诸侯之事。"清代王夫之《尚书稗疏》则反驳云："朱子言：四岳乃管领十二牧者，故通九官十二牧为二十二人。《周官》言：'内有百揆四岳。'则百揆是朝廷九官之长，四岳乃十二牧之长。尧：'咨四岳，巽朕位。'不成尧欲以天下与四人？其说本于苏氏古史而蔡氏因之。以实求之，四岳实四人而非一也。十二牧分治诸侯而统于一人，则此一人者岂不代持天子之权哉。帝王命官法函三为一之义，而以一统三，则以四统十二，主于一人。则公天下之心，亦于是而可见矣。"宋代夏僎《尚书详解》则对诸说持折中之意见："凡此皆以四岳为一人，或谓四人，于经无害，故两存之。"

综合史料及当代学界意见，"四岳"应指尧舜时期统治四方部落首领之职官，是由姜姓发展出来的四支胞族，他们和姬姓部落结成联盟，在子姓商族的统治下逐渐发展壮大，至商纣王时民心背离，姬姓与姜姓联合其他盟国最终推翻商朝建立了姬姓国——周。周成王时，大规模地分封诸侯，其中商的旧地也分封了一些姬姓诸侯国和姜姓诸侯国，许国正是被周分封的姜姓诸侯国之一，其始祖为文叔，也称为许文叔，许氏即为"四岳"中太岳之嗣。

历代学者多认为许国之封是在周武王之时。宋代刘恕《通鉴外纪》曰："周武王封文叔于许，以奉大岳之祀。"清代陈厚耀《春秋世族谱》亦云："周武王封其苗裔文叔于许，以为太岳胤，今颍川许昌是也。"李学勤认为，《封许之命》简文称文王、武王皆用其谥号，"证明分封是在成王之世，更可能是在成王亲政后不久的时候，否则吕丁的年纪就会太大了"，[①]并且进一步指出，吕丁与为姜姓的吕氏，与封齐的太公望吕尚（即姜尚、姜太公，清华简《耆夜》中称为"吕上父"）当有一定关系。

从文体形式来看，"命"体属于《尚书》"六体"之一，《书大序》云："举其宏纲，撮其机要，足以垂世立教，典、谟、训、诰、誓、命之文凡百篇。"[②]孔颖达所称《尚书》"十体"亦有"命"体："一曰典、二曰谟、三曰贡、四曰歌、五曰誓、六曰诰、七曰训、八曰命、九曰征、十曰范。"[③]关于"命"的含义，《说文解字·口部》："命，使也，从口令。"段玉裁注云："令者，发号也，君事也。非君而口使之，是亦令也。故曰：命者，天之令也。""命"的含义是号令或命令，这与《封许之命》作为册命之辞的文本性质是相符的。

总体来看，本篇与《尚书》中的《文侯之命》文体相似，是一篇册命性质的文献，可能来源于史官对成王册封许侯典礼仪式的内容记录，仪式上，成王宣布并颁布给许侯册命文本，这是一篇较为符合原始文本面貌的西周《书》类文献。

---

① 李学勤：《清华大学藏战国竹简（伍）》，中西书局2015年版，第117页。

② （清）阮元：《十三经注疏》，中华书局1980年版，第114页。

③ （清）阮元：《十三经注疏》，中华书局1980年版，第117页。

第七节　清华简《皇门》篇文献研究

　　本篇共 13 支简，简背标注有次序编号，原无篇题，内容与今本《逸周书·皇门》多有相似，整理者据此题为《皇门》。潘振云："皇，大也。大门，路门也。《竹书》：'成王元年，周公诰诸侯于皇门。'"刘师培云："案古籍皇、闳互训，故孔以皇门训闳，且以皇字况其音，窃疑篇名本作闳，后人据注改皇。"《风俗通义·皇霸篇》："皇，闳也。"皇门当为宫廷之门，是宣布重要命令或举行训诫仪式的正式场合。本篇主要记述了成王初即位之时，周公在朝廷之库门训诫群臣要以史为鉴、推荐贤良、协助君王治国，同时也从反面对妒贤嫉能、目光短浅、不顾国家利益之徒予以批评告诫。本篇文体以记言为主，言辞极具说服力和感染力，且逻辑严密，善用譬喻，文采斐然，气势宏大。本篇竹简形制与《金縢》等篇相近，从文本内容和文体形式来看，属于较为典型的《书》类文献。

　　将清华简《皇门》与今本《逸周书·皇门》相对照，可以发现二者互有文本脱讹衍误的情况，具体如表 4-3 所示。

表 4-3　清华简《皇门》与《逸周书·皇门》文句对照表

序号	清华简《皇门》	《逸周书·皇门》	对照结论
1	惟正□庚午	维正月庚午	简本阙一"月"字
2	公格在库门	周公格左闳门	今本"左"当为"在"
3	呜呼朕寡邑小邦	曰呜呼下邑小国	今本"国"本作"邦"
4	肆朕冲人非敢不用明刑	建沈入非不用明刑	今本"建沈入"当作"肆冲人"
5	惟莫开余嘉德之说	维其开告于予嘉德之说	今本"其"当作"莫"
6	今我譬小于大	命我辟王小至于大	今本"命"当作"今"
7	我闻昔在二有国之哲王则不恐于恤	我闻在昔有国誓王之不绥于恤	今本"誓王"当作"哲王"
8	勤恤王邦王家	勤王国王家	今本脱一"恤"字

续表

序号	清华简《皇门》	《逸周书·皇门》	对照结论
9	以宾佑于上	永有于上下	今本衍一"下"字
10	子孙用末被先王之耿光	万子孙用末被先王之灵光	今本衍一"万"字
11	至于厥后嗣立王	至于厥后嗣	今本脱"立王"二字
12	弗畏不祥	作威不祥	今本"作威"当作"弗畏"
13	不肯惠听无辜之辞	不屑惠听无辜之乱	今本"屑"当作"肯"
14	斯乃非休德以应	斯乃非维直以应	今本"直"当作"惪(德)"
15	乃维诈诟以答	维作诬以对	今本"作"当作"诈"
16	譬如戎夫骄用从禽	譬若畋犬骄用逐禽	今本"畋犬"当作"戎夫"
17	其犹克有获	其犹不克有获	简本脱一"不"字
18	是人斯乃谗贼□□	是人斯乃谗贼媚嫉	简本缺文为"媚嫉"
19	譬如栝夫之有媚妻	譬若匹夫之有婚妻	今本"婚"当作"媚"
20	媚夫有迩无远	媚夫有迩无远	今本"媚"当作"媚"
21	乃弁盖善夫	乃食盖善夫	今本"食"当作"弁"
22	善夫莫达在王所	俾莫通在士王所	今本衍一"士"字
23	政用迷乱	命用迷乱	今本"命"当作"政"
24	媚夫先受珍罚	媚夫先受珍	今本"媚"当作"媚"
25	毋惟尔身之懔	无维乃身之暴	今本"暴"当作"懔"
26	皆恤尔邦假余宪	皆恤尔假予德宪	今本脱一"邦"字,"德"字涉下文而衍
27	譬如主舟	譬若众畋	今本"众畋"当作"主舟"
28	毋作祖考羞哉	汝无作	今本有脱文,当据简本补"祖考羞哉"

通过以上对照可以看出,简本《皇门》较今本更为通顺,今本《逸周书·皇门》篇在流传过程中多有讹误,导致文句晦涩难懂,当据简本予以校正疏通。

第八节　清华简《周公之琴舞》篇文献研究

《周公之琴舞》篇共 17 支简,其中第十五支简文字有残缺。简背原有篇题曰《周公之琴舞》①。本篇竹简形制和字迹均与清华简《芮良夫毖》相同，整理者认为两篇"当为同时书写"。本篇内容主要记述周公与成王所作诗篇内容②，其中周公所作毖诗一首③，成王所作毖诗则为一组九首，内容连续，格式完整。

本篇主要记录了周公和成王所作的十首以儆毖为主旨的诗歌。有学者认为这些诗歌的性质近似于《诗经》"颂"中的诗篇，并认为《周公之琴舞》属于《诗》类文献。笔者认为，《周公之琴舞》中的诗歌文本无疑属于逸《诗》，除诗篇内容以外的背景介绍也类似于《诗序》的形式，但《诗经》中未见以多首诗歌编组并配有"乱曰"格式的例证，因而《周公之琴舞》所记诗歌属于"乐舞"形式的记录而非诗歌文本的汇编，所以从这个意义上来讲，《周公之琴舞》的主旨不在于记录诗歌文本，而在于记录这场重要的典礼仪式。有学者认为《周公之琴舞》记述的就是成王即位的典礼，从篇中诗歌内容以追述先王功烈、自勉自儆自戒为主来看，这种可能是存在的。笔者认为，《周公之琴舞》是一篇记载成王即位典礼仪式上所演奏的乐舞并记录了诗歌文本的文献，其来源当是史官对这场乐舞仪式的记录，从性质上来说属于《书》类文献中的"礼书"。

关于《周公之琴舞》的文本结构，李学勤认为："清华简《周公之琴舞》一共由十篇诗组成，如果从诗篇内容中的君臣口吻来划分，可以发现有五篇诗为周公所作，五篇诗为成王所作，其分布很有规律，显然是有意编排

---

① 整理者认为此篇题可能又称为《周公之颂志（诗）》，理由是与此篇相近的《芮良夫毖》首简背面有"周公之颂志（诗）"的刮削痕迹，或为错写此篇题目于《芮良夫毖》之简背。关于此篇有两种题目，整理者认为"竹简篇题本为检取方便而加，篇题异称不足为怪"。

② 整理者云："首列周公诗，只有四句，是对多士的儆戒，应当是一组颂诗的开头部分。接下来是成王所作以儆戒为主要内容的一组九篇诗作，其中第一篇即本《周颂》的《敬之》，据此可知这些诗肯定是《周颂》的一部分。"吴万钟认为："《周公之琴舞》是一套完整的乐章，共包括十首歌诗。"

③ 赵敏俐认为："清华简《周公之琴舞》中应该包括两组诗，第一组为周公之诗，只残存半首，缺失八首半。因为比照成王之诗，周公的这首诗中还缺少乱的部分。第二组应为成王之诗，保存完整。"（赵敏俐：《〈周公之琴舞〉的组成、命名及表演方式蠡测》，《文艺研究》2013 年第 8 期）

的结果。"李学勤还根据十篇诗的编排组合情况推测:"《周公之琴舞》原诗实有十八篇,由于长期流传有所缺失,同时出于实际演奏吟诵的需要,经过组织编排,成了我们现在见到的结构,虽然我们只能读到诗文部分,《周公之琴舞》本来一定是在固定的场合,例如新王嗣位的典礼上演出的。"①李守奎指出:"《周公之琴舞》全篇八首诗,首列周公诗,只有四句,很可能是一首颂诗的开头部分。接下来是成王所作完整九篇颂诗,其中第一首即今本《周颂》的《敬之》,据此可知这些诗肯定是《周颂》的一部分,周公之颂与成王所作其他八首今本都已失传。"②李学勤先生对《周公之琴舞》的结构分析虽然有一定道理,但从文本的实际编排整理和史官记录的方式来看可能性较小,而《周公之琴舞》中成王之诗为一组完整的儆毖之诗,周公所作之诗显然已散佚不全。李守奎认为《敬之》等组诗属于《周颂》是正确的,从《敬之》收录于《周颂》并且见于《周公之琴舞》篇来分析,《周颂》和《周书》《周志》之间是存在一定关联的。《周公之琴舞》篇当来源于《周书》,其文本功能在于记载成王即位典礼上的礼乐之诗,而《诗经》将《敬之》单独收录于《周颂》,说明《周颂》的诗篇很可能原本都记录于《周书》或《周志》。也就是说,《周颂》的诗篇都是周代重要典礼仪式上礼乐活动的组成部分,这些诗在《周书》中很可能原本是以组诗的形式记录,在礼乐仪式中使用时配有音乐和舞蹈的特定编排形式,正如李守奎所说:"颂诗有舞,诗与乐合是歌,诗乐舞合是颂。芮良夫所作是歌,周公与成王所作是颂。颂指舞容,颂与风雅的主要区别当是演奏时有舞。"③《周书》在记录这些仪式时收录了诗篇的文本,而当这些诗篇脱离了《周书》记载的仪式背景之后,就成为《诗经》中"纯文本"式的诗。

　　此外,有学者关注到了《周公之琴舞》与楚辞"九体"的文体关系,李颖指出:"夏时古《九歌》产生后,'九'的形式就流布于后代,从结构

　　①　李学勤:《论清华简〈周公之琴舞〉的结构》,《深圳大学学报》2013 年第 1 期。

　　②　李守奎:《清华简〈周公之琴舞〉与周颂》,《文物》2012 年第 8 期。

　　③　李守奎:《清华简〈周公之琴舞〉与周颂》,《文物》2012 年第 8 期。

形式上而论，清华简《周公之琴舞》的'琴舞九絉'就是周代的《九歌》。尽管《九歌》的内容会因时代的不同而发生一些改变，但其'歌分为九'的形式还一直保留着。就地域而言，以《九歌》为代表的九体不为楚地所专有，它在楚之外的广大地域同样有传播。"① 徐正英也注意到了《周公之琴舞》与楚辞的关系："《周公之琴舞》是一组未经孔子最后删定而流传到楚国的《诗经·周颂》逸诗，题目、短序、乐章标识俱全，代表了战国中期以前的《诗经》存在形态。……春秋时期随着东周宫廷典籍的散落与南传，楚国代代传抄保存下了这组有原始形态乐章标识的《诗经》逸诗，至战国时期，又幸被以屈原《离骚》为代表的楚辞形式所接受，将本为乐章标识的'乱曰'变换性质而化用于楚辞作品的尾章章首，成为总括揭示全篇主旨的结穴语，并构成了楚辞的主要形式之一。"②

《周公之琴舞》所用"九"之数为先秦传统文化特有的数字，多用以象征数之极，《尚书·尧典》："克明俊德，以亲九族。九族既睦，平章百姓。百姓昭明，协和万邦。"《尚书·益稷》云："《箫韶》九成，凤皇来仪。"可见以九为乐章之数由来已久。《尚书·禹贡》云："禹别九州，随山浚川，任土作贡。"《书·洪范》："乃锡禹洪范九畴，彝伦攸叙。"《书·大禹谟》："九功惟叙，九叙惟歌。戒之用休，董之用威，劝之以九歌俾勿坏。"《书·皋陶谟》："翕受敷施，九德咸事，俊乂在官。"《书·仲虺之诰》："德日新，万邦惟怀；志自满，九族乃离。"《书·咸有一德》："厥德匪常，九有以亡。"清华简《汤在啻门》云："九以成地，五以将 [之]；九以成天，六以行之。……唯彼九神，是谓地真。……唯彼九神，是谓九宏。"国家政权常以"九"来作为象征，《史记·封禅书》："禹收九牧之金，铸九鼎。"所以《周公之琴舞》组诗用九之数，既是来源于乐章用九为数的传统，也是表示国家君王即位大典的隆重与庄严。

---

① 李颖:《清华简〈周公之琴舞〉与楚辞"九体"》,《中国诗歌研究》第十辑,中华书局 2014 年版。

② 徐正英:《清华简〈周公之琴舞〉组诗对〈诗经〉原始形态的保存及被楚辞形式的接受》,《文学评论》2014 年第 4 期。

从楚辞多用"九"体来看,《周公之琴舞》所言"琴舞九絉"与楚辞在文体上存在着相似之处,这也表明了"颂诗"与楚辞之间存在着文体形式上的联系,原本在《周书》中存在记录的"启""乱"等乐章标识随着《诗经》的编订而逐渐隐去,却通过《书》类文献在楚国的传播和影响将这一文体形式保存在楚辞之中。

第九节 清华简《祭公之顾命》篇文献研究

本篇共 21 支简,简背原有篇题《祭公之顾命》,其内容与今本《逸周书·祭公》多有相似,故整理者认为"本篇是今传世本《逸周书》所收《祭公》的祖本"。主要内容记述祭公谋父在重病临终时留下遗训,告诫群臣要以历史为鉴,总结夏商两代王朝的成败经验教训,辅佐君王守护周朝基业。[1] 文体以记言为主,当为祭公顾命之遗言实录档案。竹简形制与《皇门》等篇相同,当属于《书》类文献。[2]

关于《祭公之顾命》的文本性质,清人唐大沛云:"此篇序穆王敬问祭公与祭公告王及三公之辞也。穆王时,祭公以老臣当国,如成王之倚周公若柱石。然今病不瘳,故穆王勤勤恳恳,愿公告以懿德。史序穆王之辞俨是诏书一道,祭公稽首嘉之,宜哉!其序祭公顾命之辞,首言文、武之功德,愿王法文武以守绪业,复以王所不足者切实戒之。其戒三公,凛然正色,以规其过。"[3] 李学勤认为本篇"是真正的西周文字",[4] 清华简《祭公之顾命》当来源于西周时期史官记载的祭公顾命之遗训,在战国时期又经过楚国史官的整理编辑,但基本保留了原有文献的文本内容和文辞

---

① 黄怀信:《逸周书汇校集注》,上海古籍出版社 2007 年版,第 925 页。
② 庄述祖曰:"《礼缁衣》记以为'叶公',字之误也。抑其所由来旧矣,谨定为逸书。"见黄怀信:《逸周书汇校集注》,上海古籍出版社 2007 年版,第 923 页。
③ 黄怀信:《逸周书汇校集注》,上海古籍出版社 2007 年版,第 925 页。
④ 李学勤:《祭公谋父及其德论》,《齐鲁学刊》1988 年第 3 期。

风格。

清华简《祭公之顾命》的首要价值在于校正今本《逸周书祭公》的文句和字词，具体对照情况如表4-4所示。

表4-4　清华简《祭公之顾命》与《逸周书祭公》文句对照表

序号	清华简《祭公之顾命》	《逸周书祭公》	结论
1	哀余小子	次予小子	今本"次"当作"哀"
2	惟时皇上帝宅其心	维皇皇上帝度其心	今本"度"当作"宅"
3	享其明德付畀四方	置之明德付俾于四方	今本"俾"当作"畀"
4	甬膺受天之命敷闻在下	用应受天命敷文在下	今本"文"当作"闻"
5	乃召毕桓、井利、毛班	乃召毕桓于黎民般	今本"于黎民般"当作"井利、毛班"
6	惟武王大败之成厥功	维武王大克之咸茂厥功	今本"茂"当作"成"
7	亦尚宣臧厥心	亦尚宽壮厥心	今本"宽"当作"宣"
8	惟文武中大命	维武王申大命	简本"中"当作"申"
9	丕惟周之厚屏	丕维周之始并	今本"并"当作"屏"

　　从表4-4可以看出，今本《祭公》中的文字多有讹误，而简本《祭公之顾命》更接近本篇原貌。通过文字的校正，对今本《祭公》中难以解读的"毕桓于黎民般"作出了合理的解释，毕桓、井利、毛班原是"三公"之名，这也为研究西周"三公"之制提供了新的文献材料。①

　　另外，从文体形式来看，《祭公之顾命》当属于"命"体，传世本《尚书》中以"命"为题的篇目有《微子之命》《蔡仲之命》《文侯之命》《顾命》等篇，清华简中有《封许之命》《傅说之命》。如果按照文本内容和文本功能来划分，"命"体又可分为"诰命"和"顾命"两个类别。《封许之命》《文侯之命》《傅说之命》属于"诰命"，是君王发布的政令或命令。而《祭公之顾命》《顾命》等篇属于"顾命"之体，主要是记述君王或重臣在去世前为君王留下的遗训，清华简《保训》篇内容也属于"顾命"之体，尽

① 关于清华简《祭公之顾命》中"三公"的研究，参见杜勇的《清华简〈祭公〉与西周三公之制》（《历史研究》2014年第4期）、陈颖飞的《清华简毕公高、毕桓与西周毕氏》（《中国国家博物馆馆刊》2012年第6期）。

管整理者将篇题拟为《保训》，笔者认为称其为《文王之顾命》更为恰当。从文本格式来看，有学者将《封许之命》的格式概括为"述祖—赞善—封赏"。① 笔者认为，可以将"顾命"之体的格式概括为"述祖—垂训—儆戒"，具体如表4-5所示。

表4-5 "顾命"体《书》类文献文本格式内容对照表

格式	清华简《祭公之顾命》	清华简《保训》	《书·顾命》
述祖	皇天改大邦殷之命，惟周文王受之，惟武王大败之，成厥功	昔舜旧作小人……用作三降之德，帝尧嘉之，用授厥绪。……昔微假中于河……用受大命	昔君文王、武王宣重光，奠丽陈教，则肄肄不违，用克达殷集大命
垂训	汝毋以庶兹皋辜亡时远大邦，汝毋以嬖御塞尔庄后，汝毋以小谋败大作，汝毋以嬖士塞大夫、卿士，汝毋各家相而室，然莫恤其外	昔前人传保，必受之以詷。今朕疾允病，恐弗念终。汝以书受之。……今汝祇服毋解，其有所由矣	既弥留，恐不获誓言嗣，兹予审训命汝。……在后之侗，敬迓天威，嗣守文、武大训，无敢昏逾
儆戒	弗失于政……汝其敬哉……	敬哉！毋淫！日不足佳宿不详	尔无以钊冒贡于非几

整体来看，清华简《祭公之顾命》是"命"体中的"顾命"之文，其文本主要包括述祖、垂训、儆戒等内容，文本格式与《保训》《顾命》等篇存在相似之处，《祭公之顾命》来源于史官对祭公遗训的实录。

第十节 清华简《芮良夫毖》篇文献研究

《芮良夫毖》篇共28支简，篇题为整理者根据简文内容所拟。本篇竹

---

① 程浩：《"书"类文献先秦流传考——以清华藏战国竹简为中心》，清华大学2015年博士学位论文，第156页。

简形制与《周公之琴舞》篇相同，第一支简背面原有篇题《周公之颂志》，并有刮削痕迹，学者认为《周公之颂志（诗）》或为《周公之琴舞》的另一种题目，抄写时误题与本篇，故又削去。也有学者认为《芮良夫毖》与《周公之琴舞》原编为一卷或前后相连，《周公之颂志》是编联后便于检索使用的题目。[①] 本篇内容完整，语意连贯，文辞古奥，句式以四言为主，句尾用韵，当属于颂诗。[②] 从文体形式来看，包括小序、一启、二启三个部分，是一篇典型的毖体文学。本篇内容当创作于周厉王时期，周朝遭受异族战争侵扰，国家危难之际，芮良夫针对当时形势创作此篇，旨在谏言君王、训诫群臣，勉励君臣齐心协力振兴国政。

关于《芮良夫毖》的创作时间，子居认为："由《芮良夫毖》全文可见，在其文中，已出现很多殷商、西周时期未见的虚词用法，如春秋初期的未、如、彼；春秋前期的此、矣、所、何、而、必、于呼；春秋后期的莫、者、当；春秋末期的'夫'等等。因此，由虚词的使用情况已足以判断，清华简《芮良夫毖》一篇的成文时间当是不早于春秋末期的。在实词方面，则更可以获得相当多的证据来证明《芮良夫毖》一篇实当是属于春秋末期的作品……《芮良夫毖》最有可能是成文于鲁昭公十年春正月之后、夏五月之前的一篇齐地文献，且与管子学派颇有渊源。因此，恐不宜以篇中之内容来论证西周晚期情况。"

本篇共包括两篇《毖》文，其中第一篇约91句，第二篇约90句，句式工整，多用四言、五言，句末用韵，是一篇以儆戒谏言为主旨的韵文，从主体和内容来看，毖体是一种具有特定儆戒意义的文体；从篇幅上来

---

① "《芮良夫毖》首简背面书有篇题'周公之颂诗'，似被刮削，字迹模糊，此篇题与竹简正面内容毫无关联，疑是书手或书籍管理者据《周公之琴舞》的内容概括为篇题，误写在芮良夫之诗的简背，发现错误后刮削未尽。另外的可能是两篇编为一册，统称《周公之颂诗》。竹简篇题，本是为了检索方便所加，篇题异称不足奇怪。"见李守奎：《清华简〈周公之琴舞〉与周颂》，《文物》2012年第8期。

② "《芮良夫毖》与大雅十分相近，称'作歌再终'，与舞没有关联，说命颂与风雅的区别很可能在于舞容之有无。"见李守奎：《清华简〈周公之琴舞〉与周颂》，《文物》2012年第8期。

看，瑟体由序言和正文组成，正文部分由至少两组以上的多组诗歌组成，每组诗歌又包括特定的内部结构，如《周公之琴舞》每组诗歌基本都包括"启"和"乱"两个固定部分。

先秦文学中的《金人铭》《老子》等篇章，在文体样式上与本篇多有相似。《说苑·敬慎篇》云：

> 孔子之周，观于太庙。左陛之前，有金人焉。三缄其口，而名其背曰：
>
> 古之慎言人也，戒之哉！无多言，多言多败；无多事，多事多患。安乐以戒，无行所悔。勿谓何伤，其祸将长；勿谓何害，其祸将大；勿谓何残，其祸将然。勿谓莫闻，天妖伺人。荧荧不灭，炎炎奈何；涓涓不壅，将成江河；绵绵不绝，将成网罗；青青不伐，将寻斧柯。诚能慎之，福之根也。口是何伤，祸之门也。强梁者不得其死，好胜者必遇其敌。盗怨主人，民害其贵。君子知天下之不可盖也，故后之下之，使人慕之。执雌持下，莫能与之争者。人皆趋彼，我独守此。众人惑惑，我独不从。内藏我知，不示人技。我虽尊高，人莫害我。夫江河长百谷者，以其卑下也。天道无亲，常与善人。戒之哉！戒之哉！

通过对照《金人铭》与《芮良夫毖》可见二者多有相似之处，首先，在句式上都以四言为主，格式整齐，句尾多用韵，接近于诗歌的样式；其次，在主题上，都以儆戒为主旨，通过格言式的语录、譬喻的手法、排比的句式来达到警示的效果。《老子》的文本格式也与此相似，在句式上多用韵，并呈现出介乎诗文之间的文体样式，内容上则多以语录和格言为主，富含哲理而寓意深刻。所以笔者认为，瑟体不同于《诗经》所收录的一般诗歌，它是一种介于诗文之间的篇幅较长的韵文，以表达儆戒为主旨，用于清庙祭祀、朝廷典礼等官方仪式场合，是一种包含了特定时期历史内容并记入官方档案的文书，对于后世仍有保存和借鉴意义。从文本来看,《芮良夫毖》仅说"作毖再终",而《周公之琴舞》则云:"周公作多士儆毖,琴舞九絉",并且在毖诗的首尾分别记有"启""乱"的乐章标识,显然《周公之琴舞》的毖诗主要用于配合乐舞演出的典礼仪式,而《芮良夫毖》则可能是用于在朝廷的正式场合通过配乐宣读而达到儆戒目的。总体来看,《芮良夫毖》应当属于一篇《书》类文献。

第十一节　清华简《摄命》篇文献研究

《摄命》是清华简《书》类文献中较为典型的"命"体文献,是产生和应用于册命仪式的文本。"命"体是《尚书》诸类文体中的重要文体类型,具有较为典型的应用场景和政治功能。陆德明、孔颖达、熊朋来等前贤对《尚书》中的"命"体篇目范围均有讨论,但今本《尚书》中仅见《顾命》《文侯之命》两篇较为完整的"命"体文献。清华简中的《摄命》和《封许之命》均属于"命"体文献,为我们研究这类文献提供了新的文本材料。

"册命"又称"策命",《周礼·春官宗伯·内史》:"凡命诸侯及孤卿大夫,则策命之。"杨伯峻说:"策命者,以策书命之。"册命制度发源于商代,成熟于西周时期。叶修成指出,册命应具备三个必要条件:"一、赐物命官;二、命辞必书之于简册;三、在一定的仪式中将命书授予受命者。"① 对照清华简《摄命》篇来看,其内容基本符合第二、第三个条件,但第一个条件却未见"赐物"内容。从《摄命》篇来看,其内容主要是周王在册命仪式上对伯摄的册命之辞,虽命官但未记所赐之物,重点是向伯摄强调受命职责并对他进行告诫,并未如《封许之命》一样详细记载赏赐之物,其原因大概有两个方面:首先,从文本的保存来看,《摄命》中保

---

① 叶修成:《论〈尚书〉"命"体及其文化功能》,《上海交通大学学报(哲学社会科学版)》2009 年第 3 期。

留了带有口语实录性质的文字记载，很可能是对册命仪式上周王命辞的记录整理，而非周王向伯摄颁布的册命文本，在仪式上向伯摄颁布的命书应当详细记载赏赐物品清单，即所谓"赐物命官"。其次，《摄命》作为档案保存的最大价值在于周王对伯摄的册命辞令和告诫之言，而赐物清单并不具备实质性的警示作用或教育意义，所以并未纳入存档范围。至于《封许之命》则可能是向受命者正式颁布的命书文本，所以与《摄命》在格式上存在明显差异。

也有学者推测，册命之辞在正式举行册命仪式之前还有一个作为周王"讲话稿"的底本，这一底本与册命仪式上向受命者颁布的命书、仪式后史官记录整理存档的文本之间既有内容的高度一致性，又在文本格式等细节上存在一定差异。叶修成认为："册命之文是经过两次书写而形成的，具有原生形态和次生形态之分。原生形态的册命之文，体现的是一种君臣之间权责契约式的关系；而次生形态的册命之文，体现的则是一种人祖之间归美和福佑的关系。"[①] 赵争认为："周王在册命仪式上口头发表的'命官之辞'无疑是参考了某种预制讲稿的"，"'命册'为事先写就的书面文书，'命官之辞'为册命仪式上周王现场发言的记录；伴随册命仪式或在册命仪式结束之后，在'命官之辞'的基础上，添加册命仪式的时间、地点、人物以及相关动作与程序等内容后便形成'命书'"。[②] 从清华简《摄命》的文本格式、语言特征和文本内容来看，以上学者的意见是较为中肯的。

从文本格式来看，《摄命》较为少见地将册命仪式的场景记录置于文末："佳九月既望壬申，王在镐京，各于大室，既位，咸。士恵右伯摄，立才中廷，北向。王乎作册任册命曰：伯摄，虔。"无论是与记载册命内容的铜器铭文相比，还是与清华简的其他《书》类文献相比，这一现象都

---

① 叶修成：《论〈尚书〉"命"体及其文化功能》，《上海交通大学学报（哲学社会科学版）》2009 年第 3 期。

② 赵争：《由先王政典到载道之书：册命档案与"书"篇生成——兼及清华简〈摄命〉的文本结构》，《经学文献研究集刊》2022 年第 1 期。

较为少见。如清华简《皇门》开篇即是："隹正月庚午，公格在库门。"清华简《耆夜》开篇记载："武王八年，征伐耆，大戡之。还，乃饮至于文太室。"西周铜器铭文中也有很多册命记录，陈汉平通过对大量西周铜器铭文对照分析，归纳出西周册命金文文例："隹王某年某月月相辰在干支，王在某地。旦，王各于某地，即位。某人右某人入门，立中廷，北向。史某受王命书，王乎史某册命某。王若曰：某……"① 其格式与《摄命》文末部分基本一致。

排除错简的可能性，需要从文本的内部进行考察。从语言特征来看，《摄命》既有较为典雅庄重的书面辞令和大量"套语"，也保留了一些具有口语化色彩的记录和语气词。所谓"套语"是指在西周传世文献和金文中多次重复性出现或使用频次较高的固定格式词组，如《摄命》中的"勿废朕令""悉用朕命""越小大命""夙夕经德""用事朕命"多见于西周文献。《摄命》内容还反映出一些口语化特征，如"敬哉""王曰"等，所以《摄命》应是对周王在册命仪式上讲话的实录，同时也反映出周王室官方政治档案从口头之"语"到书面之"言"的转换过程。陈梦家认为："册命既是预先写就的，在策命时由史官授于王而王授于宣命的史官诵读之。"② 赵争也指出《摄命》的性质是"册命仪式上的'命官之辞'"，其内容源自周王在册命仪式上的预制讲稿即"实物形态的'命册'"，从《书》的文本构成来看，"'命官之辞''命册'与增加更多信息的'命书'构成了册命仪式的主要文件类型"。③ 由此可见，从"命册""命官之辞"到"命书"的不同文本形态变化，反映出《摄命》从"文"到"言"再到"书"的转换过程。

虽然从《摄命》篇的文本内容可以看出这是一篇"王"对"摄"的册命，但是关于"王"和"摄"的身份仍然存在争议。对于"王"的身份，学界

---

① 陈汉平：《西周册命制度研究》，学林出版社 1986 年版，第 28 页。
② 陈梦家：《尚书通论》，中华书局 1985 年版，第 159 页。
③ 赵争：《由先王政典到载道之书：册命档案与"书"篇生成——兼及清华简〈摄命〉的文本结构》，《经学文献研究集刊》2022 年第 1 期。

主要有"穆王说""孝王说"两种意见。第一，"穆王说"：李学勤推测《摄命》中的伯摄即伯冏，根据《书序》所记"穆王命伯冏为周太仆正，作《冏命》"，则《摄命》所载乃周穆王对伯冏的册命。贾连翔亦持此说，认为《摄命》即《书序》所言《冏命》，是周穆王时期所作。① 许兆昌、史宁宁通过对《周礼》所记太仆职事与《摄命》所记伯摄职事对照考察，认为二者之间存在一致性，从而推断《摄命》应为周穆王时期文献。赵争、丁宇根据《摄命》所记历日、以士为右、王命宣读方式等内容，更倾向于支持《摄命》为穆王时期所作。左勇认为："《史记·周本纪》中关于《𥄂〔摄〕命》的记载与清华简《摄命》内容相合，司马迁对于《𥄂〔摄〕命》的认识基本可信，《摄命》确是周穆王册命伯摄担任太仆时的语录。"② 第二，"孝王说"：马楠根据西周册命体制及相关金文资料，推测《摄命》中的"摄"应为周懿王太子夷王燮，而主持册命的"王"当为周孝王。③

关于伯摄的身份和职官，学者也进行了深入讨论。张怀通结合克钟等金文所载西周职官系统中士的职责，推断其职官为担任太仆之职。④ 夏含夷（Edward L. Shaughnessy）整合了关于"摄的身份"的四种说法：第一，摄为"侄"；第二，摄为"王子"；第三，摄为"沈子"；第四，摄为"燮"。⑤ 左勇认为："清华简《摄命》伯摄与周王并非叔侄关系，也不是王室的嫡长子，因此不会是时为太子的夷王燮。伯摄曾是王子，但已分宗而成为某氏的宗子，故而被称为伯。"⑥

由于《摄命》中缺少能够直接辨认周王与伯摄准确身份的文字证据，学者多从职官制度来考察伯摄的身份，《摄命》篇作为《书》类文献保存了西周时期职官制度的有关信息，从文中可以看出，伯摄的职责主要包括

---

① 贾连翔：《"摄命"即〈书序〉"𥄂命""冏命"说》，《清华大学学报（哲学社会科学版）》2018 年第 5 期。

② 左勇：《试论清华简〈摄命〉伯摄身分及德教观念》，《简帛研究》2020 年第 2 期。

③ 马楠：《清华简〈摄命〉初读》，《文物》2018 年第 9 期。

④ 张怀通：《克钟与清华简〈摄命〉"伯摄"职责考论》，《晋学研究》2022 年第 1 期。

⑤ 夏含夷等：《一篇可能失传的经典：〈摄命〉》，《出土文献》2021 年第 1 期。

⑥ 左勇：《试论清华简〈摄命〉伯摄身分及德教观念》，《简帛研究》2020 年第 2 期。

"出纳王命""唯言之司""惠民恭民""卫事卫命"等。

"出纳王命",简文作"出纳朕命",金文中亦有此类文例,当属西周时期习语,如大克鼎铭文"出纳王令"(集成 02836)、师望鼎"虔夙夜出纳王命"(集成 02812)等。"出"和"纳"是指王命的向下传达和听取进言,从简文可以看出其内容既包括将周王的政令下达于民,还包括将底层人民的舆情真实地向周王报告,即《摄命》所言"汝乃尚祇逆告于朕"。有学者指出:"'出纳王令'包含王的命令下达和臣僚向王请示命令两个方面。周王对'出纳王令'事务的关注,突显了周王的权力意志及其在西周政治体系中的现实影响力。"①

"唯言之司"是指作为言官的职责,具体内容包括简文所说的"汝毋敢有退于之,自一话一言。汝亦毋敢洪于之,言唯明,毋淫,毋弗节,其亦唯",可以推断伯摄乃是言官,除了负责向下级传达周王政令,还要负责向周王报告基层舆情。

"惠民恭民"是指在传达王命的同时要负责安抚百姓,将君王的恩惠及时施行,即简文所说的"矧堕敬懋,惠不惠,亦乃服。虽民攸协弗恭其旅,亦勿侮其童,恫瘝寡鳏,惠于小民,翼翼畏小心,恭民长长"。这段话的大意是说:对行为惰怠的官员要进行劝勉,对施恩于那些没有得到恩惠的民众,这也是你的职责所在。只要民众能够安定,即使不尊敬当地的官员,也不要对那些年幼之人轻慢,要怜惜同情那些鳏寡之人,要恩惠于那些最底层的百姓,要小心翼翼敬畏谨慎,恭敬百姓,尊重长者。

"卫事卫命"即简文所说的"汝唯卫事卫命,汝唯冲子小子,汝威由表由望,不啻汝威,则由劢汝训言之譔。汝能历,汝能并命,并命勤肆。汝其敬哉,虔恤乃事"。这段话的意思是说:你应当捍卫王事王命。你虽然人微言轻,你的威严在于仪态和声望。不但要注意你的威望,还要勤勉于传达训诫之言的职责,你要能够简选,你要能够兼顾王命,你要能够勤

---

① 邹家兴:《王令传递与西周王权》,《四川大学学报(哲学社会科学版)》2023 年第 4 期。

劳做事。你要恭敬王命，敬慎思虑于你的职事。

从《摄命》中周王对伯摄的谆谆告诫和对伯摄任职的重视来看，周王对伯摄的职责非常重视。此外，目前已整理发布的清华简篇目中，《四告》的第三篇是周穆王满为太子时的告辞，《祭公之顾命》内容是周穆王与祭公的对话。传世本《尚书》中的《君牙》《吕刑》等篇也是周穆王时期所作，《君牙》主要记载了周穆王任命贤臣君牙为周大司徒并对其进行训诫，《吕刑》主要记载周穆王命吕侯制定新的刑罚措施，都是西周时期重要历史文献。周穆王在位时间长达 55 年，是西周在位时间最长的君王，《左传》《穆天子传》对其事迹等典籍皆有所载。而关于周孝王的文献记载在传世本《尚书》和清华简中都非常少见。从《书》类文献的政治资鉴价值来看，《摄命》为穆王时期所作的可能性更大。

此外，夏含夷（Edward L. Shaughnessy）敏锐地从《摄命》的内容中窥测到西周时期潜伏的政治危机，他认为《摄命》反映了西周中期王室衰微、官员不力、百姓生活困难与社会混乱的趋势，而这样的历史环境（包括社会、宗教、礼制等），对于理解西周史以及"书"至为关键。[①]对此我们可以从《摄命》中找到更多相关证据，如周王在命辞中开篇即提到"今民丕造不康，怨，越四方小大邦，越御事庶百又告有讼"，意思是说：如今民众大遭不安，怨声四起，四方大小邦国，王官百姓控告聚讼，而周王甚至到了无人可用的困境（"非汝亡其协"）。周王告诫伯摄不要与其他官员朋党营私、酗酒作乱："汝毋敢朋酗于酒，勿教人德我。曰：毋朋多朋，鲜唯胥以夙夕敬，罔非胥以堕愆；鲜唯胥学于威仪德，罔非胥以淫极。"周王还告诫伯摄要秉公执法、不准受贿："凡人有狱有讼，汝勿受币，不明于民，民其听汝？时唯子乃弗受币，亦尚辩逆于朕。凡人无狱无讼，乃唯德享，享载不孚，是亦引休，汝则亦受币，汝乃尚祇逆告于朕。"以上内容既反映出西周社会治理中存在的隐患，也反映出周王对官员任用和管理的重视。作为周王室权力中心的周王，能够在正式的官员册命仪式

---

① 夏含夷等：《一篇可能失传的经典：〈摄命〉》，《出土文献》2021 年第 1 期。

上公开承认自己的政权存在以上这些危机，反映出周王具有深厚的忧患意识，而这种忧患意识正是清华简《保训》《祭公之顾命》《皇门》《芮良夫毖》等《书》类文献普遍存在的共同价值取向，也是《书》类文献最为重要的政治价值。

附　录　清华简《书》类文献译注

　　清华简《书》类文献的文本整理是开展相关研究的基础，在清华简整理小组发布的图片和文本基础上，学界分别从字形写定、字义解释、字句考释、文本考订等不同角度，围绕清华简文本整理进行了探讨，提出了很多极具价值的见解。本书在参考学界前贤研究成果的基础上，对清华简《书》类文献进行了较为系统的文献整理注释，作为附录供研究者参考。

　　附录共分为两个部分，第一部分是对清华简《商书》类 8 篇文献进行整理注释，第二部分是对清华简《周书》类 11 篇文献进行整理注释。在整理注释的体例上，主要采用文本考释、字词注解、文句疏通、全文今译的形式，在注释中将学界不同意见以集注的形式引用参考，并以按语形式加以考释。

附录一　清华简《商书》类文献译注

　　清华简《商书》类文献主要是以商代史事、商代人物为主要内容的相关篇目，其中《尹至》《尹诰》《赤鹄之集汤之屋》《汤处于汤丘》《汤在啻门》《厚父》为商代早期商汤、伊尹相关史事，兼有经过后世演绎的"伊尹故事"；《傅说之命》《殷高宗问于三寿》为殷高宗武丁时期傅说、彭祖等人物相关史事。部分篇目虽然可能经过后世修订或演绎，但其核心内容皆与商代《书》类文献存在重要关联，也是《书》类文献的重要来源，所以将这 8 篇归为《商书》类文献。

一、清华简《尹至》篇译注

【《尹至》篇原文】

惟尹自夏徂亳 [1]，逯至在汤 [2]。

汤曰："格 [3]，汝其有吉志 [4]？"

尹曰："后！我来越今旬日 [5]。余闵其有夏众□吉好 [6]，其有后厥志其爽 [7]，宠二玉 [8]，弗虞其有众 [9]。民噂曰 [10]：'余及汝皆亡[11]。'惟灾虐，极暴痛[12]，亡典[13]。夏有祥[14]，在西在东[15]，见章于天。其有民率曰：'惟我速祸 [16]。'咸曰：'曷今东祥不章 [17]？'今其如台 [18]？"

汤曰："汝告我夏隐率若时 [19]？"

尹曰："若时。"

汤盟誓及尹 [20]："兹乃柔大縶 [21]。"

汤往征弗服 [22]，挚度 [23]。挚德不僭 [24]，自西翦西邑 [25]，戠其有夏 [26]。夏播民入于水，曰："战 [27]。"帝曰："一勿遗 [28]。"

【《尹至》篇今译】

伊尹从夏赶到亳，来拜见汤。

汤说："来吧！伊尹，（告诉我）夏那边有好征兆吗？"

伊尹说："君王，我从夏来到亳，路上走了将近十天。我怜悯夏国的民众心地善良，他们的君王夏桀却丧失道德，宠爱琬、琰二玉，不能体恤民众百姓，民众纷纷议论说：'我（愿意）和你（夏桀）一起灭亡。'（夏桀）做尽了祸害百姓、惨痛暴虐的坏事，丧失了祖宗的遗训和制度。夏出现了预示吉凶的征兆，在西方和东方（同时出现了两个太阳），征兆显现于天空，夏国民众都说：'（这是）我们夏招来了灾祸。'大家都说：'为何如今东方（商）获胜的征兆还没有显现（这句是在隐晦地说：商为什么还没有来消灭夏）？现在该怎么办？'"

汤说："请你告诉我，夏国民众都是这样痛苦吗？"

伊尹说："是这样。"

汤和伊尹举行盟誓说："这是为了拯救天下苍生的危难（而征伐）。"

汤出兵征伐不肯臣服者，伊尹协助谋划，伊尹的智谋没有差错，从西边攻克了夏的西邑，大胜夏国。夏王把民众赶到水边（决一死战），说："（都要）战斗！"商汤说："一个都不要放过（消灭全部敌人）！"

【《尹至》篇注释】

[1] 徂：去往，到达。《尔雅》："徂，往也。"《尚书·大禹谟》："惟时有苗弗率，汝徂征。"《诗·小雅·小明》："我征徂西。"《诗·豳风·东山》："我徂东山，慆慆不归。"郑笺："我往之东山，既久劳矣。"亳：古都邑名，汤及后世多任商王皆以亳为都城，一般认为在今河南商丘。①

[2] 逯，行走，引申为行走貌。《说文》："行谨逯逯也，从辵录声。"《淮南子·精神训》："浑然而往，逯然而来。"高诱注："逯谓无所为忽然往来也。"沈建华认为："疑假借读作旅，逯，来纽屋部，旅，来纽鱼部，二字声部皆来纽。"②可备一说。按：《今本竹书纪年》："（帝癸）十五年，商侯履迁于亳。十七年，商使伊尹来朝。"帝癸十五年为成汤元年，即《尚书序》所谓"汤始居亳"之时。是年伊尹受汤之命朝见夏的首领并任官职于夏，此后多次来往于夏商之间。《孟子·告子》云："五就汤、五就桀者，伊尹也。"说明伊尹曾频繁往返于夏商，并与汤多次秘密会

---

① 关于亳地具体方位，学界观点主要有：河南商丘曹县北亳说、商丘谷熟南亳说、商丘蒙地说、濮水流域濮亳说、河南偃师西亳说、河南郑州郑亳说、陕西关中杜亳说、陕南商州说、山西垣曲垣亳说、山东成武济亳说等，详见《商代史》，中国社会科学出版社2010年版，第40页。

② 沈建华：《清华楚简〈尹至〉释文试解》，《中国史研究》2011年第1期。

面。①《今本竹书纪年》曰："二十九年，商师取顾。三日并出。"又："三十一年，商自陑征夏邑，克昆吾。大雷雨，战于鸣条。夏师败绩，桀出奔三朡，商师征三朡。战于郕，获桀于焦门，放之于南巢。"据《尹至》所记"夏有祥，在西在东，见章于天"及伊尹与汤盟誓并征伐夏桀之事，本篇所记伊尹至亳与汤会面之时间当在帝癸三十年，据夏商周断代工程年表，即公元前 1601 年。②

[3] 格：来，至，来到。《尚书·舜典》："帝曰：格汝舜，询事考言，乃言底可绩。三载汝陟帝位。"孔传："格，来。"刘起釪释《尧典》"格汝舜"之"格"云："此处伪传、《蔡传》皆训'来'，亦'至'义。其实此处当训'告'。牟庭《同文尚书》云：格当读为嘏。……格、嘏古今字也。……《盘庚》'格于众'，《汤誓》'格尔众庶'，《高宗肜日》'惟先格王'，格皆告语之义，可相证也。按，格、告为双声，同属见纽，自可通用，可知此格即告。"③按：整理小组已指出"汤曰格，与《书·汤誓》'王曰：格'，《盘庚上》'王若曰：格'句例相似"，实际上此处"格"的用法及含义皆同《尚书》句例，多用于君王对臣下讲话的开端，带有发话时略带庄重严肃的语气色彩，从语境分析虽有"告知、告诉"之义，但翻译时作"告"则不通顺，当采用"来、至"之义。

---

① 《孟子》赵歧注云："伊尹为汤见贡于桀，不用而归汤，汤复贡之，如此者五，思济民，冀得施行其道也。"梁玉绳《史记志疑》云："或者汤初得伊尹，荐之于桀，在未任国政时矣。而伊尹之所以适夏，其心必以为从汤伐桀以济世，不若事桀以止乱，故五就五去，不惮其烦，及不可复辅，乃舍而归耳。"学者认为："伊尹多次出入夏王朝，往来于夏商之间，是伊尹作为士的身份为夏桀服务的，因为古代有诸侯贡士于天子之义务。《礼记·射礼》：'古者天子之制，诸侯岁献，贡士于天子。'古者诸侯有贡士于天子之制，伊尹当为汤贡士而适夏者。"（韩江苏、江林昌：《〈殷本纪〉订补与商史人物徵》，中国社会科学出版社 2010 年版，第 185 页）

② 夏商周断代工程主要以郑州商城和偃师商城的始建年代作为夏商分界的标志，结合碳十四测定年代数据和考古分期成果，初步推断夏商分界大致在公元前 1610 年至前 1580 年之间，并最终判断商代始年为公元前 1600 年。中国社会科学院《商代史》丛书亦据此相信"商代纪年大致在公元前 1600 年至公元前 1046 年，总积年 500 年上下"。（宋镇豪：《商代史论纲》，中国社会科学出版社 2011 年版，第 5 页）

③ 顾颉刚、刘起釪：《尚书校释译论》，中华书局 2005 年版，第 105 页。

[4] 按：此句应读为："汤曰：格汝（挚）！其有吉志？""其"指代夏，《说文》："吉，善也。""志，意也。""吉志"指好征兆、好消息，此前伊尹受命于汤前往夏为官以便搜集情报，这里汤是在问伊尹：夏那边是否有好征兆？意在询问出征灭夏时机是否已经成熟。这与下文伊尹所说"在西在东，见章于天"之征兆相呼应。沈建华认为"吉志"是指"好的主意"，[①]结合下文内容，汤并不是在问"好的主意"，而显然是在问伊尹是否在夏观察到"好的（有利于商的）征兆"。

[5] 后：伊尹对汤之称谓。《汤誓》："我后不恤我众，舍我穑事而割正夏。"孔传："我后，桀也。"孙星衍疏："后者，《释诂》云：君也。""我来"指伊尹从夏都来到商亳。越，《说文》："度也。"整理小组训为"及"，可从。旬日合文，指十天，亦指较短的时日。《周礼·地官·泉府》："凡赊者，祭祀无过旬日。"按夏都斟鄩在今豫西偃师西南，商亳在今豫东商丘，两地相距约四百公里，以此推算，伊尹行经旬日是基本符合实际的。

[6] 余：伊尹自称。《左传·成公二年》："齐侯曰：'余姑翦灭此而朝食。'"《诗·邶风·谷风》："不念昔者，伊余来塈。"《楚辞·离骚》："名余曰正则兮，字余曰灵均。"闵，哀伤；怜念。《尚书·文侯之命》："呜呼！闵予小子嗣，造天丕愆，殄资泽于下民。"孙星衍疏："叹言伤悼予小子嗣位，遭天大过咎，绝财禄于下民。"有夏，指夏，有字作为名词前助词无实义。《尚书·汤誓》："有夏多罪，天命殛之。"《国语·周语》："皇天嘉之，祚以天下，赐姓曰姒，氏曰有夏。"王引之《经传释词》云："一字不成词，则加有字以配之，若虞、夏、殷、周皆国名，而曰有虞、有夏、有殷、有周是也。""众□吉好"：沈建华认为此处所缺一字当补为"言"，依据是《汤誓》"予惟闻汝众言"[②]。按：结合文意来看，本句是说伊尹怜悯夏之民众品德善良却不堪忍受夏桀暴政，此处疑当补"庶"字，"众庶"即百姓，《汤誓》有云："土曰：格尔众庶，悉听朕言。"吉，善也。好，品德美好。

① 沈建华：《清华楚简〈尹至〉释文试解》，《中国史研究》2011 年第 1 期。
② 沈建华：《清华楚简〈尹至〉释文试解》，《中国史研究》2011 年第 1 期。

[7] 其：指夏。有后：指夏桀。厥：他的。爽：伤败、败坏、丧失。《老子》："五音令人耳聋，五味令人口爽。"王弼注："爽，差失也。失口之用，故谓之爽。"《楚辞·招魂》："露鸡臛蠵，厉而不爽些。"王逸注："爽，败也。楚人谓羹败曰爽。"《列子·仲尼》："耳将聋者，先闻蚋飞；口将爽者，先辨淄渑。"张湛注："爽，差也。"厥志其爽，犹言厥志其丧，即夏后丧其志。《尚书·旅獒》："不役耳目，百度惟贞。玩人丧德，玩物丧志。"

[8] 宠：恩宠、宠爱。二玉：指琬、琰二女。《吕氏春秋·慎大》："伊尹奔夏三年，反报于亳，曰：桀迷惑于末嬉，好彼琬、琰，不恤其众。"《竹书纪年》："癸命扁伐山民，山民进女于桀二人，曰琬曰琰。后爱二人。女无子焉，斫其名于苕华之玉，苕是琬，华是琰。"上博简《容成氏》："（桀）不量亓力之不足，起师伐岷山氏，取亓两女琰、琬。"①

[9] 弗虞其有众：犹《吕氏春秋·慎大》所言"不恤其众"，《尚书·汤誓》："我后不恤我众。"虞：忧虑、体恤。有众：民众、百姓。

[10] 噂：聚议。《说文》："噂，聚语也。"《诗·小雅·十月之交》："噂沓背憎，职竞由人。"沈建华认为，"噂"疑读为"怨"。②

[11]《尚书·汤誓》："时日曷丧，予及汝皆亡。"《史记·殷本纪》："是日何时丧，予与女皆亡。"

[12] 灾，指自然灾害。虐，通"暴"，残暴、凶残。《尚书·泰誓》："今商王受弗敬上天，降灾下民，沈湎冒色，敢行暴虐。"孔传："沈湎嗜酒，冒乱女色，敢行酷暴，虐杀无辜。"《左传·哀公二十六年》："君愎而虐，少待之，必毒于民。"此句极言夏桀之残暴。

[13] 按：亡：失去、丧失。典：典册。上博简《容成氏》云："桀不述亓先王之道。"与此大意相同，"典"就是所谓"先王之道"。《吕氏春秋·先识》载："夏太史令终古出其图法，执而泣之。夏桀迷惑，暴乱愈甚。太史令终古乃出奔如商。汤喜而告诸侯曰：'夏王无道，暴虐百姓，

---

① 马承源：《上海博物馆藏战国楚竹书》，上海古籍出版社 2002 年版，第 279 页。
② 沈建华：《清华楚简〈尹至〉释文试解》，《中国史研究》2011 年第 1 期。

穷其父兄，耻其功臣，轻其贤良，弃义听谗，众庶咸怨，守法之臣，自归于商。'"此即谓夏"亡典"之事。

[14] 祥，指吉凶的预兆。《说文》："祥，福也。"《易·系辞下》："吉事有祥，象事知器，占事知来。"郑玄注："行其言事，则获嘉祥之应。"《左传·僖公十六年》："周内史叔兴聘于宋，宋襄公问焉，曰：是何祥也？"杜预注："祥，吉凶之先见者。"《汉书·五行志》："凡吉凶之兆皆曰祥。"汉王充《论衡·异虚》："善祥出，国必兴；恶祥见，朝必亡。"

[15] 按：传说夏桀之时两日并出，在西为夏之祥，在东为商之祥。晋张华《博物志》卷七："夏桀之时，费昌之河上，见二日：在东者烂烂将起；在西者沉沉将灭，若疾雷之声。昌问于冯夷曰：'何者为殷？何者为夏？'冯夷曰：'西夏东殷。'于是费昌徙族归殷。"《今本竹书纪年》："二十九年，商师取顾。三日并出。"《开元占经》六引《尚书考灵耀》："黑帝之亡，三日并照。"又引《孝经纬》："夏时二日并出，谶曰：桀无道，两日照。"

[16] 章：通"彰"，彰显、显现。率：皆。我：指夏。速：召。祸：灾难。

[17] 咸：皆。东祥：指象征商国获胜的征兆。

[18] 台：疑问代词。如台，即如何、奈何。《尚书》中《汤誓》《盘庚》《高宗肜日》《西伯戡黎》等篇皆有"其如台"之语，刘起釪认为"当时商族语言称'如何'为'如台'"[①]。

[19] 隐：忧伤，疾苦。《楚辞·九章·悲回风》："孰能思而不隐兮，照彭咸之所闻。"王逸注："隐，忧也。"《国语·周语上》："是先王非务武也，勤恤民隐而除其害也。"清华简整理小组引《诗·邶风·柏舟》传曰："痛也。"可备一说，《孟子·梁惠王上》："王若隐其无罪而就死地，则牛羊何择焉？"赵岐注："隐，痛也。"杨伯峻注："哀痛，可怜。"按：率：皆。时：通"是"，这样。若旹：如此。《汤誓》："夏德若兹，今朕必往。"与此句相似。

[20] 誓：结盟立誓。《吕氏春秋·慎大》："汤与伊尹盟，以示必灭夏。"

① 顾颉刚、刘起釪：《尚书校释译论》，中华书局 2005 年版，第 883 页。

《国语·鲁语上》："夫为四邻之援，结诸侯之信，重之以婚姻，申之以盟誓。"《荀子·富国》："事之以货宝，则货宝单而交不结；约信盟誓，则约定而畔无日。"

[21] 兹：此。柔：安定、平定。"縈"读为"倾"，指危难。这句话当是汤与伊尹盟誓之辞，指明了发动战争的目的和正义性质。大意是："这是为了拯救天下苍生之危难。"与《尚书·汤誓》所载"有夏多罪，天命殛之"意义相近，疑此句即属《汤誓》佚文或异文。

[22] 征：征讨，征伐。弗服：指不肯臣服于商的夏及其所属方国。

[23] 挚：伊尹。度：谋划。《尔雅·释诂》："谋也。"

[24] 德：品德，此处指智谋。僭：差失，差错。《尚书·汤诰》："天命弗僭，贲若草木，兆民允殖。"孔传："僭，差。"《诗·大雅·抑》："不僭不贼，鲜不为则。"毛传："僭，差也。"

[25] 翦：通"捷"，攻克。《左传·庄公八年》："捷，克也。"

[26] 戡：战胜，平定。《尚书·西伯戡黎》："西伯既戡黎，祖伊恐。"序传："胜也。"

[27] 播：整理小组引《国语·晋语》注云："散也。"沈建华认为"播"读为"番"，《尔雅·释训》："番，勇也"，并认为"水"指洛水。① 按：《史记·殷本纪》："桀败于有娀之虚，桀饹于鸣条，夏师败绩。"鸣条在黄河之畔，此处"水"疑指黄河。

[28] 遗：遗漏，遗留。《荀子·王制》："上收而养之，材而事之，官施而衣食之，兼覆无遗。"《诗经·大雅·云汉》："周余黎民，靡有孑遗。"《禹鼎铭》："王乃命西六师、殷八师曰：扑伐噩侯御方，勿遗寿幼。"②《尚

---

① 沈建华认为："从大量出土考古和文献记载，都说明了伊洛地区曾是夏代主要活动地区，《国语·周语上》：'昔伊洛竭而夏亡，河竭而商亡。'以伊洛水竭为亡国先兆，说明桀之居必滨于伊洛河，斟鄩在今河南巩义县以西洛水之滨。从楚简语境分析，伊尹助汤灭西邑后，乘胜追击，夏民先被逼入水之战，当指在洛水与晋西南一带。"（沈建华：《清华楚简〈尹至〉释文试解》，《中国史研究》2011 年第 1 期）

② 中国社科院考古研究所：《殷周金文集成》，中华书局 2007 年版，第 1508 页。

书·汤誓》云："尔不从誓言，予则孥戮汝，罔有攸赦。"与此句意相似。

二、清华简《尹诰》篇译注

【《尹诰》篇原文】

惟尹既及汤咸有一德 [1]。

尹念天之败西邑夏 [2]，曰："夏自绝其有民 [3]，亦惟厥众 [4]。非民亡与守邑 [5]，厥辟作怨于民，民复之用离心 [6]。我捷灭夏 [7]，今后胡不监？"

挚告汤曰："我克协我友 [8]，今惟民远邦归志 [9]。"

汤曰："呜呼！吾何祚于民 [10]，俾我众勿违朕言？"

挚曰："后其赉之 [11]，其有夏之 [金] 玉实邑 [12]，舍之吉言。"

乃致众于亳中邑 [13]。

【《尹诰》篇今译】

伊尹和汤同心同德。

伊尹思考上天使夏灭亡的教训，说："夏桀自己背离人民，（于是）人民也背离了他。不是人民不肯保卫他的国家，（而是）他（夏桀）使人民怨恨，人民于是与他离心离德。我们商成功消灭夏，如今君王你怎能不借鉴（夏亡的教训）？"

伊挚报告汤说："我们商能团结我们的友邦诸侯，如今天下人民皆归心于商。"

汤说："呜呼！我怎么做才能造福人民，使我的百姓不违背我的政令（听从我的政令）？"

伊挚说："请君王赏赐他们。夏的财物积满都邑，把它们分发给百姓才是正道。"

于是汤召集百姓到亳中都邑（分发财物给他们）。

【《尹诰》篇注释】

[1]《礼记·缁衣》引《尹吉》作"惟尹躬及汤咸有一德",郭店简《缁衣》作"惟尹允及汤咸有一德",上博简作"惟尹允及康咸有一德"。《诗·邶风·谷风》:"我躬不阅,遑恤我后。"《礼记·乐记》:"好恶无节于内,知诱于外,不能反躬,天理灭矣。"郑玄注:"躬,犹己也。"廖名春认为"既"当读为"暨"。咸有一德:咸:皆,都。有:具备,具有。一德:谓君臣同心同德。《书·泰誓中》:"乃一德一心,立定厥功,惟克永世。"孔传:"汝同心立功,则能长世以安民。"《易·系辞下》:"恒以一德。"孔颖达疏:"恒能始终不移,是纯一其德也。"

[2]念:思考,考虑。《史记·廉颇蔺相如列传》:"顾吾念之,强秦之所以不敢加兵于赵者,徒以吾两人在也。"按:《礼记·缁衣》此句作:"惟尹躬天见于西邑夏。"

[3]绝:断,引申为脱离、背离。《荀子·修身》:"其折骨绝筋,终身不可以相及也。""有"字为名词前助词,无实义。

[4]整理小组云:"亦惟厥众,意谓夏败也是其民众促成。"廖名春认为"厥"当读为"蹶",挫败之义。①

[5]《国语·周语上》:"后非众,罔与守邦。"

[6]厥:其。《书·伊训》:"古有夏先后方懋厥德,罔有天灾。"辟:天子,君主。《书·洪范》:"惟辟作福,惟辟作威,惟辟玉食。臣无作福,作威,玉食。"《诗·大雅·文王有声》:"丰水东注,维禹之绩;四方攸同,皇王维辟。"郑玄笺:"辟,君也。"复:《左传·昭公六年》注:"报也。"用:训以。离心:背离之心,犹言贰心,谓不能同心同德。《尚书·泰誓中》:"受亿兆夷人,离心离德;予有乱臣十人,同心同德。"

[7]捷:胜利、成功。《诗·小雅·采薇》:"岂敢定居,一月三捷。"毛传:"捷,胜也。"《左传·宣公十二年》:"事之不捷,恶有所分,与其专

———
① 廖名春:《清华简〈尹诰〉研究》,《史学史研究》2011年第2期。

罪，六人同之，不犹愈乎？"杜预注："捷，成也。"整理小组引《吕氏春秋》注，释"捷"为"疾也"，可备一说。

[8] 后：君王，指汤。胡：疑问代词，为何。《诗·邶风·日月》："胡能有定？宁不我顾！"监：通"鉴"，借鉴，儆戒，教训。《论语·八佾》："周监于二代，郁郁乎文哉！"《荀子·解蔽》："成汤监于夏桀，故主其心，而慎治之。"《汉书·刘向传》："《诗》曰：殷鉴不远，在夏后之世，亦言汤以桀为戒也。"克：能够。《书·舜典》："慎徽五典，五典克从。"孔传："五教能从，无违命。"《诗·齐风·南山》："析薪如之何？匪斧不克。"毛传："克，能也。"协：和睦，合作。《尚书·汤誓》："有众率怠弗协。"《左传·僖公二十二年》："吾兄弟之不协，焉能怨诸侯之不睦？"友：指协同商汤灭夏的友邦诸侯。

[9] 远邦归志：整理小组认为"云去其家邦者有回归之志"。按：民远邦归志，犹言远邦之民归其志，指天下归心之意。与上句文义相连，皆言天下已经平定归心于商。

[10] 祚：《说文》："福也。"此处作动词，赐福之义。《国语·周语下》："若能类善物，以混厚民人者，必有章誉蕃育之祚。"吾何祚于民，大意是：我能如何赐福与民（造福人民）。

[11] 俾：使。《尚书·汤诰》："俾予一人，辑宁尔邦家。"《诗·邶风·绿衣》："我思古人，俾无訧兮。"毛传："俾，使。"赍：赏赐，赐予。《诗·商颂·烈祖》："既载清酤，赍我思成。"毛传："赍，赐也。"

[12] 此句"玉"字前当补一"金"字。金玉：黄金与珠玉，泛指财物。《左传·襄公五年》："无藏金玉，无重器备。"实：满，充满。《小尔雅·广诂》："实，满也。"

[13] 舍：施舍，发放。《逸周书·籴匡》："舍用振穷。"吉言：吉，善。言，通"焉"，助词，无实义。致众，即聚众。

三、清华简《赤鹄之集汤之屋》篇译注

【《赤鹄之集汤之屋》篇原文】

曰：古有赤鹄 [1] 集于汤之屋 [2]，汤射之，获之 [3]。乃命小臣曰 [4]："脂羹之 [5]，我其享之 [6]。"汤往□ [7]。小臣既羹之，汤后妻纴疣谓小臣曰："尝我于尔羹 [8]。"小臣弗敢尝，曰："后其杀我。"纴疣谓小臣曰："尔不我尝，吾不亦杀尔？"小臣自堂下授纴疣羹。纴疣受小臣而尝之，乃昭然，四荒之外无不见也 [9]。小臣受其余而尝之，亦昭然，四海之外无不见也 [10]。汤返廷，小臣馈 [11]。汤怒曰："孰洎吾羹 [12]？"小臣惧，乃逃于夏。汤乃□之 [13]，小臣乃眛而寝于路 [14]，视而不能言。众乌将食之。巫乌曰："是小臣也，不可食也。夏后有疾，将抚楚 [15]，于食其祭 [16]。"众乌乃讯巫乌曰 [17]："夏后之疾如何？"巫乌乃言曰："帝命二黄蛇与二白兔居后之寝室之栋，其下余后疾 [18]，是使后疾疾而不智人 [19]。帝命后土为二陵屯 [20]，共居后之床下，其上刺后之体 [21]，是使后之身痾蠚 [22]，不可极于席 [23]。"众乌乃往。巫乌乃致小臣之胸渭 [24]，小臣乃起而行，至于夏后。夏后曰："尔惟谁 [25]？"小臣曰："我天巫。"夏后乃讯小臣曰："如尔天巫，而知朕疾？"小臣曰："我知之。"夏后曰："朕疾如何？"小臣曰："帝命二黄蛇与二白兔，居后之寝室之栋，其下舍句后疾，是使后梦梦眩眩而不知人 [26]。帝命后土为二陵屯，共居后之床下，其上刺后之身，是使后昏乱甘心 [27]。后如撤屋，杀黄蛇与白兔，发地斩陵 [28]，后之疾其瘳。"夏后乃从小臣之言，撤屋，杀二黄蛇与一白兔；乃发地，有二陵麀 [29]，乃斩之。其一白兔不得，是始为坤丁诸屋 [30]，以御白兔。

【《赤鹄之集汤之屋》篇今译】

据说：从前有一只红色的鸠鸟栖落在汤的宫殿屋顶上，汤用弓箭射

击，将它捕获。于是命令小臣说："做成美味的羹，我要享用它。"汤外出去了某地。小臣做好羹，汤王的妻子纴伉对小臣说："让我品尝你的羹。"小臣不敢让她尝，说："君王会杀了我的。"纴伉对小臣说："你不让我尝，我不也会杀掉你吗？"小臣从堂下把羹送给纴伉，纴伉从小臣手中接过来品尝，于是目光明亮，天下四方之外没有什么是看不见的。小臣接过剩下的羹品尝，也变得目光明亮，天下四海之外没有什么是看不见的。汤回到宫中，小臣把羹献给他。汤生气地说："谁偷吃了我的羹？"小臣很害怕，于是逃往夏。汤于是诅咒他，小臣眼睛昏花并昏迷在路上，（醒来后）虽然能看见东西却不能说话。一群乌鸦想要把他吃掉。巫乌说："这是汤的小臣，不能吃掉他。夏王患有疾病，将要举行驱除疾病的祭祀，你们可以去吃他的祭品。"众乌于是向巫乌询问说："夏王得病是什么情况？"巫乌于是回答说："天帝命令两条黄色的蛇和两只白色的兔子居住在夏王寝宫的栋梁之上，它们把疾病降落给夏王，因此使夏王很快生病以至于不能识人。天帝命令土地神做了两个土丘，都位于夏王的床底下，向上刺向夏王的身体，因此使夏王的身体病痛，疼得不敢碰席子。"众乌于是飞走了。巫乌于是败坏小臣的喉咙和肠胃（使他吐出赤鸠之羹），小臣于是站起来继续赶路，见到了夏王。夏王说："你是谁？"小臣说："我是上天派来的巫师。"夏王于是向小臣询问说："如果你真的是上天派来的巫师，那么你知道我的疾病吗？"小臣说："我知道你的病。"夏王说："我的疾病是怎么回事？"小臣说："天帝命令两条黄蛇和两只白兔，居住在君王寝宫的栋梁上，它们把疾病降落在你身上，因此使你头晕眼花而不能识人。天帝命令土地神做了两个土丘，都位于君王的床底下，它们向上冲刺你的身体，因此让你头脑混乱感到心痛。君王如果拆掉房屋，杀死黄蛇和白兔，挖开土地铲除土丘，君王的疾病就会痊愈。"夏王于是听从小臣的话，拆掉房屋，杀死两条黄蛇和一只白兔；挖开土地，有两个土丘，于是把它们铲除掉。其中一只白兔没有抓到，于是在每间房屋外面建造矮墙，用来防御白兔。

【《赤鹄之集汤之屋》篇注释】

[1] 姚小鸥认为此句当在"曰"字后断句,读为:"曰:古有赤鹄"。①
姚说为是,此处当断句为:"曰:古……"作为讲述故事的开端用语。赤鹄:
《楚辞·天问》"缘鹄饰玉,后帝是飨"。侯乃峰则认为当读为"赤鸠",依
据是:"从古音上说,'咎'与'九'皆属见母幽部,较之于见母觉部的'告'
更为接近。而且,古代典籍中'咎'声之字与'九'声之字相通之例多
见。"②并且引《春秋繁露》云:"周将兴之时,有大赤鸟衔谷之种,而集王
屋之上者,武王喜。"与此处情节非常相似,从情节上分析,鸠鸟体型较
小,故而伊尹与汤后烹而尽食之,更符合故事逻辑发展。

[2]集:本义指鸟栖止于树,此处有栖居之义。《诗·唐风·鸨羽》:"肃
肃鸨羽,集于苞栩。"毛传:"集,止。"屋:指屋顶。《诗·豳风·七月》:
"昼尔于茅,宵尔索绹,亟其乘屋,其始播百谷。"《穀梁传·文公十三年》:
"大室屋坏者,有坏道也。"范宁注:"屋者,主于覆盖。"

[3]射:射箭。《易·解》:"公用射隼于高墉之上,获之,无不利。"
《诗·齐风·猗嗟》:"巧趋跄兮,射则臧兮。"《左传·成公十六年》:"潘尫
之党与养由基蹲甲而射之,彻七札焉。"《论语·述而》:"子钓而不纲,弋
不射宿。"获:猎得,猎捕。《易·巽》:"田获三品,有功也。"《墨子·大
取》:"意获也,乃意禽也。"《吕氏春秋·贵当》:"狗良则数得兽矣,田猎
之获常过人矣。"

[4]少臣:指伊尹。清华简《汤处于汤丘》亦称伊尹为小臣:"汤处于
汤丘,取妻于有莘。有莘媵以小臣,小臣善为食,烹之和。"

[5]脂:整理者认为通"旨",释为美味。《诗·小雅·鱼丽》:"君子
有酒,旨且多。"郑玄笺:"酒美而此鱼又多也。"《诗·小雅·鹿鸣》:"我
有旨酒,以燕乐嘉宾之心。"《论语·阳货》:"夫君子之居丧,食旨不甘,

---

① 姚小鸥、孟祥笑:《清华简〈赤鹄之集汤之屋〉开篇"曰"字的句读问题》,《中国
文化研究》2014年夏之卷。

② 侯乃峰:《〈赤鹄之集汤之屋〉的"赤鹄"或当是"赤鸠"》,《出土文献》2015年第1期。

闻乐不乐。"何晏集解："孔曰：旨，美也。"羹：用肉类或菜蔬等制成的带浓汁的食物，此处用作动词。《诗·商颂·烈祖》："亦有和羹。"孔颖达疏："羹者，五味调和。"

[6] 享：享受，受用。《左传·僖公二十三年》："保君父之命而享其生禄。"杜预注："享，受也。"《庄子·让王》："我享其利，非廉也。"

[7] 按：此处有缺文，当为地名。与下文所言"汤返廷"相对应。

[8] 后：君主，帝王。《尚书·汤誓》："我后不恤我众。"孙星衍疏："后者，《释诂》云：君也。"纴疕：指汤之妻有莘氏，传说伊尹为有莘氏之媵臣，故此不敢违抗她的命令。

[9] 昭然：明白的样子。《礼记·仲尼燕居》："三子者，既得闻此言也，于夫子，昭然若发蒙矣。"四荒：四方荒远之地。《楚辞·离骚》："忽反顾以游目兮，将往观乎四荒。"朱熹集注："故复反顾而将往观乎四方绝远之国。"《尔雅·释地》："觚竹、北户、西王母、日下，谓之四荒。"郭璞注："觚竹在北，北户在南，西王母在西，日下在东，皆四方昏荒之国，次四极者。"

[10] 四海：泛指四方极远之地，与上文所言"四荒"义同。《尚书·大禹谟》："文命敷于四海，祗承于帝。"《尚书·益稷》："予决九川，距四海。"孔传："距，至也。决九州名川，通之至海。"《孟子·告子下》："禹之治水，水之道也，是故禹以四海为壑。"《淮南子·俶真训》："神经于骊山、太行而不能难，入于四海、九江而不能濡。"《尔雅·释地》："九夷、八狄、七戎、六蛮，谓之四海。"

[11] 馈：进食于人。《周礼·天官·膳夫》："凡王之馈，食用六谷，膳用六牲。"郑玄注："进物于尊者曰馈。"孙诒让正义："此谓膳夫亲进馈于王也。"

[12] 洰：整理者读为"调"，似于文义不通，此处当指偷吃之义，疑当为"尝"字。

[13] 按：此处竹简有缺文，根据前后文义来看，所缺或为"诅"字，指汤通过巫祝之术诅咒小臣。《尚书·无逸》："民否则厥心违怨，否则厥

187

口诅祝。"孔颖达疏："诅祝，谓告神明令加殃咎也；以言告神谓之祝，请神加殃谓之诅。"《诗·小雅·何人斯》："及尔如贯，谅不我知。出此三物，以诅尔斯。"陆德明释文："以祸福之言相要曰诅。"

[14] 昧：目不明。《左传·僖公二十四年》："目不别五色之章为昧。"汉王充《论衡·状留》："目不在面而在于足，救昧不给，能何见乎！"寝：睡，卧。《诗·小雅·斯干》："乃寝乃兴，乃占我梦。"

[15] 疾：病，病痛。《尚书·金縢》："既克商二年，王有疾，弗豫。"抚：整理者释为安。楚：整理者释为酸辛痛苦之义。按：疑抚当读为祛，通"驱"，义为通过巫祝之术祛除疾病，与下文所言"食其祭"相符。

[16] 于：整理者训为往。祭：指祭祀使用的食物。

[17] 讯：整理者训为"问"。《诗·小雅·正月》："召彼故老，讯之占梦。"毛传："讯，问也。"

[18] 寝室：居室，寝宫。《礼记·表记》："诸侯非其国，不以筮，卜宅寝室。"栋：屋的正梁。《易·系辞下》："上古穴居而野处，后世圣人易之以宫室，上栋下宇，以待风雨。"《仪礼·乡射礼》："序则物当栋。"郑玄注："是制五架之屋也，正中曰栋，次曰楣，前曰庪。"下：降下。余：犹言遗，给予。《尚书·大诰》："宁王遗我大宝龟，绍天明即命。"

[19] 疾疾：整理者云第一个"疾"乃快速之义，第二个"疾"是指疾病。智：通"知"，认识。

[20] 帝：天帝。后土：指土地神。《周礼·春官·大宗伯》："王大封，则先告后土。"郑玄注："后土，土神也。"陵屯：陵，土山，《诗·小雅·天保》："如山如阜，如冈如陵。"毛传："大阜曰陵。"屯，聚集，积聚。《庄子·寓言》："火与日，吾屯也。"成玄英疏："屯，聚也。"陵屯犹言聚土为丘。

[21] 居：处在，处于。《易·乾》："是故居上位而不骄，在下位而不忧。"上：向上。刺：刺向，指向。

[22] 是：因此，由此。疴蓋：整理者释为病痛。

[23] 极：整理者释为至席：古代坐卧铺垫用具，由竹篾、苇篾或草编

织成的平片状物。《诗·邶风·柏舟》："我心匪席，不可卷也。"《史记·孙子吴起列传》："卧不设席，行不骑乘，亲裹赢粮，与士卒分劳苦。"此句意为不能安卧于席。

[24] 致：整理者释为居，似于文义不通。按：致，败坏。《书·洪范》："帝乃震怒，不畀洪范九畴，彝伦攸致。"孔传："致，败也。"指巫乌败坏小臣的喉、胃，使他吐出所食赤鸠之羹从而解除汤的诅咒。胸渭：喉胃。

[25] 尔惟谁：你是谁。

[26] 棼：纷乱，紊乱。《左传·隐公四年》："臣闻以德和民，不闻以乱。以乱，犹治丝而棼之也。"杜预注："棼，丝见棼缊，益所以乱。"眩：眼昏发花。《国语·周语下》："夫乐不过以听耳，而美不过以观目，若听乐而震，观美而眩，患莫大焉。"《战国策·燕策三》："左右既前斩荆轲，秦王目眩良久。"棼棼眩眩：犹言头脑纷乱眼睛昏花而不能识人。

[27] 甘心：整理者引《诗·卫风·伯兮》毛传："甘，厌也。"

[28] 发：挖掘。《战国策·赵策一》："董子之治晋阳也，公宫之垣，皆以狄蒿苦楚廧之，其高至丈余，君发而用之。"《汉书·刘向传》："发人之墓，其害多矣。"斩：通"堑"，挖掘。《墨子·备蛾傅》："斩城为基，掘下为室。"孙诒让《间诂》："斩，堑之省。"

[29] 鹰：整理者释为存。

[30] 埤：矮墙。

四、清华简《汤处于汤丘》篇译注

【《汤处于汤丘》篇原文】

汤处于汤丘 [1]，取妻于有莘。有莘媵以小臣 [2]，小臣善为食，烹之和 [3]。有莘之女食之，绝芳旨以粹 [4]，身体痊平 [5]，九窍发明 [6]，以道心嗌 [7]，舒快以恒 [8]。

汤亦食之，曰："允！此可以和民乎？"小臣答曰："可。"乃与小臣基

谋夏邦 [9]，未成，小臣有疾，三月不出。汤反复见小臣 [10]，归必夜。

方惟闻之乃箴 [11]："君天王，是有台仆 [12]。今小臣有疾，如使召 [13]，少闲于疾 [14]，朝而讯之 [15]，不犹受君赐？今君往不以时，归必夜，适逢道路之祟 [16]，民人闻之其谓吾君何？"

汤曰："善哉！子之云。先人有言 [17]：能其事而得其食 [18]，是名曰昌。未能其事而得其食，是名曰丧 [19]。必使事与食相当。今小臣能展彰百义 [20]，以和利万民，以修四时之政，以设九事之人 [21]，以长奉社稷，吾此是为见之。如我弗见，夫人毋以我为怠于其事乎 [22]？我怠于其事，而不知丧，吾何君是为？"

方惟曰："善哉！君天王之言也。虽臣死而又生，此言弗又可得而闻也。"

汤曰："善哉！子之云也。虽余孤之与上下交 [23]，岂敢以贪举 [24]？如幸余闲于天威 [25]，朕惟逆顺是图 [26]。"

汤又问于小臣："有夏之德何若哉？"

小臣答："有夏之德，使过以惑 [27]，春秋改则 [28]，民人趣忒 [29]，刑无攸赦 [30]，民人皆督偶离 [31]，夏王不得其图。"

汤又问于小臣："吾戡夏如台？"

小臣答："后固恭天威 [32]，敬祀，淑慈我民 [33]，若自事朕身已桀之疾 [34]，后将君有夏哉 [35]！"

汤又问于小臣："古之先圣人，何以自爱 [36]？"

小臣答："古之先圣人所以自爱，不事问，不处疑 [37]；食时不嗜饕 [38]，五味皆哉 [39]，不有所重 [40]；不服过文 [41]，器不雕镂 [42]；不虐杀；与民分利，此以自爱也。"

汤又问于小臣："为君奚若？为臣奚若？"

小臣答："为君爱民，为臣恭命 [43]。"

汤又问于小臣："爱民如台？"

小臣答曰："远有所亟 [44]，劳有所思，饥有所食，深渊是济，高山是逾，远民皆极 [45]，是非爱民乎？"

汤又问于小臣："恭命如台？"

小臣答："君既浚明 [46]，既受君命，退不顾死生 [47]，是非恭命乎？"

【《汤处于汤丘》篇今译】

汤居住在唐丘，从有莘国娶妻，有莘国把小臣作为陪嫁，小臣善于做饭，烹饪食物能够使味道调和。有莘之女吃过他做的食物，味道极其纯美芳香，身体痊愈平顺，九窍舒发通畅，内脏咽喉通达，持久感到舒服畅快。

汤也吃了他做的食物，说："确实好吃！可以用这烹饪之道来调和万民吗？"小臣说："可以。"于是与小臣一起谋划夺取夏的天下，还没有计划好，小臣生病了，三个月没有出门。汤多次去见小臣，每次都要深夜才回来。

方惟听说这件事就规劝说："您是国家君王，管着这些奴仆。如今小臣生病，派人前往召见，等病情稍微好转，前来朝见并询问他，不是也和受君王恩赐一样？如今您随时前去看望，总是深夜才回来，如果恰好在路途中遇到灾祸，百姓听说了会怎么说您呢？"

汤说："你所说的话很好啊！前人说过：有能力的人得到职位，这叫作昌盛；没有能力的人得到职位，这叫作衰败。必须使职位和能力相符合。如今小臣能够阐发所有道理，用来调和万民并为他们谋利，用来修正四时的政令，用来设置九种职位的官员，用来长久奉祀社稷，我是因为这些原因才去见他，如果我不去见他，百姓难道不会认为我是懒惰怠政吗？如果我懒惰施政而不知道国家衰败，我算是谁的君王呢？"

方惟说："君王您所说的话真好啊！臣子我就算死去再活过来，也没机会听到这些话啊。"

汤说："你说的话很好啊！虽然我独自与天地沟通，又岂敢因为贪婪而举兵？如果我有幸谙熟上天的权威，那我只能顺应天命。"

汤又向小臣问道："夏朝的国运是什么情况呢？"

小臣回答："夏朝的国运，施行乱政而使万民迷惑，一年到头不停改变政策，百姓无所适从，刑罚无所赦免，百姓混乱结伴叛逃，夏王恐怕不能统治他的国家了。"

汤说："我去平定夏邦怎么样？"

小臣回答说："您向来恭敬上天的权威，崇敬地进行祭祀，关心爱护我们的百姓，如果您派我亲自去医治夏桀的疾病，君王您将会成为夏邦的君主。"

汤又向小臣问道："古时候的圣贤，是怎么爱惜自己的？"

小臣回答说："古时候的圣贤爱惜自己，不任用昏聩之人，心中不存疑惑，饮食用时令食物而不嗜好珍馐，各种口味的食物都摆上，不偏重爱好某种口味的食物。不穿纹饰过分华丽的衣服，器物不作雕刻和装饰，不暴虐杀人，与人们共享财富，是这样爱惜自己的。"

汤又向小臣问道："当君王的该什么样？当臣子的该什么样？"

小臣回答说："君王应该爱惜百姓，臣子应该恭顺服从。"

汤又向小臣问道："爱惜百姓应该如何做？"

小臣回答说："远方的百姓有人爱护，劳苦的百姓有人惦念，饥饿的百姓都有饭吃，（百姓）渡过深渊，越过高山，远方的人民都来归顺，这难道不是爱惜百姓吗？"

汤又向小臣问道："恭顺服从应该怎么做？"

小臣回答说："君王如此睿智英明，只要是接受君王的命令，执行命令不考虑自己的生死，这难道不是恭顺服从吗？"

【《汤处于汤丘》篇注释】

[1] 处：居于，住在。《易·系辞下》："上古穴居而野处，后世圣人易之以宫室。"《庄子·至乐》："鱼处水而生，人处水而死。"《史记·樗里子甘茂列传》："昔曾参之处费，鲁人有与曾参同姓名者杀人。"汤丘：整理者读为"唐丘"，并疑为卜辞中所言"唐土"。沈建华、王宁、刘成群、王恩田等学者皆认为汤丘即"唐丘"，但对"唐丘"的位置持不同观点，王

宁认为在今河南商丘，整理者及沈建华、刘成群等学者则认为在今山西翼城，王恩田认为在今陕西始平附近。笔者认为王宁先生之说为是，"汤丘"当作"唐丘"，即在今河南商丘附近，因为下文所言汤娶妻于有莘氏，古有莘国当在今河南开封附近，而伊尹生于空桑，其地当在今河南长垣附近，从地理位置上来说唐丘、有莘、空桑均在今河南东部地区。按《太平寰宇记》云："空桑城在（开封府雍丘）县西二十里。"《左传·僖公二十八年》："晋侯登有莘之虚以观师。"所记城濮之战即发生在豫东地区。《史记·殷本纪》正义引《括地志》："古莘国在汴州陈留县东五里，故莘城是也。"陈留亦属豫东地区。今河南长垣县以厨师之乡闻名，并奉伊尹为祖师，这既与伊尹曾为庖厨的传说有关，也说明伊尹的传说在此地自古就流传甚广，影响深远，很可能伊尹的降生之地就在此，长垣地处豫东，古时当属有莘之国，因为伊尹曾为有莘女之媵臣。此外，黄河流经长垣县境内，传说中伊尹生于"水滨"应当是指出生于黄河之滨，在甲骨文中亦有称伊尹为"黄伊"之卜辞，如："贞呼黄多子出牛，侑于黄伊。"（《合集》3255）所谓"黄伊"当是因为伊尹出生地望在黄河之滨而据此称之。伊水虽属于黄河支流但并未流经长垣县境，"伊水"之说当是因为伊尹之姓氏而误传。

[2] 取：通"娶"，《周易·咸》："咸，亨利贞，取女，吉。"《史记·淮南衡山列传》："王后生太子迁，迁取王皇太后外孙修成君女为妃。"有莘：又作"有侁"，姒姓之国。《吕氏春秋·本味》："有侁氏女子采桑，得婴儿于空桑之中，献之其君，其君令烰人养之，察其所以然。曰其母居伊水之上孕……故命之口伊尹。"高诱注："侁，读曰莘。"《史记·殷本纪》："伊尹名阿衡。阿衡欲奸汤而无由，乃为有莘氏媵臣。"媵：指以臣仆陪嫁。《左传·僖公五年》："执虞公及其大夫井伯，以媵秦穆姬。"《史记·秦本纪》："既虏百里傒，以为秦缪公夫人媵于秦。"

[3] 小臣：身份低微的官吏，也用作官员谦称。《尚书·召诰》："（召公）拜手稽首曰：'予小臣敢以王之仇民百君子，越友民，保受王威命明德。'"烹：煮，《左传·昭公二十年》："水火醯醢盐梅，以烹鱼肉，燀之以薪。"

杜预注："烹，煮也。"和：调和，此处用作形容词，指食物的滋味调和。《周礼·天官·食医》："食医掌和王之六食、六饮、六膳、百羞、百酱、八珍之齐。"郑玄注："和，调也。"

[4] 绝：极，非常。《诗·小雅·正月》："终踰绝险，曾是不意。"芳旨：芳，香也；旨，味美。《诗·小雅·鱼丽》："君子有酒，旨且多。"郑玄笺："酒美而此鱼又多也。"《礼记·学记》："虽有嘉肴，弗食，不知其旨也。"《论语·阳货》："夫君子之居丧，食旨不甘，闻乐不乐。"何晏集解："孔曰：旨，美也。"粹：纯美。《后汉书·张衡传》："欻神化而蝉蜕兮，朋精粹而为徒。"李贤注："粹，美也。"

[5] 身体：指身体和四肢，全身。瘳：病愈。《庄子·徐无鬼》："今予病少瘳，予又且复游于六合之外。"成玄英疏："瘳，除也。"平：安，健康。

[6] 九窍：《周礼·天官·疾医》："两之以九窍之变。"郑玄注："阳窍七，阴窍二。"《楚辞·高唐赋》："九窍通郁，精神察滞。"发明：发，开启；明，通畅。

[7] 道：通"导"，通也。嗌：通"咽"，指咽喉。

[8] 舒：舒畅。快：畅快。恒：恒久，持久。

[9] 基：谋划。

[10] 反复：重复再三，犹言多次。《易·乾》："终日乾乾，反复道也。"朱熹本义："反复，重复践行之意。"《孟子·万章下》："君有大过则谏，反复之而不听，则易位。"

[11] 箴：规谏，告诫。《尚书·盘庚上》："无或敢伏小人之攸箴。"陆德明释文引马融曰："箴，谏也。"《左传·宣公十二年》："箴之曰：'民生在勤，勤则不匮。'"杜预注："箴，诫也。"

[12] 台仆：身份最低等级的奴仆。《左传·昭公七年》："天有十日，人有十等。下所以事上，上所以共神也。故王臣公，公臣大夫，大夫臣士，士臣皂，皂臣舆，舆臣隶，隶臣僚，僚臣仆，仆臣台。"

[13] 如：往，去。《左传·隐公六年》："郑伯如周，始朝桓王也。"召：召见。

[14] 少，稍微；闲，间隔，少闲，指间隔一段时日。

[15] 朝：朝见。讯：询问。

[16] 适逢：恰好遇上。崇：灾祸。

[17] 先人：前人，先祖。《尚书·多士》："惟尔知惟殷先人，有册有典。"

[18] 能：胜任。食：犹言俸禄。

[19] 丧：亡也，与"昌"相对而言，意义相反。

[20] 展：申发，阐发。彰：显明。百义：百为虚指，极言其多。

[21] 九事之人：整理者认为是指《周礼·大宰》所说"九职"，也可能是指"九主之事"，《史记·殷本纪》："伊尹处士，汤使人聘迎之，五反然后肯往从汤，言素王及九主之事。"

[22] 怠：懈怠，懒惰。《尚书·大禹谟》："汝惟不怠，总朕师。"孔传："汝不懈怠于位。"

[23] 孤：君王自称。《左传·庄公十一年》："孤实不敬，天降之灾，又以为君忧拜命之辱。"上下：犹言天地。《楚辞·天问》："遂古之初，谁传道之？上下未形，何由考之？"《后汉书·陈宠传》："方今圣德充塞，假于上下。"李贤注："上下，天地也。"

[24] 举：举兵。

[25] 闲：谙熟。

[26] 逆顺：此处为偏义复词，犹言"朕惟顺是图"，这句话的意思是说"我只能顺应天命"。《汉书·杨胡朱梅云传》："齐桓用其仇，有益于时，不顾顺逆。"

[27] 惑：迷惑，惑乱。

[28] 春秋：犹言四季，意为经常。改则：改变法则。

[29] 趣：通"趋"，适从。忒：疑惑，迷惑。

[30] 攸：语气助词，无实义。

[31] 瞀：混乱。偶离：结伴逃亡。

[32] 后：君王。固：副词，的确，确实。《孟子·梁惠王上》："然则

小固不可以敌大。"恭天威：恭敬上天之权威。

[33] 淑：善。慈：慈爱。

[34] 按：此句整理者断句在"朕身已"后，认为"朕身"是伊尹称汤爱民如爱己身。从上下文意来看，这句话是伊尹自荐前往夏邦为商汤谋事，清华简《赤鹄之集汤之屋》也详细记述了小臣（伊尹）前往夏为桀治病的故事，可与此对照。

[35] 君：此处用作动词，成为……的君王。有夏：夏邦。

[36] 自爱：爱惜自己。

[37] 问：简文原写作"睧"，整理者读为"问"。

[38] 时：按时。饕：贪食。

[39] 哉：通"载"，陈设，放置。《诗·大雅·旱麓》："清酒既载，骍牡既备，以享以祀，以介景福。"高亨注："载，设置。"《史记·礼书》："侧载臭茝，所以养鼻也。"司马贞索隐："载者，置也，言天子之侧常置芳香于左右。"

[40] 重：厚。

[41] 过文：过于华丽的纹饰。

[42] 雕镂：雕刻纹饰。《左传·哀公元年》："昔阖庐食不二味，居不重席，室不崇坛，器不彤镂，宫室不观，舟车不饰，衣服财用，择不取费。""彤"为"彫"之讹。

[43] 恭命：犹奉命。《尚书·甘誓》："左不攻于左，汝不恭命；右不攻于右，汝不恭命；御非其马之正，汝不恭命。用命赏于祖，弗用命戮于社。"

[44] 嫛：整理者释为爱。

[45] 极：整理者读为"至"，

[46] 浚明：睿智。

[47] 死生：偏义复词，犹言"不顾死"。

五、清华简《汤在啻门》篇译注

【《汤在啻门》篇原文】

正月己亥，汤在啻门 [1]，问于小臣："古之先帝亦有良言情至于今乎 [2]？"

小臣答曰："有哉。如无有良言情至于今，则何以成人？何以成邦？何以成地？何以成天？"

汤又问于小臣曰："几言成人？几言成邦？几言成地？几言成天？"

小臣答曰："五以成人，德以光之 [3]；四以成邦，五以相之 [4]；九以成地，五以将 [之] [5]；九以成天，六以行之 [6]。"

汤又问于小臣曰："人何得以生？何多以长？孰少而老？固犹是人，而一恶一好 [7]？"

小臣答曰："唯彼五味之气，是哉以为人 [8]。其末气，是谓玉种 [9]，一月始扬 [10]，二月乃裹 [11]，三月乃形 [12]，四月乃固 [13]，五月或收 [14]，六月生肉，七月乃肌，八月乃正 [15]，九月显章 [16]，十月乃成，民乃时生。其气晉歍发治 [17]，是其为长且好哉。其气奋昌，是其为当壮。气融交以备，是其为力。气促乃老，气徐乃猷 [18]，气逆乱以方 [19]，是其为疾殃。气屈乃终，百志皆穷。"

汤又问于小臣："夫四以成邦，五以相之，何也？"

小臣答曰："唯彼四神，是谓四正 [20]，五以相之，德、事、役、政、刑。"

汤又问于小臣："美德奚若？恶德奚若？美事奚若？恶事奚若？美役奚若？恶役奚若？美政奚若？恶政奚若？美刑奚若？恶刑奚若？"

小臣答："德浚明执信以义成 [21]，此谓美德，可以保成；德变亟执伪以亡成 [22]，此谓恶德，虽成又渎 [23]。起事有获，民长赖之，此谓美事；起事无获，病民无故，此谓恶事。起役时顺，民备不庸，此谓美役；起役不时，大费于邦，此谓恶役。政简以成，此谓美政；政祸乱以无常，民咸解体自恤 [24]，此谓恶政。刑轻以不方 [25]，此谓美刑；刑重以无常，此谓恶刑。"

汤又问于小臣："九以成地，五以将之，何也？"

小臣答曰："唯彼九神，是谓地真 [26]，五以将之，水、火、金、木、土，以成五曲 [27]，以植五谷。"

汤又问于小臣："夫九以成天，六以行之，何也？"

小臣答曰："唯彼九神，是谓九宏 [28]，六以行之，昼、夜、春、夏、秋、冬，各司不解，此惟事首，亦惟天道。"

汤曰："天尹 [29]，唯古之先帝之良言，则何以改之。"

【《汤在啻门》篇今译】

正月己亥日，汤在帝门，向小臣问话："古时候帝王的善言至今还有很有道理的吗？"

小臣回答说："有道理。如果不是古时候帝王的善言至今还很有道理，拿什么来成就人民？拿什么来成就国家？拿什么来成就上天？拿什么来成就大地？"

汤又问小臣说："成就人民的是几句话？成就国家的是几句话？成就上天的是几句话？成就大地的是几句话？"

小臣回答说："成就人的有五味，以道德来发扬光大；成就国家的有四神，通过五件事来辅助；成就大地的有九神，通过五行来扶持；成就上天的有九神，用六种时令来施行。"

汤又问小臣说："人是如何得以降生？增加了什么得以成长？缺少了什么而变得衰老？同样是一个人，为何身体有时变得坏有时变得好？"

小臣回答说："五味之气是产生人的开端，最终形成的气就是精气的种子，一月播下精种，二月生出胞衣，三月形成人形，四月胚胎稳固，五月吸收营养，六月生长身体筋肉，七月生长肌肤，八月完整成形，九月显出轮廓，十月胎儿育成，人们按照时间出生，他的气息充盈畅达，因此他成长并且健康，他的气息奋发昌盛，所以他会变得强壮。气息交融遍及全身，所以他会有力气。气息急促就会变得衰老。气息缓慢生命就停止了。气息逆行混乱就会伤害身体，所以人会患病。气息竭尽生命就结束了，所有的思虑都穷尽了。"

汤又问小臣说："成就国家的有四神，通过五件事来辅助，是什么样呢？"

小臣回答说："四神，说的就是四正，用五件事来辅佐他，道德、战事、劳役、政令、刑法。"

汤又问小臣说："美好的德行是什么样？不好的德行是什么样？美好的战事是什么样？不好的战事是什么样？美好的劳役是什么样？不好的劳役是什么样？美好的政令是什么样？不好的政令是什么样？美好的刑法是什么样？不好的刑法是什么样？"

小臣回答说："德行睿智英明秉持诚信而成就仁义之德，这叫作美好的德行，可以确保成功；德行诡变多端多行欺诈而造成道德败坏，这叫作不好的德行，就算能够成功也会最终崩坏；举行战事而有所收获，人民始终信赖，这叫作美好的战事；举行战事却没有收获，使人民疲惫却不知顾恤，这叫作不好的战事；发动劳役顺应农时，不征用人民的储备，这叫作美好的劳役；发动劳役不依农时，耗费国家巨大的财力，这叫作不好的劳役；政令简单便于实施，这叫作美好的政令；政令祸乱百姓而没有常规，人民身体懈怠自顾不暇，这叫作不好的政令。"

汤又问小臣说："成就大地的有九神，通过五行来扶持，是什么样呢？"

小臣回答说："九州之神，说的就是地祇。用五行来辅佐它，水、火、金、木、土，配合而成五个方位，用来种植五谷。"

汤又问小臣说："成就上天的有九神，用六种时令来施行，是什么样呢？"

小臣回答说："九天之神，说的就是九星。用六种时令来施行它，昼、夜、春、夏、秋、冬，各自掌管顺序而不懈怠，这是万事的开端，也是上天运行之道。"

汤说："天赐伊尹给我！古时候帝王所说的善言，没有什么是能够改变它的。"

【《汤在啻门》注释篇】

[1] 啻门：宫门之名称。王宁读为"帝门"，并认为"帝门当为汤都亳邑门名"。按：王说为是，"啻门"当读为"帝门"，如简文"己亥"之"亥"即写作"亥"，则"啻"可依例读为"帝"，且本篇所述为汤与小臣对话，对话的场所当是在汤之宫门。

[2] 先帝：指古时候的帝王。良言：善言，格言。情：简文原作"青"，整理者读为"情"，副词，确实。按："情"当释为道理，情理。《礼记·乐记》："礼者，殊事合敬者也；乐者，异文合爱者也。礼乐之情同，故明王以相沿也。"这句话是说，古时候帝王的良言至今还是很有道理吗。

[3] 五：下文所言"五味之气"。德：道德，品德。光：显耀，发扬。

[4] 四：下文所言"唯彼四神，是谓四正"。五：德、事、役、政、刑。

[5] 九：指下文所言"唯彼九神"。五：下文所说的"水、火、金、木、土"五行。将：辅助，扶持。"将"后当补"之"字。

[6] 九：指下文所言"唯彼九神，是谓九宏"。六：指下文所说的"昼、夜、春、夏、秋、冬，各司不解"。行：施行，运行。

[7] 生：降生，获得生命。何得以生，意为凭借什么获得生命。多：增加，增多。长：成长。何多以长，意为增加了什么而成长。少：减少，缺少。老：衰老。这句话是说人是因为缺少什么而变得衰老。固：读为"胡"，为什么。犹：同样的，同样是。一恶一好：一，犹言有。恶，指衰老。好，指成长。这句话的意思是说，为什么同一个人，却有衰老的时候也有成长的时候。

[8] 五味：指酸、苦、辛、咸、甘五种口味。哉：通"载"，开始，初始。

[9] 末：最终的，最后的，与前文所言"载"相对。玉种：男性之精气。

[10] 扬：种植，播种。此义从农民种植农作物的种子之义引申而来，

如《管子·牧民》："藏于不竭之府者，养桑麻，育六畜也。""扬"本有播种、播撒之义。

[11] 裹：包裹，指胎儿形成胎衣。

[12] 形：通"型"，指胎儿已初步成形。

[13] 固：稳固，稳定。

[14] 收：整理者读为"褎"，并据《诗·大雅·生民》郑注释为"枝叶长也"。按：收本义谓收敛，收纳，此处为吸收之义，指胎儿开始吸收母体的营养而生长。

[15] 正：整理者释为准确，定型。

[16] 显章：整理者释为近于成功。按：章通"彰"，"显章"即"显彰"，指九月婴儿体型较大，在外观上非常明显。

[17] 晉歔发治：整理者认为是指气之充盈畅达。

[18] 促：急促，短促。老：衰老。徐：缓慢。《庄子·天道》："斫轮徐则甘而不固，疾则苦而不入，不徐不疾，得之于手而应于心。"猷：停止，终结。

[19] 方：通"妨"，伤害。《老子》："难得之货令人行妨。"河上公注："妨，伤也。"《国语·越语下》："王若行之，将妨于国家。"韦昭注："妨，害也。"《文选》中陆机《文赋》："或辞害而理比，或言顺而义妨。"李善注："《说文》曰：'妨，害也。'"

[20] 四神，即四灵，指青龙、白虎、朱雀、玄武四种神灵，《礼记·礼运》："何谓四灵？麟、凤、龟、龙谓之四灵。"孔颖达疏："以此四兽皆有神灵，异于他物，故谓之灵。"明代邢云路《古今律历考》卷八："龙、虎、鸟、龟，四时四神也，日行乘六甲，历四时，周而复始，以成岁事。"古人常以四神配四方或四时。四正：指《周易》中的四个正卦，即坎、离、震、兑，或用以分主四时：坎主冬，离主夏，震主春，兑主秋；或用以分主四方：坎主北，离主南，震主东，兑主西。《魏书·律历志上》："推四正卦术曰：因冬至大小馀，即坎卦用事日；春分，即震卦用事日；夏至，即离卦用事日；秋分，即兑卦用事日。"按：四神（四灵）与四正皆用以配四

方格方位及四季时令，是制定历法的重要依据，而历法是国家运行的基本律历，因而说"四以成邦"。

[21] 浚：睿智。

[22] 变：变诈。《逸周书·文政》："九丑：思勇丑忘，思意丑变。"朱右曾校释："变，犹诈也。"亟：疾速，《诗·豳风·七月》："亟其乘屋，其始播百谷。"郑玄笺："亟，急。"整理者释为急躁，不确。此处"变亟"犹言"诡诈多变"，是变化非常快的意思。伪：奸伪，欺诈，"执伪"与前文"执信"相对而言。《尚书·周官》："恭俭惟德，无载尔伪。"孔传："言当恭俭惟以立德，无行奸伪。"《孟子·滕文公上》："从许子之道，相率而为伪者也，恶能治国家？"

[23] 渎：败乱，混杂。《逸周书·文酌》："七事：一腾咎信志，二援拔渎谋，三聚疑沮事。"朱右曾校释："渎，败乱也。"

[24] 解体：整理者释为人心散乱。

[25] 方：通"妨"，伤害。

[26] 九神：整理者释为九地之神。地真：指地祇。按：先秦地分九州，传说大禹铸九鼎以象天下，所以这里的九神可能就是指九州之神，也就是所谓的地真（地祇）。

[27] 五曲：曲通"区"，五曲就是指四方与中央共五个方位，古人即以五行与五方相配。

[28] 九神：指九天之神，与前文所言地之九神相对应。《楚辞·九叹·远游》："征九神于回极兮，建虹采以招指。"九宏：指九星，《逸周书·小开武》："三极：一，维天九星；二，维地九州；三，维人四左。"陈逢衡注："九星，谓九天之星，指二十八宿言，或曰即天璇、天枢、天机、天权、天衡、开扬、瑶光及左辅、右弼。"[①]

[29] 天尹：指天赐伊尹。

---

① 黄怀信：《逸周书汇校集注》，上海古籍出版社 2007 年版，第 274 页。

六、清华简《厚父》篇译注

【《厚父》篇原文】

□□□□，王监劼绩 [1]，闻前文人之恭明德 [2]。

王若曰："厚父！遹闻禹□□□□□□□□□□□川 [3]，乃降之民 [4]，建夏邦。启惟后 [5]，帝亦弗巩启之经德 [6]，少命皋繇下为之卿事 [7]，兹咸有神 [8]，能格于上 [9]，知天之畏哉 [10]，闻民之若否 [11]，惟天乃永保夏邑。在夏之哲王 [12]，乃严寅畏皇天上帝之命 [13]，朝夕肆祀 [14]，不盘于康 [15]，以庶民惟政之恭 [16]，天则弗斁 [17]，永保夏邦。其在时后王之卿或 [18]，肆祀三后 [19]，永叙在服 [20]，惟如台 [21]？"

厚父拜手稽首 [22]，曰："者鲁，天子 [23]！古天降下民，设万邦，作之君，作之师，惟曰其助上帝乱下民 [24]。之匿王乃竭失其命 [25]，弗用先哲王孔甲之典刑 [26]，颠覆厥德 [27]，沉湎于非彝 [28]，天乃弗若 [29]，乃坠厥命，亡厥邦。惟时下民共帝之子 [30]，咸天之臣民，乃弗慎厥德 [31]，用叙在服。"

王曰："钦之哉，厚父！惟时余经念乃高祖，克宪皇天之政功 [32]，乃虔秉厥德，作辟事三后 [33]，肆如其若龟筮之言，亦勿可专改 [34]。兹小人之德 [35]，惟如台？"

厚父曰："呜呼，天子！天命不可漗 [36]，斯民心难测，民式克恭心敬畏 [37]，畏不祥 [38]，保教明德 [39]，慎肆祀。惟所役之司民 [40]，启之民其亡谅 [41]。乃弗畏不祥，亡显于民 [42]，亦惟祸之攸及 [43]，惟司民之所取。今民莫不曰余保教明德，亦鲜克以诲 [44]。曰民心惟本，厥作惟叶 [45]，矧其能丁良于友人 [46]，乃宣淑厥心 [47]。若山厥高，若水厥渊 [48]，如玉之在石，如丹之在朱，乃是惟人曰天监司民 [49]，厥征如左之服于人 [50]。民式克敬德，毋湛于酒 [51]。民曰惟酒用肆祀 [52]，亦惟酒用康乐。曰酒非飤 [53]，惟神之飨 [54]。民亦惟酒用败威仪［55］，亦惟酒用恒狂［56］。"

【《厚父》篇今译】

（某年某日），王视察治理政事的良好成绩，询问古代有文德之人的圣明之德。

王说："厚父！听说大禹……（治理）河川，于是把万民赐予他，建立了夏王朝。启成为君王，天帝也不认为启具备常德，不久之后命令皋陶去做他的卿士。这都是有神灵（保佑），（使他们）能够通达上天，知道上天的权威，了解万民之善恶，只有天帝永远护佑夏王朝。夏王朝的圣贤君王，于是恭肃敬畏皇天上帝的命令，始终按时举行祭祀，不沉溺于享乐，率领黎民恭敬执政，所以天帝不会厌弃，永远保佑夏王朝。在其后的君王享国之时，祭祀三位先君，始终恪守职事。究竟是什么情况呢？"

厚父叩首敬拜说："都！天子！古时候天帝降赐百姓，设立天下万邦，赐给他们君王，赐给他们师傅，他们的职责就是帮助天帝治理百姓。邪恶的君王则丧尽天命，不使用圣王孔甲的法典和刑罚，颠倒混乱他的道德，沉湎于不道德的行为，上天不会赦免他，于是夺取他的性命，灭亡他的国家。天下万民都是上帝的子嗣，都是上天的臣民，无不谨慎恪守道德，始终奉守他们的职责。"

王说："要恭敬啊！厚父！我时常怀念高祖，能够效法皇天上帝的功绩，于是虔诚地秉持道德，侍奉三位先王，按照龟筮占卜所说去举行祭祀，不敢独断更改，这是小人的道德，（治理万民）究竟应该怎么做呢？"

厚父说："呜呼！天子！天命不可荒废，民心难以探测。希望民众能够内心恭顺、保持尊敬，畏惧不祥之灾，守护效法圣明之德，谨慎地进行祭祀，必须对君王所管理的百姓进行启发，（使他们明白）百姓如果丧失道德，就会不畏惧不祥之祸，上天之德就不再显耀于民，灾祸很快就会降临其身，这是民众咎由自取。到这时百姓都说我愿意守护效法圣明之德，也没有人能够后悔了。所以说只有民心才是根本，民众作出的事情都是细枝末节，为何有人能够比友人更强大？是因为他一直怀有善良之心，他的道德像高山一样高，像深渊一样深，像美玉在石头之间，像丹砂在普通的红色颜料之间，所以这个人被称为上天派来监视管理人民的人，让他登上臣位辅佐君王。希望百姓能够崇尚道德，不要沉湎于饮酒，人们都说酒可以用来祭祀，也可以用来享乐。说酒不是用来喝的，是用来献祭给神灵的，人们说饮酒会败坏威仪，饮酒也会使人癫狂。"

【《厚父》篇注释】

[1] 监：察看，督察。《尚书·吕刑》："上帝监民，罔有馨香。"孔传："天视苗民无有馨香之行。"《孟子·公孙丑下》："周公使管叔监殷，管叔以殷畔。"劼：整理者读为"嘉"。嘉，善，美好。《诗·豳风·东山》："其新孔嘉，其旧如之何？"郑玄笺："嘉，善也。"《尔雅·释诂》："绩，成也。"《广韵·锡韵》："绩，功业也。"按：首句有缺文四字，从其他文献惯例及本篇文义来看，或为交代时间背景，如"惟王某年"。

[2] 闻：听说。前文人：前代有文德的人。《尚书·文侯之命》："汝肇刑文武，用会绍乃辟，追孝于前文人。"孔传："追孝于前文德之人。"恭明德：意为崇尚圣明之德。

[3] 遹：句首语气助词，无实义。《诗·大雅·文王有声》："遹求厥宁，遹观其成。"整理者认为残缺十字当为禹之事迹，如《遂公盨》云："天命禹敷土，堕山，浚川。"按：或可据《遂公盨》将此句缺文拟补为："遹闻禹受命于天，敷土，堕山，浚川。"

[4] 降：赐予，《尚书·大禹谟》："民弃不保，天降之咎。"整理者认为此句是说（天）乃降之（禹）民，如《遂公盨》所言："大命禹敷土……降民监德。"其说可从。本句意为上天把万民赐予大禹。

[5] 启，即夏启。《史记·夏本纪》："禹子启贤，天下属意焉。及禹崩，虽授益，益之佐禹日浅，天下未洽。故诸侯皆去益而朝启，曰：'吾君帝禹之子也。'于是启遂即天子之位，是为夏后帝启。夏后帝启，禹之子，其母涂山氏之女也。"惟：作，为。《尚书·益稷》："万邦黎献，共惟帝臣。"后：君王，帝王。

[6] 毛公鼎:"不(丕)巩先王配命。"《诗·大雅·瞻卬》:"无不克巩",毛传:"巩,固也。"经德:常德。《孟子·尽心下》:"经德不回",朱熹集解:"经,常也。"

[7] 少:稍后,不久。命:命令。皋陶:《史记·夏本纪》:"帝禹立而举皋陶荐之,且授政焉,而皋陶卒。"《尚书·舜典》:"帝曰:'皋陶,蛮夷猾夏,寇贼奸宄,汝作士。'"《论语·颜渊》:"舜有天下,选于众,举皋陶,不仁者远矣。"卿事:为官名,又作"卿士"。金文中见于番生簋(《集成》4326)等。《今本竹书纪年》云:"元年乙亥,王即位,居亳。命卿士伊尹。"《伊训》:"卿士有一于身,家必丧;邦君有一于身,国必亡。"

[8] 兹:此。咸:皆。有,助词。神:神灵。《尚书·武成》:"惟尔有神,尚克相予。"孔传:"神庶几助我。"《大戴礼记·少间》:"故天子昭有神于天地之间,以示威于天下也。"

[9] 格:通"达",感通。《尚书·说命下》:"佑我烈祖,格于皇天。"《尚书·君奭》:"格于皇天。"

[10] 畏:敬畏。《诗·周颂·我将》:"畏天之威。"《尚书·皋陶谟》:"天明畏。"《经典释文》:"马本畏作威。"

[11] 若否:善恶,先秦习语,《诗·大雅·烝民》:"邦国若否。"郑玄笺:"若否,犹臧否,谓善恶也。"清华简《芮良夫毖》:"间隔若否。"

[12] 夏邑:指夏朝,与下文所言"永保夏邦"同义。哲王:指贤明的君王。《书·康诰》:"往敷求于殷先哲王。"《书·酒诰》:"在昔殷先哲王迪畏天。"《书·召诰》:"兹殷多先哲王在天。"《书·皋陶谟》:"知人则哲。"

[13] 严:尊敬。《诗·商颂·殷武》:"天命降监,下民有严。"毛传:"严,敬也。"《玉篇》:"严,敬也。"寅:恭敬。《尔雅·释诂》:"寅,敬也。"《书·无逸》:"严恭寅,畏天命。"班固《封燕然山铭》:"寅亮圣皇,登翼王室。"畏:敬畏。

[14] 朝夕:谓经常、恒久之义。《书·说命上》:"朝夕纳诲,以辅台德。"《诗·小雅·北山》:"偕偕士子,朝夕从事。"肆祀:祭祀之名,《书·牧誓》:"今商王受惟妇言是用,昏弃厥肆祀弗答,昏弃厥遗王父母

弟不迪。"《史记·周本纪》作"自弃其先祖肆祀不答"。裴骃集解引郑玄曰："肆，祭名。"

[15] 盘：娱乐，欢乐。《书·无逸》："文王不敢盘于游田。"孔颖达疏引《尔雅·释诂》："盘，乐也。"康，安乐。《诗·唐风·蟋蟀》："无已大康。"陈曼簠（《集成》4595）："齐陈曼不敢逸康。"

[16] 以，率领。庶民：百姓，平民。《诗·大雅·灵台》："庶民攻之，不日成之。"惟政之恭：义为以政为恭。政是恭的宾语，通过"之"字前置。

[17] 弗致：犹言无厌。致，厌弃；厌倦。《诗·周南·葛覃》："为绤为绤，服之无致。"毛传："致，厌也。"

[18] 卿或：整理者认为，"卿或"读为"享国"，犹云在位，词见《书·无逸》。

[19] 肆祀：祭祀之名，见前文注释。三后：根据文义当是指夏代的三位贤君，笔者认为即是前文所说的禹、启、皋陶三人。

[20] 叙：次序，次第。《书·舜典》："纳于百揆，百揆时叙。"孔颖达疏："于是皆得次序，无废事也。"《周礼·地官·乡师》："凡邦事，令作秩叙。"郑玄注："叙，犹次也。"服：职事，职位。《诗·大雅·荡》："曾是在服。"班簠："登于大服。"

[21] 如台：奈何，如何。《书·汤誓》："夏罪其如台。"《书·盘庚上》："卜稽曰其如台。"《高宗肜日》："其如台。"《西伯戡黎》："今王其如台。"

[22] 拜手稽首：指跪拜行礼。《书·太甲中》："伊尹拜手稽首。"孔传："拜手，首至手。"《汉书·郊祀志下》："尸臣拜手稽首曰：'敢对扬天子丕显休命。'"

[23] 者鲁：语气词，表示感叹的语气。李学勤认为相当于《尚书》中的叹词"都"，《书·皋陶谟》："皋陶曰：都！在知人，在安民。"①

[24] 降：降临。作：设立，安排。君：君王。师：军队，《诗·秦风·无衣》："王于兴师，修我戈矛，与子同仇。"《左传·僖公元年》："公

---

① 李学勤：《清华简〈厚文〉与〈孟子〉引〈书〉》，《深圳大学学报》2015年第3期。

子友帅师败莒师于犁。"乱：治理。按：此句又见于《孟子·梁惠王下》："《书》曰：天降下民，作之君，作之师，惟曰其助上帝宠之。四方有罪无罪惟我在，天下曷敢有越厥志？"

[25] 慝：邪恶。《孟子》："师行而粮食，饥者弗食，劳者弗息，睊睊胥谗，民乃作慝。"按：亦有学者认为"之慝"二字当连上句，读为"惟曰其助上帝乱下民之慝"，意为协助天帝治理邪恶之民，句义亦可通，可备一说。失其命：指失去天命。

[26] 孔甲：夏代君王，《史记·夏本纪》："帝廑崩，立帝不降之子孔甲，是为帝孔甲。帝孔甲立，好方鬼神，事淫乱。夏后氏德衰，诸侯畔之。"《左传·昭公二十九年》孔颖达疏引《帝王世纪》："少康子帝杼……至帝孔甲。孔甲，不降子。"杜预注："孔甲，少康之后九世君也。其德能顺于天。"典刑：常刑。《书·舜典》："象以典刑。"孔传："象，法也。法用常刑，用不越法。"《书·舜典》："象以典刑。"《诗·大雅·荡》："虽无老成人，尚有典刑。"

[27] 颠覆：颠倒失序。《书·胤征》："惟时羲和，颠覆厥德，沈乱于酒，畔官离次。"《墨子·非儒下》："颠覆上下，悖逆父母。"《诗·抑》："颠覆厥德。"

[28] 沉湎：沉迷，沉溺。《书·酒诰》："罔敢湎于酒。"孔传："无敢沉湎于酒。"《穀梁传·僖公十九年》："梁亡，自亡也。如加力役焉，湎不足道也。"《礼记·乐记》："慢易以犯节，流湎以亡本。"非彝：指非常、非法。《书·召诰》："其惟王勿以小民淫用非彝。"《书·酒诰》："诞惟厥纵淫泆于非彝。"清华简《皇门》："乃维急急胥驱胥教于非彝。"

[29] 若：通"赦"。

[30] 共：都。《礼记·内则》注"犹皆也"，与下"咸"字同义。

[31] 慎：谨慎，慎重。厥：其。

[32] 经：恒，常。《孟子·尽心下》："经德不回"，朱熹集注："经，常也。"克：能够。宪：效法。政功：施政之功绩。

[33] 虔：恭敬，诚心。《左传·庄公二十四年》："女贽，不过榛栗枣

脩，以告虔也。"杜预注："虔，敬也。"作：从事，《书·酒诰》："作稽中德。"辟事，侍奉之意。

[34] 肆：句首助词。龟筮之言：占卜吉凶之言辞，《书·大禹谟》："鬼神其依，龟筮协从。"蔡沈集传："龟，卜；筮，蓍。"专改，擅改。

[35] 小人：谦称，无贬义。《左传·隐公元年》："小人有母，皆尝小人之食矣。"

[36] 灋，读为"法"，废弃之义。《书·大诰》："予惟小子不敢替上帝命"，孔传："不敢废天命。"

[37] 式：整理者认为"式"用在动词前可以表示盼望、希望的语气，可从。

[38] 不祥：不善。《书·君奭》："我亦不敢知曰，其终出于不祥。"孔传："言殷纣其终坠厥命，以出于不善之故。"《墨子·天志中》："且夫天下盖有不仁不祥者。"

[39] 保：保卫，护卫。教：效法，效仿。明德，完善的德行。

[40] 司民：管理百姓万民，犹《管子》所云"牧民"。《书·酒诰》："勿辩乃司民湎于酒。"孔传："勿使汝主民之吏湎于酒。"《墨子·天志中》："以临司民之善否。"

[41] 谅：诚信，诚实。《礼记·内则》："朝夕学幼仪，请肄简谅。"郑玄注："谅，信也。"

[42] 亡：丧失，《庄子·骈拇》："臧与谷二人相与牧羊，而俱亡其羊。"显：明，光明。《书·太甲上》："先王昧爽，丕显，坐以待旦。"孔传："爽、显，皆明也。"《诗·大雅·抑》："无曰不显，莫予云觏。"郑玄笺："显，明也。"

[43] 攸：助词。攸及：所及。

[44] 海，通"谋"。

[45] 本：根本，《书·五子之歌》："皇祖有训，民可近，不可下，民为邦本，本固邦宁。"《论语·学而》："君子务本。"作：行为，作为。叶：枝叶，与"本"相对而言，犹言本末。

[46] 矧：况且，而况。《书·康诰》："矧惟不孝不友。"《书·大诰》："厥

子乃弗肯堂，矧肯构?"孔传:"子乃不肯为堂基，况肯构立屋乎?"丁:强盛，强壮。《史记·律书》:"丁者，言万物之丁壮也。"

[47]宣:读为"桓"，大也。《诗·商颂·长发》:"玄王桓拨。"毛传:"桓，大。"淑:善良，《尔雅·释诂》:"淑，善也。"

[48]渊:深也。有学者认为"厥"可释为"之"。按:厥，通"其"，他的，此句为倒装句式，意为"厥高若山，厥渊若水"。

[49]《书·高宗肜日》:"惟天监下民。"

[50]升:登也，意为使其登上辅佐君王的职位。左:此处当读为"佐"，辅佐之义。

[51]湛:沉湎。《书·酒诰》:"罔敢湎于酒"，"勿辨乃司民湎于酒。"

[52]肆祀:祭祀之名。《书·酒诰》:"朝夕曰:祀兹酒。"孔传:"惟祭祀而用此酒，不常饮。"

[53]飤:读为"食"。

[54]惟神之飨:惟(以酒)飨之以神。飨:通"享"，祭祀，祭献。《礼记·郊特牲》:"蜡也者，索也，岁十二月，合聚万物而索飨之也。"郑玄注:"飨者，祭其神也。"

[55]败:败坏，损坏，马王堆汉墓帛书《战国纵横家书·苏秦谓齐王章》:"王必毋以竖之私怨败齐之德。"威仪:庄重的仪容举止。《书·顾命》:"思夫人自乱于威仪。"孔传:"有威可畏，有仪可象。"

[56]恒:常。狂:迷惑。《诗·小雅·桑柔》:"自有肺肠，俾民卒狂。"郑玄笺:"自有肺肠行其心中之所欲，乃使民尽迷惑也。"《吕氏春秋·大乐》:"为圣人，故知一则明，明两则狂。"

七、清华简《傅说之命》篇译注

【《傅说之命》上篇原文】

惟殷王赐说于天[1]，庸为失仲使人[2]。

王命厥百工向 [3]，以货徇求说于邑人 [4]。惟弼人得说于傅岩 [5]，厥俾绷弓 [6]，引关辟矢 [7]。

说方筑城 [8]，滕降庸力 [9]，厥说之状 [10]，鸢肩如椎 [11]。

王乃讯说曰 [12]："帝抑尔以畀余，抑非 [13]？"

说乃曰："惟帝以余畀尔，尔左执朕袂，尔右稽首。"[14]

王曰："亶然 [15]。天乃命说伐失仲。"

失仲是生子，生二牡豕 [16]。失仲卜曰："我其杀之？我其已，勿杀？""勿杀是吉 [17]。"失仲违卜 [18]，乃杀一豕。

说于庸伐失仲 [19]，一豕乃旋保以逝 [20]，乃践 [21]，邑人皆从，一豕随仲之自行 [22]，是为赦俘之戎 [23]。

其惟说邑，在北海之州，是惟圜土 [24]。

说来，自从事于殷，王用命说为公 [25]。

【《傅说之命》上篇今译】

殷王受赐傅说于上天，傅说最初是失仲的役使之人。

殷王命令百工（为傅说）画像，用财物在民间寻求傅说。最终弼人在傅岩找到傅说，将弓弦绷紧，并拉弓引箭。

傅说当时正在修筑城墙，用绳索吊着劳作。傅说的外貌看起来弓着肩膀好像木椎一样。

殷王于是诏见傅说问他："天帝把你赐给我，是这样的吗？"

傅说回答："确实是天帝把我赐给你的，当时你从左边拉着我的衣袖，从右边向天帝稽首跪拜。"

殷王说："确实是这样。天帝命你去讨伐失仲。"

失仲刚好得子，生下两只公猪。失仲占卜问道："我是应该杀掉他们呢？还是应该住手不杀他们？"占卜的结果是："不杀是吉祥的。"失仲违背占卜结果，杀掉了一只公猪。

傅说在围之地攻打失仲，一只公猪保卫失仲突围逃跑。傅说于是翦灭失仲之国，国邑之民皆顺服。一只公猪自己跟着失仲随行，这就是后来的

"赦俘之戎"。

傅说的封邑在北海之洲，这里是狱城的所在。

傅说归来，亲自服事殷王，殷王任命傅说为三公。

【《傅说之命》上篇注释】

[1] 殷王：《尚书·无逸》："周公曰：呜呼！我闻曰：昔在殷王中宗，严恭寅畏，天命自度，治民祗惧，不敢荒宁。"又云："周公曰：呜呼！自殷王中宗，及高宗，及祖甲，及我周文王，兹四人迪哲。"此处殷王当指殷高宗武丁，言高宗受上天降赐傅说为贤臣。

[2] 庸：通"用"。失仲：关于失仲的解释主要有以下几种观点：（一）"失仲"为"佚侯"。赵平安先生持此说。① 廖名春、赵晶亦从此说，认为"失仲"当读为"佚仲"，其人排行第二，故称"仲"。② （二）"失仲"为"羌龙"。王宁认为，卜辞的"羌龙"或许和"失仲"有关，"失仲"即"羌龙"的音转或讹变。（三）"失仲"为"豕仲"。张卉认为，"失仲"是"失"国首领，"失"国即"豕"国，是"豕韦"的简称。③ 使人：役使之人。

[3] 百工：殷商时期职官名称，此处当指画师，即《周礼》所云"设色之工"。《周礼·考工记》云："国有六职，百工与居一焉。……审曲面埶，以饬五材，以辨民器，谓之百工。"又云："知者创物。巧者述之守之，世谓之工。百工之事，皆圣人之作也。……凡攻木之工七，攻金之工六，攻皮之工五，设色之工五，刮摩之工五，搏埴之工二。"其中"设色之工"的职责包括："画、缋、钟、筐、幌。"向，通"像"，指画像。传说武丁梦见天赐贤臣名为傅说，遂以梦中所见，画像求之。《史记·殷本纪》云："武丁夜梦得圣人，名曰说。以梦所见视群臣百吏，皆非也。于是乃使百

---

① 按：赵平安《从失字的释读谈到商代的佚侯》一文通过对甲骨文"失"字形演变推断其所指为佚侯，见赵平安：《金文释读与文明探索》，上海古籍出版社2011年版，第160页。

② 廖名春、赵晶：《清华简〈说命（上）〉考释》，《史学史研究》2013年第2期。

③ 张卉：《清华简〈说命上〉"说于围伐失仲"考》，《考古与文物》2017年第2期。

工营求之野，得说于傅险中。”

[4] 货：《说文》：“财也。”《书·洪范》：“一曰食，二曰货。”孔颖达疏：“货者，金玉布帛之总名。”徇：寻求。邑人：封地上的人。《易·比》：“邑人不诫，上使中也。”《左传·哀公十六年》：“子木暴虐于其私邑，邑人诉之。”此处泛指殷商之国民。

[5] 弼人：职官之名，整理小组认为弼人当为与制弓有关的职官。《书·益稷》：“惟几惟康，其弼直。”孔传：“念虑几惟，以保其安，其辅臣必用直人。”得：傅岩：地名，又称为傅险。屈原《离骚》：“说操筑于傅岩兮，武丁用而不疑。”《墨子·尚贤下》：“昔者傅说居北海之洲，圜土之上，衣褐带索，庸筑于傅岩之城。”《书·说命上》：“说筑傅岩之野。”孔传：“傅氏之岩在虞虢之界，通道所经，有涧水坏道，常使胥靡刑人筑护此道。说贤而隐，代胥靡筑之，以供食或亦有成文也。”《史记·殷本纪》：“得说于傅险中。是时，说为胥靡，筑于傅险。”司马贞索隐：“旧本作‘险’，亦作‘岩’也。”张守节正义引《地理志》：“傅险即傅说版筑之处，所隐之处窟名圣人窟，在今陕州河北县北七里，即虞国、虢国之界。又有傅说祠。”清顾祖禹《读史方舆纪要·山西三·平阳府》：“傅岩，县（平陆县）东三十五里，即殷相傅说隐处，俗名圣人窟。其地亦曰隐贤社。”

[6] 厥：其。整理小组云当训为“将”。俾：使。《书·汤诰》：“俾予一人，辑宁尔邦家。”《诗·邶风·绿衣》：“我思古人，俾无訧兮。”毛传：“俾，使。”绷：束缚，捆绑。《说文》：“束也。”

[7] 引关：引弓。《左传·昭公二十一年》：“将注，豹则关矣。”杜预注：“关，引弓。”辟矢：整理小组认为即《周礼》之“痺矢”。

[8] 方：正在。筑城：建造城墙。《诗·大雅·文王有声》：“筑城伊淢，作丰伊匹。”《孟子·公孙丑下》：“三里之城，七里之郭，环而攻之而不胜。”

[9] 滕：绳索。庸：劳动。《诗·王风·兔爰》郑玄笺：“庸，劳也。”胡敕瑞认为，滕降读为“腾降”，即升降之义，腾降用力即上下用力，描述傅说版筑用力之状。廖名春亦从此说。也有学者认为，《墨子》所云傅

说"庸筑乎傅岩"是指傅岩受人雇佣："此庸与佣（佣）通，是说傅说为人雇佣，代服刑役。《韩非子·难言》称'傅说转鬻'，王先慎集解云：'转次而佣，故曰鬻。'也是说傅说受雇于人，代为役作。"①

[10] 厥：其。状：外貌。

[11] 椎：捶击的工具，亦为兵器。《庄子·外物》："儒以金椎控其颐，徐别其颊，无伤口中珠。"《墨子·备城门》："门者皆无得挟斧、斤、凿、锯、椎。"《荀子·非相》云："傅说之状，身如植鳍。"王先谦《集解》引郝懿行云："鳍在鱼之背，立而上见，驼背之人似之。"《广雅·释器》："柊楑，椎也。齐谓之终葵。"是一种圆头的木棒，即后世所云棒槌，此句意为傅说样子是鸢肩，整个身体像棒槌。

[12] 讯：传召，诏见。

[13] 畀：赐予，赐给。抑：选择连词。

[14] 帝：天帝。余、朕：我。蔡丽利、谭生力指出，简文中傅说在商王武丁面前自称余、朕，但是决不能称字，这符合商周时期"君前臣名"的礼制。② 稽首：古代敬拜之礼。陈澔云："稽首者，诸侯于天子、大夫士于其君之礼也。然君于臣亦有稽首，《书》称太甲稽首于伊尹，成王稽首于周公是也。"③ 按清华简《祭公》篇亦有"祭公拜手稽首""公懋拜手稽首""王拜稽首举言"之语，可见君臣皆可互致稽首之礼，可为例证。清华简《厚父》篇亦有"厚父拜手稽首"之语。

[15] 亶：诚，信。《书·泰誓上》："亶聪明，作元后。"孔传："人诚聪明，则为大君。"《诗·小雅·常棣》："是究是图，亶其然乎？"毛传："亶，信也。"

---

① 杜勇：《〈古文尚书·说命〉真伪与傅说身份辨析》，《天津师范大学学报（社会科学版）》2009 年第 5 期。

② 蔡丽利、谭生力：《清华简〈说命〉相关问题初探》，《古籍整理研究学刊》2014 年第 2 期。关于这一问题的讨论可参看虞万里：《商周称谓与中国古代避讳起源》，《传统中国研究集刊》第一辑，第 110 页。

③ 顾炎武：《日知录》，上海古籍出版社 2006 年版，第 175 页。

[16] 李锐认为"天乃命说伐失仲"非王之语，杨蒙生、廖名春亦同此说，但廖名春怀疑"天"为"而"字形近之讹，认为此句当作"而乃命说伐失仲"。可备一说。失仲是生子：廖名春、杨蒙生认为"是"当读为"氏"，李锐则认为"是"读为"时"。① 按马王堆帛书《战国纵横家书》中"智氏""赵氏""安陵氏"之"氏"皆写作"是"，上博简《容成氏》"仓颉氏"写作"仓颉是"，银雀山竹简《孙膑兵法》"有户是"在《史记》中写作"有户氏"，故此处"是"当读为"氏"。牡豕：公猪。整理小组认为"牡豕"当为形容其子生性顽劣，若《左传·昭公二十八年》所云"乐正后夔取之，生伯封，实有豕心，贪惏无厌，忿类无期，谓之封豕"。廖名春认为，"生"当训为"长"，谓失仲氏二子相貌长得像公猪一样。② 张卉认为，豕指"豕韦"之国，"豕对于失仲之国有着重大意义，关乎失国兴衰，很可能是此国的图腾"。③

[17] 卜：占卜。此句是殷商时期典型的对贞卜辞句式。

[18] 违卜：谓不遵占卜所示。《书·盘庚下》："各非敢违卜，用宏兹贲。"廖名春谓"乃"字当为竟然、居然之义。

[19] 𡧑：地名。关于"𡧑"字的隶定及解释主要有以下几种观点：1. 释作"围"，整理小组释作"于围伐"，杨蒙生④、廖名春、赵晶⑤皆从此说。2. 释作"郓"。3. 释作"韦"，张卉认为，"𡧑"从"宀"从"韦"，即"韦"，"韦"是"豕韦"的简称。⑥ 蔡丽利、谭生力也认为，围当指春秋时期的豕韦国，古书中豕韦又可简称韦，其地或在今山西平陆附近。⑦

[20] 旋：回还，归来。《诗·小雅·黄鸟》："言旋言归，复我邦族。"

①　李锐：《清华简〈傅说之命〉研究》，《深圳大学学报》2013 年第 3 期。

②　廖名春、赵晶：《清华简〈说命（上）〉考释》，《史学史研究》2013 年第 2 期。

③　张卉：《清华简〈说命上〉"说于围伐失仲"考》，《考古与文物》2017 年第 2 期。

④　杨蒙生：《清华简〈说命上〉校补》，《中国文字学报》2019 年刊。

⑤　廖名春、赵晶：《清华简〈说命（上）〉考释》，《史学史研究》2013 年第 2 期。

⑥　张卉：《清华简〈说命上〉"说于围伐失仲"考》，《考古与文物》2017 年第 2 期。

⑦　蔡丽利、谭生力：《清华简〈说命〉相关问题初探》，《古籍整理研究学刊》2014 年第 2 期。

朱熹《诗集传》："旋，回。"保：守，保卫。《左传·哀公二十七年》："乃先保南里以待之。"杜预注："保，守也。"逝：往，去。《诗·邶风·谷风》："毋逝我梁，毋发我笱。"朱熹《诗集传》："逝，之也。"廖名春认为"旋"通"还"，"保"当读为"俘"，"以"读为"而"，连词。"逝"读为"折"，意为折服、屈服。故认为此句当读为"一豕乃旋，俘以折"，此句意为失仲的一个儿子临阵脱逃，被傅说俘虏因而投降了。①

[21] 践：张卉认为"践"通"翦"，为消灭之义；"从"训"服"，为顺服之义。"乃践，邑人皆从"是指失仲被伐灭，国人皆降服。《史记集解》引贾逵曰："祝融之后封于豕韦，殷武丁灭之。"②廖名春认为"践"当读为"饯"，意为设酒食送行。

[22] 随：跟随，追随。

[23] 赦俘之戎：关于此句的释义主要有以下两种观点：1.指战争。整理小组认为"戎"指"兵事"，廖名春、杨蒙生亦持此说。2.少数民族之名称。"戎"多指先秦时期游牧民族的不同部落和众多支系，殷周有鬼戎、西戎、余无之戎等；春秋时有己氏之戎、北戎、允戎、伊洛之戎、犬戎、骊戎、蛮戎、狄、獂、邽、冀之戎、义渠之戎、大荔之戎等；战国时有大戎、条戎、茅戎、林胡、楼烦之戎、山戎、陆浑之戎等，多从事游牧，部分从事农耕。《礼记·王制》："西方曰戎。"《大戴礼记·千乘》："西辟之民曰戎。"《三国志·蜀志·诸葛亮传》："西和诸戎，南抚夷越。"综合前后文义来看，此句解释为"这就是后来的'赦俘之戎'民族"较妥。

[24] 邑：封邑。北海之州：古代泛指北方极远僻之地为北海。《左传·僖公四年》："君处北海，寡人处南海，唯是风马牛不相及也。"《荀子·王制》："北海则有走马吠犬焉，然而中国得而畜使之。"杨倞注："海谓荒晦绝远之地，不必至海水也。"圜土：牢狱。《周礼·地官·比长》："若无授无节，则唯圜土内之。"郑玄注："圜土者，狱城也。"《释名·释宫室》：

---

① 廖名春、赵晶：《清华简〈说命（上）〉考释》，《史学史研究》2013 年第 2 期。

② 张卉：《清华简〈说命上〉"说于围伐失仲"考》，《考古与文物》2017 年第 2 期。

"狱……又谓之圜土，言筑土表墙，其形圜也。"《墨子·尚贤》："昔者傅说居北海之洲，圜土之上。"

[25] 来：归来。事：服事。公：三公。

【《傅说之命》中篇原文】

说来自傅岩，在殷。武丁朝于门，入在宗。王原比厥梦[1]，曰："汝来惟帝命。"

说曰："允若时[2]。"

武丁曰："来格汝说[3]，听戒朕言[4]，渐之于乃心[5]。若金，用惟汝作砺[6]。古我先王灭夏，燮强[7]，捷蠢邦[8]，惟庶相之力胜[9]，用孚自迩[10]。敬之哉，启乃心，日沃朕心[11]。若药，如不瞑眩，越疾罔瘳[12]。朕畜汝[13]，惟乃腹[14]，非乃身。若天旱，汝作淫雨[15]。若圜津水，汝作舟[16]。汝惟兹说底之于乃心[17]。且天出不祥[18]，不徂远[19]，在厥落[20]，汝克视四方[21]，乃俯视地[22]。心毁惟备[23]。敬之哉，用惟多德。且惟口起戎出好，惟干戈作疾，惟衣载病，惟干戈眚厥身[24]。若抵不视[25]，用伤[26]，吉不吉[27]。余告汝若时，志之于乃心[28]。"

【《傅说之命》中篇今译】

傅说从傅岩而来，到达殷都。武丁在宫门召见，进入宗庙。君王形容梦中的情境，说："你是受天帝的命令而来。"

傅说说："确实是这样。"

武丁说："来！傅说，你要谨慎地听取我的言语，并作为鉴戒铭记在心底。我就好像兵器，你就好像磨刀石。古时候先王消灭夏朝，团结列强，征服不屈服的邦国，都是凭借伊尹的辅佐，信任近臣才能够取胜。要尊敬啊！你要敞开胸怀尽心辅佐我。就好像服药，如果服药后不感到眩晕，那就治不好病。我养护你是为了获得你的忠心而不是你的身体。就像天气干旱，你就好像及时雨。就好像经过河水，你就像渡河的小船。傅说你要把这些话铭记在心底。如果上天不保佑我们国运长久，变乱就会出现在眼前，你要能够关注四方列强，还要能够审视眼下之事，对流言诋毁要有所戒备。要恭敬啊！要对贤人提拔任用。祸乱是从口出，要谨慎你的言行，干戈会引起战乱，溺爱就会生出灾祸，甲胄本是用来防身，但不合适地使用甲胄，就会带来灾祸。走路时如果不看脚下，就会容易跌倒受伤，好事也会变成坏事。这些就是我的告诫，你要铭记在心底。"

【《傅说之命》中篇注释】

[1] 原：复原，回忆。

[2] 允：语助词。时：通"是"。若时：若是，如此，这样。

[3] 格：来。说：傅说。《尚书·舜典》："格汝舜。"

[4] 戒：警戒，敬诫。

[5] 渐：《书·禹贡》："入也。"

[6] 金：兵器之类，多指刀、剑等。《淮南子·说山训》："砥石不利而可以利金。"高诱注："金，刀剑之属。"砺：砺石。刘向《说苑·建本》："学所以益才也，砺所以致刃也。"此处亦有磨砺之义。《书·费誓》："备乃弓矢，锻乃戈矛，砺乃锋刃，无敢不善。"按：《国语·楚语》记述殷王武丁得傅说之事云："得傅说以来，升以为公，而使朝夕规谏，曰：'若金，用汝作砺。若津水，用汝作舟。若天旱，用汝作霖雨。启乃心，沃乃心。'"

[7] 燮强：此处疑为《书·洪范》所云"强弗友克刚，燮友柔克"之省语，孔传："友，顺也……燮，和也。"

[8] 捷：战胜。蠢：骚动，动乱。邦：邦国，城邦。

[9] 庶：众多。《诗·小雅·小明》："念我独兮，我事孔庶。"郑玄笺："庶，众也。"庶相：泛指辅佐之臣。

[10] 孚：信。迩，近，指近臣。

[11] 启、沃：《国语·楚语》作："启乃心，沃朕心。"启：开启，启发。沃：启沃，竭诚忠告。今本《书·说命》："启乃心，沃朕心。若药弗瞑眩，厥疾弗瘳。"

[12] 今本《书·说命》作："若药弗瞑眩，厥疾弗瘳。"孔传："如服药，必瞑眩极，其病乃除。"孔疏："瞑眩者，令人愦闷之意也。"越：语气助词。

[13] 畜：蓄养。

[14] 腹：腹心。

[15] 今本《书·说命》作："若岁大旱，用汝作霖雨。"《国语·楚语》作"若天旱，用汝作霖雨"。淫雨：久雨，此处与霖雨同义。《礼记·月令》："（季春之月）行秋令，则天多沉阴，淫雨蚤降。"郑玄注："淫，霖也，雨三日以上为霖。"《左传·庄公十一年》："天作淫雨，害于粢盛，若之何不吊？"《晏子春秋·谏上五》："景公之时，霖雨十有七日。"

[16] 今本《书·说命》作："若济巨川，用汝作舟楫。"《国语·楚语》云："若津水，用汝作舟。"

[17] 说：读为"意"。底：止。

[18] 且：读为"若"。《书·君奭》："其终出于不祥。"

[19] 徂：及。

[20] 落：始。

[21] 覸：见。

[22] 乃：若。

[23] 毁：缺。备：具。

[24]《礼记·缁衣》引《说命》云："惟口起羞，惟甲胄起兵，惟衣裳在笥，惟干戈省厥躬。"《墨子》引作"惟口出好兴戎"。郑注："惟口起辱，当慎言语也。惟甲胄起兵，当慎军旅之事也。惟衣裳在笥，当服以为礼也。惟丁戈省厥躬，当恕己不尚害人也。"杜勇说："这是说作为君王，口出为令，不能做出蒙羞的决策；甲胄用于伐罪，不要反被兵戎所害；朝服所赐，不可加非其人；兴师征伐，不可妄加无罪。"①又《金人铭》："无多言，多言多败。"《老子》云："多言数穷，不如守中。"皆与此意同。载：

---

① 杜勇：《〈古文尚书·说命〉真伪与傅说身份辨析》，《天津师范大学学报》2009年第5期。

成也。眚：犹载也。整理小组认为"惟干戈作疾"当作"惟甲胄作疾"，《缁衣》"在笒"当作"载病"。

[25] 抵：推拒。

[26] 《国语·楚语》作："厥足用伤。"

[27] 此句意为吉事反成不吉。

[28] 告：告诫。若时：如此。志：铭记。《国语·鲁语》注："志，识也。"

【《傅说之命》下篇原文】

……［1］员，经德配天［2］，余罔有择言［3］。小臣罔俊在朕服［4］，余惟命汝说融朕命［5］，余柔远能迩［6］，以益视事［7］，弼永延［8］，作余一人［9］。"

王曰："说，既亦诣乃服［10］，勿易俾越［11］。如飞雀罔畏离［12］，不惟鹰隼［13］，乃弗虞民［14］，厥其祸亦罗于罩尔［15］。"

王曰："说，汝毋忘曰：'余克享于朕辟［16］。'其又乃司四方民丕克明［17］，汝惟有万寿在乃政［18］。汝亦惟克显天［19］，恫瘝小民［20］，中乃罚［21］，汝亦惟有万福业业在乃服［22］。"

王曰："说，昼汝视日，夜汝视辰［23］，时罔非乃载［24］。敬之哉。若贾，汝毋非货汝墣石［25］。"

王曰："说，余既诶劫毖汝［26］，使若玉冰，上下罔不我仪［27］。"

王曰："说，昔在大戊［28］，克渐五祀［29］，天章之用九德［30］，弗易百姓［31］。惟时大戊谦曰［32］：'余不克辟万民［33］。余罔坠天休［34］，式惟参德赐我［35］，吾乃敷之于百姓［36］。余惟弗雍天之瑕命［37］。'"

王曰："说，毋独乃心［38］，敷之于朕政，欲汝其有友救朕命哉［39］。"

【《傅说之命》下篇今译】

"……用恒久的道德来供奉祭祀上天，我从来不说令上天不悦的言辞。我身边没有才俊之臣，我任用你傅说来贯彻我的命令，我安抚远近的百姓，以此来辅助我管理政事，希望国运永远延续，成就我的心愿。"

武丁说："傅说，敬守你的职事，不要轻易改变而前功尽弃。就像飞雀，不仅鹰把它当作猎物，还有人，它不知道防范，所以撞到了网里。"

武丁说："傅说啊，你不要妄说：我能享有俸禄。你能在我这里享有俸禄的前提是你治理四方民众能够公正严明，你能够长寿的前提在于你所承担的政务。你能够彰显上天关怀小民疾苦的前提在于你刑罚公正，你能福禄昌盛，在于你承担的职事。"

武丁说："傅说啊，你要像白天看太阳、晚上看北辰那样遵行我的政令，现在你就主管朝事。你要敬勉啊！就像买卖交易，你要明白自己的重任，不要轻忽怠慢，将宝贵的金玉误作为泥土石块弃置。"

武丁说："傅说啊，我已经告诫于你，你要让自己的品德像玉石冰雪一样纯净，在上位者和在下位者无不效法你。"

武丁说："傅说啊，过去殷王中宗，能够尽行禘、郊、祖、宗、报五种国家大祀，用九德彰显天意，不轻视百官。就这样殷王中宗还谦虚地说：'我没有资格做万民的国君。我没有失掉上天的嘉奖，上天于是将三德赐给我，我于是将其施行于百官。我不会闭塞不行上天的大命的。'"

武丁说："傅说啊，不要将你的心孤立包藏起来，要广泛地将你的想法施行到我的政事上，希望你有志同道合的同志一起努力地按照我的命令行事吧。"

【《傅说之命》下篇注释】

[1] 按：《说命》下篇缺简 ·枚。整理小组认为该简可能记述武丁不言之事，即《书·无逸》所言"其在高宗，时旧劳于外，爰暨小人。作其即位，乃或亮阴，三年不言"。孔疏："亮，信也。阴，默也。"马融曰："亮，信也。阴，默也。为听于冢宰，信默而不言。"《论语·宪问》："子张曰：'《书》云：高宗谅阴，三年不言。何谓也？'子曰：'何必高宗，古之人皆然。君薨，百官总己以听于冢宰三年。'"陈树云："结合《无逸》篇旨，以及上文所交代的武丁长期在外服役，体会到百姓疾苦，此处'亮

阴'应当是周公称赞他即位后敬畏、谨慎之辞。……'乃或亮阴',即乃有敬畏之心。'三年不言'当理解为慎言,在先秦慎言是一种善德。"① 程浩认为,武丁得傅说当在"三年不言"之后,而且《说命》上、中两篇武丁已得傅说并升以为公,故而此篇应非述三年不言之事。②

[2] 经德:常德。《书·酒诰》:"经德秉哲。"刘起釪云:"清人多释'经'为常,'经德'为周人常语。"配天:与天相比齐。《书·多士》:"罔不配天其泽。"《书·君奭》:"故殷礼陟配天,多历年所。"蔡沈集传:"故殷先王终以德配天,而享国长久也。"《礼记·中庸》:"高明配天。"孔疏:"言圣人功业高明,配偶于天,与天同功,能覆物也。"

[3] "择"当读为"致",训为"败"。

[4] 俊通"骏",《尔雅》:"骏,长也。"朕服:指王朝职事。

[5] 融:《释名》:"明也。"

[6] 《书·舜典》:"惟时柔远能迩。"柔:安抚。

[7] 益:助也。视事:治理政事。《左传·襄公二十五年》:"飨诸北郭,崔子称疾,不视事。"

[8] 弼:辅也。永延:指王祚长久。

[9] 作:成就。

[10] 诣:至也。

[11] 易:改变。越:整理小组训为"失坠"。

[12] 离:忧。

[13] 隼,通"唯"。当读为本字连下读,如《书·立政》:"惟乃弗作往任。"

[14] 虞民:整理小组释为"防人",可从。

[15] 亦:即。

[16] 享:献也。

[17] 又乃:义同又且。

---

① 陈树:《乃或亮阴,三年不言》,《光明日报》2014年10月28日。

② 参见程浩:《清华简〈说命〉研究三题》,《古代文明》2014年第3期。

[18] 在乃政，意同《书·多方》"在乃位"。

[19]《书·康诰》："其尚显闻于天。"《书·多士》："诞罔显于天。"

[20] 恫：痛也。瘝：病也。

[21] 中：公正。

[22] 业业：繁多无穷之貌。上博简《恒先》："业业天地，纷纷而复其所欲。"

[23] 清华简《周公之琴舞》："昼之在视日，夜之在视辰。"

[24] 载：事也，意为命傅说主管朝事。

[25] 贾：商贾。货：《周礼》："金玉曰货。"整理小组认为此句意为：不要把宝贵的金玉误认作泥土石块。

[26] 諆：正也。劼毖：告诫。

[27] 上下：天地。仪：善也。

[28] 大戊：太戊，商王名。《史记·殷本纪》："帝太戊立伊陟为相。……殷复兴，诸侯归之，故称中宗。"《汉书·韦贤传》："太甲为太宗，大戊曰中宗，武丁曰高宗。"郑玄说："殷王大戊，汤之玄孙也。有桑穀之异，惧而修德，殷道复兴，故表显之号为中宗。"[①] 唐兰说："商时之中宗当不止一人，初以大戊为中宗，其后升为大宗，则改为大戊矣。"[②]

[29] 渐：进。五祀：或指《国语》所言"禘、郊、祖、宗、报"五种祭祀之典礼。又《周礼·春官·大宗伯》云："以血祭祭社稷、五祀、五岳。"郑玄注："此五祀者，五官之神。"《左传·昭公二十九年》："故有五行之官，是谓五官。实列受氏姓，封为上公，祀为贵神。社稷五祀，是尊是奉。"晁福林谓此句意为："能够采用五种祀典来祭祀神灵。"

[30] 九德：《书·皋陶谟》："皋陶曰：'都，亦行有九德，亦言其人有德，乃言曰：载采采。'禹曰：'何？'皋陶曰：'宽而栗，柔而立，愿而恭，乱而敬，扰而毅，直而温，简而廉，刚而塞，强而义，彰厥有常，吉

---

① （唐）孔颖达：《毛诗正义》，中华书局 1980 年版，第 621 页。
② 唐兰：《禘郊祖宗报》，《考古社刊》1936 年第 6 期。

哉!'"孔传:"言人性行有九德以考察,真伪则可知。"又《左传·昭公二十八年》:"心能制义曰度,德正应和曰莫,照临四方曰明,勤施无私曰类,教诲不倦曰长,赏庆刑威曰君,慈和徧服曰顺,择善而从之曰比,经纬天地曰文。九德不愆,作事无悔。"又《逸周书·常训》:"九德:忠、信、敬、刚、柔、和、固、贞、顺。"晁福林谓此句意为:"依照天的指引行用九种德行。"①

[31] 易:整理小组训为"轻"。晁福林谓此句意为:"太戊不敢轻侮百姓。"

[32] 谦:自谦。

[33] 辟:君,此处为名词用作动词。

[34] 坠:失。

[35] 参德:"三德"。《书·洪范》:"三德,一曰正直,二曰刚克,三曰柔克。"孔颖达疏:"此三德者,人君之德,张弛有三也。一曰正直,言能正人之曲使直;二曰刚克,言刚强而能立事;三曰柔克,言和柔而能治。"

[36] 敷:布。

[37] 雍:整理小组引《逸周书·大戒》注云:"闭塞不行也。"碬:大。

[38] 独:整理小组引《庄子·人间世》注云:"不与民同欲也。"

[39] 敷:施行。这句话大意是说,你要将智慧施行于辅佐我治国,希望你能够团结同僚共同努力执行我的命令。

八、清华简《殷高宗问于三寿》篇译注

【《殷高宗问于三寿》篇原文】

高宗观于洹水之上,三寿与从 [1]。

---

① 晁福林:《从商王大戊说到商周时代祖宗观念的变化——清华简〈说命〉补释》,《学术月刊》2015 年第 5 期。

　　高宗乃问于少寿曰："尔是先生 [2]，尔是知二有国之情 [3]，敢问人何谓长？何谓险？何谓厌？何谓恶 [4]？"

　　少寿答曰："吾 [闻夫长莫长于□，吾闻夫险莫险于□，厌非□，恶非□。"

　　高宗乃又问于] [5] 中寿曰："敢问人何谓长？何谓险？何谓厌？何谓恶？"

　　中寿答曰："吾闻夫长莫长于风，吾闻夫险莫险于心，厌必臧，恶必丧。"

　　高宗乃又问于彭祖曰："高文成祖，敢问人何谓长？何谓险？何谓厌？何谓恶？"

　　彭祖答曰："吾闻夫长莫长于水，吾闻夫险莫险于鬼，厌必平，恶必倾。"

　　高宗乃言曰："吾闻夫长莫长于□ [山] [6]，吾闻夫险必矛及干 [7]，厌必富，恶必无飤。苟我与尔相念相谋，世世至于后嗣 [8]。我思天风，既回或止 [9]，吾勉自抑，畏以敬夫 [10]。"

　　（彭祖曰：）"兹□ [若] 君子而不读书占，则若小人之聋狂而不友[11]，殷邦之妖祥并起 [12]，八纪则紊，四严将行 [13]。四海之夷则作，九牧九有将丧 [14]。惶惶先反，大路用见兵 [15]。龟筮孚忒，五宝变色[16]，而星月乱行。"

　　高宗恐惧，乃复语彭祖曰："鸣呼，彭祖！古民人迷乱，象茂康懋[17]，而不知邦之将丧。敢问先王之遗训，何谓祥？何谓义？何谓德？何谓音？何谓仁？何谓圣？何谓知？何谓利？何谓信？"

　　彭祖答曰："闻天之常，祇神之明，上昭顺穆而警民之行 [18]。余享献攻，括还妖祥，是名曰祥 [19]。迩则文之化，历象天时，往宅毋徙，申礼劝规，辅民之化，民劝毋疲，是名曰义 [20]。揆中水衡，不力，时刑罚赦，振若除愿，冒神之福，同民之力，是名曰德 [21]。惠民由任，徇句遏淫，宣仪和乐，非坏于湛，四方劝教，滥媚莫感，是名曰音 [22]。衣服端而好信，孝慈而哀鳏，恤远而谋亲，喜神而忧人，是名曰仁 [23]。

恭神以敬，和民用正，留邦偃兵，四方达宁，元哲并进，逸谣则屏，是名曰圣［24］。昔勤不居，浃祇不易，供皇思修，纳谏受訾，神民莫责，是名曰智［25］。内基而外比，上下毋攘，左右毋比，强并纠出，经纬顺齐，妒怨毋作，而天目毋眯，是名曰利［26］。观觉聪明，音色柔巧而叡武不罔，效纯宣猷，牧民而御王，天下甄称，以诰四方，是名曰叡信之行［27］。"

彭祖曰："呜呼！我寅晨共兹九宅，诊夏之归商，方殷于路，用孽昭后成汤，代桀敷佑下方［28］。"

高宗又问于彭祖曰："高文成祖，敢问胥民胡曰扬［29］？"

（彭祖曰：）"扬则悍佚无常。"

（高宗又问于彭祖曰：）"胡曰晦［30］？"

（彭祖曰：）"晦则……虐淫自嘉而不数，感高文富而昏忘詢，急利器神莫恭而不顾于后，神民并尤而仇怨所聚，天罚是加，用凶以见詢［31］。"

（高宗）曰："呜呼！若是。"

（彭祖又曰：）"民之有晦，晦而本由生光，则唯小心翼翼，顾复勉祇，闻教训，余敬养，恭神劳民，揆中而象常［32］。束简和慕，补缺而救枉，天顾复之用休，虽阴又明［33］。"

（高宗）曰："呜呼！若是。"

【《殷高宗问于三寿》篇今译】

殷高宗武丁在洹水之岸视察，三位长老陪同随行。

高宗于是询问少寿说："您是前辈，您肯定知道夏商二代的情况，请问对于人来说什么是长久？什么是危险？什么是满足？什么是厌恶？"

少寿回答说："[我听说长久莫过于……我听说危险莫过于……满足就会……厌恶就会……"

高宗于是又询问] 中寿说："请问对于人来说什么是长久？什么是危险？什么是满足？什么是厌恶？"

中寿回答说："我听说长久莫过于风，我听说危险莫过于人心，满足就会收藏，厌恶就会丧失。"

高宗于是又询问彭祖说："高文成祖，请问对于人来说什么是长久？什么是危险？什么是满足？什么是厌恶？"

彭祖回答说："我听说长久莫过于水，我听说危险莫过于鬼，满足就会平和，厌恶就会倾覆。"

高宗于是说："我听说长久莫过于山，我听说危险莫过于矛和戈，满足就会富有，厌恶就会没饭吃。我与你共同思虑谋划，子子孙孙都可以享受福祉。我思索那天上的风，有盘旋之时也有终止之时。我勤勉约束自己，崇敬上天并怀有畏惧之心。"

彭祖说："如果君子不阅读典籍并学习占卜，就会像耳聋迷狂又不肯与人交往的小人一样，殷商将会妖异和灾祥共同出现，天下八方将会大乱，四方边疆之民将会离去，四海的异族将会起兵，九州和九垓将会失去，枉矢之星先会反射，道路上出现武器，龟筮占卜的结果出现差错，太阳改变颜色，星星和月亮运行轨迹错乱。"

高宗非常害怕，于是又对彭祖说："呜呼，彭祖！古时候人民迷失混乱，盲目放纵沉溺享乐，而不知道国家将要灭亡。请问先王的遗训，什么是吉祥？什么是仁义？什么是有德？什么是音乐？什么是仁爱？什么是圣明？什么是智慧？什么是有利？什么是诚信？"

彭祖回答说："了解天道的法则，崇敬神灵的圣明，规范宗庙昭穆之位并及时警醒百姓的行为，用丰富的祭品从事献攻祭祀，消除妖异和灾祥，这就叫吉祥。就近效法礼法教化，用历数体现天道时令，以往的法则不要改变，申明礼仪劝教规矩，帮助人民接受教化，人民勤勉而不觉劳累，这就叫仁义。执掌法度把握平衡，不用暴力，按时施行刑罚和赦免，辅助弱者铲除恶徒，蒙受神灵的赐福，团结人民的力量，这就叫有德。使用它来惠利百姓，和顺谦恭遏制淫乱，传布礼仪调和音乐，不可过度沉溺享乐，规劝教化四方百姓，不迷惑于淫媚的靡靡之音，这就叫音乐。衣服端正热爱诚信，孝敬父母怜悯鳏夫，顾念疏远的人也顾恤亲近的人，取悦神灵也忧虑人民，这就叫仁爱。庄重地恭敬神灵，用正道调和人民，治理国家止息战乱，四方通达平安，贤哲之人都能得到进用，谗言和谣言被屏蔽，这就叫圣明。勤劳劳作而不停息，谦虚而不轻慢，尊敬过往谋划未来，接受劝谏承受诋毁，神灵和人民都不会责备，这就叫智慧。内臣谋划外臣辅弼，从上到下都没有差错，左右之臣配合谋划，纠正和罢黜豪强有力之徒，国家纲纪平顺齐备，上天不会闭上眼睛不监视君王，这就叫有利。善于观察和了解，虽然音乐和美色温柔精巧，但睿智武勇而不受其蒙蔽，效法纯德而全面深广地进行谋划，管理人民并使他们保卫君王，天下都共同称赞，这就叫睿智而诚信的作为。"

彭祖说："我们举兵攻占九州，借鉴夏亡商兴的历史经验，勤勉努力于正道，以宗族来辅佐成汤治理天下，代替夏桀治理守护天下万民。"

高宗又询问彭祖说："高文成祖，请问什么样的人可以称为扬厉？"

彭祖说："扬厉就会强悍恣纵变化无常。"

高宗又询问彭祖说："什么样的人可以称为隐晦？"

彭祖说："隐晦就会……暴虐淫乱自夸而不知自责，沉迷于地位和财富昏聩而不知羞耻，祭祀急功近利喧嚣而不尊敬神灵，神灵和人民都怨恨，仇恨和怨气集于一身，上天就会降下惩罚及于其身，结局败坏而被人诟骂。"

高宗说："呜呼！是这样的。"

彭祖又说："人民有隐晦之时，隐晦本来就会生出光明，只有小心翼翼，顾念报恩勤勉敬神，听取教诲和训诫，富足地敬事父母养育儿女，恭敬神灵而体恤人民，执中以效法常道，亲属远近都和谐爱慕，弥补缺点而挽回过失，上天顾念并以美好的福祉来报还，虽然处于阴暗的阶段也会变得光明。"

高宗说："呜呼！是这样的。"

【《殷高宗问于三寿》篇注释】

[1] 高宗：指殷高宗武丁，《史记·殷本纪》："帝小乙崩，子帝武丁立。帝武丁即位，思复兴殷，而未得其佐。三年不言，政事决定于冢宰，以观

国风。……帝武丁崩，子帝祖庚立。祖己嘉武丁之以祥雉为德，立其庙为高宗。"洹水：水名，在今河南安阳。三寿：高寿之长者，按下文所言即指少寿、中寿、彭祖三人。《养生经》曰："上寿百二十，中寿百年，下寿八十。"据《史记·五帝本纪》记载，彭祖为尧、舜之臣，《史记·楚世家》谓彭祖为颛顼之后、陆终之子，《大戴礼记·虞戴德》云："昔商老彭及仲傀，政之教大夫，官之教士，技之教庶人。"则彭祖为商代名臣。《搜神记》云："彭祖者，殷时大夫也。姓钱，名铿。帝颛顼之孙，陆终氏之中子。历夏而至商末，号七百岁。"《庄子·逍遥游》说："而彭祖乃今以久特闻，众人匹之，不亦悲乎？"可知彭祖在先秦时以长寿闻名，具体生卒年不详，谓其七百岁当为小说家言。

[2] 先生：犹言前辈，指年长并且富有学问之人，《孟子·告子下》："宋牼将之楚，孟子遇于石丘，曰：'先生将何之？'"赵岐注："学士年长者，故谓之先生。"

[3] 二有国：当指夏、商两个朝代，"二有国"又见于清华简《皇门》："我闻昔在二有国之哲王则不共于恤。"

[4] 长：长久，恒久。《书·盘庚中》："汝不谋长。"孔传："汝不谋长久之计。"险：危险，艰难。《易·蹇》："见险而能止，知矣哉。"厌：满足，知足。《左传·僖公三十年》："夫晋何厌之有！既东封郑，又欲肆其西封。"《史记·刺客列传》："今秦有贪利之心，而欲不可足也。非尽天下之地，臣海内之王者，其意不厌。"恶：厌恶，憎恶。《易·谦》："人道恶盈而好谦。"

[5] 按：此处有缺文，王宁据文义拟补为："少寿答曰：吾［闻夫长莫长于□，吾闻夫险莫险于□，厌非□，恶非□。高宗乃又问于］中寿曰。"

[6] 按：此句最后一字缺失，王宁从残存笔画及前文所喻，认为可拟补为"山"字。

[7] 矛及干：长矛与干戈，泛指兵器。《书·牧誓》："称尔戈，比尔干，立尔矛。"

[8] 念：思虑，思考。谋：谋划，商量。

[9] 回：回旋，盘旋。《楚辞·九章·悲回风》："悲回风之摇蕙兮，心冤结而内伤。"止：终止，停止。此处"回"与"止"当互为反义。

[10] 勉：尽力，努力。《书·盘庚上》："各长于厥居，勉出乃力，听予一人之作猷。"抑：抑制，约束。按：此句整理者断句为："吾勉自抑畏以敬，夫兹□。"笔者认为当断句为："吾勉自抑，畏以敬夫（天）。""夫"字当系"天"字抄写之误，这句话是承上句"我思天风，既回或止"，说自己将会自勉自抑，敬畏上天。

[11] 书占：指档案典籍和卜筮之书。笔者认为所缺一字或可补为"若"，"兹若"表示假设的语气，这句话的意思是说：假如君子不读书学习占卜，就会像耳聋狂乱也不与别人交往的小人一样。从这句以下，直至"星月乱行"，当是彭祖所言，故而"高宗恐惧，乃复语彭祖"。

[12] 妖：指反常、怪异的事物。《左传·庄公十四年》："人弃常则妖兴，故有妖。"祥：凶灾，妖异。《左传·昭公十八年》："郑之未灾也，里析告子产曰：'将有大祥，民震动，国几亡。'"杜预注："祥，变异之气。"按：整理者释"妖祥"为"不祥之兆"，实际上此处"妖"与"祥"是指两种不同的灾异征兆，妖偏指妖异之物，如《左传·宣公十五年》曰："天反时为灾，地反物为妖，民反德为乱，乱则妖灾生。"祥偏指灾异之象，如清华简《尹至》曰："夏有祥，在西在东，见章于天。"妖与祥不同，因而此处谓二者"并起"，如果仅解释为不祥之兆，则不足以称为"并起"。

[13] 八纪：整理者释"纪"为纲纪。四严：整理者认为"严"是指严厉的行政措施。

[14] 四海之夷：泛指国家四方的少数民族。作：指起兵。九牧：整理者释为九州之牧。

[15] 惶惶：王宁认为"惶惶"当读为"枉矢"，乃妖星之名，《开元占经》卷八十六引《洪范五行传》曰："枉矢者，弓弩之象也。"又引《尚书中候》曰："夏桀无道，枉矢射。"

[16] 孚：通"符"，训为信。忒：差错，误差。《易·豫》："故日月不过，而四时不忒。"《孙子·形篇》："不忒者，其所措必胜，胜已败者也。"

杜牧注："忒，差忒也。"五宝：整理者认为是指五星。

[17]"象"字当读为"兔"，通"逸"，放纵、淫荒之义。《书·大禹谟》："罔游于逸，罔淫于乐。"孔疏："逸为纵体。""茂"本写作"矛"，当读为"瞀"，错乱、混乱之义。《尚书大传》卷三："王之不极，是谓不建，厥咎瞀。"郑玄注："瞀与思，心之咎同耳。故子骏传曰：瞀，眊。眊，乱也。君臣不立，则上下乱矣。"康：安乐；安宁。《诗·大雅·民劳》："民亦劳止，汔可小康。"郑玄笺："康……安也。"懋：喜悦。《文选·张衡〈东京赋〉》："尊赤氏之朱光，四灵懋而允怀。"薛综注："懋，悦也。"

[18]闻：听说，知道。《左传·隐公元年》："公闻其期。"常：常道，规律。《荀子·天论》："天行有常，不为尧存，不为桀亡，应之以治则吉，应之以乱则凶。"祇：敬。《诗·商颂·长发》："昭假迟迟，上帝是祇。"上昭顺穆：上，上位。顺，顺序，理顺。昭穆指宗庙祭祀之顺序。《周礼·春官·小宗伯》："辨庙祧之昭穆。"郑玄注："父曰昭，子曰穆。"

[19]余享献攻：余，丰足，充足；享，献享；献攻：祭祀之名。括还：消除，消退。

[20]迩：近。则：取则，效法。文：礼法。化：教化。历：历数。象：象征，体现。《左传·桓公二年》："百官象之。"往宅毋徙：当读为"往度毋徙"，即以往的法则不要改变。

[21]揆中：指揆度执中。水衡：犹言准衡，指国家的法则。不力：不以暴力推行法制。时刑罚赦：整理者认为是指刑赦有时。振若除愿：若通"弱"，愿：邪恶之人。这句话意为辅助弱小之民，除掉邪恶之人。冒神之福：蒙神之福。同民之力：同，团结，协同。

[22]惠民由任：任，使。这句是说用音乐来惠利人民。徇：顺。句：谦恭。遏：制止。淫：淫乱，迷乱。宣仪和乐：传布礼仪，调和音乐。非坏于湛：不可过度沉溺享乐。四方劝教：犹言劝教四方。滥媚莫感：不迷惑于淫媚之音乐。

[23]端：端正。好信：热爱诚信。孝：孝敬。哀：顾恤，怜悯。恤：顾念，怀念。谋：惦念，怀念。喜：取悦于。忧：忧虑，担忧。

[24] 留邦：治理国家。偃兵：停止战争。元哲并进：贤哲之人得到进用。屏：屏蔽，止息。

[25] 昔勤不居：昔通"作"，勤通"劳"，不居乃不息之义，这句话是说勤劳不息。浃祗不易：谦虚而不轻慢。供皇思修：读为"恭往思修"，即尊敬已往，总结经验，谋划未来。

[26] 基：谋划。比：通"弼"，辅弼。攘：读为"爽"，差错，错误。左右毋比：毋，读为谋。比：合作，配合。强并纠出：出，通"黜"。这句话是说要纠正和罢黜豪强有力之徒。经纬顺齐：经纬犹言纲纪，指国家纲纪平顺齐备。天目毋眯：眯，合眼，引申为无视。大意是说上天不会闭上眼睛不监视君王。

[27] 观觉聪明：指善于观察和了解。音色柔巧而叡武不罔：虽然音乐和美色温柔精巧，但睿智武勇而不受其蒙蔽。效纯宣献：效法纯德而全面深广地进行谋划。牧民而御王：管理人民并使他们保卫君王。天下甄称：甄，王宁读为尽。称：称赞。叡信之行：睿智而诚信的作为。

[28] 我寅晨共兹九宅：大意是说我们举兵攻占九州。诊：读为"甄"，视也。般：读为"勉"，勤勉之义。路：正道。《书·洪范》："无有作恶，遵王之路。"孔疏："动循先王之正道。"用孽昭后成汤：用，凭借，使用。孽：宗孽，宗族，《晏子春秋·谏上十一》："长少无等，宗孽无别。"昭：辅佐，辅助。此句大意是说以宗族来辅佐成汤治理天下。

[29] 扬：犹言扬厉，《礼记·乐记》："发扬蹈厉，太公之事也。"

[30] 晦：掩蔽，隐秘不露，内敛自守。《易·明夷》："利艰贞，晦其明也，内难而能正其志，箕子以之。"

[31] 自嘉：自夸，自足。数：整理者释为责。感高文富：被地位和财富所迷惑。急利嚣神莫恭：祭祀急功近利，喧嚣而不尊敬神灵。神民并尤：犹言神人共愤。詢：诟骂，指责。

[32] 揆中：犹言执中。象常：效法常道。

[33] 顾：顾念。复之用休：以美好的福祉来报还。虽阴又明：（事业）虽然处于阴暗的阶段也会变得光明。

附录二　清华简《周书》类文献译注

　　周代史事及各类文书是清华简《书》类文献的重要内容，特别是西周时期文献在现有篇目中所占比重较大。其中《程寤》《保训》《命训》《耆夜》主要记载周文王、周武王时期史事，《金縢》《封许之命》《皇门》《周公之琴舞》主要记载周成王及周公相关史事，《祭公之顾命》记载周穆王时期史事，《芮良夫毖》记载周厉王时期史事，《摄命》当为周穆王或周孝王时期所作，所以将这些篇目归入《周书》。

一、清华简《程寤》篇译注

【《程寤》篇原文】

　　惟王元祀贞月既生魄 [1]，太姒梦见商廷惟棘，乃小子发取周廷梓树于厥间 [2]，化为松柏械柞 [3]。

　　寤惊，告王。王弗敢占。诏太子发，俾灵名凶 [4] 祓 [5]。祝忻祓王，巫率祓太姒，宗丁祓太子发 [6]。币告宗祏社稷，祈于六末山川 [7]，攻于商神 [8]，望 [9]，烝 [10]，占于明堂。王及太子发并拜吉梦，受商命于皇上帝 [11]。

　　兴，曰：“发，汝敬听吉梦 [12]。朋棘敿梓松，梓松副柏 [械]，械覆柞，柞化为褰 [13]。呜呼！何警非朋，何戒非商 [14]，何用非树。树因欲，不违材 [15]。如天降疾，旨味既用，不可药，时不远 [16]。惟商戚在周，周戚在商 [17]。欲惟柏梦，徒庶言达，矧又勿亡，秋明武威，如械柞亡根。

　　呜呼！敬哉。朕闻周长不贰 [18]，务择用周。果拜不忍 [19]，绥用多福 [20]。惟梓敝不义 [21]，芫于商 [22]，俾行量亡乏 [23]。明明在向 [24]，惟容纳棘，亿亡勿用，不忌 [25]，使卑柔和顺，生民不灾，怀允［26］。

呜呼！何监非时，何务非和［27］，何褢非文，何保非道，何爱非身，何力非人［28］。人谋强，不可以藏［29］。后戒［30］！后人用汝谋，爱日不足［31］。"

【《程寤》篇今译】

周文王元年正月既生魄日，太姒做梦见到商庭长满棘木，她的儿子姬发取来周庭的梓树种在商庭中间，梓树变化为松、柏、棫、柞。

太姒惊醒，告诉周文王。周文王不敢轻易占梦。诏见太子发，使名为凶的灵人举行祓祭。名为忻的祝人为王举行祓祭，名为率的巫人为太姒举行祓祭，名为丁的宗人为太子发举行祓祭。用币帛祭告宗祊社稷，祈祷祭祀六末山川。举行祭祀攻诅商祖神灵。举行望祭，举行烝祭，在明堂进行占卜。周文王和太子发共同拜受吉梦，接受天帝赐予的商朝大命。

周文王起身，说："姬发，你要恭敬地接受这个吉祥的梦。群棘背弃梓松，梓松辅助柏棫，棫树遮蔽柞树，柞树化为丹膫。呜呼！要以朋为警，以商为戒，以树为用。用树要根据它的意愿，不能违背它的材质。譬如天降疾病于身，如果只尝美食，不肯吃药，就会离病重死亡不远了。商的忧患在于周，周的忧患在于商。如果只接受柏木的吉梦，就算众人都说能够成功，商也不会轻易灭亡，如果不发扬我们的军事威力，就好像棫柞之树没有树根。

呜呼！要恭敬（天命）。我听说至长者不甘居人下，务必力争居上。要果敢恭敬坚韧不拔，才能永远接受上天赐福。梓树要庇护接受不义之群棘，使它们繁盛于商，（才能）所行之处无有困乏。天命昭彰居于上天，只有容纳群棘，度其将亡，不使用，不厌弃，使它们谦卑柔弱、温和恭顺，这样才会使百姓不遭受灾难，思念（我们）、信任（我们）。

呜呼！要以时为鉴，以和为务，以文为里，以道为保，以身为爱，以人为力。我们要告诫后人谋求强盛，不能有所隐匿而不肯尽力。后人要警诫！后人要继承发扬你的谋略，要珍惜时光易逝。"

【《程寤》篇注释】

[1]王：指周文王。元祀：元年。《书·伊训》："惟元祀十有二月乙丑。"陆德明《释文》："祀，年也。夏曰岁，商曰祀，周曰年。"又见于《逸周书·柔武》："维王元祀一月，既生魄。"贞月：正月。既生魄：魄通霸，指月未盛明时所发的光。月既生而未大明称为"既生魄"，指从上弦至望的一段时间。《逸周书·大戒》："维正月既生魄，王访于周公。"王国维《观堂集林·生霸死霸考》："余览古器物铭而得古之所以名日者凡四：曰初吉，曰既生霸，曰既望，曰既死霸……既生霸，谓自八九日以降至十四五日也。"①

[2]太姒：有莘氏之女，周文王之妻，太子发之母。《诗·大雅·思齐》："大姒嗣徽音，则百斯男。"毛传："大姒，文王之妃也。"《史记·管蔡世家》："武王同母兄弟十人，母曰太姒，文王正妃也。"棘：木名。《诗·魏风·园有桃》："园有棘，其实之食。"毛传："棘，枣也。"《楚辞·九叹·愍命》："折芳枝与琼华兮，树枳棘与薪柴。"王逸注："小枣为棘。"梓：木名。《诗·鄘风·定之方中》："树之榛栗，椅桐梓漆，爰伐琴瑟。"

[3]松柏：《礼记·礼器》："其在人也，如竹箭之有筠也，如松柏之有心也。"《荀子·大略》："岁不寒无以知松柏。"椷：木名。《诗·大雅·绵》："柞棫拔矣。"《诗·大雅·棫朴》："芃芃棫朴，薪之槱之。济济辟王，左右趣之。"柞：木名。《诗·小雅·采菽》："维柞之枝，其叶蓬蓬。"《诗·小雅·车舝》："陟彼高冈，析其柞薪。"

[4]寤：醒，《诗·邶风·柏舟》："静言思之，寤辟有摽。"占：占梦。《周礼·春官宗伯》有专司占梦职官："占梦：掌其岁时，观天地之会，辨阴阳之气。以日月星辰占六梦之吉凶，一曰正梦，二曰噩梦，三曰思梦，四曰寤梦，五曰喜梦，六曰惧梦。季冬聘王梦，献吉梦于王，王拜而受之。"《程寤》所记太姒之梦当属"寤梦"，从其祭祀礼仪来看则与《周礼》所云"献

---

① 王国维：《观堂集林》，中华书局2004年版，第6页。

吉梦于王，王拜而受之"有相似之处。诏：告知。《书·微子》："商其沦丧，我罔为臣仆。诏王子出迪。"蔡沈《集传》："诏，告也。告微子以去为道。"灵：巫官名，掌管祭祀礼仪。名凶：指灵官的名字叫作凶，如下文祝忻、巫率、宗丁，皆为巫者之名。整理小组曰："'名凶'犹《周礼·男巫》之'授号'"，笔者按：《周礼》云："男巫：掌望祀望衍，授号，旁招以茅。冬堂赠，无方无筭。春招弭，以除疾病。王吊，则与祝前。"郑注："云望祀者，类造秝秋，遥望而祝之。云望衍者，衍，延也，是攻说之礼。遥望延其神，以言语责之。云'授号'者，此二者皆诅祝授以神号。"则"授号"为诅祝之礼，《程寤》则云周文王"俾灵名凶祓"，乃是举行祓礼，故"名凶"不应释为"授号"之义。

[5] 祓：古代为除灾去邪而举行的祭礼。《说文》："除恶祭也。"《小尔雅·广诂》："洁也。"《左传·僖公六年》："昔武王克殷，微子启如是，武王亲释其缚，受其璧而祓之。"杜预注："祓，除凶之礼。"《管子·小匡》："鲍叔祓而浴之三。"尹子章注："祓，谓除其凶邪之气。"

[6] 祝：官职名，掌管祭祀礼仪。《周礼》有女祝、大祝、小祝、丧祝、甸祝、诅祝等职官。《周礼·天官冢宰》："女祝：掌王后之内祭祀，凡内祷词之事，掌以时招梗襘禳之事，以除疾殃。"《诗·小雅·楚茨》："工祝致告。"《礼记·曾子问》："袷祭于祖，则祝迎四庙之主。"郑玄注："祝，接神者也。"巫：官职名，掌管祭祀礼仪。《周礼》有司巫、男巫、女巫等职官，按此巫负责为太姒举行祓礼，当为女巫，《周礼·春官·女巫》："女巫：掌岁时祓除衅浴。旱暵，则舞雩。若王后吊，则与祝前。凡邦之大灾，歌哭而请。"宗：官职名，掌管祭祀礼仪。《周礼》有大宗伯、小宗伯、内宗、外宗、都宗人、家宗人等职官。《周礼·春官·内宗》："掌宗庙之祭祀，荐加豆笾。及以乐彻，则佐传豆笾。宾客之飨食，亦如之。王后有事，则从。"《国语·鲁语上》："夏父弗忌为宗。"韦昭注："宗，宗伯，掌国祭祀之礼也。"《荀子·正论》："出户而巫觋有事，出门而宗祝有事。"杨倞注："宗者主祭祀之官。"整理小组认为"宗"即"祝宗"，《左传·成公十七年》："晋范文子反自鄢陵，使其祝宗祈死。"杜预注："祝宗，主祭祀祈祷者。"

[7] 币告：祭祀名。币：用缯帛祭祀之礼。《书·召诰》："我非敢勤，惟恭奉币"。《仪礼·聘礼》："币美则没礼。"郑玄注："币，谓束帛也。"告：祷告，祭告。《书·金縢》："为坛于南方北面，周公立焉，植璧秉珪，乃告大王、王季、文王。"孔传："告，谓祝辞。"宗祊：指宗庙。《国语》韦昭注："庙门谓之祊。宗祊，犹宗庙也。"六末：犹言六合，指天、地、东、南、西、北。

[8] 攻：祭礼之名。《周礼·春官·大祝》："掌六祈以同鬼神示：一曰类、二曰造、三曰禬、四曰禜、五曰攻、六曰说。"郑玄注："攻、说，则以辞责之。"

[9] 望：祭礼名，指遥祭。《广雅·释天》："望，祭也。"王念孙《广雅疏证》："望者，遥祭之名。"《书·舜典》："望于山川，遍于群神。"孔传："九州名山大川、五岳四渎之属，皆一时望祭之。"《淮南子·人间训》："郊望禘尝。"高诱注："望，祭日月、星辰、山川也。"

[10] 烝：祭礼名，多指冬祭。《书·洛诰》："戊辰，王在新邑，烝祭岁。"《周礼·春官·大宗伯》："以祠春享先王，以禘夏享先王，以尝秋享先王，以烝冬享先王。"

[11] 占：占卜，《周礼·春官·占人》："掌占龟，以八簭占八颂，以八卦占筮之八故，以视吉凶。凡卜筮，君占体，大夫占色，史占墨，卜人占坼。凡卜筮，既事，则系币，以比其命。岁终，则计其占之中否。"明堂：祭祀之庙堂，《孟子·梁惠王下》："夫明堂者，王者之堂也。"

[12] 兴：起身，起来。《诗·卫风·氓》："夙兴夜寐，靡有朝矣。"郑玄笺："早起夜卧。"《左传·襄公二十五年》："门启而入，枕尸股而哭，兴，三踊而出。"听：听从，接受。《诗·大雅·荡》："虽无老成人，尚有典刑，曾是莫听，大命以倾。"吉梦：吉祥的梦。《周礼·春官·占梦》："季冬，聘王梦，献吉梦于王。王拜而受之。"

[13] 整理小组认为此句有误，应作"朋棘敽梓，松柏副，械覆柞，化为腴"，释"朋"为"群"，释"敽"为"弃"。腴：赤石脂，古人以其为上等的红颜料。《书·梓材》："若作梓材，既勤朴斫，惟其涂丹腴。"孔颖

达疏：“腜是彩色之名，有青色者，有朱色者。”按：疑“副”训为“榑”，后脱一“械”。此句当为“朋棘敼梓松，梓松榑柏械，械覆柞，柞化为腜”，则符合顶真之句式。榑：传说中的神木，即榑桑。《山海经·东山经》：“至于无皋之山，南望幼海，东望榑木，无草木，多风。”袁珂注：“即扶桑。”《淮南子·时则训》：“东方之极，自竭石山过朝鲜贯大人之国，东至日出之次，榑木之地。”

[14] 按：警与戒互文，皆为警戒之义。朋：喻小人朋比为奸。

[15] 本句大意为：以树为用，应当不违其材，犹言任用贤人，应当人尽其才。

[16] 本句大意为：譬如天降疾病于身，如果只尝美食，不肯吃药，就会离病重死亡不远了。

[17] 戚：忧患。《左传·僖公二十四年》：“《诗》曰：‘自诒伊戚。’其子臧之谓矣。”杜预注：“戚，忧也。

[18] 周：《诗·小雅·鹿鸣》传：“至。”贰：副位，居于人后。

[19] 务：务必。择：择取。

[20] 绥：安。用：通“永”。《殷周金文集成·宁簋盖》：“用绥多福。”

[21] 敝：败。《左传·僖公十年》：“帝许我罚有罪矣，敝于韩。”杜预注：“敝，败也。”

[22] 芃：通“繁”，草木茂盛之义。《诗·小雅·樸械》毛传：“木盛貌。”《诗·鄘风·载驰》：“我行其野，芃芃其麦。”毛传：“麦芃芃然方盛长。”

[23] 整理小组认为此句大意谓所行之处无有困乏，可从。

[24] 向：当为尚，通“上”。《诗·大雅·大明》：“明明在下，赫赫在上。”清华简《耆夜》：“明明上帝，临下之光。”

[25] 内：通“纳”。亿亡：度其将亡。恶，恶。

[26] 怀：《说文》：“念思也。”允：《尔雅·释诂》：“信也。”

[27] 按：《逸周书·小开》：“何敬非时，何务非德。”与此句式相似，句意相近。

[28] 何襄非文：整理小组：此云韬光养晦。

[29]《逸周书·大开》云："人谋竞不可以藏。"《逸周书·小开》云："人谋竞不可以。"整理小组：强通"竞"，《小开》句后脱一"藏"字。

[30]《逸周书·文儆解》："后戒后戒，谋念勿择。"

[31]《逸周书·大开解》："人其用汝谋。"

二、清华简《保训》篇译注

【《保训》篇原文】

惟王五十年，不豫 [1]。王念日之多历，恐坠保训 [2]。戊子，自靧水 [3]。己丑昧 [爽] □□□□□□□□□ [4]。

[王] 若曰："发，朕疾壹甚 [5]，恐不汝及训。昔前人传保 [6]，必受之以詷 [7]。今朕疾允病，恐弗念终。汝以书受之 [8]。

钦哉 [9]！勿淫 [10]！昔舜旧作小人，亲耕于历丘 [11]，恐求中 [12]。自稽厥志，不违于庶万姓之多欲 [13]。厥有施于上下远迩 [14]，乃易位设稽 [15]，测阴阳之物，咸顺不逆 [16]。舜既得中，言不易实变名 [17]，身兹备，佳允 [18]。翼翼不解，用作三降之德 [19]。帝尧嘉之，用授厥绪 [20]。

呜呼！祗之哉 [21]！昔微假中于河，以复有易，有易服厥罪 [22]。微无害，乃归中于河 [23]。微志弗忘 [24]，传贻子孙，至于成汤 [25]，祗不解，用受大命 [26]。

呜呼！发，敬哉！朕闻兹不久 [27]，命未又所延 [28]，今汝祗服毋解，其有所迪矣 [29]，不及尔身受大命。

敬哉！毋淫！日不足佳宿不详 [30]。"

【《保训》篇今译】

周文王五十年，病重。周文王考虑到生病的时间已经很久，担心来不及传授遗训。戊子日，周文王斋戒沐浴。己丑天刚亮……

周文王说:"姬发,我的病已经很重,恐怕来不及把保训传授给你。从前,古人传授保训,必定以口授记诵的方式传授。如今我的病相当严重,恐怕不能完整地口授给你,你用书记录下来吧。

要恭敬啊!不要放纵!从前舜很长时间都是平民,亲自耕种劳作在历丘,恐怕(自己的行为)不能符合中道,自己考察自己的志向,不违背天下百姓的愿望。最终能够施政于天下四方,于是通过担任不同职位来考察,用中道来观察天地阴阳万物,都能够符合中道而不违背。舜获得中道之后,言行并不改变,自己更加谨慎,能够守信,恭敬不懈努力,使自己具备三降之德。帝尧很赞赏他,把帝位传授给他。

呜呼!要恭敬中道啊!从前上甲微从河伯拿来借来中道,以向有易复仇,有易最终认罪服输。上甲微没有杀害有易,把中道归还给河伯。上甲微铭记中道不敢忘记,传授给子孙后代,一直传到成汤,恭敬不懈,长久地享有天命。

呜呼!姬发,要恭敬啊!我获得中道不久,生命不会有所延续,如今你要敬守中道努力不懈,总有一天会接受天命,我来不及等到你身受大命了。

要恭敬啊!不要放纵!时光易逝要珍惜啊!"

【《保训》篇注释】

[1]《尚书·无逸》:"文王受命惟中身,厥享国五十年。"《逸周书·文传解》:"文王受命之九年,时维暮春,在鄗。"黄怀信:"此称'惟王五十年'应是后人追记。……不豫,本谓身体有病不舒,周文中专指周天子或重臣病重,是一种讳称。如《尚书·金縢》:'既克商二年,王有疾,弗豫。'《逸周书·祭公》:'……我闻祖不豫有加予惟敬省。''不豫'上,以《书》例当有'王'字……此当脱。"① 王辉通过对甲骨文、金文及传世文献分析认为:"《保训》'惟王五十年'称'年'不称'祀',非周初习惯。再说,文

---

① 黄怀信:《清华简〈保训〉补释》,《考古与文物》2013 年第 2 期。

王即使称王，也是在其临终前几年，根本不存在'惟王（称王之后）五十年'的可能。"① 李零认为："关于文王称王，过去有争论，一说死后追称，一说当时就这么叫，至少在岐周之地这么叫。后说当然有可能，但至今没有过硬的证据。清华简是战国简，战国人讲西周故事，当然可以按后来的习惯讲话，就像《左传》讲鲁十二公皆用死谥于生时，是不足为凭的。"② 马文增认为简文"五十"当释为"五十五"，理由是"简文'五十'为合文，'五'之下方、'十'之右侧有重文号。""《帝王世纪》曰：'文王即位四十二年'，笔者认为应理解为'文王即位时四十二岁'。文王四十二岁时即位，在位五十五年，故《礼记·文王世子》曰：'文王九十七乃终'"③。陈颖飞根据先秦文献中关于"文王纪年"的金文材料分析指出，《保训》中"惟王五十年"的格式当为西周晚期或至战国中期。④《太平御览》卷三八三引《六韬》云："文王寿九十七而没。"不豫：《逸周书·五权解》："维王不豫。"廖名春："'不豫'是病重的委婉说法，文献习见。"⑤

[2] 黄怀信认为："'念'，《说文》：'常思也'。'之'字各家无说，盖均以常义理解。予谓此'之'若以常义理解则语不通，疑当训为'若'。……'历'，过也。'坠'，谓突然跌落，失掉。二句是说：文王自病重以来就一直想着，如果日子过（耽搁）多了，可能坠失'保训'。'保'，予始从各家读'宝'，近悟当如字读。保，守也，即固守不失之义。……训，训教。'保训'，即关于'保'——所当保守的训教。"⑥ 李零说："念，简文两用'念'字，皆忧思之义。恐，简文四用'恐'字，皆含有忧惧、敬慎的口气。'保'，不读'宝'。保，本义是养护小孩。《尚书》'保'字多见，往往和受命有关。

① 王辉：《清华楚简〈保训〉"惟王五十年"解》，《考古与文物》2009年第6期。

② 李零：《读清华简〈保训〉释文》，《中国文物报》2009年8月21日。

③ 马文增：《清华简〈保训〉新释新解》，《古籍整理研究学刊》2014年第2期。

④ 参见陈颖飞：清华简〈程寤〉、〈保训〉文王纪年探研》，《中国文化研究》2012年春之卷。

⑤ 廖名春、陈慧：《清华简〈保训〉篇解读》，《中国哲学史》2010年第3期。

⑥ 黄怀信：《清华简〈保训〉补释》，《考古与文物》2013年第2期。

这里的'保'也和受命有关。"① 廖名春认为"日之多杲"当读为"日之多易"，"恐坠保训"当读为"恐，述《保训》"，意为"（文王）非常忧惧，就口述了《保训》"。② 黄人二认为当读为"宝训"，意为"长保君王宝位之训诫"③。

[3] 黄怀信认为："'戊子'、'己丑'，据《逸周书·文传》'文王受命之九年，时维莫春，在鄗'，告太子发所保所守之载，当为该年周三月之两日。《逸周书·大匡》、《文政》两记'惟十有三祀，王在管'，说明受命之十三年克商。今以公元前 1044 年为克商年计，则受命之九年为公元前 1048 年。查张培瑜《中国先秦史历表》，公元前 1048 年周历三月癸未朔，'戊子'、'己丑'分别为六日和七日。此日辰较为可信，有可能出于实录。"④"自靧"廖名春读为"自演"："'自演'，指文王在心里划算，打《保训》的腹稿。"⑤ 陈民镇说："简 1'自演水'的'演'即'溃'，当读作'颒'为宜，或作'沫'、'靧'，训洗面。"⑥

[4] 黄怀信认为："2 号简之缺文，以例当有 11 字，除首字承上可补'爽'、末字据下可补'王'外，尚缺 9 字，疑是'乃召太子发以传保训'。"⑦ 李零说："简 1 上文有'自某'，下文当有'至于某'，缺文估计是作'爽，至于□。武王□□□□。王'。'至于'下是到达的地点。自某至某，缺主语，主语应在下文。这段话的意思大概是说：戊子日，文王病甚，第二天，武王从外地赶回，从演水到达某地，却没来得及见最后一面。"⑧

[5] 廖名春说："王若曰：王这样说。按：这是殷周史官记载王讲话时的开头用语，《尚书·周书》和《逸周书》习见。"⑨ 姜昆武说："曰若仅用

① 李零：《读清华简〈保训〉释文》，《中国文物报》2009 年 8 月 21 日。
② 廖名春、陈慧：《清华简〈保训〉篇解读》，《中国哲学史》2010 年第 3 期。
③ 黄人二：《清华大学藏战国竹简〈宝训〉校读》，《考古与文物》2009 年第 6 期。
④ 黄怀信：《清华简〈保训〉补释》，《考古与文物》2013 年第 2 期。
⑤ 廖名春、陈慧：《清华简〈保训〉篇解读》，《中国哲学史》2010 年第 3 期。
⑥ 陈民镇：《清华简〈保训〉疑牾举例（三则）》，《四川文物》2012 年第 1 期。
⑦ 黄怀信：《清华简〈保训〉补释》，《考古与文物》2013 年第 2 期。
⑧ 李零：《读清华简〈保训〉释文》，《中国文物报》2009 年 8 月 21 日。
⑨ 廖名春、陈慧：《清华简〈保训〉篇解读》，《中国哲学史》2010 年第 3 期。

于追述古事古语而为史官记载之要例，用若曰处则或表谦意，或有征询代言之风味，为言者当时之神态，史官以此词表之者也。"① 马文增说："'王若曰'三字表明《保训》乃史官实录。"② 黄人二认为"室"当读为"替"："替，端母，脂部，音近通假。替，训废也。"③ 黄怀信："'壹甚' 即 '一甚'，更甚矣。"④ 陈民镇："'室' 似相当于《尚书·顾命》的 '渐'。"⑤

　　[6] 黄怀信认为此句"前人"当释为"前宛"，"'宛'字或借为'冕'。冕，王冠也。这里的 '前宛（冕）' 可以指代前任天子或君王。传宝，当如原简作传保，谓传所当保守者于后任。"⑥ 赵平安说："'前宛' 二字，是一个词。从语音考虑，可以看作轩辕的借音。轩从干声，辕从袁声，前系字和干系字，袁系字和宛系字都可以间接通用。把 '前宛' 释为 '轩辕'，音理上是有依据的。""轩辕乃黄帝名号。……作为古代传说中的第一个帝王，文王训教从黄帝开始，是非常适宜的。"⑦ 廖名春说："'前人'，此指先王，如下文 '帝尧' 等等。……'传保'，传授保有社稷邦国、继位为君的诏命。"⑧

　　[7] 黄怀信说："受，同 '授'。訵，《说文》：'共也。一曰譀也。从言同声。' 予谓此訵字，当是从言、从同，同亦声，属会意兼形声字。同、言会意，自然就是相同的言辞。《说文》释共，应指共言。'必受之以訵'，谓一定要授之以相同内容的言辞，即下文所述之二事。"⑨ 连劭名认为"訵"字当读为"同"："《礼记·祭统》：'铺筵同几。' 郑玄注：'同之言訵也。' 前代所传之宝，就是同。"并进一步指出，"同"就是先秦政治家所追求

---

①　姜昆武：《诗书成词考释》，齐鲁书社 1989 年版，第 360 页。

②　马文增：《清华简〈保训〉新释新解》，《古籍整理研究学刊》2014 年第 2 期。

③　黄人二：《清华大学藏战国竹简〈宝训〉校读》，《考古与文物》2009 年第 6 期。

④　黄怀信：《清华简〈保训〉补释》，《考古与文物》2013 年第 2 期。

⑤　陈民镇：《清华简〈保训〉疑铬举例（三则）》，《四川文物》2012 年第 1 期。

⑥　黄怀信：《清华简〈保训〉补释》，《考古与文物》2013 年第 2 期。

⑦　赵平安：《关于〈保训〉"中"的几点意见》，《中国史研究》2009 年第 3 期。

⑧　廖名春、陈慧：《清华简〈保训〉篇解读》，《中国哲学史》2010 年第 3 期。

⑨　黄怀信：《清华简〈保训〉补释》，《考古与文物》2013 年第 2 期。

的"大同""合同"之理想境界。① 李零认为"誦"与下文"书"字相对，当读为"诵"，指当面宣读文王遗训。② 赵平安说："'誦'是古代帝王即大位之前必须掌握的东西，是治国安邦平天下的道理。"③ 廖名春说："'誦（同）'当指四方诸侯毕至朝见天下共主的典礼。……必受之以誦：即'必以誦受之'，在各路诸侯会合的大典上传授。"④ 江林昌指出："在古代氏族社会，部族的历史文化往往由族内酋长巫师等长老亲自传授给部族贵族子弟。简文'昔前人传宝，必受之以誦'，其意是指：前人传递部族历史文化之'宝训'，一定是以'诵唱'的方式而口耳传授给部族弟子弟的。……以上有关'宝训'的'受之以诵'到'以书受之'，正好反映了我国古代氏族部族社会在传播历史文化方面由没有文字时期的'口耳相传'（诵），到有了文字发明后的'书于竹帛'这两大发展阶段。"⑤

[8] 黄怀信："允，《说文》：'信也。'即确实之义。病，谓病重。念字疑是语助之词。终，谓终结、完成授'誦'。以书受之，即以书面形式接受之。"⑥ 黄人二认为"念终"当读为"令终"，并云："此即金文常见之'霝冬'，亦《诗》之'令终'也。《诗·大雅·既醉》：'昭明有融，高朗令终。'郑笺：'令，善也。……'简文谓'现在我（文王）病情真的很严重，恐怕难以善终（表示马上要死去）'。"⑦ 廖名春："恐弗念终：怕不能有终。……按：'终'，此当指在四方诸侯毕至的隆重典礼上完成'传保'之事，将'保'正式传给继位的武王。"⑧

[9] 廖名春："钦哉：谨慎、戒慎啊。"按：《书·尧典》："帝曰：往，

① 连劭名：《战国竹简〈保训〉与古代思想》，《中国哲学史》2010年第3期。
② 李零：《读清华〈保训〉释文》，《中国文物报》2009年8月21日。
③ 赵平安：《关于〈保训〉"中"的几点意见》，《中国史研究》2009年第3期。
④ 廖名春、陈慧：《清华简〈保训〉篇解读》，《中国哲学史》2010年第3期。
⑤ 江林昌：《由先秦历史文化的传承论清华简〈保训〉有关问题》，《绍兴文理学院学报》2014年第1期。
⑥ 黄怀信：《清华简〈保训〉补释》，《考古与文物》2013年第2期。
⑦ 黄人二：《清华大学藏战国竹简〈宝训〉校读》，《考古与文物》2009年第6期。
⑧ 廖名春、陈慧：《清华简〈保训〉篇解读》，《中国哲学史》2010年第3期。

钦哉。"

[10] 李零："'淫'是淫逸之淫，指耽于吃喝玩乐、安逸享受。"① 黄人二："'淫'者，过也，'过犹不及'之'过'也，亦'不中'之义。"② 廖名春："勿淫：不要骄纵。……按：'勿淫'与'钦哉'义相反。"③

[11] 关于"舜旧作小人"之事，古籍多有记载。如《尚书·无逸》云："其在祖甲，不义惟王，旧为小人。汤孙太甲，为王不义，久为小人之行，伊尹放之桐。作其即位，爰知小人之依，能保惠于庶民，不敢侮鳏寡。在桐三年，思集用光，起就王位，于是知小人之所依。"《孟子·公孙丑上》云："（舜）自耕稼陶渔以至为帝。"《史记·五帝本纪》云："舜耕历山，历山之人皆让畔；渔雷泽，雷泽上人皆让居；陶河滨，河滨器皆不苦窳。"郭店楚简《唐虞之道》云："夫古者舜处于草茅之中而不忧，登为天子而不骄。"郭店楚简《穷达以时》云："舜耕于鬲（历）山，陶拍于河浦。"上博简《容成氏》云："昔者舜耕于历丘，陶于河滨，渔于雷泽。"李零说："'旧'，简文两见，皆应读'久'。鬲茅，可能是'历丘之茅'的缩语。"④ 黄人二说："'历山'或'历丘'其地，可能是济南历城山，或今山西省永济县等。"⑤

[12] 关于"中"的含义是学界讨论的焦点。清华整理小组：释"中"为"中道"，并云"学者对中有不同解释"。李学勤明确指出："中的观念，或称中道，是《保训》全篇的中心。"⑥ 黄怀信说："'恐求中'不可通，恐字疑涉前'恐不及汝训'而衍。'求中'，指舜来朝以后说。《论语·尧曰》记尧告舜曰：'尔舜，天之历数在尔躬，允执其中。'说明尧要求舜掌握'中'，所以舜有'求中'之举。中，是各家讨论的重点，迄今不下十几种

① 李零：《读清华简〈保训〉释文》，《中国文物报》2009 年 8 月 21 日。
② 黄人二：《清华大学藏战国竹简〈宝训〉校读》，《考古与文物》2009 年第 6 期。
③ 廖名春、陈慧：《清华简〈保训〉篇解读》，《中国哲学史》2010 年第 3 期。
④ 李零：《读清华简〈保训〉释文》，《中国文物报》2009 年 8 月 21 日。
⑤ 黄人二：《清华大学藏战国竹简〈宝训〉校读》，《考古与文物》2009 年第 6 期。
⑥ 李学勤：《论清华简〈保训〉的几个问题》，《文物》2009 年第 6 期。

说法，予谓李先生释中道不误。"①李零说："求中，即《周礼·地官·大司徒》所说'以土圭之法测土深。正日景，以求地中'的'求地中'。……所谓'中道'的概念就是来自求地中和立于地中的旗表。"②王辉认为："'中'即中道，是一种贯穿全篇的核心内容，一种治国理念。商代甲骨文中，中只有中间义，与上下、左右相对而存在。大约到了西周中期，中才作为司法用语，由中间引申为公平义。……作为治国理念的中，出现较晚。……出土战国文字多见中、中正。《荀子·性恶》：'天下有中。'杨倞注：'中，谓中道。''中'作为政治术语，不但舜时不可能有，上甲微时代不可能有，周文王时代恐怕也不会有。"③高嵩松认为："从下文微'假中于河'、'归中于河'来看，显然，这里的'中'绝非形而上的'中道'"，并指出"中"应读为"众"，"这样解读，此篇内容无不文从字顺。众即民众，从简文不断提及求众、得众、假众、归众来看，周文王具有十分强烈的民本思想。"④郭伟川说："周文王之所以在遗书中一再向姬发提及中字，我认为指的就是中土。"《逸周书·小开武》云："余闻在昔，《训典》中规，非时罔有格言，日正余不足。"郭伟川说："我认为，武王所说的《训典》，亦即文王之临终遗书，就是今日之清华简《保训》。而《训典》之'中规'，乃'中土'之谓，与我一开始即认为清华简《保训》篇之'中'字乃历史地理学上的名称，可谓完全一致。"⑤姜广辉说："文王关于'中'的告诫与自己的行事方式是不一致的"，并认为《保训》关于"中"的两则故事皆系伪造，由此进一步认为清华简《保训》也系后人伪造。⑥邢文认为："清华简《保训》所描述的中，在符合河图所见天数之五。在河图之中，其数字的排列以数字5为中心，通过对这些数字组合的数学分析可见，数字

---

① 黄怀信：《清华简〈保训〉补释》，《考古与文物》2013年第2期。

② 李零：《读清华简〈保训〉释文》，《中国文物报》2009年8月21日。

③ 王辉：《清华楚简〈保训〉"惟王五十年"解》，《考古与文物》2009年第6期。

④ 高嵩松：《清华简〈保训〉篇的"中"是指"中道"吗》，《上海书评》2010年7月26日。

⑤ 郭伟川：《〈保训〉主旨与"中"字释读》，《光明日报》2010年12月6日。

⑥ 姜广辉：《〈保训〉疑伪新证五则》，《中国哲学史》2010年第3期。

5 是河图之数的核心奥秘所在。作为一个数字，数字 5 是天数之中，但数字 5 并不仅仅是一个数字，它是一种遍布于河图之数、贯穿于河图之数的数理原则。这种原则，就是一种道，一种具有中心地位的道，即'中道'。清华简《保训》所言之'中'，是以数字 5 为'中'的河图之数。《保训》所记之中与舜帝相关，正合于舜得河图的传说。河图之数是《周易》的重要来源之一，天数五也在《周易》中占据重要地位。"① 连劭名说："恐，戒慎之义。"并引《礼记·檀弓下》郑玄注及《国语·楚语》韦昭注云："中，身也。"② 廖名春说："清华简《保训》篇里的'中'，其义涵当为'和'。周文王临终嘱托给周武王的'中'道，实质就是和谐政治之道。在政治理念上，《保训》篇的'中'论与孔孟的德治思想是一致的。"③ 杨朝明说："在《保训》中，中字出现了四次，都是具有政治哲学意义的观念。文王、孔子都称说舜的中道，在《保训》中文王说他求中、得中，在《论语》、《中庸》中孔子说他执中、用中。……其实，这里的'中'就是儒家倡言的'中道'。"④ 张卉认为："舜之'中'是由'心'引申为德行修养。"⑤ 陈民镇说："虞舜此处所求之'中'乃地中，'求中'以建都。"⑥ 周同科说："《保训》中的'求中'、'得中'、'追中'、'归中'之'中'，其所指皆与'婚事'相关，'求中'就是以结成婚姻为形式的政治—军事联盟为手段，实现自己的政治目标。"⑦

[13] 黄怀信："自稽厥志，'稽'字常训为考，然自考其志不辞。予谓'稽'当如原简作'诣'而如字读。《说文》：'诣，候至也。'段玉裁注曰：'凡谨畏精微深造以道而至曰诣。'即经过努力而达到之义。自诣厥志，就是自我努力，实现其得中的志向。'多欲'指各种欲望、意愿。不违背万

---

① 邢文：《〈保训〉之"中"与天数"五"》，《清华大学学报》2011 年第 4 期。

② 连劭名：《战国竹简〈保训〉与古代思想》，《中国哲学史》2010 年第 3 期。

③ 廖名春：《清华简〈保训〉篇"中"字释义及其他》，《孔子研究》2011 年第 2 期。

④ 杨朝明：《清华简〈保训〉与文武之政》，《管子学刊》2012 年第 2 期。

⑤ 张卉：《清华简〈保训〉"中"字浅析》，《史学月刊》2010 年第 12 期。

⑥ 陈民镇：《清华简〈保训〉疑牾举例（三则)》，《四川文物》2012 年第 1 期。

⑦ 周同科：《清华简〈保训〉之"中"关与婚事说》，《南京大学学报》2010 年第 6 期。

民百姓的各种意愿，必须用中，行中道，正是孔子所说的'执其两端，用其中于民'。"① 李零："'自稽'，是以'地中'作标准，考求一切。《管子·白心》有'自知日稽'说。'稽'，有考、计等训，也有合、当等训。合是合乎标准，当是恰如其分。"② 黄人二："'庶'，'庶民'之省，即'群黎'也。'万眚（姓）'，即'万生'，'百官'之义。简文之'庶万眚（姓）'，相当于《诗·小雅·天保》之'群黎百姓'。"③ 廖名春："自稽厥志：自我修治其心志。……不违于庶万姓之多欲：不违背庶民大众的普遍欲望。"④

[14] 孙飞燕："此处的'施'当指施行恩惠……《保训》此句简文是说舜施行恩惠非常普遍广博，含义当与博施、施广、普施类似。"⑤ 黄怀信："施，谓施加、要求。迩，近也。"连劭名："上下远迩的确立，皆本于中和。"廖名春："厥有施于上下远迩：而有恩于远近上下。"

[15] 陈伟指出："易位之易，有修治之义。《诗·小雅·甫田》：禾易长亩。毛传：易，治也。"李零："'易位'是变换方位，'设稽'是设立标准。"曹峰认为，"易位设仪"是一种建立等差、设置尊卑的行为。黄怀信读为"易位迩稽"，认为："迩稽之迩，具体指自身。易位迩稽，即今所谓换位思考。"连劭名："君子之位与时俱行，易而不易。君子反求于己，其道始于自身，故称迩稽。"廖名春解释本句大意为："于是改革已设立了的法令制度。"

[16] 廖名春："'阴阳之物'即阴阳之则、阴阳之道，也就是人道和天道。"沈建华："'阴阳之物'指天地所有生长之物。"王辉："甲骨文没有阴阳连用之例……阴阳作为哲学概念产生较晚。……辨识阴阳，顺之而行，是儒家的思想观念之一。《易·系辞上》：'阴阳不测之谓神。'孔颖达疏：'天下万物，皆由阴阳，或生或成，本其所由之理，不可测量之谓神也。'简

① 黄怀信：《清华简〈保训〉补释》，《考古与文物》2013 年第 2 期。
② 李零：《读清华简〈保训〉释文》，《中国文物报》2009 年 8 月 21 日。
③ 黄人二：《清华大学藏战国竹简〈宝训〉校读》，《考古与文物》2009 年第 6 期。
④ 廖名春、陈慧：《清华简〈保训〉篇解读》，《中国哲学史》2010 年第 3 期。
⑤ 孙飞燕：《〈保训〉释文两则》，《社会科学报》2010 年 3 月 11 日。

文'测阴阳之物'与此意近。"黄怀信："测，度也。阴阳，盖泛指正反两方面的事物。"黄人二认为"咸顺不逆"当读为"咸顺丕柔"，意为"都能使阴阳万物，和顺不已"。《礼记·祭统》："昆虫之异，草木之实，阴阳之物备矣。"《春秋繁露·天道无二》："天之常道，相反之物也。……阴与阳，相反之物也。"

[17] 李零："言有名实，变实易名，则言不顺。这是讲立言，立言要合于中。"① 赵平安："言指政令、号令。名指事物的名称。'言不易实变名'是说政令不违背中的精神。"②

[18] 李零："战国文字，'备'多半用为'服'。兹是虚词，不必读滋。服是从事、行事。这是讲立身行事也要合于'中'。"③

[19]《诗·大雅·常武》："绵绵翼翼。"毛传："翼翼，敬也。"中山王壶："祗祗翼翼，昭告后嗣。"连劭名："'三降之德'当指至德，《周礼·师氏》云：'一曰至德，以为道本。'"④ 杜勇认为"三降之德"是指"舜处理历山之民在耕种、捕鱼、制陶等三起事件过程中所表现出的中德"。⑤ 陈民镇认为"三降之德"是指《管子》等书所称舜"三徙成国"，如《管子·治国》云："故舜一徙成邑，二徙成都，三徙成国。"⑥《吕氏春秋·慎大》云："舜一徙成邑，再徙成都，三徙成国，而尧授之禅位，因人之心也。"

[20] 李零："绪，指统绪，这里指舜即尧位。"⑦ 廖名春："用受厥绪：因而将事业传给了他。"⑧

---

① 李零：《读清华简〈保训〉释文》，《中国文物报》2009 年 8 月 21 日。

② 赵平安：《关于〈保训〉"中"的几点意见》，《中国史研究》2009 年第 3 期。

③ 李零：《读清华简〈保训〉释文》，《中国文物报》2009 年 8 月 21 日。

④ 杜勇：《关于清华简〈保训〉的著作年代问题》，《天津师范大学学报（社科版）》2010 年第 7 期。

⑤ 连劭名：《战国竹简〈保训〉与古代思想》，《中国哲学史》2010 年第 3 期。

⑥ 陈民镇：《清华简〈保训〉疑牾举例》，《四川文物》2012 年第 1 期。

⑦ 陈民镇：《清华简〈保训〉疑牾举例》，《四川文物》2012 年第 1 期。

⑧ 廖名春：《清华简〈保训〉篇"中"字释义及其他》，《孔子研究》2011 年第 2 期。

[21] 廖名春："祗，义为敬重。'祗之'即学习他。之，代舜。"①

[22] 微：上甲微。《国语·鲁语上》："商人禘舜而祖契，郊冥而宗汤；周人禘喾而郊稷，祖文王而宗武王；幕，能帅颛顼者也。有虞氏报焉；杼，能帅禹者也，夏后氏报焉；上甲微，能帅契者也，商人报焉；高圉、大王，能帅稷者也，周人报焉。凡禘、郊、祖、宗、报，此五者国之典祀也。"陈民镇指出："上甲微多与王亥、河合祭，证之殷商先公时代的传说，三者关系密切，出现于同一个传世之中。……王亥去世之后由其弟王恒继位，其后又由王亥之子上甲微继位，正体现了殷商前期兄终弟及、弟终回传长兄之子的王位继承原则。"② 假中于河：学者对此句"中"字含义有较多分歧和不同见解。周凤五认为，"假中于河"是指"上甲微向河伯借来象征最高权力的旗旗以出兵征伐"，释"中"为"旗旗"。③ 王辉认为，此处"中"为"帀（师）"字讹误，"假中"即假借军队之义。④ 李零："中，测日度地，求地中，是靠土圭和旗表。"⑤ 郭伟川倾向于从历史地理学的角度对"中"的含义加以阐释："我认为'假中于河'，是指上甲微借师河伯而据于黄河的中部平原一带，亦即中土。而'复有易'报了仇之后，他仍然回归并据有黄河之滨的中土，此即'归中于河'。"⑥ 邢文认为："'昔微假中于河'之'河'并非河伯。'假中于河'、'归中于河'，恐怕不是说上甲微向河伯借兵、还兵，而是指上甲微求得河图于河、奉还河图于河。"⑦ 黄怀信："假，借也，但所借不必为实物。"⑧ 连劭名认为："河象征天道。天道又称不已或不得已。《庄子·人间世》：'且夫乘物以游心，托不得已以

① 廖名春：《清华简〈保训〉篇"中"字释义及其他》，《孔子研究》2011 年第 2 期。

② 陈民镇：《清华简〈保训〉疑牾举例》，《四川文物》2012 年第 1 期。

③ 周凤五：《清华简〈保训〉重探》，《中国人民大学国学院五十年纪念论文集》，2010 年。

④ 王辉：《清华楚简〈保训〉"惟王五十年"解》，《考古与文物》2009 年第 6 期。

⑤ 王辉：《清华楚简〈保训〉"惟王五十年"解》，《考古与文物》2009 年第 6 期。

⑥ 郭伟川：《〈保训〉主旨与"中"字释读》，《光明日报》2010 年 12 月 6 日。

⑦ 邢文：《〈保训〉之"中"与天数"五"》，《清华大学学报（社科版）》2011 年第 4 期。

⑧ 黄怀信：《清华简〈保训〉补释》，《考古与文物》2013 年第 2 期。

养中，至矣。'此与简文云'假中于河'同义。"① 王志平认为"叚"当读为"格"，"格即格物之格，但这里训为感通之义"，并认为此处"中"乃是指"天地阴阳中和之气"。② 刘全志认为："《保训》'假中'之'假'习见于传世文献，是'祭神致神'之义，'假中于河'即通过祭祀'河'得到'中'。'假中于河'之'河'是河神之谓，与传世文献中的'冥'关系密切。上甲微通过祭祀河神来凝聚人心、积蓄力量，并赋予攻打有易的正义性，'假中于河'即通过精诚的祭祀来获得神灵公正的裁决。因此，'中'就是具有公正、正义、公道含义的思想观念，得中就是公平公正地裁决事理。"③ 张卉："上甲微之'中'是征伐有易途中祭祀王亥所用的木主。"④ 马文增："假，求取。中，合适、适当。河，《河图》。"⑤ 梁涛："'假中'的'假'应训为'请'。'中'应训为'正'。故'微假中于河'是说，上甲微向河伯请求公正，也就是请河伯主持公道，做审判人、调节人。"⑥ 陈民镇："然证之《纪年》，'河'确实应该是河伯，不能理解作地名。"又云："《保训》所记上甲微所假、所归之'中'正是旗帜，代指军队。"⑦ 葛志毅："舜求中、得中及上甲微之假中、归中俱应与河图有某种关联，此乃由三代河洛文化大背景所决定。……其一，'中'乃河伯所掌河图类地理书，有助于微用兵打败河伯（笔者按：当为'有易'之误）；其二，'中'记载着中正治国之道。"⑧《史记·滑稽列传》张守节《正义》："河伯，华阴潼乡人，姓冯氏，名夷。浴于河中而溺死，遂为河伯也。"以复有易：黄怀信："'复'字训'报'，指报复、报仇。服，当借为伏。伏其罪，谓被杀。"⑨ 李零："河

---

① 连劭名：《战国竹简〈保训〉与古代思想》，《中国哲学史》2010 年第 3 期。

② 王志平：《清华简〈保训〉"叚中"臆解》，《孔子研究》2011 年第 2 期。

③ 刘全志：《清华简〈保训〉"假中于河"新论》，《北京师范大学学报》2012 年第 2 期。

④ 张卉：《清华简〈保训〉"中"字浅析》，《史学月刊》2010 年第 12 期。

⑤ 马文增：《清华简〈保训〉新释新解》，《古籍整理研究学刊》2014 年第 2 期。

⑥ 梁涛：《清华简〈保训〉与儒家道统》，《邯郸学院学报》2013 年第 1 期。

⑦ 陈民镇：《上甲微史迹传说重现》，《史学月刊》2013 年第 4 期。

⑧ 葛志毅：《释中——读清华简〈保训〉》，《邯郸学院学报》2012 年第 3 期。

⑨ 廖名春：《清华简〈保训〉篇释读》，《中国哲学史》2010 年第 3 期。

伯与鬼方有关，祖庭在今内蒙古河套一带，即唐叔封晋所受'怀姓九宗'之祖。有易氏，即易水流域的狄人。"廖名春："'复'是回报的意思"，他认为上甲微并非"报复""报仇"于有易，而是恰恰相反，"以德报怨"于有易以崇"中"道。王志平认为"复"当读为"覆"："覆字原为从辵，复声之字，当读为覆，覆灭之义。"①李零："服"当读为"负"，指背负罪名。②

[23] 归：归还。

[24] 黄人二认为"志"当假读为"矢"："矢者，誓也。"③

[25]《尚书·五子之歌》："有典有则，贻厥子孙。"孔传："贻，遗也。"

[26] 黄人二认为"用受大命"当读为《毛公鼎》之"膺受大命"。④廖名春："大命，此实指帝位。"⑤

[27] 黄怀信："兹，此也，承上指传中。旧，久也。商家自上甲微一直传至成汤，可见其久。"⑥

[28] 黄怀信："命，承上亦指天命，这里具体暗指上天灭商之命。'命未有所延'，意周人所受灭商之天命将不得延续。文王终时所受天命尚未完成，故有此说，可见其念念不忘灭商。"⑦

[29] 梁立勇："'逌'在此当读为'迪'。'迪'在《保训》里当解为'至'。'其有所逌矣'即'其有所迪矣'，就是其有所至。'其'是指代前句的'命'，'其有所逌矣'是说天命的到来。"⑧

[30] 李学勤："日不足"一语，曾见于《诗·小雅》的《天保》，云："降尔遐福，维日不足。"郑笺："天又下予汝以广远之福，使天下溥蒙之，汲汲然如日且不足也。"因此，潘振注释《大开》，说："日不足，嫌日短也"，

---

① 李零：《读清华简〈保训〉释文》，《中国文物报》2009 年 8 月 21 日。
② 李零：《读清华简〈保训〉释文》，《中国文物报》2009 年 8 月 21 日。
③ 黄人二：《战国简〈宝训〉通释》，《中国哲学史》2010 年第 3 期。
④ 黄人二：《战国简〈宝训〉通释》，《中国哲学史》2010 年第 3 期。
⑤ 廖名春：《清华简〈保训〉篇释读》，《中国哲学史》2010 年第 3 期。
⑥ 黄怀信：《清华简〈保训〉补释》，《考古与文物》2013 年第 2 期。
⑦ 黄怀信：《清华简〈保训〉补释》，《考古与文物》2013 年第 2 期。
⑧ 梁立勇：《试解〈保训〉"逌"及〈尚书·金滕〉"兹攸俟"》，《孔子研究》2011 年第 3 期。

是正确的。……《保训》简文的"不羕"，读为"不详"。《孟子·离娄下》
注："详，悉也。"《汉书·食货志》注："详，谓悉尽也。"又《董仲舒传》
注："尽也。"所以"不详"即等于"不悉"。……"不悉"义即"不尽"。①
丁宗洛："宿，夜也。二语犹曰日夜黾皇，常如不及也。或曰：《礼·祭统》
'宫宰宿夫人'，宿读为肃，戒也。宿不悉，言戒之不尽也。"②但李学勤指
出丁说不确："'宿'训为夜，是很晚的，因为'宿'本与'夙'通而'夙'
训早，先秦文献未见训夜之例。可取的，是丁氏的第二说，读'宿'为肃，
训'悉'为尽。"③姜广辉认为此句意为："为了既定目标（谋）而勤勉做
事，夜恐不及，日恐不及。"④郭伟川认为此句意为："如果刚毅之气不足，
缺乏魄力，一味优柔寡断，那是成不了大事的……'日不足'，就是阳刚
不足；'惟宿不祥'，指如果一味阴柔，当然干不成'周革殷命'的大事，
那么就是不祥"，并云："事实上，从《逸周书》诸篇可知，姬发确实魄力
不足，他在伐纣前后经常发恶梦，实际上最终死于忧患。"⑤李零："'羕'，
东周器铭多借为'永'字，这里读为'永'。'日不足，惟宿不永'，'不足'
是太短，'不永'是不长，都是珍惜时光，恨日子过得太快，也是勉人勤
奋的话。"⑥黄人二："案'宿'读为'速'，招也；'羕'读为'永'，久长
也。简文谓：我们周家的时日已不多，（若不戒慎恐惧，）国祚可能招致不
长久的后果。"⑦廖名春："日不足：时光短暂。惟宿不祥：蹉跎虚度，只会
不祥。"⑧马文增读为"日不足，惟宿。不详"，并将此句大意释为："不可
怠惰，要夜以继日。不再细说。"⑨

---

① 李学勤：《论清华简〈保训〉的几个问题》，《文物》2009 年第 6 期。
② 黄淮信：《逸周书记校集注》，上海古籍出版社 2007 年版，第 191 页。
③ 李学勤：《论清华简〈保训〉的几个问题》，《文物》2009 年第 6 期。
④ 姜广辉：《〈保训〉疑伪新证五则》，《中国哲学史》2010 年第 3 期。
⑤ 郭伟川：《〈保训〉主旨与"中"字释读》，《光明日报》2010 年 12 月 6 日。
⑥ 李零：《读清华简〈保训〉释文》，《中国文物报》2009 年 8 月 21 日。
⑦ 黄人二：《战国简〈宝训〉通释》，《中国哲学史》2010 年第 3 期。
⑧ 廖名春：《清华简〈保训〉篇释读》，《中国哲学史》2010 年第 3 期。
⑨ 马文增：《清华简〈保训〉新释新解》，《古籍整理研究学刊》2014 年第 2 期。

三、清华简《命训》篇译注

【《命训》篇原文】

□生民而成大命[1]。命司德，正以祸福[2]，立明王以训之[3]，曰："大命有常，小命日成[4]。日成则敬，有常则广，广以敬命，则度□□极[5]。夫司德司义，而赐之福[6]，福禄在人，人能居，如不居而重义，则度至于极[7]。或司不义而降之祸，祸过在人，人□毋惩乎？如惩而悔过，则度至于极[8]。夫民生而耻不明，上以明之，能无耻乎？如有耻而恒行，则度至于极[9]。夫民生而乐生谷，上以谷之，能毋劝乎？如劝以忠信，则度至于极[10]。夫民生而痛死丧，上以畏之，能毋恐乎？如恐而承教，则度至于极[11]。六极既达，九间俱塞[12]。达道道天以正人，正人莫如有极，道天莫如无极[13]。道天有极则不威，不威则不昭，正人无极则不信，不信则不行[14]。夫明王昭天信人以度功，功地以利之，使身信人畏天，则度至于极[15]。夫天道三，人道三。天有命，有福，有祸。人有耻，有市冕，有斧钺[16]。以人之耻当天之命，以其市冕当天之福，以其斧钺当天之祸[17]。□方三述，其极一，弗知则不行[18]。极命则民堕乏，乃旷命以代其上，殆于乱矣[19]。极福则民禄，民禄干善，干善违则不行[20]。极祸则民畏，民畏则淫祭，淫祭罢家[21]。极耻则民枳，民枳则伤人，伤人则不义[22]。极赏则民贾其上，贾其上则无让，无让则不顺[23]。极罚则民多诈，多诈则不忠，不忠则无复[24]。凡厥六者，政之所殆[25]。"

天故昭命，以命力曰：大命世罚，小命命身[26]。福莫大于行，祸莫大于淫祭，耻莫大于伤人，赏莫大于让，罚莫大于多诈[27]。是故明王奉此六者，以牧万民，民用不失[28]。抚之以惠，和之以均，敛之以哀，娱之以乐，训之以礼，教之以艺，正之以政，动之以事，劝之以赏，畏之以罚，临之以中，行之以权[29]，权不法，中不忠，罚□□，□不从劳，事不震，政不成[30]，艺不淫，礼有时，乐不伸，哀不至，均不一，惠必忍人 [31]。凡此，物厥权之属也 [32]。惠而不忍人，人不胜□，□不知死 [33]，均一不和，哀至则匮，乐伸则荒。礼□□则不贵，艺淫则害于才，政成则不长，事震则不功 [34]，以赏从劳，劳而不至，以□□备，服而不耻，以中从忠则赏，赏不必中，以权从法则不行，行不必法，法以知权 [35]，权以知微，微以知始，始以知终 [36]。

【《命训》篇今译】

[上天] 降生万民而施行天命，天命主管道德，用祸福来端正，设立圣明的君王来训诫万民，说道："天命是恒久的，小命则每日施行，每日施行就会尊敬，持之以恒就会变得广大，广大就会尊敬天命，这样就能达到……极限。掌管道德和仁义，并赐予他们福祉，福禄都给予人，人能够受用，如果不贪图福禄而多有仁义，这样就能达到极限。掌管不义并且降给他灾祸，灾祸的过错在于人，人 [能够] 不以此惩戒吗？如果因此惩戒并悔改过错，这样就能达到极限。万民从生下来就以不明白道理为羞耻，统治者用道理来启发教育他们，会有人不感到羞耻吗？感到羞耻并坚定他们的行为，这样就能到达极限。万民从生下来就以生存和成长为快乐，统治者养育他们，会有人不听从劝导吗？如果用忠义和诚信来教导他们，这样就能达到极限。万民从生下来就痛恨死亡和灾祸，统治者以此来威慑他们，会有人不感到害怕吗？如果害怕而接受教导，这样就能到达极限。达到以上六种极限，就能避免所有过错。治国的大道是传达天命并端正万民的行为，端正万民的行为是有限度的，传达天命则是没有限度的。传达天命如果有限度就会失去威严，失去威严就不能彰显天命，端正万民的行为如果没有限度就会失去信用，失去信用就无法施政。圣明的君王昭示天命并使万民信服从而成就功业，在国家中建立功业使万民得利，使万民信服君王并敬畏天命，就算是达到极限了。天道有三个方面，人道也有三个方面。天道有天命，有福祉，有灾祸。人道有荣辱，有爵禄，有刑罚。用人的荣辱来对应天命，用人的爵禄来对应上天的福祉，用人的刑罚来对应上天的灾祸。[以上六个] 方面和这三种对应，它们的终极目标是一致的，

如果不了解就无法施政。如果极端地施行天命，那么人民就会堕怠懒散，于是违背天命以更替君王，国家就会陷入叛乱的危机。极端地施行福祉，人民就会求取好处，不给予好处的情况下就无法施行政令。极端地施行刑罚，人民就会感到恐惧，人民感到恐惧就会进行不合礼法的祭祀，不合礼法的祭祀会败坏家庭。极端地施行荣辱就会使人民产生叛逆心理，有了叛逆心理就会中伤诋毁别人，中伤诋毁别人就违背了仁义的原则。极端地施行赏赐就会使人民把金钱放在首位，拜金就会导致互不谦让，互不谦让就会影响社会秩序。极端地施行刑罚就会使人民多行欺骗，多行欺骗就会不忠诚，不忠诚就会不报答君王。以上这六种情况，都会使统治陷入危机。"

上天有意彰显他的大命，以命令人民，说：大命世世代代都会使人受到惩罚，小命这辈子终身影响你的命运。政令得以施行是最大的福祉，不合礼法地祭祀是最大的灾祸，中伤诋毁别人是最大的耻辱，互相谦让是最大的赏赐，多行欺骗是最大的惩罚，所以圣明的君王奉行这六个原则，用来治理万民，统治就不会有失误。用恩惠来安抚他们，用平均来调和他们，用哀伤来节制他们，用欢愉来娱乐他们，用礼法来训诫他们，用技艺来教导他们，用政令来端正他们，用劳动来振奋他们，用赏赐来勉励他们，用刑罚来威慑他们，用公正来治理他们，用变通来施行政令。变通而不拘泥于固定的模式，公正而没有亲疏远近之分，刑罚施行于 [那些不服从政令的人，赏赐] 不仅看做没做事情（还有看事情的最终成效），政令不能朝令夕改、变化无常，施政不能局限于成法，技艺不能使用过度，礼法要依据时令，快乐不能达到极限，悲哀不能释放到极致，平均分配不能按照绝对一样的标准（还要看功劳），给予恩惠就要在利益上忍让百姓。以上这些原则都是不同情况下的变通。给予恩惠却在利益上不肯忍让百姓，人民就会不能承受灾害，[灾害] 就会带来死亡。绝对一样的平均分配（而不看功劳）会导致不和谐。把悲哀释放到极限就会精神崩溃。享受快乐达到极限就会荒淫无度。礼法不依照时令就会失去尊贵。才艺过度就会妨害才能。施政拘泥于成法则不会有长进。政事朝令夕改、变化无常就会没有功效。给予赏赐只看做事没有，大家就会只做事而不求成效，防备犯罪只［依靠刑罚］，人民就会只服从刑罚而不知悔改。赏赐不处于公正而根据亲疏远近，给予的赏赐就肯定不会公正。变通只局限于固定的模式就会行不通，施政不一定要拘泥于成法。效法要知道权宜变通，变通要知道精微的道理，想知道精微的道理就要善于研究事物的起因，知道事物的原因就能预测事物的结果。

【《命训》篇注释】

[1] 句首所缺一字，整理者据今本《命训》补为"天"字，可从。生民：百姓，人民。《尚书·周书·毕命》："道洽政治，泽润生民。"大命：指天命。《书·太甲上》："天监厥德，用集大命，抚绥万方。"孔传："天视汤德，集王命于其身。"

[2] 司：主管，职掌。《书·高宗肜日》："呜呼！王司敬民，罔非天胤，典祀无丰于昵。"孔传："王者主民，当敬民事。"正：匡正，端正。孔晁注："有德正以福，无德正以祸。"

[3] 立：设置，建立。《书·周官》："立太师、太傅、太保。"《诗·大雅·绵》："乃召司空，乃召司徒：俾立室家。"训：今本作"顺"，教诲，教导。《书·高宗肜日》："乃训于王。"孔传："祖己既言，遂以道训谏王。"《孟子·万章上》："三年，以听伊尹之训己也，复归于亳。"赵岐注："以听伊尹之教训己，故复得归之于亳。"

[4] 常：恒久不变。《左传·昭公元年》："疆埸之邑，一彼一此，何常之有？"《庄子·齐物论》："言未始有常。"郭象注："彼此言之，故是非无定。"日成：日，每日。成，完成。《诗·大雅·灵台》："庶民攻之，不日成之。"孙诒让注："日成，谓日计其善恶而降之祸福也。与大命有常、终身不易异也。"

[5] 敬：儆戒。广：大，《诗·小雅·六月》："四牡修广，其大有颙。"毛传："广，大也。"《书·周书·周官》："功崇惟志，业广惟勤。"《荀子·君道》："耳目之明如是其狭也，人主之守司如是其广也，其中不可以不知也，若是其危也。"度：程度，限度。《国语·周语》："用物过度，妨于财。"

《淮南子·时则训》："贡岁之数，以远近土地所宜为度。"极：极限，最大限度。《吕氏春秋·大乐》："天地车轮，终则复始，极则复反，莫不咸当。"按：今本作"成则敬"，简本上句"日成"后有重文符号，可知今本脱一"日"字。简本所缺二字据今本可补为"至于"二字。

[6] 按：今本作"而赐之福禄"，刘国忠指出："对比后文的'或司不义，而降之祸'句，一为赐福，一为降祸，二者对应紧密，句式整饬，可知传世本此处的'禄'字当为衍文。"①

[7] 居：处于，承受。《易·乾》："是故居上位而不骄，在下位而不忧。"重：多，过分。《左传·成公二年》："重器备，椁有四阿，棺有翰桧。"杜预注："重，犹多也。"义：仁义。按：此句今本作："福禄在人，能无惩乎？若惩而悔过，则度至于极。"

[8] 不义：违背道德或不合乎道义。《左传·隐公元年》："多行不义必自毙。"《孟子·公孙丑上》："行一不义，杀一不辜而得天下皆不为也。"《国语·周语中》："佻天不祥，乘人不义。"过：过失，错误。《书·大禹谟》："宥过无大，刑故无小。"惩：鉴戒。《诗·周颂·小毖》："予其惩而毖后患。"郑玄笺："惩，艾也。"《韩非子·难二》："不诛过，则民不惩而易为非，此乱之本也。"唐大沛注："惩，因得祸而恐惧以惩戒。"按：今本作"夫或司不义，而降之祸，在人，能无惩乎？若惩而悔过，则度至于极"，孙诒让曰："以上文校之，此当作'司不德不义'，'在'上亦当有'祸'字，今本脱三字，遂与上文不相应②。"今本当脱"祸过"二字，所缺一字可补为"能"字。

[9] 耻：羞愧。《穀梁传·桓公十二年》："不言与郑战，耻不和也。"明：启发，使之明智。《墨子·天志上》："然则何以知天之爱天下之百姓？以其兼而明之。"按：此句今本作"夫民生而丑不明，无以明之，能无丑乎？若有丑而竞行不丑，则度至于极。"丑，羞耻，惭愧。《易·观》："《象》

---

① 刘国忠：《清华简〈命训〉初探》，《深圳大学学报》2015年第3期。
② （清）孙诒让：《周礼正文》，中华书局2015年版，第162页。

曰'窥观女贞'，亦可丑也。"《史记·魏世家》："以羞先君宗庙社稷，寡人甚丑之。"可知"丑"与"耻"同义可通用。"无"当为"上"之误。"竞行"当为"恒行"之误，后"不丑"二字为衍文。

[10]谷：谷物，引申为养育。生谷：生养之义，与下文"死丧"相对应。劝：劝导，教导。《书·周书·顾命》："柔远能迩，安劝大小庶邦。"孔传："劝使为善。"孙星衍疏："劝者，《广雅·释诂》云：教也。"按：此句今本作："民生而乐生，无以谷之，能无劝乎？若劝之以忠，则度至于极。"对照简文，今本首句脱一"谷"字，"无"字当为"上"字之误，"忠"后脱一"信"字。

[11]痛：痛恨。《左传·昭公二十年》："其适遇淫君，外内颇邪……神怒民痛，无悛于心。"死丧：指死亡和灾祸。《诗·邶风·谷风》："凡民有丧，匍匐救之。"郑玄笺："凡于民有凶祸之事，邻里尚尽力往救之。"按：此句今本作："夫民生而恶死，无以畏之，能无恐乎？若恐而承教，则度至于极。"恶，憎恶，与"痛"义同。今本"死"后脱一"丧"字，"痛死丧"与前文"乐生谷"相对应。

[12]六极：指前文所言六种"则度至于极"的情况。九：泛指多数，所有的。间：间隙，犹言过错。塞：掩蔽，隔绝。《荀子·大略》："无用吾之所短遇人之所长。故塞而避所短，移而从所仕。"按：此处以六九相对，《周易》以阳爻为九，以阴爻为六。《易·乾》："初九，潜龙勿用。"孔颖达疏："阳爻称九，阴爻称六。"似有先秦阴阳家之涵义。今本作："六极既通，六间具塞。""通"与"达"义同。今本"六"当为"九"字之误。

[13]达道：犹言至道，指正确的法则。《礼记·中庸》："君臣也，父子也，夫妇也，昆弟也，朋友之交也：五者，天下之达道也。"道：通"导"，此处作动词，指导，指引。正：匡正，指导。按：此句今本作："通道通天以正人，正人莫如有极，道天莫如无极。"对照简文可知今本第二个"通"字当为"道"字之误。

[14]威：通畏，敬畏，畏惧。昭：彰显。信：信服。行：施行。唐大沛注："论天道而以常情度之，谓为有极，则不足见天之威。不见威灵赫赫，则天道不昭。若非法度划一归于至善，则人不信从。人不信从，则教

有所不行。"按：今本此句与简文相同。

[15] 明王：圣明之君王。昭天：彰显天道。信人：使人民信服。度：恒量。《左传·文公十八年》："事以度功，功以食民。"杜注："度，量也。"按：今本无"夫"字，文句基本相同。

[16] 市冕：今本作"绂絻"，义同，指爵位和官禄，即前文所言"福禄"。绂，通"绂"，指系官印的丝带。冕，王侯所戴的礼帽。《礼记·礼运》："冕弁兵革，藏于私家，非礼也，是谓胁君。"孔疏："冕是衮冕，弁是皮弁，是朝廷之尊服。"斧钺：斧与钺，泛指刑罚杀戮，有灾祸之义，即前文所言"死丧"。《左传·昭公四年》："王弗听，负之斧钺，以徇于诸侯。"《汉书·天文志》："梁王恐惧，布车入关，伏斧戈谢罪，然后得免。"按：今本作："夫天道三，人道三。天有命、有祸、有福，人有丑、有绂絻、有斧钺。""丑"与"耻"义同，"绂絻"即"市冕"。

[17] 当：对应，符合。唐大沛注云："王者奉天出治，人道合于天道。以彰善惮恶之丑，当福善祸淫之命，以绂絻荣人，当天之赐福于人，以斧钺诛人，当天之降祸于人。"按：今本作："以人之丑当天之命，以绂絻当天之福，以斧钺当天之祸。"

[18] 按：今本作："六方三述，其极一也，不知则不存。"简文所缺一字可补为"六"，今本"存"当作"行"。潘振注："方，比也。述，称也。合而比之则六，别而称之则三。天有极，人无极，道皆至善，故曰其极一也。"唐大沛注："曰命、曰祸、曰福、曰丑、曰绂絻、曰斧钺，有此六方，方即道也。述者，道之用也。天人相合，则道之用惟三述耳。论其极，三述实皆一理耳。"

[19] 极：究极，穷尽。堕：惰怠，懒散。《荀子·宥坐》："今之世则不然，乱其教，繁其刑，其民迷惑而堕焉。"《韩非子·显学》："侈而惰者贫，而力而俭者富。"乏：荒废，耽误。《庄子·天地》："子往矣，无乏吾事。"成玄英疏："乏，阙也……理宜速往，无废吾业。"旷：荒废。《书·皋陶谟》："无旷庶官，天工人其代之。"蔡沈集传："旷，废也。言不可用非才，而使庶官旷废厥职也。"《吕氏春秋·无义》："以义动则无旷事矣。"代：

更换，更替。陈逢衡注："极命则一切总付诸天，而人事无所持，故曰极命则民堕，民堕则旷命。"按：今本作："极命则民堕，民堕则旷命，旷命以诚其上，则殆于乱。"对照简文可知今本脱一"乏"字，"诚"字当作"代"。

[20] 干：求取。《书·大禹谟》："罔违道以干百姓之誉。"孔传："干，求也。"干善犹言向善。违：违背。按：今本作："极福则民禄，民禄则干善，干善则不行。"与简文对照可知今本脱一"违"字。

[21] 淫祭：犹言淫祀，指不合礼制的祭祀；不当祭的祭祀，妄滥之祭。《礼记·曲礼下》："非其所祭而祭之，名曰'淫祀'。"孙希旦集解："淫，过也。或其神不在祀典，如宋襄公祭次睢之社；或越分而祭，如鲁季氏之旅泰山，皆淫祀也。"罢：败坏，衰落。《左传·昭公十九年》："今宫室无量，民人日骇，劳罢死转，忘寝与食，非抚之也。"杜预注："罢，音皮；本或作疲。"按：今本作："极祸则民鬼，民鬼则淫祭，淫祭则罢家。"对照简文可知今本"鬼"当作"畏"，简文脱一"则"字。

[22] 枳：整理者释为害，此句今本作："极丑则民叛，民叛则伤人，伤人则不义。"可据今本释为"叛"。

[23] 赏：赏赐。贾：以利相求。让：谦让。按：今本作："极赏则民贾其上，贾其上则民无让，无让则不顺。"与简文对照，今本衍一"民"字。

[24] 诈：欺骗，狡诈。《左传·宣公十五年》："我无尔诈，尔无我虞。"今本作："极罚则民多诈，多诈则不忠，不忠则无报。""报"与"复"义同。

[25] 殆：危亡，危险。《诗·小雅·正月》："民今方殆，视天梦梦。"郑玄笺："方，且也。民今且危亡。"按：今本作"凡此六者，政之始也。"对照简文可知"始"为"殆"之误。

[26] 昭：彰显，显示。罚：惩罚。按：今本作："明王是故昭命以命之，曰：大命世罚，小命罚身。"对照简文，疑简文"力"当作"之"，简文"小命命身"当据今本改为"小命罚身"。

[27] 按：今本作："福莫大于行义，祸莫大于淫祭，丑莫大于伤人，赏莫大于信义，让莫大于贾上，罚莫大于贪诈。"

[28] 牧：管理，治理。《国语·鲁语上》："且夫君也者，将牧民而正

其邪者也。"按：今本作："古之明王奉此六者，以牧万民，民用而不失。"

[29] 抚：安抚。《左传·定公四年》："申包胥如秦乞师，曰：'……若以君灵抚之，世以事君。'"杜预注："抚，存恤也。"惠：恩惠，利益。和：调和。均：平均。敛：收敛，节制。唐大沛注："哀主抑郁于内，故曰敛。"乐：喜乐，喜庆。唐大沛注："乐主发散于外，故曰娱。"临：监视，监临，引申为统治，治理。《诗·大雅·大明》："上帝临女，无贰尔心。"《左传·宣公七年》："冬，盟于黑壤。王叔桓公临之，以谋不睦。"杜预注："王叔桓公，周卿士，衔天子命以监临诸侯。"《国语·晋语五》："临长晋国者，非女其谁？"韦昭注："临，监也。"中：正，适中。权：权宜，变通。《易·系辞下》："井以辨义，巽以行权。"王弼注："权，反经而合道，必合乎巽顺，而后可以行权也。"按：此句今本作："抚之以惠，和之以均，敛之以哀，娱之以乐，慎之以礼，教之以艺，震之以政，动之以事，劝之以赏，畏之以罚，临之以忠，行之以权。"与简文对照，则"震"当作"正"，"忠"字当作"中"。

[30] 权：权变，变通。法：法则，规则。中：调和，中和，使之适中。震：通"振"，振动，反复无常之义。成：成法，旧法。《鹖冠子·道端》："贤君循成法，后世久长；惰君不从，当世灭亡。"按：今本作："权不法，忠不忠，罚不服，赏不从劳，事不震，政不成。"简本所缺三字可据今本补为"不服赏"。

[31] 淫：过度，无节制。《书·大禹谟》："罔游于逸，罔淫于乐。"孔传："淫，过也。"伸：尽，竭尽。《管子·七臣七主》："芒主目伸五色，耳常五声。"尹知章注："伸，谓放恣也。"至：达到极点。《国语·越语下》："阳至而阴，阴至而阳。"韦昭注："至，谓极也。"《论语·雍也》："中庸之为德，其至矣乎！"朱熹集注："至，极也。"一：相同，同样。《孟子·离娄下》："先圣后圣，其揆一也。"赵岐注："言圣人之度量同也。"忍：忍耐，忍让。《书·汤诰》："尔万方百姓，罹其凶害，弗忍荼毒。"按：今本作："艺不淫，礼有时，乐不满，哀不至，均不一，惠不忍人。""满"与"伸"义同，"不"当为"比"之误。

262

[32] 物：事物。属：类。按：今本作："凡此物攘之属也。""攘"字当作"权"。

[33] 按：今本作："惠而不忍人，人不胜害，害不如死。"简文所缺可补为"害害"二字。

[34] 长：成长，发展。《孟子·公孙丑上》："今日病矣，予助苗长矣。"《吕氏春秋·圜道》："物动则萌，萌而生，生而长，长而大。"功：成功，功绩。《尚书·周书》："为山九仞，功亏一篑。"匮：通"溃"，指精神崩溃。按：今本作："均一则不和，哀至则匮，乐满则荒，礼无时则不贵，艺淫则害于才，政成则不长，事震则寡功。"简文所缺二字可据今本补为"无时"。

[35] 备：防备，戒备。《孙子·计篇》："攻其无备，出其不意。"按：今本作："以赏从劳，劳而不至，以法从中，则赏，赏不必中，以权从法则行，行不必以知权。"简文"以□□备"可补为"以罚从备"。

[36] 微：精深，奥妙。《荀子·解蔽》："处一之危，其荣满侧；养一之微，荣矣而未知。"杨倞注："微，精妙也。"按：今本作："权以知微，微以知始，始以知终。"

四、清华简《耆夜》篇译注

【《耆夜》篇原文】

武王八年，征伐耆，大戡之 [1]。

还，乃饮至于文太室 [2]。毕公高为客 [3]，召公保奭为夹 [4]，周公叔旦为主 [5]，辛公甲为位 [6]，作策逸为东堂之客 [7]，吕尚父命为司正，监饮酒 [8]。

王夜爵酬毕公 [9]，作歌一终曰《乐乐旨酒》[10]：

乐乐旨酒，宴以二公 [11]；纴仁兄弟，庶民和同 [12]。
方臧方武，穆穆克邦 [13]；嘉爵速饮，后爵乃从 [14]。

王夜爵酬周公，作歌一终曰《輶乘》：

輶乘既饬，人备余不胄[15]；虞士奋甲，殷民之秀[16]；
方臧方武，克燮仇雠；嘉爵速饮，后爵乃复[17]。

周公夜爵酬毕公，作歌一终曰《赑赑》：

赑赑戎备，臧武赳赳[18]。毖精谋猷，裕德乃救[19]；
王有旨酒，我忧以叝；既醉又侑，明日勿稻[20]。

周公或夜爵酬王，作祝诵一终曰《明明上帝》[21]：

明明上帝，临下之光。丕显来格，歆厥禋盟[22]，
于……
月有盈缺，岁有歇行[23]；作兹祝诵，万寿亡疆。

周公秉爵未饮，蟋蟀骤降于堂[24]，[周]公作歌一终曰《蟋蟀》：

蟋蟀在堂[25]，役车其行[26]；今夫君子，不喜不乐；
夫日□□，□□□荒；毋已大乐，则终以康[27]，
康乐而毋荒，是惟良士之方[28]。
蟋蟀在席，岁矞员莫[29]；今夫君子，不喜不乐；
日月其迈，从朝及夕[30]；毋已大康，则终以祚[31]。
康乐而毋[荒]，是惟良士之惧[32]。
蟋蟀在舒，岁[员]云□[33]，□□□□□，□□□□□，
□□□□□□□，□□□□□。毋已大康，则终以惧。
康乐而毋荒，是惟良士之惧。

【《耆夜》篇今译】

周武王八年，征伐耆国取得巨大胜利。

凯旋，在文王太庙举行饮至典礼。毕公高居于宾客之位，召公保奭担任助酒之职，周公旦担任典礼的主持，辛公甲居于主宾之位，负责作册记录的逸居于东堂宾客之位，吕尚父被任命为典礼的司仪，负责监督饮酒。

周武王举起酒杯向毕公敬酒，演唱一首诗歌叫《乐乐旨酒》：

其乐融融饮美酒，以此盛宴邀二公；兄弟之间情谊重，百姓和睦又同心。不但强壮又威武，谨慎恭肃能护国；杯中美酒且饮尽，喝完还有下一杯。

周武王举起酒杯向周公敬酒，演唱一首诗歌叫《輶乘》：

轻车整齐已备好，甲胄尚未佩戴齐；战士披甲齐奋战，皆是人中真英杰；不但强壮又威武，同心协力灭仇敌；杯中美酒且饮尽，喝完还有下一杯。

周公举起酒杯向毕公敬酒，演唱一首诗歌叫《赑赑》：

穿上军装真英俊，威武强壮雄赳赳。竭尽全力出智谋，德行丰富又宽厚。君王赏赐有美酒，开怀畅饮解忧愁。今日但醉又何妨，明天无须踏征程。

周公又举起酒杯向武王敬酒，演唱了一首祝诵的诗歌叫《明明上帝》：

天帝在上真英明，俯瞰大地照光明。
显耀光芒来降临，供奉祭祀享献祭。

......

于月亮有圆也有缺，岁星有止也有行。

创作这首祝颂歌，祝您长寿永无疆。

周公端起酒杯还没来得及饮尽，一只蟋蟀突然跳落堂前，周公演唱一首诗歌叫《蟋蟀》：

蟋蟀跳落在堂上，门前公车排成行；

今天君子齐聚会，心情欢喜不荒唐；

......快乐不能去放纵，适可而止享安康。

心情欢乐不迷乱，这是良士之守则。

蟋蟀突然跳到席，时光流逝天将晚；

今天君子齐聚会，心情欢喜不荒唐。

日月交替时光去，从早到晚不停息。

快乐不能去放纵，适可而止享福泽。

心情欢乐不迷乱，这是良士之儆戒。

......蟋蟀跳落在眼前，时光流逝......

心情欢乐不迷乱，收束心意有敬畏。

心情欢乐不迷乱，这是良士之儆戒。

【《耆夜》篇注释】

[1] 耆：又称黎，①《说文》云："黎，殷诸侯国，在上党东北。"《书·西伯戡黎》云："西伯既戡黎。"《史记·周本纪》曰："明年，伐耆国。"《正义》云："即黎国。"戡：《说文》："杀也。"又作堪，《书·君奭》："惟时二人弗

---

① 关于耆的具体位置，学界一般认为在今山西长治，但文献中也有不同记载。刘起釪对此有详细考证，见顾颉刚、刘起釪：《尚书校释译论》，中华书局 2005 年版，第1056 页。

戡。"孙星衍疏："戡与堪通。"《尔雅·释诂》："堪，胜也。"

[2] 饮至：古礼，《左传·桓公二年》："冬，公至自唐，告于庙也。凡公行，告于宗庙；反行，饮至、舍爵，策勋焉，礼也。"杨伯峻《春秋左传注》："诸侯凡……出师攻伐……返，又应亲自祭告祖庙，并遣祝史祭告其余宗庙。祭告后，合群臣饮酒，谓之饮至。"① 太室：太庙中央之室，亦指太庙。《左传·文公十三年》："大室屋坏。"杜预注："大庙之室。"

[3] 指毕公高在饮至礼中居于客位。据《史记·魏世家》云："毕公高与周同姓。武王之伐纣，而高封于毕，于是为毕姓。"《史记·周本纪》云："武王即位，太公望为师，周公旦为辅，召公、毕公之徒左右王师，修文王绪业。"

[4] "夹"字当读为"介"，意思指"助宾客行礼者"。《史记·燕召公世家》云："召公奭与周同姓，姓姬氏。周武王之灭纣，封召公于北燕。"

[5] 周公叔旦：周公旦。《史记·鲁周公世家》云："周公旦者，周武王弟也。"

[6] 辛公甲：辛甲，周开国太史，着有《虞人之箴》《辛甲》二十九篇。

[7] 作策逸：又称为"作册逸"，"作册"为官职，"逸"为名。《书·洛诰》云："王命作册逸祝册，惟告周公其后。"

[8] 吕尚父：《史记·齐太公世家》称为"吕尚"或"师尚父"，上博简《武王践阼》作"师上父"。司正：古代行乡饮酒礼或宾主宴会时的监礼者。《礼记·乡饮酒义》："工告乐备。遂出，一人扬觯，乃立司正焉。"

[9] "夜"读为"舍"，"夜爵"读为"舍爵"，或训为"奠爵"。按：奠：荐献，进献。《书·康王之诰》："宾称奉圭兼币，曰：一二臣卫，敢执壤奠。"孔传："因见新王，敢执壤地所出而奠贽也。"《礼记·玉藻》："唯世妇命于奠茧，其他则皆从男子。"郑玄注："奠犹献也。"奠酒，犹言执酒敬献。

---

① 杨伯峻：《春秋左传注》，中华书局 1990 年版，第 91 页。

[10] 一终：古乐章以奏诗一篇，乐一成为一终。《礼记·乡饮酒义》："工入，升歌三终。"孔颖达疏："谓升堂歌《鹿鸣》《四牡》《皇皇者华》，每一篇而一终也。"汉蔡邕《女训》："凡鼓小曲，五终则止；大曲，三终则止。"

[11] 旨酒：美酒。《诗·小雅·鹿鸣》："我有旨酒，以燕乐嘉宾之心。"《诗·小雅·鱼丽》："君子有酒，旨且多。"郑玄笺："酒美而此鱼又多也。"《论语·阳货》："夫君子之居丧，食旨不甘，闻乐不乐。"何晏集解："孔曰：旨，美也。"

[12]《广韵·侵韵》："恁，信也。"这两句是说，兄弟（毕公和周公）诚信仁爱，能使百姓和同。

[13] 方：语气助词。臧、武：雄壮、威武之义。克邦：能够忠勇为国。

[14] 嘉爵：指杯中的美酒。后爵：下一杯酒。意思是赶快喝了这杯酒，接着喝下一杯酒，乃劝酒之辞。

[15] 辒：轻车。《说文·车部》："辒，轻车也。"《诗·大雅·烝民》："人亦有言：德辒如毛，民鲜克举之。"郑玄笺："辒，轻。"

[16] 虔、殿，皆为句首语气助词，无实义。

[17] 燮：通"谐"，和顺、协和之义，此处引申为平定、安定。《尚书·洪范》："燮友柔克。"孔传："燮，和也。世和顺，以柔能治之。"《诗·大雅·大明》："燮伐大商。"毛传："燮，和也。"郑玄笺："使协和伐殷之事。"

[18] 㿻：读为"央"或"英"。备：通"服"。

[19] 裕德：富于道德。《管子·势》："中静不留，裕德无求。"尹知章注："中心安静无所留着。道德饶裕，无求于人。"救：通"求"。

[20] 侑：劝饮。稻：通'慆'，度过，逝去。

[21] 按：《诗经》多有用"明明"之诗篇。如《诗·大雅·江汉》云："明明天子，令闻不已。"《诗·小雅·小明》云："明明上天，照临下土。"《诗·大雅·大明》云："明明在下，赫赫在上。"《诗·大雅·常武》："赫赫明明，王命卿士。"《诗·鲁颂·有駜》："夙夜在公，在公明明。"《诗·鲁

颂・泮水》："明明鲁侯，克明其德。"按《诗》各篇命名多以句首二字为篇名，《大明》和《小明》首句皆以"明明"开篇，所以原篇题很可能原本皆为《明明》，后来为了有所区别而分别改为《大明》和《小明》。① 由此来看，《诗》在编订过程中可能有多篇《明明》，《明明上帝》是其中一篇而未编入三百篇。

[22] 格：至。《书・益稷》："祖考来格。"

[23] 盈：圆满。缺：缺损。歇：停止。行：运行。本句大意是指时光的流逝。

[24] 秉：持，端着。骤：突然。

[25] 蟋蟀在堂：在，处于，处在。指蟋蟀出现在堂前。

[26] 役车，服役出行的车子。《诗・唐风・蟋蟀》："役车其休。"

[27] 康：安。

[28] 荒：怠荒。方：准则。

[29] 员：通"云"。《诗・唐风・蟋蟀》："岁聿其莫。"

[30] 《诗・唐风・蟋蟀》："日月其迈。"

[31] 祚：福也。

[32] 惧：忧惧。

[33] 舒：可读为"舍"或"序"。

五、清华简《金縢》篇译注

【《金縢》篇原文】

武王既克殷三年 [1]，王不豫有迟 [2]。二公告周公曰："我其为王

---

① 　今本《诗经》也存在多篇题目相同的情况。据统计，305 首诗中共有 18 篇存在同名现象，其中《柏舟》《谷风》《甫田》《杕杜》《无衣》《黄鸟》皆为两篇同名，《扬之水》《羔裘》则是三篇同名。相关考证参见黄震云、韩宏韬《诗经篇名类释》(《甘肃社会科学》2002 年第 5 期)、陈祺生《诗经篇名之研究》(《江南大学学报》2006 年第 6 期)等。

穆卜 [3]。"周公曰："未可以戚吾先王 [4]。"

周公乃为三坛同墠 [5]，为一坛于南方，周公立焉，秉璧植珪 [6]。史乃册祝告先王曰："尔元孙发也，遘害虐疾 [7]，尔毋乃有备子之责在上 [8]，惟尔元孙发也，不若旦也，是佞若巧能，多才多艺，能事鬼神 [9]。命于帝庭，溥有四方，以奠尔子孙于下地 [10]。尔之许我，我则晋璧与珪 [11]。尔不我许，我乃以璧与珪归 [12]。"周公乃纳其所为功自以代王之说于金縢之匮 [13]，乃命执事人曰："勿敢言 [14]。"

就后武王陟 [15]，成王犹幼在位，管叔及其群兄弟乃流言于邦曰："公将不利于孺子 [16]。"周公乃告二公曰："我之□□□□亡以复见于先王 [17]。"

周公宅东三年 [18]，祸人乃斯得，于后周公乃遗王诗曰《鸱鸮》[19]，王亦未逆公 [20]。

是岁也，秋大熟，未获 [21]。天疾风以雷 [22]，禾斯偃，大木斯拔 [23]。邦人□□□□弁，大夫絻，以启金縢之匮 [24]。王得周公之所自以为功以代武王之说。王问执事人，曰："信。噫，公命我勿敢言 [25]。"王布书以泣 [26]，曰："昔公勤劳王家，惟余冲人亦弗及知 [27]，今皇天动威，以章公德，惟余冲人其亲逆公，我邦家礼亦宜之 [28]。"

王乃出逆公至郊 [29]。是夕，天反风，禾斯起，凡大木之所拔，二公命邦人尽复筑之。岁大有年，秋则大获 [30]。

[周武王有疾周公所自以代王之志] [31]

【《金縢》篇今译】

周武王灭商后的第三年，武王病重很久不愈。太公、召公二公告诉周公旦说："我们将要为王占卜。"周公说："不能够使我们先王忧愁。"

周公于是在同一祭场建造了三座祭坛，又在南边建立了一座祭坛，周公站在上面，手执玉璧、摆设玉珪，史官作册祝告先王说："你们的元孙姬发，身患重病，你们在天上难道没有保护天子的责任么？你们的元孙姬发，不如我周公旦，我能言善辩，多才多能，能够侍奉于神鬼。你们受上帝之命，守护天下四方，以在下土安定你们的子孙。如果你们答应我的请求，我就进献玉璧玉珪；你们不答应我，我就把玉璧玉珪拿回去。"周公于是把他所作的用自己的性命为担保来代替武王的祝词收藏在用金縢封缄的匮中，并且命令掌管金縢之匮的官员说："不准把这件事说出去。"

后来武王去世，成王即位尚且年幼，管叔和他的党羽兄弟于是在国内散布流言说："周公将要加害于成王。"周公于是告诉太公、召公说："我如果不退避在外（以证明清白）的话，将来死后有何颜面再见到先王。"

周公居东在外三年，造谣的人终于获罪受到惩罚。此后周公赠给成王一首名为《鸱鸮》的诗歌，成王也没有迎接周公回去。

这年秋天，庄稼成熟，还没来得及收割。天气突然狂风大作电闪雷鸣，禾苗全都被风吹倒，大树全都连根拔起。人民……惊恐，成王换上爵弁，群臣去掉车上的纹饰，来打开金縢封缄之匮。成王看到了周公所作的用自己的性命为担保来代替武王的祝词。成王询问掌管金縢之匮的官员，回答说："是真的。嘻！周公命令我不准说出去。"成王拿著书册感动哭泣，说："往日周公勤劳辅佐王室，只是我年幼并不知道，如今皇天上帝发威，以彰显周公的功德，我要亲自迎接周公回来，按照国家的礼仪来迎接他。"

成王于是出城到郊外迎接周公回来。这天傍晚，风向逆反，禾苗都被吹起来，凡是被连根拔起的大树，太公、召公命令百姓重新加固栽种。这年取得了大丰收，秋季庄稼收获很多。

【《金縢》篇注释】

[1] 按：今本《书·金縢》作"既克商二年"，《史记·鲁周公世家》亦云"武王克殷二年"，今本明言"武王克殷三年"，可证《书》《史记》之误。

按：据"夏商周断代工程"推断，武王克商为公元前 1046 年①，则《金縢》所记之事当在公元前 1049 年。《国语·周语下》记载："昔武王克商，岁在鹑火，月在天驷，日在析木之津，晨在斗柄，星在天。"《利簋铭》曰："武王征商，唯甲子朝，岁鼎克昏辰，夙有商。"

[2] 今本《书·金縢》作"王有疾，弗豫"，《正义》云："武王有疾，马本作'有疾，不豫'。《史记·鲁周公世家》作"武王有疾，不豫"。不豫：天子有病的讳称。《逸周书·五权》："维王不豫，于五日召周公旦。"朱右曾校释："天子有疾称不豫。"《逸周书·祭公》："我闻祖不豫有加。"朱右曾校释："今言不豫，尊之也。"《释诂》："豫，安也。"迟：《广韵》："久也。"

[3] 今本《书·金縢》作："二公曰：我其为王穆卜。"《史记·鲁周公世家》作："群臣惧，太公、召公乃缪卜。"二公：据《史记》记载是指太公、召公，《史记·鲁周公世家》："武王克殷二年，天下未集，武王有疾，不豫。群臣惧，太公、召公乃缪卜。"太公即太公望，召公即召公奭。穆卜：恭敬地卜问吉凶。《尚书·金縢》："我其为王穆卜。"孔传："穆，敬也，言王疾当敬卜吉凶。"刘起釪说："穆卜为当时统治者占卜的专用术语，使用穆字，显然仍是取其敬肃、肃穆的意义，反映他们对于这种占卜的敬重程度。"②

[4] 今本《书·金縢》作："周公曰：'未可以戚我先王'"。《史记·鲁周公世家》亦作："周公曰：未可以戚我先王。"《史记集解》：孔安国曰："戚，近也。未可以死近先王也。"郑玄曰："二公欲就文王庙卜。戚，忧也。未

---

① 江晓原、钮卫星：《回天——武王伐纣与天文历史年代学》（上海人民出版社 2000 年版）详细记载了学界关于武王伐纣的 44 种不同的说法，其中年代最早的为公元前 1130 年，最晚的为公元前 1018 年，前后相差 112 年。江晓原通过详细考证认为武王伐纣是在公元前 1044 年，并通过天文数据精确推算武王伐纣之日为公元前 1044 年 1 月 9 日，即文献所云"甲子朝"，详见《武王伐纣日期如何确定》（《解放日报》1999 年 3 月 6 日）、《以天文学方法重现武王伐纣之准确年代及日程表》（《科学》1999 年第 5 期）、《〈国语〉所载武王伐纣天象及其年代与日程》（《自然科学史研究》1999 年第 4 期）等文。何炳棣根据《古本竹书纪年》记载，认为武王伐纣的时间为公元前 1027 年。

② 顾颉刚、刘起釪：《尚书校释译论》，中华书局 2005 年版，第 1225 页。

可忧怖我先王也。"戚：忧愁，悲伤。《说文》："忧也。"《诗·小雅·小明》："心之忧矣，自诒伊戚。"毛传："戚，忧也。"按：戴钧衡《书传补商》云："窃谓此言仅卜未足以动我先王也。"刘起釪认同戴说，认为此处"戚"是"忧"义引申为"心有动"义。先王：前代君王，此处当指周文王。《书·伊训》："惟元祀，十有二月，乙丑，伊尹祠于先王。"孔传："此汤崩，踰月太甲即位，奠殡而告。"按：今本《书·金滕》、《史记·鲁周公世家》皆云："告于太王、王季、文王。"可知先王是指太王、王季、文王等已经去世的三代商王的神灵，此句意为"不要使先王的神灵忧伤"，穆卜是指巫官于太庙占卜武王病情吉凶并祷问于先王之神灵，周公则认为不可以穆卜使先王悲伤担忧，遂亲自祝祷愿以自己的性命代替武王之性命来换取武王康复。

[5] 今本《书·金滕》作："公乃自以为功，为三坛同墠。"《史记·鲁周公世家》作："周公于是乃自以为质，设三坛。"坛：筑土为坛，祭祀之高台，《书·金滕》："公乃自以为功，为三坛同墠。为坛于南方北面，周公立焉。"孔传："坛，筑土。"《左传·襄公二十八年》："子产相郑伯以如楚，舍不为坛。"墠：除地为墠，指经过整治的平地。《诗·郑风·东门之墠》："东门之墠，茹芦在阪。"郑玄笺："城东门之外有墠，墠边有阪，茅搜生焉。"汉蔡邕《独断》："坛谓筑土起堂，墠谓筑土而无屋者也。"按：为三坛同墠，是指在同一祭祀场地设立三座祭坛。今本《金滕》云："为坛于南方，北面周公立焉；植璧秉珪，乃告太王、王季、文王。"太王指周武王之曾祖古公亶父，王季即周武王之祖父季历，文王即周武王之父西伯，三坛即为分别祭祀三位先王而设立。

[6] 今本《书·金滕》作："为坛于南方，北面，周公立焉，植璧秉珪。"《史记·鲁周公世家》作："周公北面立，戴璧秉圭，告于太王、王季、文王。"《尚书正义》云："为坛于南方，北面，周公立焉。立坛上，对三王。植璧秉珪，乃告大王、王季、文王。璧以礼神。植，置也，置于三王之坐。周公秉桓珪以为贽。告谓祝辞。"

[7] 今本《书·金滕》作："史乃册祝曰：惟尔元孙某，遘厉虐疾。"《史记·鲁周公世家》作："史策祝曰：惟尔元孙王发，勤劳阻疾。"史乃册祝

告先王：《尚书·金縢》孔传云："告神之言，书之于策，祝是读书告神之名，故云'史为策书祝辞'，史读此策书以祝告神也。"元孙：《尚书·金縢》孔传云："武王是大王之曾孙也，尊统于上，继之于祖，谓'元孙'，是长孙也。"

[8] 今本《尚书·金縢》作："若尔三王，是有丕子之责于天。"《史记·鲁周公世家》作："若尔三王是有负子之责于天。"毋乃：反诘之辞，《礼记·檀弓下》："君反其国而有私也，毋乃不可乎？"备子：今本《金縢》作"丕子"。丕：孔传、马融训为"大"，郑玄训为"不"。《史记》作"负子"，惠栋谓"负"读为"陪"。

[9] 今本《尚书·金縢》作："以旦代某之身，予仁若考，能多材多艺，能事鬼神。乃元孙不若旦多材多艺，不能事鬼神。"《史记·鲁周公世家》作："以旦代王发之身。旦巧能，多才多艺，能事鬼神。乃王发不如旦多材多艺，不能事鬼神。"佞：能言善辩。《尚书·吕刑》："非佞折狱，惟良折狱，罔非在中。"孔传："非口才可以断狱，惟平良可以断狱，无不在中正。"

[10] 今本《尚书·金縢》作："乃命于帝庭，敷佑四方，用能定尔子孙于下地。四方之民，罔不祗畏。呜呼！无坠天之降宝命，我先王亦永有依归。"《史记·鲁周公世家》作："乃命于帝庭，敷佑四方，用能定汝子孙于下地，四方之民罔不敬畏。无坠天之降葆命，我先王亦永有所依归。"溥有四方：今本《尚书·金縢》作"敷佑四方"，"溥有""敷佑"义同，古籍又写作"抚有"，如《左传》有"抚有蛮夷"（襄公十三年）、"抚有尔室"（昭公元年）、"抚有晋国"（昭公三年），故王国维《观堂读书记》认为"敷佑四方"即"抚有四方"。青铜铭文中多写作"匍有"，如《秦公钟》曰："匍有四方"，《墙盘》曰："匍有上下"，刘起釪认为"'匍有'为西周以来周人的习用语"。按溥有、匍有、抚有、敷佑义皆相通，俞樾《群经平义》训"敷"为"徧"，即普遍之义。

[11] 今本《尚书·金縢》作："今我即命于元龟，尔之许我，我其以璧与珪，归俟尔命。"《史记·鲁周公世家》作："今我其即命于元龟，尔

之许我，我以其璧与圭归，以俟尔命。"许：许诺，承诺。晋：进献。

[12] 今本《尚书·金縢》作："尔不许我，我乃屏璧与珪。"孔传："屏，藏也。"《史记·鲁周公世家》作："尔不许我，我乃屏璧与圭。"

[13] 今本《书·金縢》作："公归，乃纳册于金縢之匮中。"《史记·鲁周公世家》作："周公藏其策金縢匮中。"《尚书正义》：经云"金縢之匮"，则"金縢"是匮之名也。《诗》述韎弓之事云："竹闭绲縢。"《毛传》云："绲，绳。縢，约也。"此传言"缄之以金"，则训"縢"为"缄"。王、郑皆云："縢，束也。"又郑《丧大记》注云："齐人谓棺束为缄。"《家语》称周庙之内有金人，三缄其口，则"縢"是束缚之义。"藏之于匮，缄之以金"，若今钉鐷之，不欲人开也。郑云："凡藏秘书，藏之于匮，必以金缄其表。"是秘密之书，皆藏于匮，非周公始造此匮，独藏此书也。功：通攻，祝祭，祝告。《周礼·春官·大祝》："掌六祈以同鬼神示：一曰类、二曰造、三曰禬、四曰禜、五曰攻、六曰说。"郑玄注："攻、说，则以辞责之。"整理小组谓"功"当读为"质"，意为以己身为质。《史记·鲁周公世家》："周公于是乃自以为质。"孙星衍《尚书古今文注疏》据《释诂》云"功"与"质"同训为"成也。"

[14]《史记·鲁周公世家》作："诫守者勿敢言。明日，武王有瘳。"今本《尚书·金縢》作："王翼日乃瘳。"执事人：指负责职守金縢之官员。《尚书·盘庚下》："呜呼！邦伯师长百执事之人，尚有隐哉。"孔颖达疏："其百执事谓大夫以下，诸有职事之官皆是也。"

[15]陟：升遐，升天，特指帝王薨逝。《尚书·康王之诰》："惟新陟王，毕协赏罚。"蔡沈《集传》云："陟，升遐也。"《竹书纪年》曰："一百年，地裂，帝陟。帝王之崩，皆曰陟。"今本《书·金縢》作："武王既丧。"《史记·鲁周公世家》作："其后武王既崩。"《白虎通义》："天子称崩何？别尊卑，异生死也。"又云："丧者何谓也？丧者，亡也。……天子下至庶人俱言丧何？欲言身体发肤俱受之父母，其痛一也。"可见，帝王之死称为陟、崩、丧皆可。

[16] 今本《尚书·金縢》作："管叔及其群弟乃流言于国，曰：公将

不利于孺子。"《史记·鲁周公世家》作："成王少，在强葆之中。周公恐天下闻武王崩而畔，周公乃践阼代成王摄行政当国。管叔及其群弟流言于国曰：周公将不利于成王。"孺子：古代称天子、诸侯、世卿的继承人为孺子。《尚书·立政》："呜呼！孺子王矣。"《汉书·王莽传上》："立宣帝玄孙婴为太子，号曰孺子。"

[17] 今本《尚书·金縢》作："周公乃告二公曰：我之弗辟，我无以告我先王。"《史记·鲁周公世家》作："周公乃告太公望、召公奭曰：我之所以弗辟而摄行政者，恐天下畔周，无以告我先王太王、王季、文王。"辟：退避，躲避。《左传·僖公二十八年》："师直为壮，曲为老。岂在久乎？微楚之惠不及此，退三舍辟之，所以报也。"《孟子·滕文公下》："古者不为臣不见。段干木踰垣而辟之。"

[18] 今本《书·金縢》作："周公居东二年。"宅东：今本作"居东"。李民释为"东征"①；刘起釪释为"居国之东"并云："东可泛指国都之东，也可指较具体的地区。殷代武丁卜辞已有'王勿入于东'，《诗小雅》有小东、大东。本书《洛诰》'大相东土，至于洛师'，则东可指丰镐以东至于洛邑之地。《孔疏》引王肃云：'东，洛邑也。'即指这一带。《鲁世家》把杀武庚、诛管叔、宁淮夷东土叙在'我之弗辟'之下，以当此句，王肃注及伪孔传也释居东为东征，都是误把周公东征武庚管蔡事和本文牵合在一起，显是错误的。"②

[19] 今本《书·金縢》作："则罪人斯得。于后，公乃为诗以贻王，名之曰《鸱鸮》。"《史记·鲁周公世家》作："管、蔡、武庚等果率淮夷而反。周公乃奉成王命，兴师东伐，作《大诰》。遂诛管叔，杀武庚，放蔡叔。……周公归报成王，乃为诗贻王，命之曰《鸱鸮》。"《诗·豳风·鸱鸮》毛序云："鸱鸮，周公救乱也。成王未知周公之志，公乃为诗以遗王，名之曰《鸱鸮》焉。"

---

① 李民、王健：《尚书译注》，上海古籍出版社 2004 年版，第 241 页。
② 顾颉刚、刘起釪：《尚书校释译论》，中华书局 2005 年版，第 1237 页。

[20] 今本《书·金縢》作："王亦未敢诮公。"《史记·鲁周公世家》作："王亦未敢训周公。"《集解》徐广曰："训，一作诮。"《索隐》云："尚书作诮。诮，让也。此作训，字误耳，义无所通。"

[21] 今本《书·金縢》作："秋，大熟，未获。"《史记·鲁周公世家》作："秋未获。"

[22] 今本《书·金縢》作："天大雷电以风。"《史记·鲁周公世家》作："暴风雷。"

[23] 今本《书·金縢》作："禾尽偃，大木斯拔。"《史记·鲁周公世家》作："禾尽偃，大木尽拔。"

[24] 今本《书·金縢》作："邦人大恐，王与大夫尽弁。"《史记·鲁周公世家》作："成王与大夫朝服以开金縢书。"整理者认为所缺四字可据今本补为："大恐，王□"。緛：《左传》杜注："车无文。"

[25] 今本《书·金縢》作："以启金縢之书，乃得周公所自以为功，代武王之说。二公及王乃问诸史与百执事。对曰：信。噫！公命我勿敢言。"《史记·鲁周公世家》作："王乃得周公所自以为功代武王之说。二公及王乃问史百执事，史百执事曰：信有，昔周公命我勿敢言。"

[26] 今本《书·金縢》作："王执书以泣。"《史记·鲁周公世家》作："成王执书以泣。"整理小组：捕，训为"布"，《小尔雅》："展也。"

[27] 今本《书·金縢》作："曰：其勿穆卜。昔公勤劳王家，惟予冲人弗及知。"《史记·鲁周公世家》作："曰：自今后其无缪卜乎！昔周公勤劳王家，惟予幼人弗及知。"冲人：年幼的人，用于帝王自称之谦辞。《书·盘庚下》："肆予冲人，非废厥谋。"孔传："冲，童。"孔颖达疏："冲、童，声相近，皆是幼小之名。自称童人，言己幼小无知，故为谦也。"刘起釪云："'予冲人'与'余小子'、'朕小子'同，都是古代君主自称之辞。"[1]

[28] 今本《书·金縢》作："今天动威，以彰周公之德；惟朕小子其新逆，我国家礼亦宜之。"《史记·鲁周公世家》作："今天动威以彰周公

---

[1] 顾颉刚、刘起釪：《尚书校释译论》，中华书局 2005 年版，第 332 页。

之德，惟朕小子其迎，我国家礼亦宜之。"逆：迎。李民认为："本文是史官追记周公死后，成王启金縢事。所以'亲迎'不是周成王迎周公返回都城，而是成王欲亲自主持周公改葬时的迎神之礼。古人葬与改葬都有迎神之举。"①

[29] 今本《书·金縢》作："王出郊。"《史记》亦同。

[30] 今本《书·金縢》作："天乃雨，反风，禾则尽起。二公命邦人，凡大木所偃，尽起而筑之。岁则大熟。"《史记·鲁周公世家》作："天乃雨，反风，禾尽起。二公命国人，凡大木所偃，尽起而筑之。"

[31] 今本《书金縢》序云："武王有疾，周公作《金縢》。为请命之书，藏之于匮，缄之以金，不欲人开之。《金縢》遂以所藏为篇名。"

六、清华简《封许之命》篇译注

【《封许之命》篇原文】

……[1] 越在天下 [2]，故天蘉之乍致 [3]，尚纯厥德 [4]，膺受大命 [5]，眈尹四方 [6]。则惟汝吕丁 [7]，肇右文王 [8]，恖光厥烈 [9]，□司明刑 [10]，厘厥猷 [11]，祇事上帝 [12]，桓桓丕敬 [13]，严将天命 [14]。亦惟汝吕丁，扞辅武王 [15]，干敦殷受 [16]，咸成商邑 [17]。……[18]命汝侯于许 [19]。汝惟臧者尔猷 [20]，虔恤王家 [21]。简乂四方不犹 [22]，以勤余一人 [23]。

锡汝苍珪、秬鬯一卣 [24]、路车 [25]、葱衡、玉雚 [26]、銮铃、素旗 [27]、朱笲靷、马四匹 [28]、攸勒 [29]、毳毯 [30]、罗缨 [31]、钩膺 [32]、篆弁 [33]、梪 [34]。

赠尔荐彝 [35]、厵□朕觯 [36]、龙鬵 [37]、璉 [38]、鑵 [39]、钲 [40]、齐弩 [41]、盘、鉴 [42]、鎣 [43]、㼌 [44]、雕匚 [45]、鼎、

① 李民、王健：《尚书译注》，上海古籍出版社 2004 年版，第 241 页。

簋、釙觥［46］、鋊［47］、格［48］。

王曰："呜呼，丁，戒哉［49］！余既监于殷之不若［50］，稚童兹忧［51］，靡念非常［52］。汝亦惟淑章尔虑［53］，祇敬尔猷，以永厚周邦［54］，勿废朕命［55］，经嗣世享［56］。

【《封许之命》篇今译】

……在天下，所以上天劝勉他而不厌倦，佑助他纯粹道德，承受天命，忠诚地治理四方国土，只有你吕丁，自始至终护佑文王，谨慎地发扬光大他的功烈……管理圣明的刑典，治理他的谋略，恭敬地服事天帝，威武而又非常恭敬，尊敬地奉行上天的命令。只有你吕丁，捍卫辅佐武王，夺取并治理殷商的天下，共同平定殷商的城邦。……命令你封侯于许国，你要完善增强你的谋略，忠诚地为王室分忧，治理四方不服从王室者，以辅佐本王一人。

赐给你青色玉珪、美酒一卣、辂车、葱衡、玉𩐋、銮铃、素旗、朱笄軏、马四匹、攸胁、毯毯、罗缨、钩膺、纂弁、柅。

赠给你祭祀礼器、鬲口、豚鼎、龙鬶、琏、鑵、钲、斉冩、盘、鉴、鍪、䀇、雕匚、鼎、簋、釙觥、鋊、格。

君王说：呜呼，吕丁，要儆戒啊！我鉴于殷商覆灭的教训，对此非常忧虑，无时无刻不在思考。你也要完善并发扬你的智慧，恭敬地思考谋划，永远像屏障一样坚强地保护周王室，不要背弃我的命令，子孙万代永远享有（你的爵位）。

【《封许之命》篇注释】

［1］按：第一简缺失，第二简 34 字，第三简 33 字，第四简缺失，第五简 34 字，第六简 31 字，第七简 33 字，第八简 33 字，第九简正面 2 字背面 4 字，由此推测，第一简缺失文字约为 31—33 字。

［2］越：句首语气词，无实义。如《书 · 大诰》："越予冲人，不卬自恤。"王引之《经传释词 · 粤越》曰："越，犹惟也。《书 · 大诰》曰 '越

予小子'，言惟予小子也；又曰'越予冲人'，言惟予冲人也。"又如《书·酒诰》云："越在外服，侯、甸、男、卫、邦伯；越在内服，百僚、庶尹、惟亚、惟服、宗工，越百姓里居，罔敢湎于酒；不惟不敢，亦不暇。惟助成王德显，越尹人祗辟。"天下：泛指全国，《书·大禹谟》："奄有四海，为天下君。"

[3] 蓳：读为"劝"，《说文》："勉也"，《广雅》："助也。""乍"字为"亡"字之误，"亡臭"见西周师询簋（《集成》4321）"肆皇帝亡臭"，毛公鼎（《集成》二八四一）"肆皇天亡臭"。"亡臭"即"无斁"，《诗·周南·葛覃》："服之无斁"，与简文句式一致。无斁：不厌倦。《诗·周南·葛覃》："为絺为绤，服之无斁。"郑笺："斁，厌也。"

[4] 尚：佑，佑助。《易·泰》："象曰：包荒得尚于中行，以光大也。"王引之《经义述闻·周易上》："尚者，右也，助也。"《诗·大雅·抑》："肆皇天弗尚。"王引之《经义述闻·毛诗下》："《尔雅》：'尚，右也。'言皇天不右助之也。"纯：简文原写作"唇"字，整理者读为"晨"字，通"纯"。马楠认为当读为"祗"，训为"敬"。也有学者认为当读为"慎"或"振"。按：此处当读为"纯"，《诗·维天之命》："于乎不显，文王之德之纯。"《国语·郑语》："建九纪以立纯德，合十数以训百体。"韦昭注："纯，纯一不驳也。"《淮南子·原道训》："穆忞隐闵，纯德独存。"高诱注："纯，不杂糅也。"

[5] 膺受：承受。《书·君陈》："惟予一人膺受多福。"孔传："惟我一人亦当受其多福。"《史记·周本纪》："于是武王再拜稽首，曰：膺受大命，革殷，受天明命。"大命：指天命。《书·太甲上》："天监厥德，用集大命，抚绥万方。"孔传："天视汤德，集王命于其身。"按：清华简《程寤》篇："王及太子发并拜吉梦，受商命于皇上帝。"亦有"膺受天命"之义。

[6] 眈：诚实、诚信、忠诚之义。尹：治理，主管。《书·多方》："天惟式教我用休，简畀殷命，尹尔多方。"《左传·定公四年》："故周公相王室，以尹天下。"

[7] 吕丁，吕氏，名丁，据简文为许国始封之君。许慎《说文·叙》：

"吕叔作藩，俾侯于许。"同书"许"字下云："炎帝太岳之胤，甫侯所封，在颍川。"甫即吕国。《左传·隐公十一年》《正义》引杜预云："许，姜姓，与齐同祖，尧四岳伯夷之后也。周武王封其苗裔文叔于许。"文叔，《汉书·地理志》颍川郡许县本注作"大叔"，简文吕丁当即其人，但据简文其受封实晚于武王时。按：吕丁，王宁等学者认为即《逸周书·世俘》所称"吕他（佗）"，《说文》称"吕侯"，《汉书地理志》称为"许大叔"，有学者认为清华简《程寤》所言"宗丁"亦为吕丁。

[8] 肇：始也。右：通"佑"，辅佐、保佑之义。也有学者认为"右"字当训为"贤"，乃效劳之义。

[9] 愍：谨慎；戒慎。《说文》："慎也。"《书·毕命》："惟周公左右先王，绥定厥家，愍殷顽民，迁于洛邑。"孔颖达疏："慎彼殷之顽民，恐其或有叛逆，故迁于洛邑。"《诗·周颂·小毖》："予其惩而毖后患。"光：整理者引《诗·大雅·韩奕》郑笺释为"荣也"；王宁认为"光"读为"广"，义为大，"光厥烈"意为使文王的功业更加显明广大。按：王说为是，此处"光"用为动词，乃发扬光大之义。

[10] 整理者云：明刑，词见《诗·大雅·抑》。吕氏与刑法有关，参看《书·吕刑》。《书·康诰》"乃其速由文王作罚，刑兹无赦"，是文王时作有刑典。《左传》昭公七年引"周文王之法曰：有亡荒阅"。按：子居等学者认为缺文一字或为"斌"，指武王，刑：通"型"，训为典范、典型之义，笔者认为此句主语仍是吕丁。

[11] 釐：整理者释为"治"，治理。《尚书·尧典》："允釐百工，庶绩咸熙。"孔传："釐，治。"猷：整理者释为"谋"，谋略，谋划。《尚书·盘庚上》："各长于厥居，勉出乃力，听予一人之作猷。"孔颖达疏："听从我迁徙之谋。"

[12] 祗：敬。《诗·商颂·长发》："昭假迟迟，上帝是祗。"《晋书·顾和传》："若不祗王命，应加贬黜。"

[13] 桓桓：勇武，威武貌。《尚书·牧誓》："勖哉夫子！尚桓桓。"孔传："桓桓，武貌。"晋陶潜《命子》诗："桓桓长沙，伊勋伊德。"丕：大。敬：

尊敬，恭敬。

[14] 严：尊敬，尊敬，尊重。《诗·商颂·殷武》："天命降监，下民有严。"毛传："严，敬也。"《礼记·学记》："凡学之道，严师为难。"郑玄注："严，尊敬也。"《史记·廉颇蔺相如列传》："于是赵王乃斋戒五日，使臣奉璧，拜送书于庭。何者？严大国之威以修敬也。"将：施行，奉行。《书·胤征》："今予以尔有众奉将天罚。"孔传："将，行也，奉王命行王诛。"《庄子·山木》："不知义之所适，不知礼之所将。"

[15] 武王：简文写作"珷"，乃武王二字合文。扞：保护，保卫。《尚书·文侯之命》："汝多修，扞我于艰。"蔡沈集传："扞卫我于艰难。"《左传·文公六年》："亲帅扞之，送致诸竟。"杜预注："扞，卫也。"

[16] 干：犯。《国语·晋语五》："河曲之役，赵孟使人以其乘车干行。"韦昭注："干，犯也。"敦：治理，管理。《诗·鲁颂·閟宫》："敦商之旅，克咸厥功。"郑玄笺："敦，治；旅，众……武王克殷而治商之臣民。"殷受：指殷商受命于天，实际上是指国家政权。

[17] 咸：整理者训为"悉"，不确，按此处当释为同、共。《诗·鲁颂·閟宫》："敦商之旅，克咸厥功。"郑玄笺："咸，同也……能同其功于先祖也。"孔颖达疏："谓先祖欲成王业，武王卒能成之，是合同其功。"成：平定，安定。商邑：《诗·商颂·殷武》："商邑翼翼，四方之极。"按：清华简《祭公》曰："用毕成大商"，与此句近义。

[18] 按：第四简缺失，据其他各简字数，缺失约31—33个字。

[19] 侯：封侯。《礼记·王制》："王者之制禄爵，公、侯、伯、子、男，凡五等。"《战国策·赵策四》："今三世以前，至于赵之为赵，赵主之子孙侯者，其继有在者乎？"

[20] 臧：善，《书·盘庚上》："邦之臧，惟女众；邦之不臧，惟予一人有佚罚。"《诗·邶风·雄雉》："不忮不求，何用不臧？"毛传："臧，善也。"耆：强。《逸周书·谥法》："耆意大虑曰景。"孔晁注："耆，强也。"猷：谋略，谋划。

[21] 虔：恭敬。《左传·庄公二十四年》："女贽，不过榛栗枣脩，以

告虔也。"杜预注："虔，敬也。"张衡《西京赋》："岂伊不虔思于天衢。"
薛综注："虔，敬也。"恤：忧虑，忧患。《易·泰》："勿恤其孚，于食有福。"
孔颖达疏："故不须忧其孚信也。"《国语·晋语》："君欲勿恤，其可乎？若
大难至而恤之，其何及矣。"韦昭注："恤，忧也。王家：犹王室，王朝，
朝廷。《书·武成》："至于大王，肇基王迹，王季其勤王家。"孔颖达疏："王
季修古公之道，诸侯顺之，是能缵统大王之业，勤立王家之基本也。"

[22] 简：大。乂：治理。《书·尧典》："浩浩滔天，下民其咨，有能
俾乂。"孔传："乂，治也。"覜：整理者读为"果"，释为朝见之意；陈剑
等学者读为"贡"；苏建洲、黄杰等学者读为"献"；王宁读为"格"，释为
来；子居读为"执"，释为至。

[23] 勤：辅助。《书·武成》："至于大王，肇基王迹，王季其勤王
家。"《左传·僖公三年》："楚人伐郑，郑伯欲成，孔叔不可。曰：'齐方勤
我，弃德不祥。'"《国语·晋语》："秦人勤我矣。"余一人：君王自称，又
作"予一人"。《书·太甲下》："一人元良，万邦以贞。"孔传："一人，天
子。"《书·汤诰》："王曰：'嗟！尔万方有众，明听予一人诰。'"孔传："天
子自称曰予一人。"班固《白虎通·号》曰："王者自谓一人者，谦也，欲
言己材能当一人耳。故《论语》曰：'百姓有过，在予一人。'臣谓之一人
何？亦所以尊王者也，以天下之大，四海之内，所共尊者一人耳。故《尚
书》曰：'不施予一人。'"

[24] 锡：通"赐"，赐予。苍：青色。珪：瑞玉，常作祭祀、朝聘之用。
《书·金縢》："植璧秉珪，乃告大王、王季、文王。"《荀子·大略》："聘人
以珪，问士以璧。"秬鬯：秬，黑黍，古人视为嘉谷。《吕氏春秋·本味》：
"饭之美者，玄山之禾，不周之粟，阳山之穄，南海之秬。"《管子·地员》：
"其种大秬细秬。"鬯，祭祀使用的美酒。卣：《尔雅·释器》："卣，中尊
也。"卣是古代一种中型青铜酒樽，多为椭圆形，大腹敛口圈足，有盖与
提梁，多用作礼器，盛行于商和西周。此处用作量词。《书·洛诰》："乃
命宁予以秬鬯二卣。"《北史·于谨传》："赐秬鬯一卣，珪瓒副焉。"

[25] 路车：辂车。古代天子或诸侯贵族所乘的车。《诗·大雅·韩奕》：

"其赠维何？乘马路车。"郑玄笺："人君之车曰'路车'。"《左传·桓公二年》"大路越席"孔疏："路，训大也。君之所在以大为号，门曰'路门'，寝曰'路寝'，车曰'路车'；故人君之车，通以路为名也。"

[26] 葱衡：整理者认为是市上玉饰。葱，青绿色。衡，通"珩"，指佩玉上部的横杠，用以系璜和冲牙。《礼记·玉藻》："一命缊韨幽衡，再命赤韨幽衡，三命赤韨葱衡。"《大戴礼记·保傅》："下车以佩玉为度，上有双衡，下有双璜、冲牙、批珠以纳其间，琚瑀以杂之。"子居认为是指玉饰的车辕前横木。䎫：整理者读为"环"；许可读为"旱"；何有祖读为"琖"；王宁读为"琛"；子居读为"軨"，释为玉饰的车軨。按：从所赐物品的排列顺序来看，此句两种物品当与前面所言辂车和后面所言马匹等物品有关，当属于马车或马匹的有关用具，也可能是用来装饰马车的玉饰。

[27] 銮：装于轭首或车衡上的铃。上部为扁圆形的铃，下部为座。铃内有丸，车行则摇动作响，声似鸾鸟。张衡《东京赋》："銮声哕哕，和铃鉠鉠。"素：白色，无色。《诗·召南·羔羊》："羔羊之皮，素丝五紽。"毛传："素，白也。"旂：一种绘有龙形的旗帜名称。《周礼·春官·司常》："交龙为旂……诸侯建旂。"《孟子·万章下》："敢问招虞人何以？曰：以皮冠，庶人以旃，士以旂，大夫以旌。"《汉书·韦贤传》："黼衣朱绂，四牡龙旂。"

[28] 笰：《释名》："系也。"整理者认为朱笰当为軜部所系红色装饰，也有学者认为朱笰是指红色的旌旗。軜：《说文》："车辕端持衡者，从车，元声。"也有学者读为"元"，释为大，并认为此处断句应为"朱笰，元马四匹"。

[29] 攸：读为"鞗"，马络头的下垂装饰。《诗·小雅·蓼萧》："既见君子，鞗革忡忡。"孔疏："鞗革，辔首垂也。"胁：读为"勒"，指带嚼子的马络头。《仪礼·既夕礼》："皮弁服，缨辔贝勒，县于衡。"《东观汉记·明德马皇后》："上望见车骑鞍勒，皆纯黑，无金银采饰。"

[30] 王宁读为"幔绳（縢）"，推测为一种车马所用毛织物；子居读

为"氍毹"，认为是指马衣，又称马毯。

[31] 罗缨：繁缨，古代天子、诸侯所用辂马的带饰。繁，马腹带；缨，马颈革。《礼记·礼器》："大路繁缨一就，次路繁缨七就。"孔疏："繁，谓马腹带也。"《左传·成公二年》："既，卫人赏之以邑，辞，请曲县、繁缨以朝，许之。"

[32] 马瑞辰认为钩、膺是两种马饰；吴振武认为钩是指"娄颔之钩"，膺是指繁缨。

[33] 纂：陈剑先生读为"暴"，释为"镳"。弁：整理者释为"马冠"；陈剑先生释为"马髦饰"。

[34] 柅：塞于车轮下的制动之木。《易·姤》："系于金柅。"王弼注："柅者，制动之主。"孔疏引马融曰："柅者，在车之下，所以止轮，令不动者也。"子居读为"匿"，认为是马眼罩。

[35] 荐彝：祭祀神灵所用礼器。《左传·襄公十九年》："且夫大伐小，取其所得以作彝器。"杜预注："彝，常也。谓钟鼎为宗庙之常器。"

[36] 此句有缺文，当是两种器物名称。

[37] 龙鬵：绘有龙纹之鬵，《说文·鬲部》："鬵，三足釜也。有柄喙。"段玉裁注："有柄可持，有喙可写物。"

[38] 琏：古代宗庙盛黍稷的礼器。《论语·公冶长》："曰：瑚琏也。"何晏集解引包咸曰："瑚琏，黍稷之器。夏曰瑚，殷曰琏。"

[39] 罐：一种青铜酒器名称。

[40] 钲：一种青铜乐器名称。《诗·小雅·采芑》孔疏："《说文》云：'钲，铙也。似铃，柄中上下通。'然则钲即铙也。"陈奂传疏："《诗》言誓师，则钲即《大司马》之铎、镯、铙矣……郑司农注《周礼》亦以铎、镯、铙谓钲之属，然则钲其大名也。"

[41] 荞弓：类似勺子的工具，用于从大型容器中挹取液体。

[42] 鉴：古器名，多盛水或盛冰，借为照影之用。《诗·邶风·柏舟》："我心匪鉴。"毛传："所以察形也。"《周礼·天官·凌人》："春始治鉴。"郑玄注："鉴，如甀。大口，以盛冰，置食物于中，以御温气。"

[43] 鎣：古代一种长颈瓶。短足，似盉。《伯百父鎣铭》："伯百父乍孟姬朕鎣。"郭沫若《长安县张家坡铜器群铭文汇释·伯百父鎣》："鎣与罃同；以铜铸之，故从金，以陶为之，故从缶耳……今以此器按之，器不甚大，仅如今之中等茶壶，类盉而非盉，颈确长。则《说文》解为'备火长颈瓶'者，乃油壶耳。"

[44] 卯：青铜酒器名称。

[45] 雕匚：指一种雕刻有纹饰的青铜器物。

[46] 鈼：读为"磺"，通"矿"，《说文·石部》："磺，铜铁朴石也。"段注："铜铁朴者，在石与铜铁之间，可为铜铁而未成者也。不言金玉者，举犓以该精也。"

[47] 鎦：《玉篇·金部》："鎦，函也。"一种放置物品的容器名称。

[48] 格：一种放置物品的容器名称，王宁认为是一种盛物之筐。

[49] 戒：儆戒。

[50] 监：察看。《书·吕刑》："上帝监民，罔有馨香。"不若：不善，强暴。《商君书·慎法》："外不能战，内不能守，虽尧为主，不能以不臣谐谓所不若之国。"

[51] 稚童：君王对自己的谦称，犹言"予冲人"。忧：忧虑。

[52] 靡：无。念：忧虑，《后汉书·孔融传》："故鼂错念国，遘祸于袁盎；屈平悼楚，受谮于椒兰。"非：通"匪"，不。

[53] 淑：善。《诗·小雅·鼓钟》："淑人君子，怀允不忘。"郑笺："淑，善。"章：通"彰"，显扬。《书·盘庚上》："无有远迩，用罪伐厥死，用德彰厥善。"《孟子·告子下》："尊贤育才，以彰有德。"虑：考虑，谋划。《书·太甲下》："弗虑胡获，弗为胡成。"

[54] 祗：恭敬。猷：谋划。厚：厚屏，屏蔽。

[55] 废：违背，背弃。

[56] 经：恒常，永久。嗣：子孙后嗣。世：世世代代。享：享有，保有。

七、清华简《皇门》篇译注

【《皇门》篇原文】

惟正 [月] 庚午 [1]，公格在库门 [2]。

公若曰：“呜呼！朕寡邑小邦 [3]，蔑有耇考虑事屏朕位 [4]，肆朕冲人非敢不用明刑 [5]，惟莫开余嘉德之说 [6]。今我譬小于大 [7]。我闻昔在二有国之哲王则不恐于恤 [8]，乃惟大门宗子迩臣 [9]，懋扬嘉德 [10]，迄有宝 [11]，以助厥辟 [12]，勤恤王邦王家 [13]。乃旁求选择元武圣夫 [14]，羞于王所 [15]。自厘臣至于有分私子 [16]，苟克有谅 [17]，亡不懔达献言在王所 [18]。是人斯助王恭明祀 [19]，敷明刑 [20]。王用有监，多宪政命 [21]，用克和有成 [22]。王用能承天之鲁命 [23]，百姓万民用无不扰比在王廷 [24]。先王用有劝 [25]，以宾佑于上 [26]。是人斯既助厥辟勤劳王邦王家 [27]，先神祇复式用休 [28]，俾服在厥家 [29]。王邦用宁，小民用假能稼穑 [30]，并祀天神 [31]，戎兵以能兴 [32]，军用多实 [33]。王用能奄有四邻 [34]，远土丕承 [35]，子孙用末被先王之耿光 [36]。

至于厥后嗣立王 [37]，乃弗肯用先王之明刑 [38]，乃维急急胥驱胥教于非彝 [39]，以家相厥室 [40]，弗恤王邦王家，维俞德用 [41]，以问求于王臣 [42]，弗畏不祥 [43]，不肯惠听无罪之辞 [44]，乃惟不顺是治 [45]。我王访良言于是人 [46]，斯乃非休德以应 [47]，乃维诈诟以答 [48]，俾王之无依无助。譬如戎夫，骄用从离 [49]，其犹克有获 [50]？是人斯乃谗贼□□ [51]，以不利厥辟厥邦 [52]。譬如梏夫之有媚妻 [53]，曰余独服在寝 [54]，以自落厥家 [55]。媚夫有迩无远 [56]，乃弇盖善夫 [57]，善夫莫达在王所。乃惟有奉俟夫 [58]，是扬是绳 [59]，是以为上，是授司事师长 [60]，政用迷乱 [61]，狱用亡成，小民用祷无用祀 [62]，天用弗保，媚夫先受殄罚 [63]，邦亦不宁。

呜呼！敬哉，监于兹。朕遗父兄眔朕荩臣 [64]，夫明尔德 [65]，以

助余一人忧 [66]，毋惟尔身之憬 [67]，皆恤尔邦，假余宪 [68]。既告汝元德之行 [69]，譬如主舟 [70]，辅余于险 [71]，临余于济 [72]。毋作祖考羞哉 [73]。"

【《皇门》篇今译】

（成王元年）正月庚午日，周公来到库门。

周公说："呜呼！我们周是城邑寡少之小邦，没有贤德长者护佑王政。所以我不敢不用明确的法令，因为没有人告诉我善德之言。现在我以小事来比喻大道理。我听说古时候夏、商两代在位的君王不惧忧患，乃是因为有大家宗族近臣，努力发扬美好品德，能够谨信，以辅助他们的君王，勤勉辅佐王室和国家。于是四处选择勇武善战的武将，进献给君王。从治国大臣到有职责的小官，皆能诚信，没有人不进献忠言达于君王。人人都辅助君王，恭敬从事祭祀，发布明确法令。君王施政能够有所借鉴，公布众多政令，治国和谐成功。君王能够继承上天降下的大命，黎民百姓无不顺从辅弼于王廷。先王任用能够有所劝励的贤臣，恭顺地辅助君王于上。人人就这样都帮助他为王国王家而勤劳，先王的神灵报答以美善福禄，使他们在家中主事。王国能够和谐安宁，百姓能够勤劳耕种，全都恭敬地祭祀天神，军队因此能够壮大，军事物资充足。君王能够拥有四方邦国，远方的城邦也来归服，子孙最终能够蒙受先人的光明。

到了先王死后继承王位的后代君主，不肯使用先王明确的法令，急急忙忙变乱先王之旧法，把王室看成私家，不为国家忧虑，唯以巧黠之德自用，昏昧地对待大臣，不敬畏不祥之兆，不肯听取无罪的言辞，却只听不顺之言。我们的君王向这些人咨询良好的建议，他们不以美好的品德来响应，而是狡诈欺骗地回答，使君王没人可以依靠、没人可以辅助。就好像武夫骄傲自大故意放纵禽兽，怎么能够有所捕获呢？这些人于是谗言陷害、嫉贤妒能，从而危害他们的君王和国家。就好像正直的丈夫娶了善妒的妻子，说我只能独自在家服事，最终使家道败落。善妒之徒眼光短浅而没有远见，所以掩盖贤能之人，贤能之人无法到达君王身边。于是只能侍奉嫉妒之人，显扬他们、赞誉他们，他们因此居于高位，君王授予他们朝廷的职事官位和军队的将领职务，政事混乱，司法无成，百姓祝祷而不祭祀，上天不再保佑国家，善妒之徒首先受到惩罚，然而国家却从此动荡不得安宁。

　　呜呼！要恭敬啊！要以此为借鉴。我把这些话赠送给我的兄弟群臣们，要彰显你的德能，以辅助我分忧解难，不要只担忧自己的性命，都要为国家忧虑，协助我推行法令，已经告诉你们大德之道，就好像驾驶航船，要辅助我穿越风险，扶助我渡水航行，不要作出愧对祖先的事情。"

　　【《皇门》篇注释】

　　[1] 今本《逸周书·皇门》作"维正月庚午"，简文疑脱一"月"字，可据今本补正。本篇当为周公训诫群臣的实录档案，故史官在记载时只记录日月而未纪年。据《竹书纪年》载，当为成王元年正月庚午日，其时成王年幼初即位，周公忧虑国家前途而训诫群臣要尽力辅佐成王，本篇的内容总体上是非常符合这一历史背景的，可以为信。

　　[2] 今本《逸周书·皇门》作"周公格左闳门会群门"，庄述祖云："路寝之门，其左曰左闳门。王居明堂之礼，东西称门，南北称闱，故左闳门谓之皇门。"王念孙曰："'会群门'三字义不可通，当为'会群臣'。"整理小组："库门为第二门，库门外皋门内为天子外朝。"按：公即指周公旦，本篇当作与成王元年初即位时，周公代为摄政，故代王作诰会群臣于皇门。《今本竹书纪年》曰："成王名诵。元年丁酉春正月，王即位，命冢宰周文公总百官。庚午，周公诰诸侯于皇门。夏六月，葬武王于毕。"格：至。库门：成王路寝外第三道宫门，《周礼·天官·阍人》郑玄注："郑司农云：'王有五门，外曰皋门，二曰雉门，三曰库门，四曰应门，五曰路门。路门一曰毕门。'玄谓雉门三门也。"

　　[3] 今本《逸周书·皇门》作："曰呜呼下邑小国。"若曰：发语词。呜呼：感叹词，常用于讲话之发端。寡邑小邦：城邑很少的小国家，谦称指周，

《尚书》多有"小邦"之称，如《书·武成》："大邦畏其力，小邦怀其德。"《书·大诰》："兴我小邦周"，《书·多士》："非我小国敢戈殷命。"

[4] 今本《逸周书·皇门》作："克有耇老据屏位。"耇老：指年高而有贤德的大臣。虑事：考虑政事。屏：辅助、保护。朕，我的。朕位，指周王室政权。

[5] 今本《逸周书·皇门》作："建沈人非不用明刑。"按：肆，连词，故、因此。《尚书·无逸》："昔在殷王中宗，严恭寅畏，天命自度，治民祗惧，不敢荒宁；肆中宗之享国七十有五年。"《史记·鲁周公世家》即引作"故"。《诗·大雅·思齐》："不显亦临，无射亦保，肆戎疾不殄，烈假不瑕。"冲人：年幼的人，多为古代帝王自称的谦辞，此处为周公自称，亦有暗指成王年幼之义。非敢不用：不敢不用，双重否定，有强调之意。明刑：明确的法令。《诗·大雅·抑》："罔敷求先王，克共明刑。"毛传："刑，法也。"《后汉书·阜陵质王延传》："经有正义，律有明刑。"《书·吕刑》："王享国百年，耄荒，度作刑以诘四方。"《左传·隐公十一年》："许无刑而伐之，服而舍之。"杜预注："刑，法也。"

[6] 今本《逸周书·皇门》作："维其开告于予嘉德之说。"按：惟，语气词，无实义。莫：没有人。开：启发，开导。《礼记·学记》："故君子之教喻也，道而弗牵，强而弗抑，开而弗达。"嘉德：美善之德。说：言辞，道理。

[7] 今本《逸周书·皇门》作："命我辟王小至于大。"按：譬：比喻，譬喻。小：微小的事物。大：大的道理。譬小于大：用微小的事物来譬喻大的道理，即下文所言"譬如戎夫，骄用从禽，其犹克有获""譬如梏夫之有媚妻，曰余独服在寝，以自落厥家""譬如主舟，辅余于险，临余于济"等譬喻。

[8] 今本《逸周书·皇门》作："我闻在昔有国誓王之不绥于恤。"按：昔在，即在昔、从前、往昔。《书·洪范》："我闻在昔，鲧陻洪水，汩陈其五行。"汉班固《东都赋》："勋兼乎在昔，事勤乎三五。"哲王：贤明的君主。《书·酒诰》："在昔殷先哲王，迪畏天显小民，经德秉哲。"恐：惧怕。

恤，忧虑、忧愁，即为国担忧。

[9] 今本《逸周书·皇门》作："乃维其有大门宗子势臣。"陈逢衡注："大门，犹《梓材》所云大家宗子，公族公姓也。势臣，秉国有权势者也。"按：大门，即大族。唐元稹《卢头陀诗序》："卢氏既为大门，族兄弟且贤豪。"宗子：先秦宗法制度一般称大宗的嫡长子为宗子，《诗·大雅·板》："怀德维宁，宗子维城。无俾城坏，无独斯畏。"郑玄笺："宗子，谓王之适子。"《礼记·大传》"别子为祖，继别为宗"郑玄注："别子谓公子若始来在此国者，后世以为祖也。别子之世适也，族人尊之为大宗，是宗子也。"迩臣：犹近臣。《左传·昭公三十年》："吴子唁而送之，使其迩臣从之，遂奔楚。"《孔子家语·入官》："故君上者，民之仪也；有司执政者，民之表也；迩臣便僻者，群仆之伦也。"大门宗子迩臣，泛指王室宗族嫡亲及近臣，即下文周公所言"朕遗父兄眔朕荩臣"，他们是辅助周王室政权的中坚势力，位居于统治阶级的最高层，掌握着周王室最核心的政治权力，因而周公认为他们是否尽职事关周王朝的兴衰成败。

[10] 今本《逸周书·皇门》作："内不茂扬肃德。"按：懋，勤勉、勉力、尽力。扬，发扬、显扬、发挥。嘉德，美善之德，这里实际是指为国担忧、为君主分忧的政治美德。

[11] 今本《逸周书·皇门》作："讫亦有孚。"讫，至于、达到。宝，读为"孚"，训为信。按：此处简本似脱一字，当读如今本"讫亦有孚"为是。

[12] 今本《逸周书·皇门》作："以助厥辟。"助：辅助。李学勤说："金文助字均为协助之义，见何尊、禹鼎等器。"① 厥，其，指大门宗子迩臣。辟，指君王。辟，《尔雅·释诂》："君也。"

[13] 今本《逸周书·皇门》作："勤王国王家。"勤，勤勉、努力。恤，忧虑、体恤。王邦王家，指周王室政权。先秦多称国家为"邦家"，如

---

① 李学勤：《试论董家村青铜器群》，《新出土青铜器研究》，文物出版社 1990 年版，第 98 页。

《诗·小雅·南山有台》："乐只君子，邦家之基。"《后汉书·皇甫规传论》："故能功成于戎狄，身全于邦家也。"

[14] 今本《逸周书·皇门》作："乃方求论择元圣武夫。"元武圣夫，今本作元圣武夫，义同。

[15] 今本《逸周书·皇门》作："羞于王所。"羞，《尔雅·释诂》："进也。"陈逢衡注："羞于王所，贡士之典也。"黄怀信注：羞，进也。

[16] 今本《逸周书·皇门》作："其善臣以至十有分私予。"整理小组：厘，《书·尧典》："治也。"厘臣，治国大臣。有分，有职分。私子，庶孽。

[17] 今本《逸周书·皇门》作："苟克有常。"黄怀信注：苟克，犹若能。谅，诚信。《说文》："谅，信也。"

[18] 今本《逸周书·皇门》作："罔不允通咸献言在于王所。"憪，《尔雅·释诂》："敬也。"

[19] 今本《逸周书·皇门》作："人斯是助王恭明祀。"

[20] 今本《逸周书·皇门》作："敷明刑。"整理小组：敷，读为布。明刑：明确的法令。《诗·大雅·抑》："罔敷求先王，克共明刑。"毛传："刑，法也。"

[21] 今本《逸周书·皇门》作："王用有监明宪朕命。"整理小组：宪，效法。政命，犹后世言政令。

[22] 今本《逸周书·皇门》作："用克和有成"，与简文同。有成：成功，事成。《诗·小雅·黍苗》："召伯有成，王心则宁。"

[23] 今本《逸周书·皇门》作："用能承天嘏命。"整理小组：鲁，训嘉。

[24] 今本《逸周书·皇门》作："百姓兆民用周不茂在王庭。"整理小组：扰，《书·皋陶谟》传："顺也。"比，辅也。

[25] 今本《逸周书·皇门》作："先用有劝。"整理小组：劝，努力，《小尔雅》："劝，力也。"

[26] 今本《逸周书·皇门》作："永有于上下。"按：此处"宾"当为尊敬、顺服之义，意即恭顺地辅助君王于上。《左传·庄公十年》："止而见之，弗宾。"杜预注："不礼敬也。"则宾为礼敬之义。《国语·楚语上》："蛮

夷戎狄，其不宾也久矣。"韦昭注："宾，服也。"则又有敬服之义。

[27]　今本《逸周书·皇门》作："人斯既助厥勤劳王家。"辟：君主，指成王。《书·洪范》："惟辟作福，惟辟作威，惟辟玉食。臣无作福，作威，玉食。"《诗·大雅·文王有声》："丰水东注，维禹之绩；四方攸同，皇王维辟。"郑玄笺："辟，君也。"

[28]　今本《逸周书·皇门》作："先人神祇报职用休。"先神祇，指先王的神灵。复，回报，报答。式，之。用，以。休，美善福禄。《左传·襄公二十八年》："以礼承天之休。"杜预注："休，福禄也。""休"又有欢喜、喜乐之义，亦可通。《诗·小雅·菁菁者莪》："既见君子，我心则休。"郑玄笺："休者，休休然。"王引之《经义述闻·毛诗上》"我心则休"："家大人曰：《菁菁者莪》篇，我心则喜、我心则休。休亦喜也，语之转耳。《笺》曰：'休者，休休然。'休休犹欣欣，亦语之转也。"

[29]　今本《逸周书·皇门》作："俾嗣在厥家。"服，《说文》："用也。"

[30]　今本《逸周书·皇门》作："四国用宁小人用格□能稼穑。"

[31]　今本《逸周书·皇门》作："咸祀天神。"黄怀信注：并，一并，与"咸"同。

[32]　今本《逸周书·皇门》作："戎兵克慎。"黄怀信注：简书"能"字当衍。

[33]　今本《逸周书·皇门》作："军用克多。"

[34]　今本《逸周书·皇门》作："王用奄有四邻。"奄有，拥有。《诗·执竞》："奄有四方。"

[35]　今本《逸周书·皇门》作："远土丕承。"陈逢衡注："奄有四邻远土，谓有天下。"

[36]　今本作："万子孙用末被先王之灵光。"末：训终。耿，《说文》："光也。"《禹鼎铭》："敢扬武公丕显耿光。"《毛公鼎》："率怀不廷方亡不觐于文武耿光。"陈逢衡注："用末被先王之灵光，谓终受其福也。"

[37]　今本《逸周书·皇门》作："至于厥后嗣。"厥后，即先王死后。嗣立王，指继承王位的后代君主。

[38] 今本《逸周书·皇门》作："弗见先王之明刑。"

[39] 今本《逸周书·皇门》作："维时反胥学于非夷。"孙诒让注："非彝，犹言非法也。"

[40] 今本《逸周书·皇门》作："以家相厥室。"与简文同。

[41] 今本《逸周书·皇门》作："弗恤王国王家维德是用。"整理小组：俞，读为偷，《说文》："巧黠也"。

[42] 今本《逸周书·皇门》作："以昏求臣。"

[43] 今本《逸周书·皇门》作："作威不祥。"黄怀信注：简书"弗畏不祥"顺，今本"作威"当误。

[44] 今本《逸周书·皇门》作："不屑惠听无辜之乱。"

[45] 今本《逸周书·皇门》作："乱是羞于王。"

[46] 今本《逸周书·皇门》作："王阜良乃惟不顺之言于是人。"整理小组认为，访：咨询。《书·洪范》："王访于箕子。"

[47] 今本《逸周书·皇门》作："斯乃非维直以应。"休德，美德。《国语·齐语》："有人居我官，有功休德。"韦昭注："休，美也。"

[48] 今本《逸周书·皇门》作："维作诬以对。"诈，虚假，欺骗。《周礼·地官·司市》："以贾民禁伪而除诈。"贾公彦疏："使禁物之伪而除去人之诈虚也。"诟，《广韵·去候》："诟，巧言。"黄怀信注：诈诟，欺诈。

[49] 今本《逸周书·皇门》作："俾无依无助，譬若畋犬骄用逐禽。"按：譬如，就好像。戎夫，即武夫。骄用，骄傲自大。从，通纵，放纵。禽，禽兽。按：本句连下句意为：就好像武夫骄傲自大故意放纵禽兽，怎么能够有所捕获呢？今本"畋"字乃"戎"字之讹，"犬"字乃"夫"字之讹。"畋犬"即猎犬，句义亦可通，黄说可备一说。但将君王比喻为"畋犬"似有不妥，不符合周公讲话时的身份背景和语言环境；而"戎夫"有勇武之义，此处不若将君王比喻为"戎夫"更为妥帖，也更加符合周公的身份背景和训诫群臣时的语言环境。

[50] 今本《逸周书·皇门》作："其犹不克有获。"

[51] 今本《逸周书·皇门》作："是人斯乃谗贼媢嫉。"黄怀信注：谗

贼，谗言伤人。阙文当如今本作"媚嫉"，嫉妒。按：黄说是。据今本可知简本所缺二字当为"媚嫉"。

[52] 今本《逸周书·皇门》作："以不利于厥家国。"按：今本"邦"皆作"国"，当为西汉避讳而改。

[53] 今本《逸周书·皇门》作："譬若匹夫之有婚妻。"整理小组：桰，《尔雅》："直也。"郭璞注："正直也。"犹今言堂堂正正大丈夫。媚妻，爱嫉妒的妻子。汉王充《论衡·论死》："妒夫媚妻，同室而处。"按：传世本此句作"婚妻"，简本作"媚妻"，"婚"与"媚"形近，当为传抄过程中之误写。王念孙云："婚妻，本作'昏妻'，此后人不晓文义而改之也。据孔注云喻昏臣也，则本作'昏妻'明矣。"

[54] 今本《逸周书·皇门》作："曰予独服在寝。"丁宗洛注："独服在寝，言专妒也。"潘振注："服，事也。寝，正寝，谓堂也。"

[55] 今本《逸周书·皇门》作："以自露厥家。"落，败也。

[56] 今本《逸周书·皇门》作："媚夫有迩无远。"媚夫，指善妒之徒。"有迩无远"指目光短浅、只顾眼前利益而没有远见、不顾国家利益。

[57] 今本《逸周书·皇门》作："乃食盖善夫。"弇，掩盖。《尔雅》："弇，盖也。""善夫：善臣。"

[58] 今本《逸周书·皇门》作："俾莫通在士王所乃惟有奉狂夫。"善夫，指贤能之人。达，言路通达。奉，侍奉、服从、追随。俟夫，疑夫，指疑忌善妒之徒。本句大意是：贤能之人无法通达言路于君王，于是只能侍奉那些善妒之徒。

[59] 今本《逸周书·皇门》作："是阳是绳。"陈逢衡注："阳，通扬。绳，誉也。"黄怀信注："是"皆宾语前置的标志。扬，显扬。绳，通"譝"，赞誉。

[60] 今本《逸周书·皇门》作："以为上是接司事于正长。"

[61] 今本《逸周书·皇门》作："命用迷乱。"陈逢衡注："政出于多门故迷乱，狱以贿行故无成。"黄怀信注：政，谓国政、政事。今本作"命"当非。

[62] 今本《逸周书·皇门》作："狱用无成小民率穑保用无用寿亡以嗣。"黄怀信注：狱，狱讼之事。亡成，即无成。整理小组：祷，《说文》："告事求福也。"祀，祭祀，《左传》文公二年曰："祀，国之大事也。"则简文所云祷与祀当有目的与程度之不同，前者侧重于具体要求，而后者重在敬祀先祖诸神。

[63] 今本《逸周书·皇门》作："天用弗保媚夫先受殄。"唐大沛注："保，安也。"孔晁云："殄，绝其世也，及其人也。"

[64] 今本《逸周书·皇门》作："罚国亦不宁呜呼敬哉监于兹朕维其及朕荩臣。"黄怀信注：遗，遗留、在世。《尚书·牧誓》有"遗王父母弟"。罙，即及。当时周公已无遗父辈，唯管叔或长于周公，不当曰"遗父兄"，且前文已云"蔑有耆耇虑事屏朕位"，《尚书·召诰》亦曰"今冲子嗣，则无遗寿耇"，故疑此句当作"朕遗兄弟"，今本"维"当是"遗"字音误，"其"当是"兄弟"误。"及"即"罙"。荩，进。荩臣，所进用之臣。① 按：黄说不确，"父兄"不必改为"兄弟"，此处"父兄"并非指父辈及兄弟，而是先秦时期国君对同姓臣属的称呼。《左传·隐公十一年》："寡人唯是一二父兄不能共亿，其敢以许自为功乎?"杜预注："父兄，同姓群臣。"《史记·乐毅列传》："不谋父兄，以为亚卿。"

[65] 今本《逸周书·皇门》作："夫明尔德。"

[66] 今本《逸周书·皇门》作："以助予一人忧。"黄怀信注：忧，谓忧国忧民。

[67] 今本《逸周书·皇门》作："无维乃身之暴。"懔，敬也。今本"暴"字误。

[68] 今本《逸周书·皇门》作："皆恤尔假予德宪。"恤，同"恤"，忧也。假，借也。《保训》云"假中于河"。余，同"予"，我。宪，法。今本脱"邦"字，"德"字当在下句。

[69] 今本《逸周书·皇门》作："资告予元。"元德：善德。黄怀信注：

---

① 黄怀信：《逸周书汇校集注》，上海古籍出版社 2007 年版，第 236 页。

既，已。今本"资"当是"既"字音误。元德，至德、大德。

[70] 今本《逸周书·皇门》作："譬若众畎。"按：主舟当为掌握、驾驶航船之义。

[71] 今本《逸周书·皇门》作："常扶予险。"辅，助。

[72] 今本《逸周书·皇门》作："乃而予于济。"临，《说文》："监临也。"济，渡也。《尚书·大诰》："若涉渊水，予惟往求朕攸济。"

[73] 今本《逸周书·皇门》作："汝无作。"按：今本"汝无作"句义显然不全，对照简文可知后文脱数字，当以简文为是。祖考：祖先。《诗·小雅·信南山》："祭以清酒，从以骍牡，享于祖考。"此句意为不要使祖先蒙羞。

八、清华简《周公之琴舞》篇译注

【《周公之琴舞》篇原文】

周公作《多士儆毖》[1]，琴舞九絉 [2]。

元纳启曰 [3]："无悔享君 [4]，罔坠其孝 [5]，享惟慆帀 [6]，考惟型帀 [7]。"

成王作儆毖，琴舞九絉 [8]。

元纳启曰："敬之敬之 [9]，天惟显帀 [10]，文非易帀 [11]。毋曰高高在上，陟降其事 [12]，卑监在兹 [13]。"乱曰 [14]："讫我夙夜，不逸儆之，日就月将 [15]，教其光明 [16]。弼持其有肩 [17]，示告余显德之行 [18]。"

再启曰 [19]："假哉古之人 [20]，夫明思慎 [21]，用仇其有辟 [22]，允丕承丕显 [23]，思攸亡敦 [24]。"乱曰："已，不造哉 [25]！思型之 [26]，思瓱强之 [27]，用求其定 [28]，裕彼熙不落 [29]，思慎 [30]。"

三启曰："德元惟何 [31]？曰渊亦抑 [32]，严余不懈 [33]，业业畏载 [34]，不易威仪 [35]，在言惟克 [36]，敬之！"

乱曰："非天厥德，繄莫肯造之 [37]，夙夜不懈，懋敷其有悦 [38]，裕其文人 [39]，不逸监余 [40]。"

四启曰："文文其有家 [41]，保监其有后 [42]，孺子王矣 [43]，丕宁其有心 [44]。懋懋其在位，显于上下 [45]。"乱曰："遹其显思 [46]，皇天之功 [47]，昼之在视日，夜之在视辰 [48]。日入皋举不宁 [49]，是惟宅 [50]。"

五启曰："呜呼！天多降德，滂滂在下 [51]，攸自求悦 [52]，诸尔多子[53]，逐思忧之[54]。"乱曰："桓称其有若[55]，曰享答余一人[56]，思辅余于艰 [57]，乃禔惟民，亦思不忘 [58]。"

六启曰："其余冲人 [59]，服在清庙 [60]，惟克小心，命不夷歇 [61]，对天之不易 [62]。"乱曰："弼敢荒在位 [63]，宠威在上，警显在下 [64]。呜乎！式克其有辟 [65]，甬颂辑余，用小心 [66]，持惟文人之若 [67]。"

七启曰："思有息 [68]，思懿在上 [69]，丕显其有位，右帝在落，不失惟同 [70]。"乱曰："遹余恭害息，孝敬非怠荒 [71]。咨尔多子，笃其谏劼 [72]，余逮思念 [73]，畏天之载 [74]，勿请福之愆 [75]。"

八启曰："佐事王聪明 [76]，其有心不易 [77]，威仪 [78]，大其有谟 [79]，匄泽恃德 [80]，不畀用非颂 [81]。"乱曰："良德其如台？曰享人大…… [82] 罔克用之 [83]，是坠于若 [84]。"

九启曰："呜呼！弼敢荒德 [85]，德非惰币 [86]，纯惟敬币 [87]，文非动币 [88]，不坠修彦 [89]。"乱曰："遹我敬之，弗其坠哉 [90]，思丰其复，惟福思庸，黄耇惟盈 [91]。"

【《周公之琴舞》篇今译】

周公创作《多士儆毖》颂诗，并用九组由古琴奏乐和舞蹈表演配合组成的乐舞来表演。

第一组诗歌配上音乐开始演唱："献祭君王无怨无悔，孝敬先考莫失莫忘。献祭先祖心怀喜悦，追随先考效法榜样。"

周成王创作《儆毖》颂诗，并用九组由古琴奏乐和舞蹈表演配合组成的乐舞来表演。

第一组诗歌配上音乐开始演唱："恭恭敬敬！天道昭彰常显明啊，保有文德永不变啊。别说天高上帝远，使者往来天地间，监督人世常在此。"配上舞蹈继续唱："夙兴夜寐不放纵，恭敬上天在我心。日积月累修德行，以身作则效光明。辅佐护持有担当，昭示显耀好德行。"

第二组诗歌配上音乐开始演唱："古代贤人品德嘉，明理哲思慎其行，治理国家有法度，继承盛德常显明，千秋基业长延续。"配上舞蹈继续唱："噫嘻！功业未成真不幸，效法先祖修德行，勤勉努力当自强，谋求国家长安定，光辉事业永不衰，修身治国要谨慎。"

第三组诗歌配上音乐开始演唱："德之根本是什么？胸怀宽广真善美，勤勉自励不懈怠，兢兢业业有畏惧，不改初衷修威仪，金玉良言敬奉行。"配上舞蹈继续唱："上天无私有大德，事事护佑皆成就，夙兴夜寐不懈怠，勤勉喜悦传美德，先人贤能有文德，时刻监督来助我。"

第四组诗歌配上音乐开始演唱："勤勤勉勉治国家，监督后嗣承功业，孺子不才作君王，内心惶恐难安歇，唯有勤恳尽职责，祖先光辉照心田。"配上舞蹈继续唱："先祖光辉照四方，皇天功德更无量，白天监督如太阳，夜晚监督如星光，每日接纳谏诤言，时刻自省纠过错，如此方能安定长。"

第五组诗歌配上音乐开始演唱："呜呼！上天无私多降德，磅礴浩荡在人间，自求多福心喜悦，列位贤能众卿士，笃行慎思修文德。"配上舞蹈继续唱："重用有德诸贤臣，齐心拥护我一人，辅佐君王共艰辛，黎民有福国安定，免遭灾荒与饥馑。"

第六组诗歌配上音乐开始演唱："年幼登基担大任，谨慎服事在宗庙，谨言慎行能小心，天命绵延无绝衰，永承厚德不懈怠。"配上舞蹈继续唱："不敢荒淫负君位，敬畏恩宠在天上，时刻警醒在人间，呜呼！众臣监督辅国君，恭敬和顺有威仪，保持先人好文德。"

第七组诗歌配上音乐开始演唱："惟愿黎民能生息，天下安定心欢喜，众臣在位尽职责，齐心把我来佑护，君王恩宠莫辜负。"配上舞蹈继续唱："时刻恭顺不懈怠，孝敬先祖别荒怠。嗟叹各位卿大夫，笃行劝谏常勉励，谨慎思虑和心念，上天之德要敬畏，多多祈福少犯错。"

第八组诗歌配上音乐开始演唱："辅佐君王善明察，忠心耿耿不变更，威仪赫赫多庄重，发扬先祖好谋略，祈求上天降福泽，天恩不赐无仪者。"配上舞蹈继续唱："良好德行当如何？……不行孝享即无德，谨慎修身莫失德。"

第九组诗歌配上音乐开始演唱："呜呼！砥砺修德不敢荒，谨慎奉行不坠失，完善道德心恭敬，修持文德不懈怠，不敢错失忠良臣。"配上舞蹈继续唱："时时刻刻敬天命，谨慎不敢有过失。惟愿天恩多丰厚，降下福泽和长寿。"

【《周公之琴舞》篇注释】

[1] 周公：周公旦，《史记·鲁周公世家》云："周公旦者，周武王弟也。"索隐："周，地名，在岐山之阳，本太王所居，后以为周公之采邑，故曰周公。即今之扶风雍东北故周城也。谥曰周文公。"姚小鸥说："用周公之称谓，可知该小序不作于当时，而作于传诗者。"作：制作。《尚书大传》："周公摄政……六年制礼作乐。"清华简《耆夜》："作歌一终。"《诗·小雅·四牡》："是用作歌。"多士：众士。《尚书·多士》："尔殷遗多士"，"猷告尔多士。"《尚书·秦誓》疏："士者，男子之大号，故群臣通称之。"《诗·周颂·清庙》："济济多士，秉文之德。"李守奎说："如果此诗用于成王受政典礼上，周公所面对的多士应当是周室宗亲和周之百官。多方来宾里的多士大概也应当包括其中，但不会是主体。"儆，警诫之义。《释名》："儆，警也，恒自肃警也。"《说文》："儆，戒也。"《国语·鲁语下》："夜儆百工。"韦昭注："儆，戒也。"毖：《说文》："毖，慎也。"《诗·周颂》有《小毖》篇。姚小鸥说："毖乃训诫之辞，是表现先秦'敬'这一'礼'的精神内核的文体形式。"多士儆毖：周公所作毖体颂诗之题目，意为警诫众士慎行之辞。李守奎先生指出："周颂中以儆戒为主旨的一类诗，称为毖或儆毖。在本篇简文中，周公之毖主要是警告多士，成王之毖主要是为了自儆。这很符合成王初嗣位时的实际情形。毖诗每章以十二三句为常，分

为启与乱两部分，内容或转或承。"① 姚小鸥则认为："《周公之琴舞》开篇'周公作多士儆毖，琴舞九絉'为周公所作歌诗的小序……周公所作'元纳启'之四句歌诗依例可命名为《孝享》。"②

[2] 琴舞：指颂诗配以琴乐之舞。九絉：絉，读为"卒"或"遂"，"九絉"指此篇颂诗共有九组。整理者认为："九篇诗简文称为'九絉'，读为'九卒'或'九遂'，义同文献中的'九成'，孔颖达疏《书·益稷》'箫韶九成'云：'郑云：成犹终也。每曲一终，必变更奏，故经言九成，传言九奏，《周礼》谓之九变，其实一也。'"王志平指出："絉字从系尤声，我们怀疑当读为'肆'。用于乐舞者，今多通用八佾之佾字。九絉仅涉佾舞之人数，不涉乐奏之阕数。成王颂诗长达九章，固然可以琴舞九佾；而周公颂诗即使只有短短四句，只是一章一终，一成一阕，但也可以琴舞九佾。九絉与佾舞之行列人数有关，而与颂诗之章句长短、乐奏几阕均无关系。"③ 姚小鸥说："琴舞之为乐舞，表示在舞的过程中，以琴为主奏乐器。"④ 季旭升说："琴舞不可能持琴而舞，应该是以琴演奏乐曲，作为舞者的伴奏音乐，至跳何舞，则无从考知。"⑤ 方建军说："琴舞的琴和舞，分别归属器乐和舞蹈，说明周公和成王作品的性质属于乐舞。通篇来看，《周公之琴舞》是歌（儆毖诗）、乐（琴）、舞三位一体的乐舞表演形态。"⑥ 赵敏俐指出："'琴舞九絉'四字，正是对其表演方式和表演场合的说明。'琴舞'连称标示了这两组乐舞的表演方式，'九絉'连体标示了其规模的宏大。"⑦ 姚小鸥说："琴舞当为以琴伴奏表演的形式，与之相

① 李守奎：《清华简〈周公之琴舞〉与周颂》，《文物》2012 年第 8 期。
② 姚小鸥、杨晓丽：《〈周公之琴舞·孝享〉篇研究》，《中州学刊》2013 年第 7 期。
③ 王志平：《清华简〈周公之琴舞〉乐制探微》，《出土文献》2013 年第 12 期。
④ 姚小鸥、杨晓丽：《〈周公之琴舞·孝享〉篇研究》，《中州学刊》2013 年第 7 期。
⑤ 季旭升：《〈清华三·周公之琴舞·成王敬毖〉第四篇研究》，《古文字研究》2014 年第 9 期。
⑥ 方建军：《论清华简"琴舞九絉"及"启、乱"》，《音乐研究》2014 年第 4 期。
⑦ 赵敏俐：《周公之琴舞的组成命名及表演方式蠡测》，《文艺研究》2013 年第 8 期。

类似的舞名还有羽舞、鼓舞等。"①

[3] 元：首也，指乐舞之始。纳：入。《书·舜典》："纳于百揆，百揆时叙。"王志平说："我们怀疑元读为筦，元内疑读为筦入，谓管乐始入。简文管入，当即下管。"季旭升对王说持有异议："周代礼乐盛礼都有下管一节，并不会因为某些场合比较特殊而需要特表著名。此外，经典只有下管，而没有管入。"启：演奏，演唱。②李守奎："元纳即首献之曲。"③张存良说："启有开、辟之义，引申而有始义。乐章之前而标之以启，乃启奏即始奏之义。何以启奏？曰金或鼓。"④方建军说："启曰表示每一成演唱的开始，启前加上数字，用于各启之间的分隔，乱则不必再加数字标识。"⑤

[4] 无悔：无恨，无憾。《大雅·皇矣》："其德靡悔。"李守奎："无悔，不要怠慢。"⑥季旭升认为悔当读为"谋"。享君：指向先祖献祭。《说文》："享，献也。"姚小鸥说："享多用于朝聘或祭祀场合，指向时王或先祖进献贡品及雅乐"，"该句义指不留遗憾地贡献君上及先祖。"⑦季旭升认为享当读为"抗"。⑧

[5] 罔：无，勿。《诗·大雅·民劳》："以谨罔极。"郑笺："罔，无。"坠：失。姚小鸥："该句义指对父母不失孝敬。"⑨按："坠"字简文原作"籴"，在清华简中曾多次出现，在《周公之琴舞》篇共出现4次（简一1次、简

---

① 姚小鸥：《〈周公之琴舞〉诸篇释名》，《中国诗歌研究》第十辑，社会科学文献出版社 2014 年版。

② 王志平：《清华简周公之琴舞乐制探微》，《出土文献》2013 年第 12 期。

③ 李守奎：《先秦文献中的琴瑟与周公之琴舞的成文时代》，《吉林大学社会科学学报》2014 年第 1 期。

④ 张存良：《由清华简周公之琴舞谈先秦诗乐中的启和乱》，《金塔居延遗址丝绸之路历史文化研究》，甘肃教育出版社 2014 年版，第 72 页。

⑤ 方建军：《论清华简琴舞九府启乱》，《音乐研究》2014 年第 4 期。

⑥ 李守奎：《先秦文献中的琴瑟与周公之琴舞的成文时代》，《吉林大学社会科学学报》2014 年第 1 期。

⑦ 姚小鸥：《〈周公之琴舞〉诸篇释名》，《中国诗歌研究》第十辑，中华书局 2014 年。

⑧ 季旭升：《〈清华三周·公之琴舞·成王敬毖〉第四篇研究》，《古文字研究》2014 年第 9 期。

⑨ 姚小鸥、杨晓丽：《〈周公之琴舞·孝享〉篇研究》，《中州学刊》2013 年第 7 期。

十五1次、简十六2次），在《皇门》篇共出现3次（简三1次、简十三2次），另见于《四年𠭯奴曹令戈》（《集成》11341）、郭店楚墓竹简《老子》甲本（简二十七）等处，字形略有不同。关于"𨤲"字的读音，黄德宽、刘信芳、刘钊等学者认为当从"贝贝"得声；王宁、赵彤等学者认为当从"尔"（尒）得声；陈剑、沈培等学者认为当从"贝贝""尔"双声。

[6] 享：孝享，祭祀先祖之义。李守奎指出："金文中'享'与'孝'，大都是对同一对象，即已经去世的先人。'享'的词义是祭祀，是对先人的供奉。"慆：喜悦。《说文》："慆，说也。"段玉裁注："慆，喜也。"《尚书大传》卷三："师乃慆，前歌后舞。"郑玄注："慆，喜也。"《左传·昭公元年》："君子之近琴瑟，以仪节也，非以慆心也。"帀：读为"思"，句末语气词，无实义。

[7] 考：先考，指先祖。《中山王𬹀鼎》："考宅惟型。"型：通"刑"，效法之义。《尚书·文侯之命》："汝肇刑文武。"毛传："言汝今始法文武之道矣。"马王堆汉墓帛书《十六经·兵容》："兵不刑天，兵不可动。不法地，兵不可措。"

[8] 成王：周成王。《尚书大传》曰："周公摄政，一年救乱，二年克殷，三年践奄，四年建侯卫，五年营成周，六年制礼作乐，七年致政成王。"清华简《周公之琴舞》所作时间当在周公"六年制礼作乐"之后，或即"七年致政成王"之时所作。周成王与周公相关史事又见于清华简《金縢》篇，清华简《耆夜》篇则载有周公与武王行饮至之礼。琴舞九絑：指下文成王所作九篇悲诗。

[9] 按：此诗可与今本《诗·周颂·敬之》相对照，今本《敬之》云："敬之敬之，天维显思，命不易哉。无曰高高在上，陟降厥士，日监在兹。维予小子，不聪敬止。日就月将，学有缉熙于光明。佛时仔肩，示我显德行。"古代学者多从诗歌语境分析，推测《敬之》的作者是成王之群臣。如毛诗序谓此篇是"群臣进戒嗣王也"，孔颖达正义："《敬之》诗者，群臣进戒嗣王之乐歌也。谓成王朝庙与群臣谋事，群臣因在庙而进戒嗣王，诗人述其事而作此歌焉。"后世学者则更多认为作者是成王。如朱熹《诗

集传》认为《敬之》是"成王受群臣之戒而述其言",林义光《诗经通解》同样认为"是嗣王告群臣,非群臣戒嗣王也"。今人高亨《诗经今注》说:"这篇也是周成王所作的悔过高庙的诗。"程俊英、蒋见元《诗经注析》明确指出"这是成王警戒自己的诗",大部分文句"都接近口语,表现了年轻帝王肩负重任,虚心求教的口气"①。姚小鸥认为:"本启与今本《诗·周颂·敬之》内容基本一致,言上天无所不察,为人君者当恪敬天命,日就月将,奋进不止。"②关于今本与简本文句之异同,李守奎先生指出:"简文的'卑监在兹'与'高高在上'相应,文意很顺。'日就月将,教其光明'较之'日就月将,学有缉熙于光明',句式整齐,文意显豁,顺畅很多,毛诗可能有错简。"③据此,李守奎倾向于认为简本内容更加接近《敬之》原貌。吴万钟则不赞同错简之说,认为今本的异文是"似乎有意改动一个字,而产生诗义的变化",从内涵上比较,"现存《敬之》篇的诗句较简文更为明确地反映了儒家所重视的天命与学习的思想,并有儆戒后世君王的普遍性意义。《毛诗序》说解《敬之》篇的诗意为'群臣进戒嗣王也',不直接说成王而泛言嗣王,正与乐章形式改动后的毛诗文本的诗义相符。"④吴万钟更加倾向于以"乐家之诗"向"诗家之诗"⑤的转变来解释《周颂·敬之》篇简本与今本内容的差异。

[10] 今本《敬之》作"天维显思"。显:显明之义。

[11] 今本《敬之》作"命不易哉"。文:整理者释为文德,李守奎、沈培亦释为文德,其说可从。江林昌、季旭升、吴洋认为文指文王,于上下语义未通。非易:不易。非:不可,与下文"德非坠丌""文非动丌"用

---

① 程俊英、蒋见元:《诗经注析》,中华书局 1991 年版,第 976 页。

② 姚小鸥:《〈周公之琴舞〉诸篇释名》,《中国诗歌研究》第十辑,社会科学文献出版社 2014 年版,第 2 页。

③ 李守奎:《清华简〈周公之琴舞〉与周颂》,《文物》2012 年第 8 期。

④ 吴万钟:《〈清华简·周公之琴舞〉之启示》,《中国诗歌研究》第十辑,社会科学文献出版社 2014 年版,第 40 页。

⑤ 王国维指出:"此诗乐二家,春秋之际已自分途。诗家习其义,出于古诗儒。……乐家传其声,出自古太师氏。"(《观堂集林》,上海古籍出版社 1983 年版,第 98 页)

法相同。关于"易"，当释为变易、改变之义。李守奎说："天命可易，文德不可易。文德须人奉守，文德坠失则天命改易。"①学界也有不同观点，如廖名春、王克家、王薇等学者认为"易"当解释为"怠慢"，廖名春曰："此处易义非变易而当训为慢易。"②王克家："非易即不易，不易为不可怠慢之意，与敬相应。"③沈培、季旭升、沈胜君则认为"易"当释为难易之易，非易即不容易。季旭升说："本句当解释为文王的成就是不容易的。"④币：读为思，句末语气词，无实义。

[12] 今本《敬之》作"无曰高高在上，陟降厥士"。毋曰高高在上：与今本义同，郑笺："无谓天高又高在上远人。"陟降其事：朱熹《诗集传》："盖以文王之神在天，一升一降，无时不在上帝之左右，是以子孙蒙其福泽，而君有天下也。"⑤马瑞辰《通释》："《集传》之说是也……古者言天及祖宗之默佑，皆曰陟降。《敬之》诗曰：'无曰高高在上，陟降厥土，日监在兹。'此言天之陟降也。《闵予小子》诗曰：'念兹皇祖，陟降庭止。'《访落》诗曰：'绍庭上下，陟降厥家。'此言祖宗之陟降也。天陟降，文王之神亦随天神为陟降。故曰'文王陟降，在帝左右'。"⑥王国维说："古又有陟降一语，古人言陟降，犹今人言往来，不必兼陟与降二义。"⑦李守奎说："陟降一词，古书中大都是指祖先神灵在天地之间的升降往来。"⑧王克家说："《诗经》中陟降言天帝或先祖神灵上下往来，含有神明庇佑之意。"⑨季旭

---

①　李守奎：《清华简〈周公之琴舞〉与周颂》，《文物》2012 年第 8 期。

②　廖名春：《清华简〈周公之琴舞〉与〈周之·敬之〉篇对比研究》，《深圳大学学报》2013 年第 11 期。

③　王克家：《清华简敬之篇与周颂敬之的比较研究》，《中国诗歌研究》2014 年第 3 期。

④　季旭升：《〈清华三·周公之琴舞·成王敬毖〉第四篇研究》，《古文字研究》2014 年第 9 期。

⑤　朱熹：《诗集传》，中华书局 2011 年版，第 86 页。

⑥　马瑞辰：《毛诗传笺通释》，中华书局 2012 年版，第 156 页。

⑦　王国维：《观堂集林》，中华书局 2004 年版，第 131 页。

⑧　李守奎：《周公之琴舞补释》，《出土文物研究》2012 年第 12 期。

⑨　王克家：《清华简敬之篇考释》，《清华简与先秦经学文献国际学术会论文集》，2013 年，第 92 页。

升、沈培皆认为"陟降其事"当读为"陟降其使"。沈曰:"'使'谓上天之使,即文王。"①

[13] 今本《敬之》作"日监在兹"。整理者释"卑"为"下",指人间。但廖名春认为"卑"当读为"比",训为"频",并说:"原注的理解有误,'卑监在兹'的非高高在上者,而是陟降厥事,上下来往的天帝的使臣。"②沈培、季旭升、吴洋则认为'卑'当读为'俾',使也。沈培指出:"'俾监'的说法见于古书,《逸周书作雒》:武王克殷,乃立王子禄父,俾守商祀,……俾监殷臣。"③根据上下文意,此处"卑"当读为"俾"为是。

[14] 今本《敬之》无此二字。乱:《论语·泰伯》:"师挚之始,《关雎》之乱。"《礼记·乐记》:"始奏以文,复乱以武。"《楚辞》诸篇末也多有"乱曰"。朱熹认为"乱"是"乐之卒章也。"学者多认为"乱"是乐歌结束时的合乐或合唱。按:"乱"与"启"相对,分别标志着一首乐歌的开始和结束,但"乱"在文本层面和乐舞层面所指不同。《周公之琴舞》是诗、乐、舞综合表演的仪式,从文本层面来说,"乱"是一组诗歌的终章,其内容即"乱曰"之后的诗歌内容;从音乐层面来说,"乱"是一组乐歌最后的合乐和合唱,通过各种乐器的合奏和全部演唱人员和合唱将气氛烘托起来,也是一组音乐的高潮部分;从乐舞层面来说,"乱"是诗歌演唱、音乐演奏和舞蹈表演的综合表现,通过三位一体的繁复形式在场景上达到最强烈的视觉和听觉展示,从而完成仪式的收束。

[15] 今本《敬之》作"维予小子,不聪敬止,日就月将"。讫:整理者读为"遹",句首语气词。按:"逸"字在清华简中曾多次出现,除《周公之琴舞》篇外,又见于《赤鹄之集汤之屋》篇(简七1次、简十一1次、

---

① 沈培:《诗周颂敬之与清华简周公之琴舞对应颂诗对读》,《出土文物与古文学研究》2013年第2期。

② 廖名春:《清华简〈周公之琴舞〉与〈周之·敬之〉篇对比研究》,《深圳大学学报》2013年第11期。

③ 沈培:《诗周颂敬之与清华简周公之琴舞对应颂诗对读》,《出土文物与古文学研究》2013年第2期。

简十三1次、简十四2次、简十五1次）、《殷高宗问于三寿》篇（简十二1次、简十五1次、简二十八1次）。日就月将：李守奎说："日就月将意思可能是指天意：日月行迈，率领众星，大放光明。"①

[16] 今本《敬之》作"学有缉熙于光明"。整理者云"教"疑读为"效"，李学勤云当读为"学"。

[17] 今本《敬之》作"佛时仔肩"。

[18] 今本《敬之》作"示我显德行"。

[19] 姚小鸥认为此篇可命名为《思慎》："本篇反映周人戒惧敬慎的思想观念，言思慎守德，君事无斁，方能致天下兴旺。篇中两次出现思慎一语，前后呼应，突出主题，故此本篇当命名为《思慎》。"②

[20] 假：《尔雅·释诂》云："假，嘉也。"《诗经·大雅·假乐》云："假乐君子，显显令德。"毛传："假，嘉也。"古之人：指古时具有贤德之人。

[21] 明：明哲，贤明。《书·康诰》："敬明乃罚。"《诗经·大雅·皇矣》："其德克明。"郑笺："照临四方曰明。"思：道德完备。《书·尧典》："钦明文思安安。"陆德明《经典释文》引马融曰："道德纯备谓之思。"慎：谨慎，慎重。《说文》："谨也。"段注："未有不诚而能谨者。"《尔雅》："诚也。"《尚书·微子之命》："恪慎克孝，肃恭神人。"《诗经·大雅·抑》："敬慎威仪，维民之则。"

[22] 仇：《尔雅·释诂》云："匹也。"《诗·周南·兔置》云："赳赳武夫，公侯好仇。"孔颖达《正义》云："赳赳然有威武之夫，有文有武，能匹耦于公侯之志，为公侯之好匹。"辟：治理国家之法度。《尚书·金縢》："我之弗辟，我无以告我先王。"陆德明释文："辟，治也。"杜预注："辟，犹理也。"《诗·小雅·雨无正》："如何昊天，辟言不信。"毛传："辟，法也。"

[23] 允：语气助词。《诗·周颂·时迈》："允王保之。"王引之《经传释词》卷一："允王保之，言王保之也。允，语词耳。"《左传·襄公

① 李守奎：《周公之琴舞补释》，《出土文物研究》2012年第12期。
② 姚小鸥：《〈周公之琴舞〉诸篇释名》，《中国诗歌研究》第十辑，2014年。

二十一年》引《夏书》："允出兹在兹，惟帝念功。"丕承：丕，大；承，继承；"丕承"意指君主承天受命，如《尚书·君奭》："惟文王德丕承无疆之恤。"丕显：丕，大；显，光辉、光明；"丕显"多用于颂扬天子恩德或恩命之辞令，如《左传·僖公二十八年》："奉扬天子之丕显休命。"《诗·周颂·清庙》："不显不承，无射于斯人。"亦多见于金文，如《豆闭簋》："敢对扬天子丕显休命。"《静簋》："对扬天子丕显休。"《扬簋》："敢对扬天子丕显休。"《利鼎》："对扬天子丕显休。"

[24] 亡致（斁）：金文作"亡斁"，《诗经》作"无斁"或"无射"，《诗·小雅·车舝》："式燕且誉，好尔无射。"郑笺："射，厌也。"陆德明释文："射，音亦。"《诗·周颂·清庙》："不显不承，无射于人斯。"

[25] 已，语气词。不造：不幸。此处当为谦辞，意思是说自己未能将祖先的圣明之德继承发扬光大。《说文》："造，就也。"《诗·周颂·闵予小子》："遭家不造。"郑笺："造，犹成也。"

[26] 思：语气词。型：通"刑"，效法。《书·文侯之命》："汝肇刑文武。"毛传："言汝今始法文武之道矣。"马王堆汉墓帛书《十六经·兵容》："兵不刑天，兵不可动。不法地，兵不可措。"

[27] 甿：通"懋"，勤勉，努力。《书·舜典》："汝平水土，惟时懋哉。"强：通"强"，坚强，坚定。《书·皋陶谟》："强而义。"孔传："无所屈挠。"孔颖达疏："强，谓性行坚强。"《墨子·修身》："志不强者智不达，言不信者行不果。"

[28] 求：谋求。定：指安定。本句是说谋求天下安定兴旺。

[29] 裕：整理者释为"欲"，希冀。姚小鸥认为是句首语气词。彼：其。《尚书·洛诰》："彼裕我民无远用戾。"熙：光明，明亮，此处引申为兴起、兴盛之义，正与后文"不落"相对应。《诗·周颂·昊天有成命》云："于缉熙，单厥心，肆其靖之。"毛传："缉，明；熙，广。"郑玄笺："广当为光。"《书·尧典》："允厘百工，庶绩咸熙。"孙星衍疏："'庶绩咸熙'，史迁作'众功皆兴'。"落：衰落。《管子·宙合》："盛而不落者，未之有也。"

[30] 思慎：整理者云思读为使。

[31]德元：元，首，德元即元德，犹言首德、至德。姚小鸥认为："本篇反映了周代人们对德元的认识。君子修德，首先要做到内善而外美，外在的威仪是内在质量的表现。诗句'夙夜不懈，懋敷其有悦'言发自内心地播布美德。可见周人更看重内心的敬畏，即在德元渊和抑中，更偏重渊。与《诗·大雅·抑》相参照，将此篇命名为《渊》。"

[32]曰：语气助词，无实义。渊：整理者释为深邃、深沉。抑：整理者释为美。《诗·大雅·抑》："抑抑威仪，维德之隅。"黄甜甜认为印（抑）当读为"玄"："我们倾向读印为玄。印字古音在影纽真部，玄字古音在匣纽真部。二字迭韵，皆为喉音。古书中玄与渊有连用的例子。……简文此处玄可训为深、远，义与渊近同，皆形容德。"姚小鸥说："渊和抑分别指德的内外表现。'德元维何？曰渊亦抑'，言君子当内心笃诚，思虑深远且有美好的威仪。"

[33]严：整理者云："敬也，畏也，又作俨。"《诗·商颂·殷武》云："天命降监，下民有严。"毛传："严，敬也。"《诗·大雅·常武》："赫赫业业，有严天子。"

[34]业业：《诗·大雅·常武》："赫赫业业。"《诗·大雅·云汉》："兢兢业业。"毛传："业业，危也。"畏载：整理者释为"畏忌"。《诗·大雅·桑柔》："匪言不能，胡斯畏忌。"高亨注："畏忌，畏惧顾忌。"《仪礼·士虞礼》："小心畏忌，不惰其身。"姚小鸥云："'严余不懈，业业畏载'言'渊'所反映的心理状态和行为准则，即时刻敬慎而不懈怠。"

[35]不易：不可改变。《诗·大雅·文王》："命之不易。"威仪：威武的仪容。《诗·大雅·抑》："敬尔威仪。"

[36]克：整理者释为"成也"。黄甜甜认为有"约束、克制"之义。

[37]姚小鸥："乱曰部分是诗人自我勉励之语，非天厥德，繄莫肯造之，这两句是说上天并非禁止德行，而是没有人能成就它。"整理者释为"厥"，《尔雅·释诂》："厥，兴也。"黄杰认为当读为"禁"，楚简从金声之字有用为禁之例。繄：语气助词。肯：愿意。《诗·魏风·硕鼠》："莫我肯顾。"黄甜甜认为"肯"可训为"能"。造：成也。

[38] 夙夜：朝夕，日夜。《书·旅獒》："夙夜罔或不勤，不矜细行，终累大德。"孔传："言当早起夜寐。"《诗·小雅·雨无正》："三事大夫，莫肯夙夜。邦君诸侯，莫肯朝夕。"姚小鸥曰："夙夜为古之成语，字面意思是指早和晚，核心内涵是敬。夙夜一词见于《诗经》十二篇中，凡十六例。除《召南·行露》之'岂不夙夜，谓多行露'疑为断简，意不能明外，其他皆指敬慎于事。"① 不懈：不怠惰；不松懈。《国语·周语中》："以敬承命则不违，以恪守业则不懈。"懋：勉也。敷：布也。有：助词。悦：训乐。

[39] 裕：整理者曰读为"欲"，姚小鸥认为是语气词。按：此处"裕"当作充足、充裕之义，意指先祖富有德行，与后文所云"文人"之义相对应，皆是称赞先祖之文德。《尚书·仲虺之诰》："好问则裕，自用则小。"孔传："问则有得，所以足；不问专固，所以小。"文人：先祖之美称，意谓有文德之先人。《书·文侯之命》："汝肇刑文武，用会绍乃辟，追孝于前文人。"孔传："使追孝于前文德之人。"

[40] 逸：放纵。《尚书·大禹谟》："罔游于逸，罔淫于乐。"孔颖达疏："逸为纵体。"监：监视，监察。《尚书·吕刑》云："上帝监民，罔有馨香。"孔传："天视苗民无有馨香之行。"按："不逸"与前文"夙夜不懈"之"不懈"义近，此句意谓不放松对我的监督。

[41] 姚小鸥认为此篇可题为《文》："本启言君子当勤勉于事，纲纪天下。'文文'为本启核心内涵，故本启当命名为《文》。按，《周颂·雍》：有来雍雍，至止肃肃。诗篇取'雍雍'中的'雍'字为名，本启命名依循其例。"② 文文：整理者引《礼记》郑注曰："文，犹美也，善也。"

[42] 有后，指后嗣。《左传·桓公二年》："臧孙达其有后于鲁乎！君违，不忘谏之以德。"

[43] 孺子：先秦多用为指称年幼君王或其自称，犹《诗经》所云"小子"，《诗·周颂·闵予小子》："维予小子，夙夜敬止。"王，动词，称王、

① 姚小鸥：《〈周公之琴舞〉诸篇释名》，《中国诗歌研究》第十辑，2013 年。
② 姚小鸥：《〈周公之琴舞〉诸篇释名》，《中国诗歌研究》第十辑，2013 年。

继承王位。此处"孺子"当为周成王自称。李守奎说："年幼嗣君称孺子由来已久，周公如此称呼成王，见于《尚书》和清华简《周公之琴舞》等。孺子是年幼嗣君的称谓，有资格如此称呼的大都是权势高于嗣君的长辈，自称则为谦称。《楚居》中的孺子王则是对未成年王之称。"①"孺子王矣"又见于《尚书·立政》："呜呼！孺子王矣！继自今我其立政。"按《书》云"周公作《立政》"，李学勤据此认为："由此足知这篇诗实际原在周公所作之中。"②（《新整理清华简六种概述》）但赵敏俐认为"这首诗是成王自作，而不会是周公所作"③。

[44] 丕：助词。宁：安定。有心：怀有某种想法。《诗·小雅·巧言》："他人有心，予忖度之。"姚小鸥谓此句意为："今稚子承袭王位，应心态安定。"④

[45] 慸慸：《说文》释为忧。上下：整理者释为天神和人间。姚小鸥云："这两句诗言在位心怀忧惧，恭敬祇畏，以得显于神人百物间。"⑤

[46] 遹：句首语气词。显：光明。《书·太甲上》："先王昧爽，丕显，坐以待旦。"孔传："爽、显，皆明也。"《诗·大雅·抑》云："无曰不显，莫予云觏。"郑玄笺："显，明也。"孔颖达疏："'《释诂》……又云显，光也。'是显得为明也。"思：句尾语气词。

[47] 皇天之功：上天之功业。《尚书·大禹谟》："皇天眷命，奄有四海，为天下君。"《楚辞·离骚》："皇天无私阿兮，览民德焉错辅。"《尚书·梓材》："皇天既付中国民。"

[48] 在，简文原写作"才"。整理者云："才，读为载，义为事；或读为在，察知、审察。"姚小鸥先生谓此句"乃成土之自勉，'之'为介词，'在'

---

①　李守奎：《周公之琴舞补释》，《出土文物研究》2012 年第 12 期。

②　李学勤：《新整理清华简六种概述》，《文物》2012 年第 8 期。

③　赵敏俐：《周公之琴舞的组成命名及表演方式蠡测》，《文艺研究》2013 年第 8 期。

④　姚小鸥：《〈周公之琴舞〉诸篇释名》，《中国诗歌研究》第十辑，2013 年。

⑤　姚小鸥：《〈周公之琴舞〉诸篇释名》，《中国诗歌研究》第十辑，2013 年。

为审视之义"。①《清华简·说命下》："昼女视日，夜女视辰。"与此句意义相似。

[49] 按：日：每日，有勤勉、及时之义。入：接受，采纳。《国语·吴语》："昔楚灵王不君，其臣箴谏以不入。"《史记·商君列传》："吾说公以王道而未入也，请复见鞅。"辠：罪，过错；过失。《左传·僖公三十三年》："不替孟明，曰：'孤之过也。大夫何罪？且吾不以一眚掩大德。'"举：纠正。《吕氏春秋·不苟论》："故天子立辅弼，设师保，所以举过也。"高诱注："举，犹正也。"不宁：不安定，不安宁。《礼记·月令》："行冬令，则国多盗贼，边竟不宁，土地分裂。"此句意为君王要每日虚心接纳别人指出自己的过错，及时纠正内心不安宁的错误思想。

[50] 宅：安定。《尚书·康诰》："亦惟助王宅天命。"蔡沈集传："安定天命。"《礼记·郊特牲》："土反其宅。"孔颖达疏："宅，安也，土归其安，则得不崩。"

[51] 姚小鸥说："思忧是本启的核心内容，反映了周人对君子的品行要求及先秦人笃诚修德的观念，故本篇当命名为《思忧》。"② 滂滂：本义为水流汹涌之貌。此句言上天多降德于人间，如洪水广泽被于四方。

[52] 整理者释"攸"为"所以"，谓此句"言人各自求德而乐之"。按：攸：水流貌。《说文·攴部》："攸，行水也。"此乃承接上句"滂滂在下"而言，仍然以水为喻，形容悦纳美德如同水到渠成。

[53] 多子：指众卿大夫。《书·洛诰》云："予旦以多子，越御事，笃前人成烈，答其师，作周孚先。"孔颖达疏："子者，有德之称，大夫皆称子，故以多子为众卿大夫。"

[54] 逐：读为笃，《尔雅·释诂》："厚也。"忱：《说文》："诚也。"《孟子·离娄上》："思诚者，人之道也。"

[55] 姚小鸥说："桓，《尔雅·释训》：桓桓，威也。称，《尔雅·释言》

---

① 姚小鸥：《〈周公之琴舞〉诸篇释名》，《中国诗歌研究》第十辑，2013年。

② 姚小鸥：《〈周公之琴舞〉诸篇释名》，《中国诗歌研究》第十辑，2013年。

释为'好也'。若，审慎慎重之义。有若指贤者，这里指笃诚修德者。《尚书·君奭》：'君奭，我闻在昔成汤既受命，时则有若伊尹，格于皇天。在太甲，时则有若保衡。在太戊，时则有若伊陟臣扈，格于上帝，巫咸乂王家。'"①

[56] 享答：飨答。《汉书·郊祀志》："不答不飨，何以甚此。"余一人：君王自称。《左传·昭公三十二年》："（天子曰）：'余一人无日忘之，闵闵焉如农夫之望岁。'"《国语·周语上》："在《汤誓》曰：'余一人有罪，无以万夫；万夫有罪，在余一人。'"韦昭注："天子自称曰余一人。"

[57] 思：句首语气词。《集成》二七二《叔夷钟》："汝辅余于艰恤。"

[58] 整理者云"是"读为"禔"，《说文》："安福也。"

[59] 姚小鸥认为本篇可命名为《辑余》："辑余为本篇核心词，言成王承担天子重任，欲致天下和睦，故将本篇命名为《辑余》。"② 其：句首语气词。余冲人：《尚书》之《盘庚》《金縢》《大诰》等篇皆作"予冲人"。冲人：年幼的人，多为古代帝王自称的谦辞，此处为成王自称。清华简《皇门》："肆朕冲人非敢不用明刑。"《尚书·盘庚下》："肆予冲人，非废厥谋。"孔传："冲，童。"孔颖达疏："冲、童，声相近，皆是幼小之名。自称童人，言己幼小无知，故为谦也。"

[60] 服：从事，致力。《诗·周颂·噫嘻》："亦服尔耕，十千维耦。"郑玄笺："服，事也。"清庙：太庙，祭祀先王之宗庙。《诗·周颂·清庙》："于穆清庙，肃雝显相。"小序郑笺："清庙者，祭有清明之德者之宫也，谓祭文王也。"《左传·桓公二年》："是以清庙茅屋……昭其俭也。"

[61] 克：能够。小心：《礼记·表记》："卑己而尊人，小心而畏义，求以事君。"命：天命。夷：句中助词。歇：《尔雅·释诂》："竭也。"《左传·襄公二十九年》："齐国之政，将有所归，未获所归，难未歇也。"杜预注："歇，尽也。"《楚辞·九章·悲回风》："蘋蘅槁而节离兮，芳以歇而

① 姚小鸥：《〈周公之琴舞〉诸篇释名》，《中国诗歌研究》第十辑，2013年。
② 姚小鸥：《〈周公之琴舞〉诸篇释名》，《中国诗歌研究》第十辑，2013年。

不比。"

[62] 对：匹配，承袭。《诗·周颂·清庙》："济济多士，秉文之德。对越在天，骏奔在庙。"郑玄笺："对，配。"孔颖达疏："文王既有是德，多士今犹行之，是与之相配也。"天之不易：言天命常在。《书·大诰》："尔亦不知天命不易。"《诗·周颂·敬之》："天维显思，命不易哉。"《诗·大雅·文王》："宜鉴于殷，骏命不易。"姚小鸥："'命不夷歇，对天之不易'言天命不尽，当发扬天之大德而不懈怠。"①

[63] 弼：整理者释为弗。弼敢：弗敢，不敢。荒：整理者释为空。按：此处荒亦有荒疏、荒淫之义。《孟子·梁惠王下》："从兽无厌谓之荒，乐酒无厌谓之亡。"《尚书·夏书·五子之歌》："内作色荒，外作禽荒。"

[64] 整理者云："此指天之宠威。"警显："警告显示。"姚小鸥："'宠威在上，警显在下'，意略同《大雅·大明》'明明在下，赫赫在上'。"②

[65] 整理者注：式，句首语助词。克，肩任。有辟，国君。姚小鸥："此句言承担天子的重任。"③ 黄甜甜认为，"克"有"约束、制服"之义，类似简五"在言惟克"之"克"；辟当训为"邪辟"；"式克其有辟"是说君王要约束制服那些有邪辟的人和事。④

[66] 整理者注：甬读为用。颂，读为容。辑，和也。姚小鸥云："用容辑余，即'余辑用容'。余，即予，指成王。辑，《尔雅·释诂》释为'和也'。《左传·僖公十五年》'群臣辑睦'是其例。'辑'字蕴含了成王纲纪天下的理想，古有用'辑'表示天下得治者，如《尚书·汤诰》：'俾予一人，辑宁尔邦家'。……'容'和'小心'乃成王致天下辑睦的方式。容，当指威仪，威仪是君主治国的必备条件。"⑤ 黄甜甜认为，容当训为"礼容"，辑训"和"可从，这里当动词用；"用容辑余"是说要用礼容去辑和、约

①　姚小鸥：《〈周公之琴舞〉诸篇释名》，《中国诗歌研究》第十辑，2013 年。
②　姚小鸥：《〈周公之琴舞〉诸篇释名》，《中国诗歌研究》第十辑，2013 年。
③　姚小鸥：《〈周公之琴舞〉诸篇释名》，《中国诗歌研究》第十辑，2013 年。
④　黄甜甜：《周公之琴舞初探》，《深圳大学学报》2013 年第 11 期。
⑤　姚小鸥：《〈周公之琴舞〉诸篇释名》，《中国诗歌研究》第十辑，2013 年。

束自己。

[67] 整理者释"持"为"保持"，释"若"为"顺"。姚小鸥说："持惟文人之若，言承继先人审慎敬重的品德，有追法先人之意。若，意同《思忧》'桓称其有若'之'若'，审慎郑重之义。文人，即文德之人，这里指先王。"①

[68] 姚小鸥认为本篇可命名为《有息》："'有息'一词显示出诗人心怀天下的理想抱负，按照颂诗命名多取句首词语的原则，将本篇命名为《有息》。"② 思：句首语气词。息：整理者释为"安"。姚小鸥云："'息'可引申为安定使之繁盛之意。有息，义同《左传·隐公十年》'继好息民'。武王克商后，使天下民人休养生息成为周人敬守天下的主要任务，故周代初期以后的一段历史时期内，周人的主流思想观念由崇尚武力变为保安民人。"③

[69] 熹：《说文》："说也。"整理者释为喜乐。

[70] 按：丕，大也。显，显耀。有位：指职位。右，护佑，辅佐。帝，成王自称。在落，在下。不失，即不佚，意同三启《渊》"不逸监余"之"不逸"。同，通"庸"。这三句诗的意思是告诫众臣要在各自职位上尽职尽责，尽心侍奉辅佐成王，不要辜负君王的重用。

[71] 害：整理者训为何。《诗·周南·葛覃》毛传："害，何也。"

[72] 咨：《书·尧典》："咨，汝羲既和"。多子：见注 [53]《思忧》"诸尔多子"句。姚小鸥云："这两句的大意是勉励群臣黾勉王事，多多建言。"④

[73] 逮：谨慎。《广韵·入烛》："逮，谨也。"思念，义同心思，《孟子·离娄上》："（圣人）既竭心思焉，继之以不忍人之政，而仁覆天下矣。"此处思亦有道德完备之义，《书·尧典》："钦明文思安安。"陆德明

---

① 姚小鸥：《〈周公之琴舞〉诸篇释名》，《中国诗歌研究》第十辑，2013 年。
② 姚小鸥：《〈周公之琴舞〉诸篇释名》，《中国诗歌研究》第十辑，2013 年。
③ 姚小鸥：《〈周公之琴舞〉诸篇释名》，《中国诗歌研究》第十辑，2013 年。
④ 姚小鸥：《〈周公之琴舞〉诸篇释名》，《中国诗歌研究》第十辑，2013 年。

释文引马融曰："道德纯备谓之思。"此句意为谨慎心思以追求道德完备。

[74] 姚小鸥说："畏天之载，指敬畏天事。"① 黄甜甜云："畏天之载"意为"畏惧上天之行为"。②

[75] 请：《广雅·释言》："乞也。"愆：罪过，过失。《尚书·伊训》："惟兹三风十愆，卿士有一于身，家必丧。"姚小鸥说："此句是祈福之意。"

[76] 姚小鸥认为本篇可命名为《谟》："'谟'为众公卿大夫所承继光大的对象，亦道出了本篇主旨，故命名为《谟》。"③ 佐事：辅佐。《左传·昭公七年》："在我先王之左右，以佐事上帝。"聪明：耳目视听灵敏，此处意为辅佐君王使其善于明察。《荀子·王霸》云："聪明君子者，善服人者也。"《庄子·大宗师》云："堕肢体，黜聪明，离形去知，同于大通。"姚小鸥说："言作王之耳目，不懈怠于王事。"

[77] 不易：不改变。《周易·乾》："不易乎世，不成乎名。"

[78] 威仪：庄重的仪容举止。《书·顾命》："思夫人自乱于威仪。"孔传："有威可畏，有仪可象。"《诗经》多有用"威仪"之句例，如《诗·大雅·民劳》："敬慎威仪。"《邶风·柏舟》："威仪棣棣。"《诗·小雅·宾之初筵》："威仪反反"，"威仪抑抑"。金文句例如《叔向父禹簋》："恭明德，秉威仪。"（《集成》4242）《蔡侯尊》："威仪游游。"（《集成》6010）《王子午鼎》："淑于威仪。"（《集成》2811）趞趞：连绵词，形容威仪之貌。整理者释为"蓋蓋"。《秦公钟》："趞趞允义，翼受明德。"（《集成》262）《秦公镈》："趞趞文武，镇静不廷。"（《集成》270）于省吾认为趞读为蔼，《诗·大雅·卷阿》："蔼蔼王多吉士。"蔼蔼，形容文武多士容止之盛。此处简文"趞趞"即是形容威仪庄重盛大之貌。

[79] 谟：整理者释为谋略。姚小鸥说："有谟，当指文王谟，意同文王之典、文王之德，指文王灭商而抚有天下的整体战略构想和军事

① 姚小鸥：《〈周公之琴舞〉诸篇释名》，《中国诗歌研究》第十辑，2013 年。
② 黄甜甜：《周公之琴舞初探》，《深圳大学学报》2013 年第 11 期。
③ 姚小鸥：《〈周公之琴舞〉诸篇释名》，《中国诗歌研究》第十辑，2013 年。

武功。"①

[80] 匄，祈求。《左传·昭公六年》："禁刍牧采樵，不入田，不樵树，不采蓻，不抽屋，不强匄。"孔颖达疏："匄，乞也。"整理者云："句意为祈求上天之恩泽，依凭有据。"姚小鸥说："言依凭文王之德。"②

[81] 畀：给予，赐予。《书·洪范》："帝乃震怒，不畀洪范九畴。"孔传："畀，与。"颂：本义即指仪容。《说文·页部》："颂，皃也。"段注："古作颂皃，今作容皃，古今字之异也。"整理者释为"雍"，训为"常"。黄甜甜认为此句读为"不畀，用非颂"，句意是说：对于那些举止不合威仪的人，上天是不会给予赏赐的。③

[82] 此句后有缺文，据整理者云"约缺去十四至十五字"。姚小鸥说："从残存的简文来看，大意是说若不具良德，则对先祖有失于敬。"④如台：奈何，如何。《尚书·汤誓》："今汝其曰，夏罪其如台？"孙星衍疏："史迁'如台'作'奈何'。"曾运乾《尚书正读》："如台，奈何也。"享：孝也。

[83] 克：能。整理者云："疑句意为若不具良德，则不可用之。"

[84] 若：整理者训为善。姚小鸥云："若，审慎敬重之意。与《思忧》'桓称其有若'、《辑余》'持惟文人之若'二句之'若'意同。"⑤

[85] 姚小鸥认为此篇可命名为《庸》："本篇大意是成王表示要勤于修德，自求多福。……庸为本篇的核心内涵，在后世儒家思想体系中得以发扬光大，故将本篇命名为《庸》。"⑥ 弼敢：弗敢。荒：荒废。

[86] 惰：不敬之意。帀：《诗经》通作"思"，语气词。此句意为敬慎修德。

① 姚小鸥：《〈周公之琴舞〉诸篇释名》，《中国诗歌研究》第十辑，2013 年。
② 姚小鸥：《〈周公之琴舞〉诸篇释名》，《中国诗歌研究》第十辑，2013 年。
③ 黄甜甜：《周公之琴舞初探》，《深圳大学学报》2013 年第 11 期。
④ 姚小鸥：《〈周公之琴舞〉诸篇释名》，《中国诗歌研究》第十辑，2013 年。
⑤ 姚小鸥：《〈周公之琴舞〉诸篇释名》，《中国诗歌研究》第十辑，2013 年。
⑥ 姚小鸥：《〈周公之琴舞〉诸篇释名》，《中国诗歌研究》第十辑，2013 年。

[87] 纯：整理者训为"善"。《诗·周颂·维天之命》："文王之德之纯。"毛传："纯，大。"

[88] 动：整理者释为变化，姚小鸥释为怠慢。"文非动币"与前文"文非易币"句意相似。

[89] 坠：丧失；败坏。《尚书·酒诰》："今惟殷坠厥命。"孔传："今惟殷纣无道，坠失天命。"《国语·楚语下》："自先王莫坠其国，当君而亡之，君之过也。"韦昭注："坠，失也。"修：善。彦：美。《尚书·立政》："自一话一言，我则末惟成德之彦，以乂我受民。"孔颖达疏："彦训为美。王能出言皆善，口无可择，如此我王则终惟有成德之美，以治我所受天民矣。"整理者曰："不坠修彦，即不失善美之人。"按：此句当释为"不失善美之德"。

[90] 遹：语首助词，无实义。《诗·大雅·文王有声》："文王有声，遹骏有声，遹求厥宁，遹观厥成，文王烝哉。"姚小鸥谓此句"言勤勉修德而不懈怠"①。

[91] 复：整理者释为"报也"，又释为"庇护"。庸：整理者训为大。黄耇：年老、高寿。《诗·小雅·南山有台》："乐只君子，遐不黄耇。"毛传："黄，黄发也；耇，老也。"盈：满。姚小鸥说："'思丰其复，惟福思庸，黄耇惟盈'，言丰大其庇护，光大福祉。""诗篇末三句用'丰'、'庸'、'盈'三个词语表明了诗人的志向，即勤于修德，惠于民人。"②

九、清华简《祭公之顾命》篇译注

【《祭公之顾命》篇原文】

王若曰："祖祭公 [1]，哀余小子 [2]，昧其在位 [3]，旻天疾威 [4]，

---

① 姚小鸥：《〈周公之琴舞〉诸篇释名》，《中国诗歌研究》第十辑，2013 年。

② 姚小鸥：《〈周公之琴舞〉诸篇释名》，《中国诗歌研究》第十辑，2013 年。

余多时假惩 [5]。我闻祖不豫有迟 [6]，余惟时来见，不淑疾甚，余畏天之作威。公其告我懿德 [7]。"

祭公拜手稽首，曰："天子，谋父朕疾惟不瘳。朕身尚在兹，朕魂在朕辟昭王之所，亡图不知命 [8]。"

王曰："呜呼，公，朕之皇祖周文王、烈祖武王，宅下国 [9]，作陈周邦 [10]。惟时皇上帝宅其心 [11]，享其明德，付畀四方 [12]，用膺受天之命，敷闻在下 [13]。我亦惟有若祖周公暨祖召公，兹迪袭学于文武之曼德 [14]，克夹绍成康 [15]，用毕成大商 [16]。我亦惟有若祖祭公，修和周邦 [17]，保乂王家 [18]。"

王曰："公称丕显德，以余小子扬文武之烈，扬成、康、昭主之烈 [19]。"

王曰："呜呼，公，汝念哉！逊措乃心，尽付畀余一人 [20]。"

公懋拜手稽首 [21]，曰："允哉！"

乃召毕桓、井利、毛班 [22]，曰："三公，谋父朕疾惟不瘳，敢告天子 [23]，皇天改大邦殷之命，惟周文王受之，惟武王大败之，成厥功 [24]。惟天奠我文王之志，董之用威 [25]，亦尚宣臧厥心 [26]，康受亦式用休 [27]，亦美懋绥心 [28]，敬恭之。惟文武中大命，戡厥敌 [29]。"

公曰："天子、三公，我亦上下臂于文武之受命 [30]，皇歍方邦 [31]，丕惟周之旁 [32]，丕惟后稷之受命是永厚 [33]。惟我后嗣，方建宗子 [34]，丕惟周之厚屏 [35]。呜呼，天子，监于夏商之既败，丕则亡遗后，至于万亿年 [36]，参叙之 [37]。既沁，乃有履宗 [38]，丕惟文武之由 [39]。"

公曰："呜呼，天子，丕则寅言哉 [40]。汝毋以戾兹皋辜亡时远大邦 [41]，汝毋以嬖御塞尔庄后，汝毋以小谋败大作，汝毋以嬖士塞大夫、卿士 [42]，汝毋各家相乃室 [43]，然莫恤其外。其皆自时中乂万邦 [44]。"

公曰："呜呼，天子、三公，汝念哉。汝毋□，唐唐厚颜忍耻 [45]，时惟大不淑哉。"

曰："三公，事，求先王之恭明德；刑，四方克中尔罚。昔在先王，我

亦不以我辟陷于难 [46]，弗失于政，我亦惟以没我世 [47]。"

公曰："天子、三公，余惟弗起朕疾，汝其敬哉。兹皆保胥一人 [48]，康□之；蠡服之 [49]，然毋夕□ [50]，维我周有常刑 [51]。"

王拜稽首举言，乃出 [52]。

祭公之顾命 [53]

【《祭公之顾命》篇今译】

周穆王说："叔祖祭公，怜悯我这个小子，昏昧在位，苍天降下暴虐，我多有罪过。我听说叔祖病重多日，我不时来探望，看到您的疾病更加严重了，我恐怕上天发威，请您告诉我美好的德行。"

祭公跪拜行礼，然后说："天子，谋父我的疾病难以痊愈了。我的身体尚且在这里，但我的魂魄已经去了昭王那里，不能不知天命啊。"

周穆王说："呜呼！祭公，我的皇祖周文王、烈祖周武王，安定国民，创立周朝。皇天上帝安定民心，享受他们的大德，并把美德授予四方，他们承受皇天大命，声名远扬天下。还有我的若祖周公、暨祖召公，践行继承了文王和武王的美德，能够辅佐成王和康王，成功地战胜了大商。还有我的若祖祭公，治理周邦和谐安定，保护辅佐王室安宁。"

周穆王说："祭公请讲述您的英明之德，辅佐小子我来继承文王、武王的功勋，发扬成王、康王、昭王的辉煌。"

周穆王说："呜呼！祭公，您要顾念我啊！恭顺谦逊之心，请全部交付给我一个人。"

祭公勉力跪拜行礼，然后说："我答应你。"

于是召见毕𩑣、井利、毛班，说："三公，谋父我的病不会好了，所以才敢告诫天子。皇天更改殷商的大命，周文王继承了天命，周武王大败了殷商，最终完成功业。皇天安定了周文王的大志，用威严来监督他，也发扬他善良的品德，天下安康和美，人民也享用他的美德，都恭顺地尊敬他。文王武王是继承了大命，最终战胜他们的敌人。"

祭公说："天子、三公，我也追溯前后历史、拿文武受命来比喻说明

（治国之道），如今国家昌盛，这是周朝的基业，这也是后稷受命留下的深远福泽啊。我们周朝的后代子孙，分封宗亲，这是周王室的坚强保障啊。呜呼！天子！一定要以夏商败亡的教训为借鉴，不要遗留后患，一定要使周朝延续到万亿年，要把（治国保训）逐代传述下去，最终才能享受祖宗留下的福泽，这都是文王武王的缘故啊。"

祭公说："呜呼！天子，我恭敬地告诫你：你不要以暴戾使人民远离我们的国家，你不要以受宠幸的姬妾来阻碍你端庄的皇后，你不要以小聪明来败坏治国的大道，你不要以受宠幸的侍从来阻碍大夫和卿士，你不要只顾恤你的家室而不顾念家室以外的天下万民，这些都要符合中道才能治理万邦。"

祭公说："呜呼！天子、三公，你们一定要记住啊。你们不要昏昏昧昧、蒙受羞耻，这是非常不好的啊。"

祭公说："三公，治事要遵循先王崇高的明德，刑罚要使天下四方能够适用惩罚。原先辅佐先王之时，我也从不让我的君王陷于危难，治国为政从来不出差错，我以此奉行终身。"

祭公说："天子，三公，我的病不会好了，你们要敬受顾命，都要努力辅佐君王一个人，用正确的道理［教诲］他，恭顺地听命于他，不能有丝毫［松懈］，不然就要遭受我们周朝的刑罚。"

周穆王跪拜行礼受教，然后才出去。

【《祭公之顾命》篇注释】

[1] 今本《逸周书·祭公》作："王若曰祖祭公。"王：指周穆王。祖祭公：潘振注："祭，邑名也。祭城在河南，……祭国，伯爵，周公第五子所封。祭公，周公之后，字谋父，与周公同谥文，见《竹书》①。周公殁而王道衰，非复王道之盛矣。穆王访祭公，以谋守位。故次之以《祭公》。"②

① 王国维《今本竹书纪年疏证》："十一年，王命卿士祭公谋父。……二十一年，祭文公薨。"

② 黄怀信：《逸周书汇校集注》，上海古籍出版社 2007 年版，第 923—924 页。

庄述祖注:"祭公者,《祭公之顾命》也。周自后稷始基,文王受命,武王、周公继之……及穆王即位,益衰,然犹能正百官、敬天命,周室复宁,祭公谋父是师保之。……观祭公为王陈后稷、文、武所受天命,及夏商之既败,而其勤勤致戒者,自嬖御始。"孔晁注:"祭公,周公之后,昭穆于穆王在祖列。"①

[2] 今本《逸周书·祭公》作:"次予小子。"按:今本不通,当从简本作"哀余小子"。哀,闵也。《诗·周颂·闵予小子》:"闵予小子,遭家不造,嬛嬛在疚。"《尚书·文侯之命》:"闵予小子嗣,造天丕愆。"刘师培云:"或曰'次'当作'汝',汝、闵同。"②刘说为是,今本"次予小子"当为"汝予小子"之讹。小子,自谦词。《尚书·汤誓》:"非台小子,敢行称乱,有夏多罪,天命殛之。"

[3] 今本《逸周书·祭公》作:"虔虔在位。"整理小组:昧,《说文》:"闇也。"按:昧,昏昧不明之貌,多指昏乱的国家和昏聩无知的人,此处为穆王自谦之辞。《左传·宣公十二年》:"兼弱攻昧,武之善经也。"《左传·僖公二十四年》:"即聋从昧,与顽用嚚,奸之大者也。"

[4] 此句今本《逸周书·祭公》作:"昊天疾威。"整理小组:"旻天疾威",见《诗·小旻》,又毛公鼎作"旻天疾威"。按:今本"昊天"当为"旻天"之讹,简本为是。旻,天也。《尚书·多士》:"尔殷遗多士,弗吊旻天,大降丧于殷。"孔颖达疏:"天有多名,独言旻天者,旻,愍也。"《尔雅·释天》:"秋为旻天。"郭璞注:"旻,犹愍也,愍万物雕落。"疾威,犹暴虐、威虐。《诗·小雅·雨无正》:"旻天疾威,弗虑弗图。"朱熹《诗集传》注云:"疾威,犹暴虐也。"

[5] 今本《逸周书·祭公》作:"予多时溥愆。"疑简本"惩"字乃"愆"字之讹。愆,罪过、过失。《尚书·伊训》:"惟兹三风十愆,卿士有一于身,家必丧。"《诗·大雅·假乐》:"不愆不忘,率由旧章。"郑玄笺:"成

---

① 黄怀信:《逸周书汇校集注》,上海古籍出版社 2007 年版,第 923—924 页。
② 黄怀信:《逸周书汇校集注》,上海古籍出版社 2007 年版,第 925 页。

王之令德，不过误，不遗失。"

[6] 今本《逸周书·祭公》作："我闻祖不豫有加。"按：不豫，讳辞，指病重。清华简《保训》："惟王五十年不豫。"又《逸周书·五权》："维王不豫，于五日召周公旦。"

[7] 今本《逸周书·祭公》作："予惟敬省，不吊天降疾病，予畏之威，公其告予懿德。"陈逢衡注："言予敬省天心不至，故天降疾病于我股肱师保之臣。予畏天威，恐有不测，讳言祭公将死也。公其告予懿德，盖求遗言训己之意。"按：此句简文与今本略有出入，但句义相近，皆可疏通。不淑：吊问之词，犹言不幸。《逸周书·度邑》："王乃升汾之阜以望商邑，永叹曰：呜呼不淑。"

[8] 今本《逸周书·祭公》作："祭公拜手稽首曰：天子！谋父疾维不瘳。朕身尚在兹，朕魄在于天。昭王之所勖，宅天命。"孔晁注："拜手，头至手。稽首，头俯地。我魂在于天，言必死也。"按：亡图，勿谋。亡图不知命，即不要试图不知天命，意即表示自己已经接受天命，做好将要死去的准备。

[9] 今本《逸周书·祭公》作："王曰：呜呼！公，朕皇祖文王、烈祖武王，度下国。"按：宅，安定、定居。《尚书·盘庚上》："我王来，既爰宅于兹。"《诗·商颂·玄鸟》："天命玄鸟，降而生商，宅殷土芒芒。"今本"度"与简本"宅"义同，皆指安居、定居之义，指周文王和周武王开辟疆土，建立国家，定居周民。

[10] 今本《逸周书·祭公》作："作陈周。"按："陈"此处为动词，作陈连用，即开创、创立之义。前句"宅下国"言开辟疆土，此句言创立周邦，正承接上句语义。

[11] 今本《逸周书·祭公》作："维皇皇上帝度其心。"按：前句"宅下国"今本作"度下国"，此处"宅其心"今本作"度其心"，则"宅"与"度"相通，安定之义。

[12] 今本《逸周书·祭公》作："置之明德付俾于四方。"按：丁宗洛改今本"俾"为"畀"。正与简文合。

[13] 今本《逸周书·祭公》作:"用应受天命,敷文在下。"按:膺受,承受。《尚书·周书》:"惟予一人膺受多福。"孔传:"惟我一人亦当受其多福。"《史记·周本纪》:"武王再拜稽首,膺更大命,革殷,受天明命。"敷闻:犹布闻,使名声远扬。《尚书·文侯之命》:"昭升于上,敷闻在下。"

[14] 今本《逸周书·祭公》作:"我亦维有若文祖周公暨列祖召公,兹申予小子追学于文武之蔑。"按:迪,蹈行、实行。《书·皋陶谟》:"允迪厥德,谟明弼谐。"孔传:"迪,蹈。"孔颖达疏:"为人君者当信实蹈行。"袭,蒙受,领受,继承。《左传·昭公二十八年》:"九德不愆,作事无悔,故袭天禄,子孙赖之。"杜预注:"袭,受也。"曼德:美德。

[15] 今本《逸周书·祭公》作:"周克龛绍成康之业。"按:夹,辅佐。《书·梓材》:"先王既勤用明德,怀为夹。"绍:承继,《汉书·叙传下》:"汉绍尧运,以建帝业。"

[16] 今本《逸周书·祭公》作:"以将天命,用夷居之大商之众。"按:毕,成也。毕成,完成、成功、战胜。大商,即商朝。《诗·大雅·大明》:"保右命尔,燮伐大商……肆伐大商,会朝清明。"从上下文义来看,疑此句原应当在"用膺受天之命敷闻在下"句后,战胜大商应该是文武之功,不应放在成康之后。

[17] 今本《逸周书·祭公》作:"我亦维有若祖祭公之执和周国。"按:修和,谓施教化以和合之。《尚书·君奭》:"惟文王尚克修和我有夏。"孔传:"文王庶几能修政化,以和我所有诸夏。"

[18] 今本《逸周书·祭公》亦作:"保乂王家。"按:保乂,治理使之安定太平。《尚书·君奭》:"率惟兹有陈,保乂有殷。"孔传:"以安治有殷。"王家,周王室。

[19] 今本《逸周书·祭公》作:"王曰:公称丕显之德,以予小子扬文武大勋,弘成康昭考之烈。"按:此句简文与今本略同,简文"扬……之烈"有重复之嫌,"扬文武之烈扬成康昭主之烈"即直言"扬文武成康昭主之烈"即可,而不必分为两句,由此观之,此处或为文字抄写讹误,当据今本改正。

[20] 今本《逸周书·祭公》作："王曰：公无困我哉。俾百僚乃心率辅弼予一人。"逊：谦虚，恭顺。《尚书·舜典》："百姓不亲，五品不逊。"孔传："逊，顺也。"措：安放。《论语·子路》："刑罚不中，则民无所措手足。"畀：赐予。《尚书·洪范》："帝乃震怒，不畀洪范九畴。"孔传："畀，与。"

[21] 今本《逸周书·祭公》作："祭公拜手稽首。"整理小组：懋，《说文》：勉也。

[22] 今本《逸周书·祭公》作："曰：允乃诏，毕桓于黎民殷。"井利：《穆天子传》："天子使井利受之。"注云："井利，穆王之嬖臣。"毛班：《穆天子传》："丙寅，天子至于钘山之队，东升于三道之隥，乃宿于二边。命毛班。"

[23] 今本《逸周书·祭公》作："公曰：天子！谋父疾维不瘳，敢告天子。"

[24] 今本《逸周书·祭公》作："皇天改大殷之命，维文王受之，维武王大克之，咸茂厥功。"按：此句简文与今本略同，惟简本曰"成厥功"而今本曰"茂厥功"，今本"茂"字当为与"成"字形近而讹误，以简本为是。

[25] 今本《逸周书·祭公》作："维天贞文王之重用威。"整理小组：奠，读为定。按：董：督察，监督。《尚书·大禹谟》："戒之用休，董之用威，劝之以九歌，俾勿坏。"

[26] 今本《逸周书·祭公》作："亦尚宽壮厥心。"整理小组：宣，《左传·僖公二十七年》注：明也。臧，《说文》：善也。

[27] 今本《逸周书·祭公》作："康受乂之，式用休。"

[28] 今本《逸周书·祭公》作："亦先王茂绥厥心。"按：简本作懋，今本作茂，懋、茂互通，皆为劝勉之义。《诗·小雅·节南山》："方茂尔恶，相尔矛矣。"毛传："茂，勉也。"绥，安；绥心，安心。《尚书·盘庚上》："天其永我命于兹新邑，绍复先王之大业，底绥四方。"

[29] 今本《逸周书·祭公》作："敬恭承之，维武王申大命，戡厥敌。"按：简本"中大命"不通，或字形相近而讹误，当据今本改正为"申大命"。

申：申诫，告诫。《尚书·多士》："今予惟不尔杀，予惟时命有申。"

[30] 今本《逸周书·祭公》作："公曰：天子，自三公上下，辟于文武。"

[31] 今本《逸周书·祭公》作："文武之子孙，大开方封于下土。天之所锡武王时疆土。"整理小组：皇，训大。甤，《广雅》：盛也。方邦，即方国。

[32] 今本《逸周书·祭公》作："丕维周之基。"

[33] 今本《逸周书·祭公》作："丕维后稷之受命，是永宅之。"

[34] 今本《逸周书·祭公》作："维我后嗣，旁建宗子。"庄述祖校"旁"作"方"，正与简文相同。庄注云："方犹并。建，立。宗子，适子。"①

[35] 今本《逸周书·祭公》作："丕维周之始并。"按：此句今本作"并"，庄述祖、卢文弨、潘振皆校改为"屏"，简本正作"屏"。屏，蔽护，保护。《汉书·王莽传》："成王幼少，周公屏成王而居摄，以成周道。"

[36] 今本《逸周书·祭公》作："呜呼，天子，三公，监于夏商之既败，丕则无遗后难，至于万亿年。"潘振注："遗，留也。言三公监戒夏商之败，大无留后患。自今至于万亿年，守相传之序，而享国皆能有终。"

[37] 今本《逸周书·祭公》作："守序终之。"参：罗列，并立。《尚书·西伯戡黎》："乃罪多参在上，乃能责命于天。"孔传："言汝罪恶众多，参列于上天。"

[38] 今本《逸周书·祭公》作："既毕，丕乃有利宗"。整理小组：沁，疑读为咸，训为终。履，《尔雅》：福也。有履宗，有福佑于宗室。

[39] 今本《逸周书·祭公》作："丕维文王由之。"潘振注："由，用也。"

[40] 今本《逸周书·祭公》作："公曰：呜呼，天子，我不则寅哉寅哉。"孔晁注："寅，敬也。"

[41] 今本《逸周书·祭公》作："汝无以庶反罪疾，丧时二王大功。"

[42] 今本《逸周书·祭公》作："汝无以嬖御固庄后，汝无以小谋败大作，汝无以嬖御士疾大夫卿士。"按：今本云"固庄后"，庄述祖注："固，

---

① 黄怀信：《逸周书汇校集注》，上海古籍出版社 2007 年版，第 928 页。

塞。"简本正作"塞"。简本"嬖士"今本作"嬖御士","御"字当涉上"嬖御塞尔庄后"而衍也。

[43] 今本《逸周书·祭公》作："汝无以家相乱王室。"按：清华简《皇门》："以家相厥室，弗恤王邦王家。"

[44] 今本《逸周书·祭公》作："而莫恤其外。尚皆以时中乂万国。"孔晁注："恤，忧也。外，谓王室之外也。言当尽用是中道治天下也。"①

[45] 今本《逸周书·祭公》作："呜呼，三公，汝念哉！汝无泯泯芬芬，厚颜忍丑。"

[46] 今本《逸周书·祭公》作："时维大不吊哉。昔在先王，我亦维不以我辟险于难。"按：辟，君王。陷，今本作"险"，孙诒让注："险，当读为陷，古音近通用。"可知简本作"陷"为是。陷，落入，遭受。

[47] 今本《逸周书·祭公》作："不失于正，我亦以免没我世。"

[48] 今本《逸周书·祭公》作："呜呼，三公！予维不起朕疾，汝其皇敬哉！兹皆保之。"

[49] 今本《逸周书·祭公》作："曰：康子之攸保，勖教诲之。"

[50] 今本《逸周书·祭公》作："世祀无绝。"

[51] 今本《逸周书·祭公》作："不，我周有常刑。"

[52] 今本《逸周书·祭公》作："王拜手稽首党言。"

[53] 竹简原写有篇题作《祭公之顾命》。

十、清华简《芮良夫毖》篇译注

【《芮良夫毖》篇原文】

周邦骤有祸 [1]，寇戎方晋 [2]。厥辟御事各营其身 [3]。恒争于富，莫治庶难 [4]，莫恤邦之不宁 [5]。芮良夫乃作毖再终，曰 [6]：

---

①　黄怀信：《逸周书汇校集注》，上海古籍出版社 2007 年版，第 930 页。

敬之哉君子！天猷畏矣 [7]。敬哉君子！藏败改䜌 [8]，恭天之威，载听民之䜌 [9]，间隔若否，以自訾讀 [10]。由求圣人 [11]，以申尔谋猷 [12]，毋羞闻䜌 [13]，度毋有咎 [14]，毋怵贪猙惈，满盈康戏，而不智藏告 [15]。此心目无极 [16]，富而无湷 [17]，用莫能止欲，而莫肯齐好 [18]。尚恒恒敬哉 [19]。顾皮彼后复，君子而受柬。万民之咎，所而弗敬 [20]，譬之若重载以行崝险 [21]，莫之扶导，其由不摄停 [22]。敬哉君子！恪哉毋荒，畏天之降灾，恤邦之不臧 [23]。毋自纵于逸，以嚣不图难 [24]，变改常术 [25]，而无有纪纲 [26]。此德刑不齐，夫民用忧伤。民之贱矣，而谁菅为王 [27]。彼人不敬，不鉴于夏商。心之忧矣，靡所告瘥 [28]。兄弟厭矣 [29]，恐不和均 [30]，屯圆满溢 [31]，曰余未均 [32]。凡百君子，及尔荩臣 [33]，胥收胥由，胥穀胥均 [34]。民不日幸，尚忧思 [35]。先人有言，则威虐之 [36]。或因斩柯，不远其则 [37]。毋害天常 [38]，各当尔德 [39]。寇戎方晋，谋猷惟戒 [40]。和勶同心 [41]，毋有相放 [42]。恂求有才 [43]，圣智惠力。必探其宅，以亲其状 [44]，身与之语，以求其上 [45]。昔在先王，既有众庸 [46]，□□庶难，用建其邦，平和庶民，莫敢慺憧 [47]，□□□□□□□□用协保，罔有怨讼 [48]，恒争献其力，畏燮方雠 [49]，先君以多功。古□□□□□□□元君，用有圣政德 [50]，以力及作，燮仇启国 [51]，以武及勇，卫相社稷 [52]。怀慈幼弱，赢寡矜独 [53]，万民俱愁 [54]，邦用昌炽 [55]。

二启曰：天猷畏矣，舍命无成 [56]，生□□难，不秉纯德 [57]，其度用失营 [58]，莫好安情，于何有争 [59]。莫称厥位，而不知允盈 [60]。莫□□□，□□□□型 [61]，自起残虐，邦用不宁。凡惟君子，尚鉴于先旧 [62]，导读善败 [63]，卑匡以诚 [64]，□□功绩 [65]，恭监享祀 [66]，和德定刑 [67]，正百有司，胥训胥教，胥箴胥谋，各图厥永 [68]，以交罔谋 [69]。天之所坏，莫之能支；天之所支，亦不可坏 [70]。反反其无成 [71]，用皇可畏 [72]，德刑怠惰 [73]，民所訹訛 [74]，约结绳断 [75]，民之关闭，如关柭扃鋆 [76]，绳断既政，而五相柔比 [77]，

遹易凶心 [78]，觋甄嘉惟 [79]，料和庶民 [80]，政命德刑，各有常次 [81]，邦其康宁，不逢庶难，年谷纷成 [82]，风雨时至，此惟天所建，惟四方所祗畏。

曰：其罚时偿，其德刑宜利 [83]，如关柂不闭，而绳断失樑 [84]，五相不强，罔肯献言 [85]。人讼扞违，民乃嗥嚣 [86]，靡所屏依，日月星辰，用交乱进退，而莫得其次，岁乃不度，民用庋尽 [87]，咎何其如台哉 [88]。朕惟冲人 [89]，则如禾之有稃 [90]，非毅哲人 [91]，吾靡所援□诣 [92]。我之不言，则畏天之发机；我其言矣，则逸者不美 [93]。民亦有言曰：谋无小大，而器不再利，屯可与愿，而鲜可与惟 [94]。

曰：呜呼畏哉！言深于渊，莫之能测。民多艰难，我心不快。庋之不□□。无父母能生，无君不能生。吾中心念絓，莫我或听 [95]，吾恐罪之□身，我之不□，□□是失，而邦受其不宁。吾用作愍再终，以寓命达听。

【《芮良夫愍》篇今译】

周王朝多次遭受战争祸乱，外敌的侵犯越来越频繁。君王和大臣们各谋私利，总是只顾争夺财富，没有人管理民生疾苦，没有人忧虑国家危难，芮良夫于是作了两首愍诗说道：

要儆戒啊，执政的君子们！要对上天敬畏。要儆戒啊，执政的君子们！违逆天意和德行败坏就会导致民谣的改变。你们要恭顺上天的权威，听取民间的歌谣。屏蔽批评和谏言，只能给自己带来讽刺和指责。遵从和追随品德高尚的人，可以丰富增加智慧和谋略。不要羞于听取民谣，谋划事情不要有过失。不要贪婪昏乱、骄奢淫逸而不知道觉悟，感官的追求没有极限，财富的贪求没有边际，不能控制对财富的欲望，不肯限制对享乐的喜好，要常常怀有敬畏之心啊。考虑到以后的报应，君子应该及时接受规劝。对黎民百姓的指责，抗拒而不尊重，就譬如载重的马车行走在陡峭危险的山路上，却没有人扶持协助和引导方向，那样怎会不颠覆倾倒？要儆戒啊君子！恪守君臣职责而不要放纵欲望，要畏惧上天降下灾祸，要忧虑国家遭受危难。不要放纵自己淫逸享乐，沉溺遨游而不考虑国家的灾难，改变治理国家的日常法则，而导致国家没有法度，这样就会使恩泽与刑罚不能整齐统一，百姓会因此怀有怨恨和忧伤。如果百姓违逆造反，那还有谁能够作为君王？那人不知儆戒，不借鉴夏商王朝兴亡的历史经验。我内心忧虑，却无从向国君告知我的心思。兄弟友邦之间互相怨恨憎恶，恐怕国家已经不能和谐平衡。拥有的财富已经充裕满盈，却说给予自己的财富仍不平均。诸位执掌国政的君子，以及你们所进用的臣属，都要收敛约束自己，都要谨敬和谐相处。民众没有每天抱有侥幸之心，尚且使执政者感到忧虑。先祖留下的圣贤箴言，更应当使执政者感到敬畏害怕受到祖先惩罚。就像用斧头来砍伐树木，可以参照斧柄的样式。不要违背天之常道，各自让你们的道德符合天道。敌寇的侵犯越来越厉害，我们必须谋划策略做好防备。大家要同心协力，不要互相背负欺骗。我们要寻访有才能的贤人，对那些有圣贤智谋和勇武之力的人才，必须亲自登门拜访，以便亲自了解他们的情况，还要亲自与他们交谈，以求得到质量最优秀的人才。从前先王在位的时候，已经得到了众多辅佐之臣。[经历并克服了]众多灾难，才最终建立了国家，使黎民百姓生活和谐，没有人敢于乖戾或放纵。……（百姓）因此和睦安定，没有怨言和争讼，常常争相贡献力量，威慑天下四方敌寇，先君因此建立了众多功业。古时候……的君主，具有圣明的政治质量和高尚的道德，凭借努力勤勉和奋发作为，平定仇敌创建国家。凭借武力征战和勇敢无畏，保卫和辅助国家基业，安抚爱护年幼弱小的人民，救助照顾孤苦无依的人民。所有百姓都欢欣喜悦，国家因此能够繁荣昌盛。

第二启说："天道可畏啊！背弃天命不会成功。……不秉持纯正的道德，他的谋虑和行为就会失误和惑乱。不喜欢安定精神，怎么能够得到安定？道德不符合自己的岗位职责，自己却还不感到知足。……自然会引发叛乱和灾祸，国家就因此不安宁。所有诸位执政者们，你们要以先人为借鉴。道义的败乱和善德的败坏，要把它们匡正并引以为戒。……要恭敬地从事献祭和祭祀。调和道德正定刑罚，治理百官各司其职，对他们都要训诫和教导，都要指正和教诲，使他们追求永恒的道德，不要互相钩心斗角。上天所要让它灭亡的，没有人能够支撑维持；上天所要维护它让它兴盛的，没有人可以破坏毁灭。自己乖戾无常庸碌无功，如何能够使别人信服敬畏？恩德和刑罚松弛无度，百姓就会言语不满和行为乖戾。法律就如同准绳，是防范和约束百姓的关键，就像关门闭锁，法律要合乎国政，使百官柔顺亲附，改变他们的不良品德，促使他们甄选善策，管理百姓和谐相处，政事法令和恩德刑罚，各自按照常规次序运行，国家就会安定祥和，不会遭受众多灾难，就会五谷丰登、风调雨顺。这是天命所保佑设定的规律，天下四方都要敬畏。

（又）说道：设立的刑罚都要符合国情，设立的奖惩都要符合时宜。如同门闩不能关闭，法令准绳不合常规，官员就会不勤勉努力，不肯进献意见建议，人们就会争讼违法乱纪，百姓于是就会轻薄狂妄，行为无所依傍遵循，日月星辰就会乱了运行规律，都无法遵循正常的次序，年月就会失去法度，百姓就会全都混乱，那将是多么大的罪过啊！我是年幼无知的人，就如同谷物的幼苗，并非天生就具有智慧卓越的人，没有什么引经据典的话来进献。我若不讲这些话，畏惧上天将会降下灾祸；我若讲出来，又都是些散乱而不美善的话。百姓也有俗话说道：谋略没有大小之分，器物不在于美善；人人都能一起许愿，却少有人肯一起谋划。

（最后）说道：呜呼！要心怀敬畏啊！言语比渊水还要深不可测，没有人能够完全真正理解。百姓有很多艰难困苦，我的心情很不愉快……没有父母还可以生存，没有君王却不能生存。我满心牵挂和忧虑，却没有人能够倾听。我害怕灾祸殃及自身……而国家也会遭受不安宁。我因此创作这两篇《悆》，以寄托我的心意，希望使你们听到。

【《芮良夫悆》篇注释】

[1] 周邦：周王朝，《尚书·尧典》：“百姓昭明，协和万邦。”《诗·大雅·文王》：“文王在上，于昭于天。周虽旧邦，其命维新。”《诗·大雅·崧高》：“周邦咸喜，戎有良翰。”骤：副词，屡次。《左传·文公十四

年》："公子商人骤施于国。"杜预注："骤，数也。"有祸：指遭受战争侵扰的灾祸。

[2] 寇戎：整理者释为来犯之戎。方：副词，正在。晋：通"进"，表示程度的增加和增长。按：芮良夫为西周周厉王时期名臣，根据史籍记载，周厉王时期周王朝多次受到边疆少数民族的侵犯，并屡次战败，饱受祸乱。如《古本竹书纪年》载："淮夷入寇，王命虢仲征之，不克。"

[3] 厥辟：厥，其；辟，君主，指周厉王。御事：主事者，指周厉王身边的权臣，如荣夷公等人。各营其身：《孟子·梁惠王上》"经之营之"，朱熹注："营，谋为也。"各营其身即各谋其身，指君臣各怀私心，只为自己谋私利而不顾国家安危。

[4] 恒：副词，总是，经常。《书·伊训》："敢有恒舞于宫，酣歌于室，时谓巫风。"争：争夺，夺取。《左传·隐公十一年》："公孙阏与颍考叔争车。"《楚辞·卜居》："宁与黄鹄比翼乎，将与鸡鹜争食乎？"富：财物，财富。庶难：《书·尧典》"庶绩咸熙"，蔡沈《集传》："庶，众也。"指民生疾苦。

[5] 莫：否定副词，没有人。恤：体恤，关心。邦：国家。不宁：指动荡不安。

[6] 芮良夫：芮伯，西周周厉王时期贤臣，封地在芮国，为姬姓诸侯，《史记·周本纪》《国语·周语上》《逸周书·芮良夫》等书皆载有其事，相传《诗·大雅·桑柔》是其所作，毛诗序云："桑柔，芮伯刺厉王也。"王符《潜夫论·遏利篇》引鲁诗说云："昔周厉王好专利，芮良夫谏而不入，退赋《桑柔》之诗以讽。"毖：文体名称，即清华简《周公之琴舞》所云"周公作多士儆毖"和"成王作儆毖"。关于毖体的特点，马芳指出："毖应是西周儆戒类诗的统称，西周重视谏诫的政治文化思想是孕育产生毖诗的土壤，毖诗是应西周祭祀礼仪和谏诫制度所需，不断被创作出来的。毖诗具有深刻的忧患意识，与充满批判意识的政治怨刺诗不同。《诗经》中有不少类似主题的诗歌，当属于'毖'诗的范畴。长于说理，多用赋的表现手法，形式上有明确的创作对象及使用套语、格式化语言，是毖诗体式的三

大特点。”①

[7] 敬：通“儆”，谨慎、警惕之义，儆戒是本篇的主旨所在。猷：整理者认为即“犹”，训为“可”。畏：敬畏，畏惧。

[8] 君子：统称在位执政者，即前文所云“厥辟御事”。蕰败改繇：蕰，即“寤”字，当读为“牾”。牾，违逆。《文选》中的宋玉《高唐赋》：“岖互横牾，背穴偃跖。”李善注：“许慎《淮南子注》曰：‘跖，蹈也。牾，逆也。’路有横石，逆当其前。”败，败坏。《广雅·释诂一》：“败，坏也。”《诗·大雅·民劳》：“无俾正败。”郑笺：“败，坏也。”繇，读为“谣”，民间流行的歌谣。《国语·晋语六》：“辨袄祥于谣。”韦昭注：“行歌曰谣。”

[9] 恭：恭敬，恭顺。载：句首语气词，无实义。“繇”应读为“谣”。“谣”为百姓心声、吉凶之兆，必倾听审辨之。

[10] 间隔：隔绝，阻隔。《穆天子传》卷三：“道里悠远，山川间之。”《战国策·赵策二》：“秦无韩魏之隔，祸中于赵矣。”若，善；否，恶。若否，犹臧否，指善恶得失，这里用作动词，意为品评、褒贬。讟，读为“嘖”，《广韵·怪韵》：“嘖，讥他人也。”讟，整理者读为“毁”，亦通。“间隔若否，以自訾嘖”承“载听民之谣”，为其反面。不听民之谣，拒绝接受百姓的批评，一意孤行，只能招致更严重的后果，给自己带来更大的耻辱。

[11] 由求：遵从，追随。圣人：有德之人。

[12] 申：扩展，扩大。《广雅·释诂四》：“申，伸也。”《周易·系辞上》：“引而伸之，触类而长之，天下之能事毕矣。”孔颖达疏：“引而伸之者，谓引长八卦而伸尽之。”谋猷，谋略。《尚书·文侯之命》：“亦惟先正克左右昭事厥辟，越小大谋猷，罔不率从，肆先祖怀在位。”

[13] 此句意为：不要羞于听取民谣。

[14] 度：谋虑。《尔雅·释诂上》：“度，谋也。”《玉篇·又部》：“度，揆也。”《尚书·盘庚上》“非予有咎”，蔡沈《集传》：“咎，过也。”

[15] 惏：贪残，贪婪，与贪义同。《说文·心部》：“河内之北谓贪曰

---

① 马芳：《从清华简〈芮良夫毖〉看“毖”诗及其体式特点》，《江海学刊》2015 年第 4 期。

悰。"段玉裁注:"悰与女部'婪'音义同。"《左传·昭公二十八年》:"贪悰无厌,忿颣无期,谓之封豕。"陆德明释文:"悰,力玷反。《方言》云:'楚人谓贪为悰。'"《大戴礼记·保傅》:"饱而强,饥而悰。"猰愠:二字整理者皆释为乱义。满盈:指财富极多。康戏:指沉溺与享乐。不智蠹告,大概即今天所说的执迷不悟。

[16] 无极:没有终极,没有极点,贪得无厌之谓。整理者云"亟"通"极"。

[17] 无涚:无边,没有边际。整理者云涚通"倪"。《庄子·大宗师》"不知端倪",陆德明《释文》:"倪,本或作涚。"《集韵·佳韵》:"倪,或作涚。"《庄子·齐物论》"何谓和之以天倪",《释文》引崔譔云:"倪,际也。"

[18] 莫:否定副词。止欲:控制自己的欲望。齐好:整理者认为是指统治者追求的一种理想境界。按:从上下文义来看,"齐好"与"止欲"相对,文义可互通,都是说统治者贪得无厌不能控制自己的欲望。

[19] 恒:规律,法则。此句意为:要常怀敬畏之心。

[20] 顾:顾念,考虑。《礼记·大学》:"大甲曰:'顾諟天之明命。'"郑玄注:"顾,念也。"后:以后,将来,时间副词。复:报复,报应。《周礼·秋官·大司寇》"凡远近惸独老幼之欲有复于上",郑玄注:"复,犹报也。"而:连词,因而,所以。柬:整理者释为"择",语义似不通。当读为"谏",谏言,规劝。咎,指责,责难。《方言》卷十三:"咎,谤也。"《诗·小雅·北山》:"或惨惨畏咎。"《论语·八佾》:"遂事不谏,既往不咎。"所:抗拒。

[21] 譬:譬喻,就像。崝险:陡峭艰险。《淮南子·缪称》"城崝者必崩,岸崝者必陁。"高诱注:"崝,峭也。"《汉书·扬雄传上》"陟西岳之峣崝。"唐颜师古注:"峣崝谓嶕峣而崝嵘也。"

[22] 扶导:帮扶,导引。摄:李学勤先生认为当读为"颠",颠覆之义。停:倾覆之义。

[23] 敬:儆戒,警惕。恪:遵守,奉行。荒:通"放",放纵。不臧,不善,谓周王朝陷入危难。《尚书·盘庚上》:"邦之臧,惟女众;邦之不臧,

惟予一人有佚罚。"

[24] 嚻：整理者读为"遨"，训为遨游、游戏。

[25] 常术：常道，指治国之术。《国语·晋语六》"尽戒之术也"，韦昭注："术，道也。"

[26] 纪纲：纲纪，指国家的法度。《汉书·礼乐志》："夫立君臣，等上下，使纲纪有序，六亲和睦，此非天之所为，人之所设也。"《荀子·劝学》："礼者，法之大分，类之纲纪也。"《诗·大雅·棫朴》："勉勉我王，纲纪四方。"

[27] 德刑：谓恩泽与刑罚。《左传·宣公十二年》："叛而伐之，服而舍之，德刑成矣。伐叛，刑也；柔服，德也。二者立矣。"《国语·晋语六》："德刑不立，奸轨并至。"齐：整齐，引申为整治、治理。此句谓治理国家应当德刑并用，不可偏废。啻：通"适"，可以，能够。

[28] 敬：儆戒，警惕。鉴于夏商：谓借鉴和吸取夏商王朝兴亡的历史经验。瘝：整理者读为"怀"，心怀。傅咸《赠何劭王济诗》："赋诗申怀。"李善注引《仓颉篇》："怀，抱也。""心之忧矣，靡所告瘝"，此句义犹《诗·王风·黍离》所云"知我者，谓我心忧，不知我者，谓我何求"。

[29] 兄弟：当指周王朝之姬姓诸邦国。愿：仇恨，怨恨。

[30] 和均：和，和谐，团结；均，均衡，平均。

[31] 屯：整理者云：屯、圆、满、溢，近义连用。

[32] 余：整理者读为"予"，训为布施。

[33] 荐：进也。荐臣，所进用之臣。

[34] 胥：皆，都。《诗·小雅·角弓》："尔之远矣，民胥然矣。"郑玄笺："胥，皆也。"收：整理者读为"纠"，释为匡正之义。张崇礼读为收，释为约束、控制。《晏子春秋·外篇下十六》："寡人犹且淫佚而不收，怨罪重积于百姓。"张纯一校注："收，敛也。"由，遵从。穀：整理者释为调和。张崇礼读为"惎"，认为"穀"和"惎"同从"殼"声，可通用。

[35] 此句意为：民众没有每天抱有侥幸之心，尚且使执政者感到忧虑。

[36] 此句整理者未加详释，前后语义似有不通。按：先人，指祖辈。

《书·多士》："惟尔知惟殷先人，有册有典。"孔传："言汝所亲知殷先世有册书典籍。"有言：多指善言和箴言，即如清华简《保训》所云："昔前人传保，必受之以詷。"又《论语·宪问》："有德者必有言，有言者不必有德。"《孟子·离娄上》："自暴者，不可与有言也；自弃者，不可与有为也。"

[37] 这两句可参看《诗经·豳风·伐柯》："伐柯伐柯，其则不远。"斩、伐同义换用。"椅"同"柯"，"侧"同"则"。"不远其则"即"其则不远"的倒装，是为适应押韵的需要。

[38] 害：违背，妨害。天常：天道，日常法则。

[39] 当：恰当，适当。《正字通·田部》："当，事理合宜也。"《礼记·乐记》："古者天地顺而四时当，民有德而五谷昌。"孔颖达疏："当，谓不失其所。"

[40] 按：谋，计划、谋略。《书·大禹谟》："无稽之言勿听，弗询之谋勿庸。猷，亦指谋略、计划。《书·盘庚上》："各长于厥居，勉出乃力，听予一人之作猷。"孔颖达疏："听从我迁徙之谋。"戒，指戒备、防备敌人的进犯。这句话的意思是说，面对敌人越来越厉害的侵犯，我们必须谋划好防备应对的策略和准备。

[41] 剸：整理者读为"专"，释为齐。邬可晶认为可读为"抟"或"团"，意谓聚集。①

[42] 放：整理者读为"服"，训为"负"，《说文》："背德曰负。"

[43] 恂：整理者释为"谋"。

[44] 悳：整理者读为"用"。亲，《战国策·秦策二》"不能亲国事也"，高诱注："亲，犹知也。"状，《战国策·楚策四》"春申君问状"，鲍彪注："状，事状。"

[45] 身：亲自。上：整理者引《国语》韦昭注："上，贤也，才在人上也。"按：上，等第高或品质良好，此处当引申指质量优秀的拔尖人才。

---

① 邬可晶：《读清华简〈芮良夫毖〉札记三则》，《古文字研究》第三十辑，中华书局 2014 年。

《周礼·考工记·弓人》:"凡取干之道七:柘为上,檍次之……竹为下。"

[46]庸:整理者释为功。《周礼·夏官·司勋》:"王功曰勋,国功曰功,民功曰庸。"

[47]按:庶,众多。《诗·小雅·小明》:"念我独兮,我事孔庶。"郑玄笺:"庶,众也。"此句有缺文,疑大意是指先王在众人的辅佐下,经历并克服了众多灾难,才最终建立了周邦,使人民得到安定和谐的生活,没有人敢于违逆和放纵。

[48]从上下文推测,此句意为:(百姓)因此和睦安定,没有怨言和争论。

[49]畏,读为"威",震慑,使知畏惧而服从。雠:雠敌。

[50]元君:元首,君主。《国语·晋语七》:"抑人之有元君,将禀命焉。"杨树达《积微居读书记·读国语小识·晋语七》:"'元君'犹书言元首。"整理者:圣政德,犹言圣政圣德。此段大意为追述先君兴建周邦的功业。

[51]力:勤,尽力。《诗·大雅·烝民》:"古训是式,威议是力。"郑玄笺:"力犹勤也。"《左传·僖公二十三年》:"其从者肃而宽,忠而能力。"作:振作,激发。《逸周书·武称》:"作者劝之,怠者沮之。"《左传·庄公十年》:"一鼓作气,再而衰,三而竭。"燮:整理者训为和。按:燮,和顺,协和,调和。《书·洪范》:"燮友柔克。"孔传:"燮,和也。世和顺,以柔能治之。"《诗·大雅·大明》:"燮伐大商。"毛传:"燮,和也。"仇:整理者训为匹。按:按照句式结构,"燮仇启国"当为"动词+名词+动词+名词",故"仇"此处当为名词,训为同伴、朋友。《诗·周南·兔罝》:"赳赳武夫,公侯好仇。"这句诗的意思是说,团结友邦和朋友,共同建立周王朝,这也符合周朝联合诸邦国以建国的史实。启:整理者训为开,释曰:启国犹言建国。按:启,开创之义,《诗·鲁颂·闷宫》:"大启尔宇,为周室辅。"

[52]以武及勇:与上句"以力及作"句式相同。卫相社稷:卫:防守,卫护。《易·大畜》:"日闲舆卫。"王弼注:"卫,护也。"相:辅助,佑助。

《尚书·盘庚下》："予其懋简相尔，念敬我众。"孔传："简，大；相，助也。勉大助汝。"社稷：代指国家。《礼记·檀弓下》："能执干戈以卫社稷。"按，此句是"动词组＋名词组"结构，故卫、相皆作动词。

[53] 怀：安，安抚。《礼记·中庸》："怀诸侯，则天下畏之。"慈：上爱下，父母爱子女。《诗·大雅·皇矣》"克顺克比"毛传："慈和徧服曰顺。"孔颖达疏引服虔曰："上爱下曰慈。"按：怀慈幼弱，句式为"动词组＋名词组"，与上句"卫相社稷"句式相同。嬴寡矜独，句式为"动词＋名词＋动词＋名词"，慈、弱、寡、独为互文，泛指无所依靠的困苦百姓。《孟子·梁惠王下》："老而无妻曰鳏，老而无夫曰寡，老而无子曰独，幼而无父曰孤；此四者，天下之穷民而无告者。"《史记·孝文本纪》："赐天下鳏寡孤独穷困及年八十已上孤儿九岁以下布帛米肉各有数。"

[54] 憋：整理者读为"说"，训为"悦"。

[55] 炽：昌盛；兴盛。《诗·鲁颂·閟宫》："俾尔昌而炽，俾尔寿而富。"

[56] 二启：前文所云"芮良夫乃作愍再终"。天猷：猷，道，法则。天猷犹言天道。《书·周官》："若昔大猷，制治于未乱，保邦于未危。"孔传："言当顺古道，制治安国必于未乱未危之前思患预防之。"《诗·小雅·巧言》："秩秩大猷，圣人莫之。"郑玄笺："猷，道也。大道，治国之礼法。"舍命：整理者释为发布号令，语义未通。命，当释为天命，即上句所云"天猷"。

[57] 纯德：大德，纯粹的德行。《国语·郑语》："建九纪以立纯德，合十数以训百体。"韦昭注："纯，纯一不驳也。"

[58] 度用：犹言用度，《逸周书·大匡》："（王）问罢病之故，政事之失，刑罚之戾，哀乐之尤，宾客之盛，用度之费。"营：整理者释为乱。《说文》："营，惑也。"《淮南子·本经》："目不营于色，耳不淫于声。"高诱注："营，惑。"银雀山汉墓竹简《孙膑兵法·威王问》："营而离之，我并卒而击之，毋令敌知之。""营"也是假借为"营"。

[59] 安情：整理者释为安于情，认为句义是说没有人喜欢安于情，

与前后文似有不通。张崇礼认为"情"当读为"靖"，释为安定之义。于何：整理者云"何"读为"可"，释为宜。按，于何当读为本字，即如何，怎么会。争：安静、安定之义。《书·大诰》："有大艰于西土，西土人亦不静。"

[60] 称：整理者释为权衡。按："称"字当释为相当、符合、匹配之义。《孟子·公孙丑下》："古者棺椁无度，中古棺七寸，椁称之。"

[61] 此句有缺文，参照上句结构，当缺七字。

[62] 残：整理者释为杀。虐：整理者释为弑。按：残虐为固定词组，泛指残暴狠毒。《孔子家语·执辔》："其法不听，其德不厚，故民恶其残虐，莫不吁嗟。"《史记·秦始皇本纪》："秦直其位，吕政残虐。"鉴于先旧：犹前文所云"鉴于夏商"。旧，指从前的典章制度。《尚书·武成》："乃反商政，政由旧。"孔传："反纣恶政，用商先王善政。"《诗·大雅·荡》："匪上帝不时，殷不用旧。"郑玄笺："此言纣之乱非其生不得其时，乃不用先王之故法之所致。"

[63] 导：通"道"，道德之义。渎：通"渎"，败乱。《逸周书·文酌》："七事：一腾咎信志，二援拔渎谋，三聚疑沮事。"朱右曾校释："渎，败乱也。"善，指善行、善德。败：败坏、败乱。

[64] 卑：读为"俾"，使也。匡：正，《小雅·六月》"以匡王国"，郑笺："正也。"

[65] 功绩：功业与劳绩。《荀子·王霸》："名声若日月，功绩如天地。"

[66] 监：读为"洁"，"恭洁享祀"即强调享祀要恭敬、清洁。

[67] 整理者释为"和以德，定以刑"。和，调和、协调，使恰到好处。定，审定、订正。定刑，犹正刑也，谓正定刑律。

[68] 按：正，当释为匡正，《荀子·王霸》："礼，之所以正国也。譬之犹衡之于轻重也，犹绳墨之于曲直也。"百有司：百用于名词前，概言其多，义为"所有的……"，是《诗》《书》惯用语，如《书·盘庚下》所称"百执事"，又如本篇前文所云"凡百君子，及尔荩臣"，《诗》亦多有称"凡百君子"之例，如《小雅·雨无正》："凡百君子，各敬尔身。"《小

雅·巷伯》:"凡百君子,敬而听之。"

[69] 交:整理者释为结交、交往,引申为治理。《小尔雅·广言》:"交,俱也。"罔谋:指罔谋之人,即民众。

[70]《左传·定公元年》:"天之所坏,不可支也。"《国语·周语下》:"周诗有之曰:'天之所支,不可坏也。其所坏,亦不可支也。'"按:支,支撑;维持。此句意为上天所要让它灭亡的,没有人能够支撑维持;上天所要维护它让它兴盛的,没有人可以破坏毁灭。

[71] 反反:整理者读为"板板"。《大雅·板》"上帝板板,下民卒瘅",毛传:"板板,反也。"孔颖达疏:"《释训》云:'板板,僻也。'邪僻即反戾之义,故为反也。"

[72] 皇:整理者训为大。

[73] 怠惰:《逸周书·大匡》:"慎惟怠憧。"

[74] 訞:巧言貌。《玉篇·言部》:"訞,巧言儿。"詖:整理者读为僻。

[75] 约:《礼记·学记》:"大信不约。"孔颖达疏:"约,谓期要也。"结:《原本玉篇·糸部》:"结,《淮南》:'君子行斯乎其所结',许叔重曰:'结,要也。'"绳:准则,法度。《荀子·王霸》:"百吏畏法循绳,然后国常不乱。"断:读为"准",释为准则。《荀子·致士》:"程者,物之准也;礼者,节之准也。"

[76] 关闭:名词,本义指门闩,此处引申为治理约束民众的关键。《管子·八观》:"宫垣关闭不可以不修。"关枑扃鐼:枑,读为"闭",闭门时用以加锁的中立直木,扃,从外关闭门户的门闩。《说文·户部》:"扃,外闭之关也。"这里用作动词,关闭、上闩。《淮南子·俶真》:"处小隘而不塞,衡扃天地之间而不宛。"高诱注:"扃,犹闭也。"鐼,从金,类声,当释为"键"。王筠《说文句读·户部》:"扃与木部楗,葢内外相对,皆关闭之器。在门内者谓之楗,在门外者谓之扃也。"楗、键皆锁也。以木为之曰"楗",以金为之曰"键"。这里用作动词,即楗闭、锁闭。

[77] 断:读为准。政:读为正。五相:整理者读"五"为"互"。马楠谓"五相"或即《曲礼》所谓"五官",《礼记·曲礼下》:"天子之五官,

曰司徒、司马、司空、司士、司寇，典司五众。"①秕：整理者释"柔"为安，释"比"为亲。

[78] 逋：张崇礼读为"谲"，释为变化。易：变易，变化。

[79] 觇：读为研，《易·系辞下》"能研诸侯之虑"，孔颖达疏："研，精也。"《文选·张衡〈东京赋〉》"研核是非"，薛综注："研，审也。"甄：甄别，识别。《广韵·仙韵》："甄，察也。"

[80] 料：读为"调"，《说文·言部》："调，和也。"调和庶民，使庶民和谐。

[81] 常：常规的，固定的。次：次序，法度。《国语·周语中》："抑晋国之举也，不失其次，吾惧政之未及子也。"

[82] 康宁：安宁。《书·多士》："非我一人奉德不康宁。"孔传："非我天子奉德不能使民安之。"《汉书·宣帝纪》："天下蒸庶，咸以康宁。"颜师古注："康，安也。"庶：众多。《诗·小雅·小明》："念我独兮，我事孔庶。"郑玄笺："庶，众也。"纷：盛多貌；众多貌。《楚辞·离骚》："纷吾既有此内美兮，又重之以修能。"

[83] 时：按时，适宜。《汉书·晁错传》："日月光，风雨时，膏露降，五谷孰。"

[84] 樏：《说文·木部》："度也。"段玉裁注："此与手部'搮'音义皆同，'搮'专行而'樏'废矣。"

[85] 《尔雅·释诂》："强，勤也。"《孟子·梁惠王下》"强为善而已矣"，焦循《正义》引《淮南子》高诱注："强，勉也。"

[86] 讼：通"颂"，读为"容"，礼仪，法度。《广雅·释诂一》："容，法也。"扞：触犯，违犯。嚣：倨傲，狂妄。

[87] 屏：捍蔽，保护。《左传·襄公二十九年》："晋国不恤周宗之阙，而夏肆是屏。"依：倚傍。

[88] 咎：灾祸，不幸之事。与"休"相对。《书·大禹谟》："君子在野，

①　马楠：《芮良夫瑟与文献相类文句分析及补释》，《深圳大学学报》2013 年第 1 期。

小人在位，民弃不保，天降之咎。"孔颖达疏："天降之殃咎。"《左传·庄公二十一年》："郑伯效尤，其亦将有咎。"如台：奈何，怎样办，如何处置。《书·汤誓》："今汝其曰，夏罪其如台？"

[89]冲人：谦称。《书·盘庚下》："肆予冲人，非废厥谋。"孔传："冲，童。"孔颖达疏："冲、童，声相近，皆是幼小之名。自称童人，言己幼小无知，故为谦也。"

[90]稺：幼苗。《说文·禾部》："幼禾也。"《诗·鲁颂·閟宫》："黍稷重穋，稙稺菽麦。"毛传："后种曰稺。"

[91]哲人：智慧卓越的人。《诗·大雅·抑》："其维哲人，告之话言。"

[92]援：帮助，援助。诣，《小尔雅·广诂》："诣，进也。"

[93]发机：发难。逸：散乱。

[94]再，读为"在"，在于，取决于。利，善、美好。屯，整理者训为"皆"，为总括词。愿，希望。鲜，少。惟，思考、谋划。

[95]畏：畏惧，敬畏。絓：牵挂。

十一、清华简《摄命》篇译注

【《摄命》篇原文】

王曰："劼侄毖摄[1]：亡承朕乡[2]，余弗造民康[3]，余亦惇穷亡可使[4]。余一人无昼夕难恤[5]，湛圗在忧[6]。余亦横于四方[7]，宏义亡致[8]，甚余我邦之若否，越小大命，肆余囊猷卜乃身，休，卜吉[9]。"

王曰："摄，今余既明命汝曰[10]：肇出纳朕命，且今民丕造不康，怨，越四方小大邦，越御事庶百又告有[11]。今是亡其奔告，非汝亡其协，即行汝[12]。"

王曰："摄，敬哉，毋闭于乃唯冲子小子，毋递在服，勤祇乃事[13]。"

有曰："汝唯卫事卫命，汝唯冲子小子，汝威由表由望，不啻汝威，则由劢汝训言之䛝 [14]。汝能历，汝能并命，并命勤肆。汝其敬哉，虔恤乃事。汝毋敢怙遏余曰乃毓 [15]。"

有曰："四方大嬴亡民，亦斯钦我御事 [16]。今亦肩肱勤乃事，乃事亡他，汝唯言之司。唯言乃事，我非易。矧堕敬懋，惠不惠，亦乃服 [17]。虽民攸协弗恭其旅，亦勿侮其童，恫瘝寡鳏，惠于小民，翼翼畏小心，恭民长长 [18]。汝亦毋敢惰在乃尸服，敬学晉明，勿䌛之庶不顺 [19]。汝亦毋不夙夕经德，用事朕命 [20]。欲汝绎绎，弗功我一人在位，亦则乃身亡能㤩用非庸 [21]。汝正命，汝有告于余事，汝有命正，有即正，亦若之庸弼美 [22]。汝有退进于朕命，乃唯望亡逢，则或即命朕。汝毋敢有退于之，自一话一言。汝亦毋敢洗于之，言唯明，毋淫，毋弗节，其亦唯 [23]。乃亦唯肇谋，亦则遏逆于朕，是唯君子秉心，是汝则唯肇咨弼美，乃既悔 [24]。汝乃敢整极，汝则亦唯肇丕子不学，不啻汝，亦畏获懟朕心 [25]。"

王曰："摄，汝有唯冲子，余既设乃服。汝毋敢朋酗于酒，勿教人德我 [26]。"曰："毋朋多朋，鲜唯胥以夙夕敬，罔非胥以堕愆；鲜唯胥学于威仪德，罔非胥以淫极 [27]。"

王曰："摄，余辟相唯御事，余厌既异厥心厥德，不之则俾于余 [28]。矧汝唯子，今乃辟余，小大乃有闻知弼详。汝其有敄有湛，乃罘余言，乃知唯子不唯之庸，是亦尚弗逢乃彝 [29]。乃作穆穆，唯恭威仪，用辟余在位，乃克用之彝。汝不乃是，唯人乃亦无知亡闻于民若否。乃身载唯明唯寅，汝小毋敢畏用不审不允 [30]。"

王曰："摄，已，汝唯冲子，余既明命汝，乃服唯寅，汝毋敢滔滔 [31]。凡人有狱有眚，汝勿受币，不明于民，民其听汝？时唯子乃弗受币，亦尚辩逆于朕 [32]。凡人无狱无眚，乃唯德享，享载不孚，是亦引休，汝则亦受币，汝乃尚祇逆告于朕 [33]。"

王曰："摄，余肇使汝，汝毋婪，汝亦引毋好好、宏宏、刭德。有汝由子，唯余其恤 [34]。"

王曰："摄，乃克悉用朕命，越朕燹朕教，朋兴从显汝，从恭汝与汝，曰：'穆穆丕显，载允非常人。王子则克悉用王教王学，亦义若时，我小人唯由。'民有曰之 [35]。余一人曷假，不则职知之闻之言；余曷假，不则高奉乃身，亦余一人永安在位 [36]。所弗克职用朕命朕教，民朋亦则兴仇怨汝，仇汝，亦则唯肇不諮逆许朕命，获羞毓子 [37]。"

王曰："摄，人有言多，唯我鲜。唯朕箴教汝，余唯亦功作汝，余亦唯𢎥𤔔说汝，有汝唯冲子，余亦唯肇耆汝德行，唯谷罘非谷 [38]。"

王曰："摄，敬哉，虔听乃命，余既明启劼燹女，亡多朕言曰兹。女毋弗敬，甚谷女宠乃服，弗为我一人羞 [39]。"

佳九月既望壬申，王才蒿京，各于大室，既立，咸。士逮右白摄，立才中廷，北乡。王乎乍册任册命曰："白摄，虔 [40]。"

【《摄命》篇今译】

王说："庄严郑重地告诫摄：不能承受社稷重任，我没有为民众带来康乐，我也孤独困窘没有贤人可以使用。我一个人不分昼夜勤于政事，依然困扰于忧虑中。我也惶恐于天下四方，广泛治理不至败落。我已对我们国家的兴衰和大小政事能否托付于你进行了占卜，结果如何？占卜结果是大吉。"

王说："摄，现在我正式对你进行册命：出入行使王命。如今民众大遭不安，怨声四起，四方大小邦国，王官百姓控告聚讼，如今无人能够奔走传达（王命），除了你无人能够妥善完成，所以命你去行使（王命）。"

王说："摄，要恭敬。不要因为年轻而闭塞，不要懈怠于政事，要勤勉恭敬于你的职责所在。"

王又说："你应当捍卫王事王命。你虽然人微言轻，你的威严在于仪态和声望。不但要注意你的威望，还要勤勉于传达训诫之言的职责，你要能够简选，你要能够兼顾王命，你要能够勤劳做事。你要恭敬王命，敬慎思虑于你的职事，你不要敢于依仗自己年轻而不遵守我的命令。"

王又说："四方羸弱流亡的民众，也都尊敬我的官员。如今你要能够勤勉于你的职事，你的事务不要拖延，你要专心掌管传达王命之言。你的职责只有掌管政令，我不会改变（你的职责）。况且对行为惰怠的官员要进行劝勉，对施恩于那些没有得到恩惠的民众，这也是你的职责所在。只要民众能够安定，即使不尊敬当地的官员，也不要对那些年幼之人轻慢，要怜惜同情那些鳏寡之人，要恩惠于那些最底层的百姓，要小心翼翼敬畏谨慎，恭敬百姓尊重长者，你不要惰怠于你所从事的职责。要向高明之人恭敬学习，不要任用不服从管理的庶民。你不可不日夜施行德政，执行我的政令。希望你能勤勤恳恳，不要让我一个人操劳国事。你也要注意自身不能放松管理而出现不端正的仪容，你要端正王命，你要及时向我报告政事，你有执行命令的职责，也有权益处置的职责，不这样做就不会有好的结果。你对于王命如有所损益，希望你不要逢迎我意，应当即告知于我，你说的一句一字，都不敢有所隐瞒，也不敢妄加发挥。传达辞令要准确明白，不要过度，不要没有节制，这也是我的要求。只要你是忠心为国事谋划，就算是对我的意志有所忤逆，也要秉持君子的公心。你应当及时咨询，如果答复有不好的结果，最终就会后悔。你要敢于立行立改，如果这些官员不学习政令，不只是你，你们恐怕都难以让我心里满意。"

王说："摄，你尚年轻，我既然任命你担任此职，你不准群聚酗酒，不要使人感德于我。"又说："不要结交朋党，（朋党）聚在一起很少有昼夜相敬的，无非是一起堕落作乱；很少有一起学习威仪和德行的，无非是一起放纵无度。"

王说："摄，我任用那些辅佐我治理国家的人，讨厌那些与我离心离德之徒，只要不是那些离心离德的人，都是对我有帮助的人。你虽然年轻，如今既然辅佐我，无论大小政事都要详细了解。如果你有所惰怠，败坏我的政令，我就会知道是因为你没有认真执行命令，这也是不守法度的原因。你要庄严肃穆，恭敬威仪，认真辅佐我的政事，能够遵守法度。如果你不这样做，执政者就不能无法了解百姓的好坏。你要做到明白谨慎，你不要因为害怕而不谨慎公允做事。"

王说："摄，如今你虽然尚年轻，但我已经公开任命你，你要谨慎从事，你不准怠慢于政事。如果百姓有官司诉讼，你不要接受赠礼，如果不能明察民情，百姓又岂会听从你？只有你不接受贿赂，才能明辨民情上报给我。如果百姓没有官司诉讼，是德行良好所赐，能够取信于上天，这样国家才能长久安定，你可以接受赠礼，并将民情如实向我报告。"

王说："摄，我从此开始任用你，你切勿贪婪无度，也切勿好大喜功、败坏德行。你是长子，要为我分忧。"

王说："摄，你要能够严格遵守我的政令，以及我的训诫和教诲，百姓就会听从你的号令，对你保持恭敬，（百姓）会说：'恭敬肃穆，与众不同。王子尚且能够严格听从君王的教诲和命令，我们这些百姓也应当唯王命是从。'百姓会这样说。我独自无依，所以你的任务是要了解民情；我独自无依，所以要将你置于高位，这样我才能独自长久安稳在位。如果你不能奉行我的政令和教诲，百姓就会埋怨和憎恨你，如果你不向我报告并听从我的命令，必将自取其辱。"

王说："摄，别人多言，唯我寡语。我会规劝教导你，我也会命你做事，我也会告诫你。你尚年轻，今后我会考察你的德行，究竟善或不善。"

王说："摄，要恭敬，要虔诚地接受你的任命，我既然公开地告诫于你，不要嫌我这些话多。你不要不恭敬，希望你以任职为荣幸，不要使我蒙羞。"

九月既望壬申，王在镐京，至于太室，既位，仪式结束。士丵在伯摄的右边，站在中庭，面向北方。王命令作册任进行册命说："伯摄，你要恭敬受命。"

【《摄命》篇注释】

[1] 劼：李学勤释读为"嘉"，[1] 马楠释为"嘉善"，[2] 石小力认为有诰

---

① 李学勤：《谈清华简〈摄命〉篇体例》，《清华大学学报》2018 年第 9 期。
② 马楠：《清华简〈摄命〉初读》，《文物》2018 年第 9 期。

戒之意。① 侄：兄弟之子。程浩释为"识"，通"实"。② 悆：整理者据《广韵》释为"告"。摄：人名，是本篇的册命对象，整理者推测是懿王太子夷王燮，篇中的"王"则是周孝王辟方。

[2] 乡：整理者训为往、昔。宁镇疆先生训为"享"，可从。③

[3] 造：为。《国语·周语中》："故凡我造国。"韦昭注："造，为也。"康：安。《尚书·文侯之命》："惠康小民"，孔颖达疏："康，安也"。《尚书·康诰》："爽惟民迪吉康。"④

[4] 惸：整理者训为"曼"。陈剑先生训为"愍"。⑤《左传·昭公元年》："吾代二子愍矣。"孔颖达疏引服虔曰："愍，忧也。"穷：困窘之意。

[5] 难：整理者训为"勤"。"勤恤"又见于清华简《皇门》篇："勤恤王邦王家。"此处为勤奋忧劳之意。昼夕：昼夜。

[6] 圂：困扰。

[7] 横：训为"惶"，此处为惶恐之意。四方：指天下四方疆域。

[8] 宏：广大。乂：治理。敊：败落。亡敊，乃国家稳定昌盛之意。"亡敊"一词多见于《书》，如《太甲》："朕承王之休无敊。"《微子之命》："世世享德，万邦作式，俾我有周无敊。"《周官》："永康兆民，万邦惟无敊。"

[9] 若否：好坏。小大命：此处泛指大小政事。橐：程浩先生训为载。⑥

[10] 明命：此处为正式进行册命之意。

[11] 出纳：出入之意。不康：不安之意。沓：整理者训为"呇"。陈剑

---

① 石小力：《清华简〈摄命〉与西周金文合证》，《清华简〈摄命〉研究高端论坛文集》，2019年。

② 程浩：《清华简〈摄命〉的性质与结构》，《清华大学学报（社科版）》2018年第5期。

③ 宁镇疆：《由清华简〈摄命〉的"奔告"说伯摄》，《清华简〈摄命〉研究高端论坛文集》，2019年。

④ 陈剑：《试为西周金文和清华简〈摄命〉所谓"粦"字进一解》，《出土文物》第十三辑，中华书局2018年版。

⑤ 陈剑：《试为西周金文和清华简〈摄命〉所谓"粦"字进一解》，《出土文物》第十三辑，中华书局2018年版。

⑥ 陈剑：《试为西周金文和清华简〈摄命〉所谓"粦"字进一解》，《出土文物》第十三辑，中华书局2018年版。

先生训为"讼"①，可从，此处为聚讼、争讼之义。

[12] 奔告：奔走传达王命之义。协：和睦，合作。《尚书·汤誓》："有众率怠弗协。"

[13] 闭：闭塞。冲子：年幼之人。《尚书·盘庚下》："肆予冲人，非废厥谋。"孔传："冲，童。"孔颖达疏："冲、童，声相近，皆是幼小之名。自称童人，言己幼小无知，故为谦也。"《书·召诰》："今冲子嗣，则无遗寿耇。"孔传："童子。言成王少，嗣位治政。"递：懈怠之意。祗：敬。《诗·商颂·长发》："昭假迟迟，上帝是祗。"

[14] 卫：防守；卫护。《易·大畜》："日闲舆卫。"王弼注："卫，护也。"表：此处指仪表。望：此处指外貌。威：指威望、威严。

[15] 历：整理者训为简选。虔恤：敬慎思虑之意。怙：整理者释为恃，依仗之意。毓：毓子，与《尚书·尧典》之"胄子"义同。

[16] 羸：衰病；瘦弱，困惫。《国语·鲁语上》："饥馑荐降，民羸几卒。"韦昭注："羸，病也。"亡民：流亡在外的百姓。《史记·太史公自序》："燕丹散乱辽间，满收其亡民，厥聚海东，以集真藩，葆塞为外臣。"钦：尊敬、恭敬。《尚书·盘庚上》："不匿厥指，王用丕钦。"蔡沈集传："而能不隐匿其指意，故王用大敬之。"《礼记·内则》："钦有帅。"郑玄注："钦，敬也。"孔颖达疏："当教之令其恭敬使有循善道。"

[17] 肩：整理者释为克。勤乃事：勤勉于你的职事，《尚书·多方》："尔唯克勤乃事。"矧：况且，而况。《尚书·大诰》："厥子乃弗肯堂，矧肯构？"懋：勤勉，努力。《尚书·舜典》："汝平水土，惟时懋哉。"《尔雅》："懋，勉也。"惠不惠：施恩惠于不惠者。又见《尚书·康诰》："惠不惠，懋不懋。"

[18] 旅：整理者训为众。此处应为官职，代指官员。恫：怜惜，怜悯。瘝：疾苦之人。寡鳏：鳏寡，指老弱孤苦之人。《诗·小雅·鸿雁》："爰及

---

① 陈剑：《试为西周金文和清华简〈摄命〉所谓"粦"字进一解》，《出土文物》第十三辑，中华书局 2018 年版。

矜人，哀此鳏寡。"毛传："老无妻曰鳏，偏丧曰寡。"翼翼：恭敬谨慎貌。《诗·大雅·大明》："维此文王，小心翼翼。"郑玄笺："小心翼翼，恭慎貌。"长长：敬重长上。《礼记·大学》："上老老而民兴孝，上长长而民兴弟。"郑玄注："老老、长长，谓尊老敬长也。"《荀子·大略》："贵贵、尊尊、贤贤、老老、长长，义之伦也。"《吕氏春秋·先己》："亲亲、长长、尊贤、使能。"

[19] 尸：整理者训为主。眚明：李学勤先生释为廉明，[①] 赵平安先生释为聪明，[②] 陈剑先生释为崇明。[③] 繇：通"由"，用也。《逸周书·尝麦》："乃北向，繇书于两楹之闲。"不顺：不训，指不服从管理者。

[20] 夙夕：昼夜。经：持，施行。《书·酒诰》："经德秉哲。"

[21] 绎绎：整理者引《汉书》颜注云："绎绎，和调之貌。"此处意为连续不绝，勤勤恳恳。《论语·八佾》："绎如也。以成。"邢昺疏："绎如也者，言其音落绎然，相续不绝也。"功：劳。傛，《说文》："放也。"此处意为放松、放纵。庸：读为容，非容指不端正的仪容。

[22] 弜羕：不善之意。

[23] 退进：损益。《周礼·秋官·小司寇》："孟冬祀司民，献民数于王。王拜受之，以图国用而进退之。"郑玄注："进退，犹损益也。"逢：逢迎，迎合。《孟子·告子下》："长君之恶其罪小，逢君之恶其罪大。"赵岐注："臣以谄媚逢迎而导君为非，故曰罪大。"退：此处指言辞有所隐晦。泆：淫放，此处指言辞无度。弗节：没有节制。

[24] 遏逆：违逆。

[25] 整：整饬，治理。极：亟，疾速、快速。《诗·豳风·七月》："亟其乘屋，其始播百谷。"郑玄笺："亟，急。"获：得以；能够。《尚书·咸有一德》："匹夫匹妇，不获自尽。"懃：尽心竭力。《逸周书·芮良夫》："今

　　① 李学勤：《谈清华简〈摄命〉篇体例》，《清华大学学报》2018 年第 9 期。

　　② 赵平安：《曼字的形音义》，《出土文物》第十三辑，中华书局 2018 年版。

　　③ 陈剑：《试为西周金文和清华简〈摄命〉所谓"辈"字进一解》，《出土文物》第十三辑，中华书局 2018 年版。

尔执政小子，惟以贪谀事王，不勤德以备难。"

[26] 服：职务，职事。朋：结交朋党。《尚书·洛诰》："孺子其朋。"孔传："少子慎其朋党。"德：感德。

[27] 鲜：少。《易·系辞上》："百姓日用而不知，故君子之道鲜矣。"敬：敬慎，慎重。《尚书·康诰》："小子封，恫瘝乃身，敬哉。"堕愆：堕落放纵。淫极：放纵无度。

[28] 辟：治理。《书·金縢》："我之弗辟，我无以告我先王。"陆德明释文："辟，治也。"御事：犹言执事，指官员。

[29] 辟：辅佐，臣事于君。

[30] 穆穆：端庄恭敬。《尚书·舜典》："宾于四门，四门穆穆。"彝：常，常规，此处指国家法度。《诗·大雅·烝民》："民之秉彝，好是懿德。"毛传："彝，常。"寅：恭敬，谨慎。汉班固《封燕然山铭》："寅亮圣皇，登翼王室。"审：慎重。《左传·昭公二十五年》："是故审行信令，祸福赏罚，以制死生。"《吕氏春秋·音律》："修别丧记，审民所终。"高诱注："审，慎。"允：信实，诚信。《尚书·顾命》："命汝作纳言，夙夜出纳朕命，惟允。"孔传："纳言，喉舌之官，听下言纳于上，受上言宣于下，必以信。"

[31] 滔：整理者训为"慢"，此处为怠慢、惰怠之义。

[32] 旹：训为讼，诉讼之义。受币：接受赠礼。

[33] 德享：德行良好之义。孚：信服，信从。《尚书·君奭》："惟兹惟德称，用乂厥辟。故一人有事于四方，若卜筮，罔不是孚。"引：长久。祇：敬。

[34] 婪：贪。《楚辞·离骚》："众皆竞进以贪婪兮，凭不厌乎求索。"王逸注："爱财曰贪，爱食曰婪。"好好、宏宏：此处是好大喜功之意。剑德：有损于德行，败坏德行。由子：胄子。《尚书·尧典》："命汝典乐，教胄子。"《逸周书·太子晋》："人生而重丈夫，谓之胄子。胄子成人，能治上官，谓之士。"

[35] 恁：训诫，告诫。朋：此处指百姓。穆穆：端庄恭敬。《尚书·舜典》："宾于四门，四门穆穆。"

[36] 假：凭借。高奉：给予高位。

[37] 命：政令，命令。教：教诲，训诫。仇：仇视，敌视，怨恨。《尚书·五子之歌》："万姓仇予，予将畴依？"孔传："仇，怨也。"获羞：犹言蒙羞，蒙受耻辱之意。

[38] 鲜：少。箴：规劝。教：教导。帗斃：王宁先生训为"折毁"。此处当为批评、告诫之意。

[39] 虔：恭敬，诚心。《左传·庄公二十四年》："女贽，不过榛栗枣脩，以告虔也。"杜预注："虔，敬也。"谷：读为"欲"。宠：贵宠，荣耀。《尚书·周官》："居宠思危，罔不惟畏，弗畏入畏。"孔传："言虽居贵宠，当思危惧。"《国语·楚语上》："赫赫楚国，而君临之，抚征南海，训及诸夏，其宠大矣。"韦昭注："宠，荣也。"

[40] 既望：周代历法以每月十五、十六日至廿二、廿三日为既望，后称农历十五日为望，十六日为既望。《尚书·召诰》："惟二月既望。越六日乙未，王朝步自周，则至丰。"蒿京：即镐京。各：通"格"，来、至。《师艅簋》："王各大室。"《竞卣》："白犀父皇竞各于官。"乎：召唤，命令。白摄：伯摄。

主要参考文献

陈汉平:《西周册命制度研究》,学林出版社 1986 年版。

陈梦家:《尚书通论》,中华书局 2005 年版。

程元敏:《尚书学史》,华东师范大学出版社 2013 年版。

程浩:《有为言之:先秦"书"类文献的源与流》,中华书局 2021 年版。

冯胜君:《清华简〈尚书〉类文献笺释》,上海古籍出版社 2022 年版。

顾颉刚、刘起釪:《尚书校释译论》,中华书局 2005 年版。

韩江苏、江林昌:《〈殷本纪〉订补与商史人物徵》,中国社会科学出版社 2010 年版。

黄怀信:《逸周书源流考辨》,西北大学出版社 1992 年版。

黄怀信:《逸周书汇校集注》,上海古籍出版社 1995 年版。

贾连翔:《战国竹书形制及相关问题研究:清华大学藏战国竹简为中心》,中西书局 2015 年版。

蒋善国:《尚书综述》,上海古籍出版社 1988 年版。

李峰:《西周的灭亡:中国早期国家的地理和政治危机》,上海古籍出版社 2007 年版。

李零:《简帛古书与学术源流》,生活·读书·新知三联书店 2004 年版。

李民、王健:《尚书译注》,上海古籍出版社 2004 年版。

李学勤主编:《清华大学藏战国竹简(一)》,中西书局 2010 年版。

李学勤主编:《清华大学藏战国竹简(二)》,中西书局 2011 年版。

李学勤主编:《清华大学藏战国竹简(三)》,中西书局 2012 年版。

李学勤主编：《清华大学藏战国竹简（四）》，中西书局 2013 年版。

李学勤主编：《清华大学藏战国竹简（五）》，中西书局 2015 年版。

李学勤主编：《清华大学藏战国竹简（六）》，中西书局 2016 年版。

李学勤主编：《清华大学藏战国竹简（七）》，中西书局 2017 年版。

李学勤主编：《清华大学藏战国竹简（八）》，中西书局 2018 年版。

刘成群：《清华简与古史甄微》，上海古籍出版社 2006 年版。

刘光胜：《清华大学藏战国竹简（壹）整理研究》，上海世纪出版集团
2016 年版。

罗家湘：《〈逸周书〉研究》，上海古籍出版社 2006 年版。

罗家湘：《先秦文学制度研究》，上海古籍出版社 2011 年版。

刘起釪：《尚书学史》，中华书局 1989 年版。

宋震豪：《商代史论纲》，中国社会科学出版社 2011 年版。

王国维：《观堂集林》，中华书局 2004 年版。

王连龙：《〈逸周书〉研究》，社会科学文献出版社 2010 年版。

王震中：《商族起源与先商社会变迁》，中国社会科学出版社 2010
年版。

杨宽：《西周史》，上海人民出版社 2003 年版。

俞志慧：《古"语"有之：先秦思想的一种背景与资源》，华东师范大
学出版社 2010 年版。

张光直：《中国青铜时代》，生活·读书·新知三联书店 2013 年版。

郑开：《德礼之间：前诸子时期的思想史》，生活·读书·新知三联书
店 2009 年版。

周玉秀：《逸周书的语言特点及其文献学价值》，中华书局 2005 年版。

后 记

    本书是在我的博士学位论文《清华简〈书〉类文献整理研究》基础上修订而成，初稿撰写完成于 2017 年 5 月。从 2010 年 12 月《清华大学藏战国竹简（壹）》出版，到 2017 年 4 月《清华大学藏战国竹简（柒）》发布，前七册清华简中包含了内容丰富、文体各异的《书》类文献材料，为学术研究提供了新的视野和新的契机。在导师罗家湘教授的指导下，读博期间集中精力对清华简前七册中的《书》类文献进行了文本整理与系统研究。

    博士毕业后，随着清华简第八册至第十四册的陆续出版，其中的部分篇章也属于《书》类文献的研究范围。2020 年有幸参与了西北师范大学文学院赵逵夫先生主持的国家社科基金重大项目"出土文献与上古文学关系研究"的子课题"出土文献对上古文学的补充、印证与诠释"。在赵先生和罗先生的支持下，通过拓展研究修订完成了这部书稿，并作为该社科基金项目的阶段研究成果，交付人民出版社正式出版。

    本书的出版离不开诸位师友的关心支持与指导帮助。特别感谢西北师范大学赵逵夫教授和何雨盦博士为本书出版提供的帮助，衷心感谢郑州大学罗家湘教授、中国人民大学徐正英教授、郑州大学文学院俞绍初教授、刘志伟教授、王保国教授等诸位恩师，感谢中原工学院张凯教授的支持与帮助，感谢北京中医药大学常佩雨博士、郑州师范学院韩丹博士、韶关学院田荣菲博士、郑州大学高远博士、西安电子科技大学高思莉博士、河南省文化艺术研究院林天泉博士等同人，非常感谢人民出版社王怡石编辑在书稿出版过程中付出的辛勤劳动。

    诗曰："松园穷经度芳华，龙湖夜雨梦落花。夙夕案牍伴清简，春秋杏坛染白发。暂将浮名归浮云，惜取流光随流沙。五岳松风隐烟岚，四海斜阳对晚霞。老僧半闭青灯眼，寒潭古寺披旧袈。且放白驹逐白鹿，再携长铗寄青崖。"

是为记。

禄书果

2024 年秋于新郑龙湖

责任编辑：王怡石

图书在版编目（CIP）数据

清华简《书》类文献整理与研究 ／ 禄书果著．

北京 ： 人民出版社，2025.8. -- ISBN 978 - 7 - 01 - 027216 - 0

Ⅰ．K877.54

中国国家版本馆 CIP 数据核字第 2025305ZQ1 号

清华简《书》类文献整理与研究

QINGHUAJIAN SHULEIWENXIAN ZHENGLI YU YANJIU

禄书果　著

人 民 出 版 社 出版发行

（100706　北京市东城区隆福寺街 99 号）

北京汇林印务有限公司印刷　新华书店经销

2025 年 8 月第 1 版　2025 年 8 月北京第 1 次印刷

开本：710 毫米 × 1000 毫米 1/16　印张：22.75

字数：340 千字

ISBN 978 - 7 - 01 - 027216 - 0　定价：129.00 元

邮购地址 100706　北京市东城区隆福寺街 99 号

人民东方图书销售中心　电话（010）65250042　65289539